AF464515

Conserves de [illegible]

[illegible]

LES

GASPILLAGES

DES

SOCIÉTÉS MODERNES

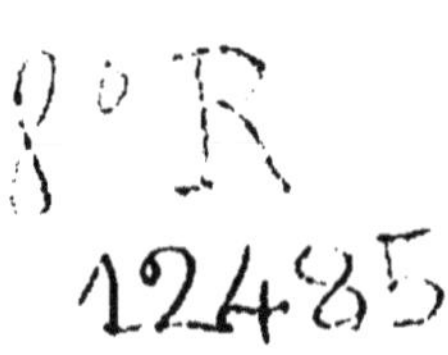

DU MÊME AUTEUR

Une Définition de l'Art. Paris, Plon, 1882. Brochure.

La Politique internationale. Paris, Félix Alcan, 1886. Un vol. in-8° de la *Bibliothèque historique et politique* . . . . 7 fr.

Le Protectionnisme. Saint-Pétersbourg, 1890. Un vol. in-8° (en russe).

Les Luttes entre sociétés humaines et leurs phases successives. Paris, Félix Alcan, 1893. Un vol. in-8° de la *Bibliothèque de philosophie contemporaine* . . . . 10 fr.

La guerre et ses prétendus bienfaits. (*Sous presse.*)

ÉVREUX, IMPRIMERIE DE CHARLES HÉRISSEY

LES GASPILLAGES DES SOCIÉTÉS MODERNES

CONTRIBUTION
A L'ÉTUDE DE LA QUESTION SOCIALE

PAR

J. NOVICOW

PARIS
ANCIENNE LIBRAIRIE GERMER BAILLIÈRE ET Cie
FÉLIX ALCAN, ÉDITEUR
108, BOULEVARD SAINT-GERMAIN, 108

1894

Les revendications des classes populaires s'affirment avec une force toujours croissante. La question sociale passe maintenant au premier plan. Tous s'en occupent, depuis le pape et l'empereur d'Allemagne jusqu'au dernier des ouvriers. Les journaux de toute nuance en parlent chaque matin. D'innombrables publications lui sont consacrées. En novembre 1893, un groupe de particuliers a inauguré à Paris l'enseignement du socialisme. On l'a même introduit dans les programmes des facultés de l'Etat[1].

L'importance prise par les classes populaires est due aux progrès de la civilisation. En Allemagne, en Angleterre, en France, aux Etats-Unis, plus de quatre-vingt-dix hommes sur cent savent déjà lire et écrire. Les presses rotatives impriment jusqu'à mille feuilles par minute et mettent les lumières à la portée de tous. Les chemins de fer transportent 3 650 millions de voyageurs par an. Les bateaux à vapeur font désormais 45 kilomètres à l'heure. Grâce à toutes ces facilités, les idées se répandent et la propagande socialiste fait de rapides progrès. Les masses

(1) *Ouverture d'un cours d'histoire et d'économie sociale* à la Faculté des lettres de Paris, le 30 avril 1894.

populaires sont de moins en moins un troupeau misérable d'aveugles et de muets donnant sans murmurer les quatre cinquièmes de leurs revenus et se faisant massacrer par millions sur les champs de carnage pour des causes à eux complètement étrangères. Les masses commencent à comprendre leurs intérêts. Elles commencent à exiger qu'ils soient pris en considération. Encore quelques années et, non seulement, elles ne voudront plus obéir, elles voudront commander.

Il y a une certaine analogie entre la fin du XVIIIe siècle et la fin du nôtre. Alors la bourgeoisie, sortie de sa torpeur intellectuelle par le bien-être et l'instruction, leva la tête et posa ses revendications. Aujourd'hui, les ouvriers font la même chose.

Placées devant les exigences du quatrième état, les classes supérieures se livrent à un examen de conscience. Elles s'aperçoivent que tout n'est pas pour le mieux dans le meilleur des mondes. Elles sentent que l'orage gronde aux portes. Elles craignent une débâcle générale qui submergera tout. Elles proposent et appliquent même, parfois, les mesures les plus extravagantes pour remédier aux maux de la société. Elles comprennent, cependant, que ces mesures sont inefficaces et insuffisantes. De là un trouble profond, un malaise universel. Les uns voient le salut dans l'autorité et la force. Ils disent que tout le mal vient des théories scientifiques de notre temps, du matérialisme et de la libre-pensée. Ils proposent de rétablir la censure et l'intolérance religieuse. D'autres comprennent que, si l'on fait appel à la force brutale, les classes supérieures sont vaincues d'avance, parce que la force réside dans le nombre, et le nombre dans les masses populaires. Ils voient donc le salut dans une entente avec le quatrième état. Ils proposent de céder à celles de ses revendications qui sont réalisables[1].

Les socialistes commencent à comprendre, de leur côté, qu'il ne suffit pas de critiquer l'organisation actuelle. Forcément il faut mettre quelque chose en place des institutions qu'on déclare mauvaises. Aussi les programmes socialistes deviennent-ils de jour en jour plus nombreux. Par malheur, ils pèchent surtout par l'obscurité et les contradictions. Autant de chefs de parti, autant d'écoles. Les socialistes (sans parler des autres sectes) ne s'entendent pas toujours et se combattent souvent.

Un point, dans leurs programmes, s'affirme cependant avec une certaine unanimité. Sur ce point, les divergences disparaissent et l'accord semble prêt à se faire. Les socialistes disent que la répartition des bénéfices du travail n'est pas équitable. Les capitalistes prennent la part du lion. Les ouvriers demandent la justice et soutiennent qu'elle recevra sa consécration complète, le jour où tous les hommes jouiront d'un bien-être égal. Pour atteindre ce résultat, l'Etat doit s'emparer de tout l'outillage industriel et agricole. La production doit devenir collective et les bénéfices doivent être partagés indistinctement entre tous les travailleurs.

Supposons ce programme réalisé. Le lendemain du jour où il serait devenu un fait accompli, les socialistes, en se réveillant, éprouveraient une amère déception. Ils s'apercevraient que la misère est la même. Nous sommes

(1) Signalons une analogie de plus avec 1789. « Les parlements, une partie du clergé, la généralité des gens lettrés répandaient ou accueillaient avec faveur les plans les plus frivoles de palingénésie, pourvu qu'ils fussent entourés d'une sentimentalité vague, » dit M. Paul Leroy-Beaulieu (*Économiste Franç.* du 16 sept. 1894). La même chose se fait aujourd'hui pour le socialisme. Il jouit de la condescendance et même parfois des sympathies secrètes du public.

pauvres, en effet, non seulement parce que nos fortunes sont inégales, mais, surtout, parce que la somme générale de la richesse est encore trop faible sur notre globe. Si on avait cent milliards de francs à disposer en parts semblables en faveur d'un million d'hommes, cela ferait cent mille francs par tête, c'est-à-dire l'aisance. Mais s'il y a un milliard, cela fait mille francs par tête, c'est-à-dire la misère.

Eh bien ! c'est notre situation actuelle. Prenons un exemple. Il faut à chaque homme au moins 50 kilogrammes de sucre par an. Pour 1 300 000 000 d'individus au-dessus de cinq ans, qui peuplent notre planète, cela ferait 65 milliards de kilogrammes. Or le monde entier n'en produit que 6 milliards, soit 4^{kg}, 6 par tête, ou dix fois moins de ce qui serait nécessaire. Il en est de même pour le pain, la viande et tous les autres objets de première nécessité. « Le fait capital, mis en lumière par les statistiques, dit M. E. Reclus[1], est que deux cent millions d'Hindous doivent tromper leur faim par une nourriture tout à fait insuffisante. » Il en est de même des 360 millions de Chinois et des 367 millions d'Européens. On peut, hélas! affirmer hardiment que neuf habitants de notre planète sur dix n'ont pas de quoi satisfaire les besoins de leur estomac. Le partage égal de tous les produits alimentaires, comme le partage égal du sucre, ne pourra pas modifier cet état de choses. Nous ne parlons même plus des vêtements, des meubles ni des logements. Il n'y a peut-être pas un homme sur trois cents qui soit couché dans un bon lit et qui ait une habitation convenable.

D'autres faits montrent combien la somme de richesses

(1) *Nouvelle Géographie universelle*, t. VIII, p. 639.

à partager est insuffisante. En 1893, en Allemagne, sur 11 977 214 contribuables, 43 870 seulement avaient un revenu supérieur à 10 000 francs[1]. Et encore l'Allemagne est un pays relativement riche. Que serait-il de la Russie, des Indes ou de la Chine? En confisquant tous les revenus supérieurs à 7 500 francs et en les partageant entre ceux qui en ont d'inférieurs, on augmenterait la part de ces derniers de 12 p. 100[2]. Or, il faudrait au moins quintupler les revenus de mille francs, pour procurer une somme de bien-être supportable.

On le voit; la solution proposée par les socialistes n'est pas satisfaisante. L'égalité ne peut pas assurer le bien-être. Avant tout, il faut augmenter la richesse.

Maintenant se pose la question véritable. Pourquoi sommes-nous si pauvres ? Nous n'hésitons pas à répondre : parce que nous produisons peu et parce que nous gaspillons trop. La richesse est toujours en raison directe de l'intelligence; la misère, en raison directe de la myopie mentale. Or, jusqu'à ce jour, trois erreurs fondamentales nous dominent complètement : la confusion de la richesse avec l'or, sa confusion avec la propriété et notre fausse conception de l'univers. La première confusion engendre le mercantilisme et le protectionnisme; la seconde, le parasitisme social, l'esprit de conquête et l'exclusivisme; la troisième, enfin, le misonéisme qui est une source de gaspillages épouvantables. Ces erreurs nous empêchent de tirer de notre globe les ressources qu'il pourrait nous fournir, ressources suffisantes pour nous assurer un bien-être au moins décuple de celui dont nous jouissons actuellement.

(1) *Économiste Français* du 29 juil. 1893, p. 132.

(2) Voir P. Leroy-Beaulieu. *Essai sur la répartition des richesses*. Paris, Guillaumin, 1881, p. 505.

Nous nous proposons d'examiner ici dans quelle mesure chacune de ces erreurs met un obstacle à l'accroissement de la richesse, puis d'indiquer les moyens qui nous paraissent efficaces pour diminuer notre misère.

LES GASPILLAGES

DES

SOCIÉTÉS MODERNES

PREMIÈRE PARTIE

LA RICHESSE EN FONCTION DU TEMPS

CHAPITRE PREMIER

QU'EST-CE QUE LA RICHESSE

Bien peu de personnes, encore de nos jours, comprennent la véritable nature de la richesse. L'immense majorité des hommes la confond avec l'or. En vérité les gens instruits s'en défendent. « Nous savons bien, disent-ils à l'unisson, que la monnaie est seulement un signe représentatif. » Telles sont les paroles, mais les actes sont tout différents. Ils montrent que les individus et les gouvernements identifient encore la richesse avec l'or. Ainsi les propriétaires fonciers les plus instruits s'imaginent qu'en vendant leur blé 20 francs l'hectolitre au lieu de 15 (c'est-à-dire en l'échangeant contre 6,45 grammes d'or au lieu de 4,84) ils augmenteront *inévitablement* leur bien-être. Les ouvriers s'imaginent qu'en obtenant 10 francs de salaire, au lieu de 5, ils vivront toujours mieux. Les gouvernements se préoccupent constamment d'avoir une balance commerciale favorable à leur pays. Des efforts prodigieux sont dépensés encore de nos jours pour atteindre ce résultat. Or il n'a d'autre but que de produire un surcroît d'importation de métaux précieux.

La confusion entre la richesse et la propriété n'est pas moins universelle. On s'imagine que la jouissance provient uniquement de la possession. Aussi, quand l'avantage de l'individu se trouve en opposition avec celui de la communauté, peu de personnes comprennent qu'elles ont *intérêt* à donner le pas au second sur le premier. Une nuée de corbeaux rapaces s'abattent constamment sur le bien du prochain et sur la propriété publique : voleurs, escrocs, spéculateurs véreux, concessionnaires, concussionnaires, sinécuristes. Ces gens-là sont fermement convaincus qu'ils seront plus heureux si leur fortune privée augmente, même au détriment de la fortune du voisin et de celle de la communauté.

Puisqu'on comprend encore si mal la nature de la richesse, il faut revenir sur cette question, sans trêve ni répit. Mais, comme les anciennes méthodes se sont montrées inefficaces, il faut l'aborder par des méthodes nouvelles.

Imaginons deux régions *complètement inhabitées*. Appellons-les Euforie et Acarpie [1]. La première a un climat tempéré ; elle est abondamment arrosée par des pluies de printemps et d'été. Elle possède des havres profonds et sûrs, des rivières navigables, de gras pâturages, de belles forêts, des mines de charbon, de fer, de cuivre et d'autres métaux, enfin des carrières nombreuses de pierres de toute nature.

Acarpie est toute différente. Le climat y est extrême : chaud en été, froid en hiver. Les pluies sont rares, les côtes inhospitalières, sans indentations et sans ports naturels ; les rivières y manquent ; peu de forêts, des savanes arides et monotones ; peu de métaux, pas de charbon. Les formations géologiques présentent des affleurements de terre glaise sans aucune roche dure.

Supposons des hommes venant débarquer dans ces deux régions. Ils trouveraient, naturellement, des conditions beaucoup plus favorables à Euforie qu'à Acarpie. Ils diraient que la première est une contrée riche, la seconde une contrée pauvre. On peut en conclure que la richesse, dans le sens le

(1) *Græco fonte cadant, parce detorta,* comme le veut Horace. De εὔφορος, fertile, et de ἄκαρπος, stérile.

plus général, *est tout état de la nature extérieure adapté à l'organisation de l'homme.*

Notre corps est constitué de telle façon qu'à une température de 22 degrés au-dessus de zéro, nous n'éprouvons aucune sensation de malaise. Un pays offrant constamment cette température serait agréable à habiter. Pourquoi peut-on dire qu'Euforie est une contrée riche et Acarpie une contrée pauvre? Parce que l'homme pourra éprouver un plus grand nombre de sensations agréables dans la première que dans la seconde. D'où cette conclusion encore, que la richesse peut se concevoir *comme une possibilité de jouissance.* Quand bien même Euforie ne serait jamais habitée par aucun être humain, nous dirions que c'est un pays riche, parce qu'il est adapté aux conditions d'existence de notre organisme.

L'univers est un ensemble d'atomes en nombre infini. Comme ils sont animés de mouvements perpétuels, leurs combinaisons varient constamment. Aucun milieu ne peut donc être stable. Un organisme, complètement adapté au milieu, dans la seconde précédente, cesserait de l'être, dans la seconde suivante. Il doit donc s'accommoder à nouveau, réagir sur le milieu pour ne pas périr. Les mouvements opérés en vue de l'adaptation s'appellent travail. Comme une concordance absolue entre un être et son milieu ne pourra jamais exister nulle part, le travail s'impose à toute créature vivante.

Une très grande partie de notre globe est peu favorable à l'habitat de l'homme. Des zones entières sont trop froides ou trop chaudes. De vastes régions ne produisent pas naturellement des plantes alimentaires en quantité suffisante. Pour ne pas périr au milieu de ces conditions désavantageuses, l'homme doit travailler énergiquement à les modifier conformément à ses besoins.

Même dans les régions les mieux pourvues de substances alimentaires, elles ne venaient pas se mettre d'elles-mêmes dans la bouche. Le travail était nécessaire pour se procurer la nourriture, la préparer et la conserver. Ce besoin créa un outillage qui alla en se compliquant de plus en plus. On inventa des appareils de chasse, de pêche, de cuisine, des dépôts pour la conservation des aliments, on domestiqua les animaux. Mais tous les pays n'offraient pas des plantes alimentaires en quantités suffisantes.

Il fallut provoquer leur croissance ; de là l'agriculture. Après les souffrances provenant de la faim, celles provenant de l'intempérie des saisons furent les plus vivement ressenties. On les combattit par les vêtements et les habitations. L'habit crée autour du corps une température artificielle conforme au besoin de notre organisme. La demeure produit le même résultat sur un espace plus grand. En pleine zone froide, elle est comme une petite oasis de zone tempérée.

Certaines attitudes du corps sont moins pénibles pour l'homme que certaines autres. Il est désagréable de devoir se baisser ; quand on dort, il est désagréable de ne pas pouvoir s'étendre. Pour s'épargner des mouvements et des attitudes pénibles, l'homme créa un nouvel et vaste outillage compris sous le nom de mobilier.

Les aliments, les vêtements, les meubles, les demeures, les appareils scientifiques constituent l'outillage humain du premier degré, parce qu'il comprend des objets immédiatement utilisables. Mais pour les produire et les conserver, il faut un ensemble d'instruments de tout genre, qui constitue l'outillage du second degré, parce qu'il sert seulement d'une façon indirecte à créer des objets de consommation. L'homme se donna enfin un outillage du troisième degré quand il entreprit de modifier les conditions même de la planète. Un marais desséché et transformé en champ de blé ou en prairie, une route, un pont, le canal de Suez rentrent dans cette catégorie, puisque leur but est seulement de faciliter la production et la distribution des substances alimentaires et des instruments de travail.

L'Afrique équatoriale est un vaste plateau élevé en moyenne de 1000 mètres au-dessus du niveau de l'Océan. Les fleuves de ce continent sont coupés par des rapides et des cataractes, à une faible distance de la mer. Grâce à cette configuration, il a été très difficile de pénétrer dans l'intérieur de l'Afrique et ce pays est encore resté barbare. On est en train de construire actuellement un chemin de fer de Matadi au Stanley-Pool. A partir de ce point, le Congo et ses affluents offrent des voies navigables de plusieurs milliers de kilomètres. Les marchandises et les hommes pourront y circuler avec la plus grande facilité. Le chemin de fer de Matadi à Léopoldville produira donc un effet analogue à un abaissement du plateau central de l'Afrique. Il fera artificiellement ce qu'une configuration géographique plus avantageuse eût fait naturellement. Il contribuera donc à mieux adapter la planète aux besoins de l'homme.

Supposez la mer Noire un lac fermé, mais qu'à l'endroit où se trouve le Bosphore, il fût facile d'établir un canal et qu'il fût creusé en effet. Nous dirions que ce canal est une richesse, tandis que nous n'appliquons pas ce terme au Bosphore. C'est à tort, à coup sûr, mais cela nous procure une seconde conception de la richesse. Dans un sens plus restreint, elle est *l'ensemble des objets servant à adapter l'homme au milieu physique et le milieu physique à l'organisation du corps humain.*

Quelques exemples. Un télescope et un microscope sont des moyens d'amplifier la puissance de notre œil ; le téléphone est une amplification de notre oreille. Si nous pouvions entendre ce qui se passe aux antipodes, le téléphone ne serait d'aucune utilité. La photographie est également, sous certains rapports, un œil plus parfait que le nôtre. D'abord il regarde sans se tromper, puis il fixe les images qui sont fugitives sur notre rétine. Un plan et une carte sont aussi, dans une certaine mesure, des amplifications de l'œil. Ils servent à nous donner une représentation plus ou moins exacte d'une ville, d'une région ou du globe entier. Si notre œil pouvait embrasser ces horizons d'un seul coup, les cartes et les plans seraient inutiles. Chaque machine est comme un moyen de multiplier nos bras. Avec deux aiguilles, une ouvrière peut faire 80 mailles à la minute, avec un métier rotatif, 480 000 mailles. Cela équivaut à l'acquisition de 12 000 mains. Nos appareils d'éclairage sont comme un moyen détourné de conserver le soleil dix-huit heures au-dessus de l'horizon. En été nous allumons nos lampes pendant peu de temps. Enfin nos appareils de chauffage créent des climats à notre convenance. Nous savons déjà combattre assez bien le froid [1], mais nous n'avons encore rien entrepris contre

(1) Cependant il y a encore beaucoup d'améliorations à faire. Nos appareils de chauffage gaspillent le combustible d'une façon barbare. Il y a un foyer spécial, non seulement pour chaque maison, mais même pour chaque chambre. Un jour on appliquera des procédés plus parfaits. De vastes usines centrales distribueront la chaleur en hiver et la fraîcheur en été.

la chaleur. Après le calorifère, il faut maintenant le frigorifère.

Notre corps est très mal adapté aux conditions de notre planète. Nos sens nous donnent des renseignements très incomplets sur le monde extérieur, nos forces musculaires sont absolument insuffisantes, enfin, n'étant pas naturellement couverts d'une fourrure, nous souffrons du froid pendant l'hiver. Au moyen d'un ensemble d'instruments l'homme est parvenu à s'adapter à un milieu peu propice. Il a su se défendre. Mais, immédiatement, il a aussi attaqué. Voyant que la planète était peu favorable à ses fins, il l'a transformée lentement à l'aide d'un autre ensemble d'outils, allant de la bêche et de la charrue jusqu'aux gigantesques dragues à vapeur qui creusent maintenant nos canaux maritimes.

On passe, par transitions insensibles, de l'outillage du second degré à celui du troisième. Supposons une plaine inondée et incultivable. Vienne une sécheresse ; elle peut être mise en culture, donc être utilisée. Maintenant, si au lieu de la sécheresse, c'est l'homme qui fait un drainage, le résultat devient le même. Est-ce à dire que ce champ est une richesse dans le second cas seulement et non dans le premier? Il n'est pas juste de donner le nom de richesse uniquement aux objets transformés par le travail de l'homme. A coup sûr, si le globe était arrangé d'une façon plus conforme à nos besoins, nous aurions tout lieu de nous en féliciter. Or, en restreignant l'idée de richesse aux seuls résultats du travail, on arrive à cette conclusion très dangereuse et très fausse que le travail est un bien par lui-même, tandis qu'en réalité, il est seulement un moyen et non un but.

En parlant d'Euforie nous avons vu qu'elle serait considérée comme un pays riche, même si elle n'était jamais habitée. Mais cependant, elle pourrait l'être. Richesse signifie tout ce qui est ou peut être utile à l'homme. L'idée de richesse comporte deux termes : l'homme et l'objet utilisable. Sitôt que l'un des deux termes disparaît, l'idée de richesse s'évanouit. Dans une île déserte, des montagnes de guano ne constitueraient pas une richesse, parce qu'il n'y aurait personne pour en profiter. A ce point de vue on peut dire que le charbon, enfoui sous la terre, ne devient une richesse qu'à partir du moment où il est mis à la portée des consommateurs. Il faut distinguer entre la force potentielle et la force active. Des pays qui ont de grandes ressources naturelles, peuvent être très pauvres, si les habitants ne savent pas en tirer parti. Il est souvent utile de restreindre l'idée de richesse à l'ensemble des produits de l'activité humaine. Cependant il ne faut jamais perdre de vue son acception plus générale et, par conséquent, plus vraie.

La conclusion, qui se dégage de notre définition de la richesse, est qu'elle sera proportionnelle à l'aménagement de la planète à nos besoins. Mais cet aménagement doit être conçu dans le sens le plus large. Un agriculteur intelligent, à qui est échue une grande propriété, doit d'abord la parcourir dans tous les sens pour en étudier les ressources. Supposons qu'elle comprenne des montagnes, des collines, des plaines, le tout couvert d'arbres de haute futaie. Le propriétaire intelligent laissera pousser les arbres sur les montagnes et dénudera seulement les collines et les plaines pour planter des vignes sur les unes et semer du blé dans les autres. Mais s'il coupe les arbres partout, il fait un mauvais calcul ; il se prive d'une ressource des plus utiles, il gaspille sa richesse et son travail.

Ce qu'un agriculteur intelligent doit faire pour un domaine, l'humanité doit l'accomplir pour le globe tout entier. Alors elle atteindra seulement le maximum de bien-être. Mais nous en sommes encore bien loin. Nous connaissons même très mal les ressources de notre planète. Jamais on n'a essayé de calculer ce qu'elle pourrait produire. Jamais on n'a tenté une affectation particulière des différentes parties de notre globe à des besoins spéciaux de notre espèce. On détruit impitoyablement de magnifiques forêts dans des pays où l'agriculture sera toujours improductive ; on laisse en friche des régions magnifiques, qui pourraient donner d'abondantes récoltes. Bref on gaspille d'une façon épouvantable. Mais, tôt ou tard, on sera forcément amené à une exploitation plus rationnelle. La cruelle nécessité y poussera. Quand il n'y aura plus sur le globe ni un champ en friche, ni un marais non desséché, ni un pâturage non couvert de bestiaux, ni une forêt non mise en coupe réglée ; quand des routes de tout genre et des ports bien outillés nous mettront à même de transporter les produits, alors notre planète sera complètement adaptée aux besoins des hommes et la richesse atteindra son point culminant.

Une définition complète de la richesse se déduit de ce qui précède : *elle est l'ensemble des objets naturels adaptés à l'organisation de l'homme et des instruments artificiels par lesquels l'homme s'adapte au milieu et adapte le milieu à son organisation.*

CHAPITRE II

LA JOUISSANCE

D'après la définition du chapitre précédent, on peut conclure que la richesse est un moyen et non un but. Sauf le cas pathologique de l'avarice, chacun de nous veut acquérir la fortune, uniquement pour le bien-être qu'elle procure. L'homme, comme toute créature vivante, cherche le plaisir et fuit la douleur. Notre activité n'a qu'un seul objectif : la jouissance. Peu importe ce que chacun de nous entend par ce nom. Chacun de nous veut être heureux, donc il veut jouir.

Dans la classification hiérarchique des sciences, l'économie politique suit immédiatement la psychologie. En effet, la psychologie est la dernière dans la série biologique, l'économie politique, la première dans la série sociologique. L'économie politique étudie les phénomènes physiologiques de la société. Aussi l'économie politique ne peut-elle s'étudier par une méthode vraiment scientifique, qu'en prenant son point de départ dans la psychologie.

Si le but de toute activité humaine est la jouissance, il faut examiner, tout d'abord, ce qu'elle est et d'où elle provient.

Dans le langage usuel, on distingue la souffrance et la jouissance. Cette distinction n'a rien de bien net ni de scientifique. Elle est comme celle du chaud et du froid. Il nous plait de prendre un zéro conventionnel et de faire partir de là deux échelles divergentes. Mais, si l'on pouvait placer le zéro si bas que jamais il ne fût possible de descendre plus bas encore, la température pourrait se déterminer par une seule échelle ascendante. Il en est de même de la souffrance. Elle est, si l'on veut, un minimum de jouissance, comme la jouissance est un minimum de souffrance. Pour simplifier les choses, on peut considérer l'échelle des souffrances et des jouissances comme une suite de degrés ininterrompue.

Si l'on jette un homme dans un four chauffé à deux mille degrés, ses éléments se dissocient sur-le-champ. Aucune organisation physiologique et même beaucoup de composés chimiques ne résistent pas à une pareille température. Il y aura donc, dans ce cas, discordance complète entre l'organisme et le milieu. Plongez un homme dans l'eau, il mourra au bout de quelques minutes. Ici aussi la discordance est trop grande entre un animal fait pour la respiration aérienne, et le milieu aquatique. Enfermez un homme dans une chambre dont l'atmosphère ne se renouvelle pas. Au bout de quelque temps, cet individu deviendra malade, parce que son organisme est fait pour respirer un air qui contient un quart d'oxygène et trois quarts d'azote. Sitôt que cette proportion est altérée, il se produit d'abord un malaise, puis, dans un délai plus ou moins éloigné, la mort. De même pour la température, sitôt qu'elle tombe au-dessous d'un certain degré, il y a souffrance. Quand elle se maintient aux environs de 20 degrés, la sensibilité et l'activité vitale atteignent leur point culminant.

Donnez à un homme tous les biens de la terre : la santé, le confort le plus complet, le luxe même, mais obligez-le à vivre dans une maison sans la quitter; l'ennui va le dévorer; il fera les efforts les plus énergiques pour sortir de sa prison, si splendide qu'elle soit. Par contre, les voyages sont considérés par tous les hommes comme un grand plaisir. C'est une jouissance de voir des pays nouveaux, des monuments différents de ceux que l'on a constamment devant les yeux.

Il est difficile à un individu de visiter toutes les parties de la terre. Dans l'impossibilité d'avoir des représentations directes, c'est encore une jouissance d'en avoir d'indirectes par les dessins ou les descriptions. Nos méthodes pédagogiques rebutent un très grand nombre d'individus et nous en concluons qu'ils n'aiment pas à s'instruire. C'est une erreur. Il n'y a peut-être pas une seule créature humaine privée de curiosité. Les enfants, particulièrement, sont des points d'interrogation vivants. Le savoir est une jouissance et nombre d'hommes ont fait les sacrifices les plus pénibles our l'acquérir. La science ouvre de vastes horizons et, plus ils sont étendus, plus nous éprouvons de satisfactions. Tout ce qui empêche les hommes de s'instruire : la censure, les lois restrictives contre la presse et les écoles, les castes fermées, est ressenti comme une limitation de droit, donc comme une souffrance. Par contre, la liberté en ces matières est toujours tenue pour un bien et nombre de révolutions sanglantes ont été entreprises pour la conquérir.

Considérons maintenant les circonstances dont nous venons de parler. Elles vont à la mort immédiate et passent par la maladie, la santé, l'ennui, le plaisir, le savoir et le libre développement intellectuel. Elles forment une échelle descendante de souffrances ou une échelle ascendante de jouissances. Or, que sont toutes ces circonstances? Une adaptation de l'homme à son milieu. Quand il n'y a pas corrélation entre la température extérieure et la composition chimique de l'air et notre organisme, il en résulte la mort et la maladie. Dans ce cas nous sommes mal adaptés au milieu immédiat. Dans la prison luxueuse, le milieu immédiat est favorable, mais il est étroit. Pour nous, la jouissance consiste à nous adapter à un milieu aussi étendu que possible; la jouissance est en raison directe de l'horizon que nous pouvons embrasser dans l'espace, comme dans le temps. Un être qui aurait l'omniscience éprouverait le maximum de satisfactions possible. D'où l'on peut conclure que le bonheur est en raison directe de l'adaptation au milieu cosmique.

Maintenant prenons une autre série. Voilà un homme qui possède une fortune immense. On lui donne tout ce qui peut contribuer à son bien-être et à ses plaisirs. Mais il lui est défendu de disposer de son argent. Cette homme éprouvera une forte gêne. Il ne pourra pas se sentir pleinement heureux. Quand un individu est parvenu à se créer une grande fortune, il se bâtit généralement un hôtel. Pourquoi? Parce que c'est une jouissance de se créer une demeure conforme à ses besoins, à ses goûts, à ses idées. Priver un individu de la possibilité de s'installer comme il lui plaît, de s'entourer des objets qui lui sont agréables, c'est lui causer une souffrance.

Imaginons maintenant un individu possédant la santé parfaite, une fortune immense dont il dispose à son gré, mais affecté de mutisme. Cet homme sera certainement malheureux.

Mais le mutisme peut être plus ou moins complet. La limitation des droits politiques impose un mutisme partiel. Dans les pays despotiques, on ne peut parler, ni quand on veut, ni comme on veut. On n'a pas le droit de convoquer des auditeurs de son choix pour leur tenir n'importe quel discours. On ne peut pas imprimer des journaux, des brochures et des livres qui ne plaisent pas au gouvernement. C'est le mutisme partiel de la presse, comme la limitation du droit de réunion est le mutisme partiel de la parole. Les hommes vivant sous un régime pareil éprouvent de la gêne, donc des souffrances.

Supposons maintenant un régime complètement libéral. Un publiciste fait paraître un livre. Il produit une forte impression. Il est imprimé à des centaines de milliers d'exemplaires. Partout l'auteur est accueilli avec déférence. Ses paroles sont écoutées comme des oracles. Les cent voix de la renommée proclament ses mérites. Il obtient de son vivant cette satisfaction suprême qui s'appelle la gloire.

Encore ici nous avons une échelle ascendante de jouissances. L'individu privé de la disposition de sa fortune ne peut pas adapter le milieu physique à ses besoins; l'individu privé de l'usage de la parole ou de la liberté de la presse peut difficilement agir sur ses semblables, c'est-à-dire adapter le milieu social à ses idées.

La jouissance augmente donc en raison directe de l'adaptation de l'individu au milieu (forme passive) et du milieu à l'individu (forme active).

Cette loi peut se démontrer par des exemples tirés des faits les plus habituels de la vie quotidienne. Mettez un homme cultivé au milieu de gens grossiers; il souffrira, parce qu'il n'y aura pas de concordance entre sa manière de sentir et de penser et celle de son entourage. Mettez un rustre au milieu de gens raffinés, il éprouvera la même souffrance et pour la même raison. Un individu, habitué à vivre dans un pays de montagnes, souffrira dans un pays de plaines, parce que la nature lui paraîtra laide, c'est-à-dire non conforme à un idéal qui est en lui. Inutile d'insister sur ces faits connus.

Le changement de milieu agit sur tout être vivant. Il y opère des modifications. En d'autres termes, les tissus, les organes, les appareils, qui avaient auparavant une certaine forme, en prennent une certaine autre. Tout se réduit, en dernière analyse, à de nouveaux groupements atomiques. Mais, pour qu'ils puissent s'effectuer, il faut qu'il s'opère une série de mouvements. D'autre part, toute créature vivante, depuis le plus infime microbe, réagit sur son milieu. Elle cherche à l'accommoder à ses besoins, ou, en d'autres termes, à remplacer des groupements atomiques existants par des groupements nouveaux. Il en résulte aussi un certain nombre de mouvements dans la matière ambiante.

Or, tout mouvement interne ou externe demande du temps. Le temps est ainsi l'obstacle fondamental qui empêche une accommodation complète. En effet, si chaque modification exigeait zéro secondes, le nombre des modifications pourrait être infini, la corrélation entre le moi et le non moi entière, l'adaptation parfaite et la jouissance infinie.

Nous appelons progrès tout ce qui contribue à augmenter notre bien-être. Donc tout progrès est une diminution du temps nécessaire pour nous accommoder au milieu externe (adaptation passive), et pour accommoder le milieu externe à notre organisation (adaptation active).

En langage usuel, l'adaptation passive porte le nom de science; l'adaptation active, celui de production. Pour acquérir la science et pour produire, il faut travailler, c'est-à-dire effectuer des mouvements internes ou externes. Pour atteindre un résultat quelconque, on mettait précédemment trois jours; on découvre ensuite le moyen de l'atteindre en un seul. On dit qu'il y a progrès ou, en d'autres termes, économie. Si le contraire se produit, on dit qu'il y a régression ou gaspillage. Comme la richesse est l'adaptation de la planète aux besoins de l'homme et comme l'adaptation, à son tour, constitue la jouissance, on peut en conclure que la jouissance est en raison directe de l'économie de temps.

CHAPITRE III

LE TEMPS

Retournons à Euforie et à Acarpie. Supposons la première de ces contrées colonisée par un groupe d'émigrants, possédant nos connaissances et notre outillage actuels. Comme Euforie possède des ports naturels profonds et sûrs, nos colons débarqueront très facilement. Grâce aux rivières navigables, ils se disperseront sans perte de temps dans toute la contrée. Les prairies naturelles offriront une nourriture abondante à leurs bestiaux qui augmenteront avec rapidité. Il n'y aura qu'à passer la charrue pour faire produire de magnifiques moissons à des terres fertiles et bien arrosées. Quand les émigrants voudront bâtir des maisons, ils auront à leur portée de nombreuses carrières et de grandes forêts. Donc l'œuvre de la colonisation ira vite.

Représentons par le chiffre 100 le degré d'accommodation d'un pays aux besoins de l'homme, tel qu'il est réalisé de nos jours dans le comté de Kent. Cette charmante contrée est un vaste parc, sillonné de routes et de chemins de fer, parsemé de charmants cottages, de maisons de plaisance et de jolies villas. Pas un pouce de terrain n'y est perdu. Partout on voit des prairies naturelles ou artificielles, ou des champs cultivés produisant d'abondantes récoltes.

Etant donné les avantages d'Euforie, nous supposons que nos colons devront travailler cinquante ans pour amener ce pays aux mêmes conditions que le comté de Kent.

Si nos colons avaient débarqué à Acarpie, munis des mêmes connaissances, des mêmes qualités physiques et morales, du même outillage et des mêmes capitaux, leur destinée eût été différente. Comme cette région offre moins d'avantages naturels, ils auraient avancé moins vite. Il leur aurait fallu employer de nombreuses années à creuser des ports artificiels, à canaliser les rivières, à irriguer les champs arides. Ils auraient dû aller chercher au loin des matériaux de construction, c'est-à-dire employer un temps plus ou moins long à leur transport. Au bout de cinquante ans, leur bien-être ne serait pas représenté par le chiffre 100, mais par le chiffre 33. Ou bien, pour arriver au bien-être 100, ils auraient dû mettre non pas cinquante ans, mais cent cinquante.

En langage économique, on dira que pour amener Acarpie à ressembler au comté de Kent, il faudra trois fois plus de capitaux que pour Euforie. Or capital signifie efforts accumulés, soit les colons eux-mêmes, soit de leurs compatriotes restés dans la mère patrie. Tout se réduit donc à une certaine somme de journées de travail, ou, en d'autres termes, à une certaine durée de temps. A Euforie le progrès sera rapide ; à Acarpie, il sera lent, parce que l'homme pourra plus vite adapter le milieu à ses besoins dans le premier pays que dans le second.

Euforie étant plus avantagée qu'Acarpie, si les habitants des deux régions font une somme d'efforts semblable, la première sera toujours en avance sur la seconde. Les deux peuples progresseront, mais la distance restera la même entre eux. Ainsi les villes russes sont mieux aménagées, à la fin du XIXe siècle, qu'elles ne l'étaient à la fin du XVIIIe, mais les villes anglaises aussi ; en sorte que la relation n'est pas changée. La distance reste aussi grande qu'il y a cent ans.

Acarpie pourrait-elle jamais atteindre Euforie? Oui. Dans trois circonstances :

1° Si la population d'Euforie cesse de croître, tandis qu'à Acarpie il y aura excédent des naissances sur les décès ou de l'immigration sur l'émigration.

2° Si les Acarpiens deviennent plus intelligents que les Euforiens et

3° Si les capitaux d'Euforie, ne trouvant plus de placement avantageux dans ce pays, s'en vont à Acarpie.

Or il est très facile de ramener ces trois conditions à la catégorie du temps.

Que signifie le surcroît de population? Supposons un million de travailleurs à Acarpie? A dix heures de travail par jour, cela fait dix millions d'heures de travail à la disposition de ce pays. Il arrive un second million d'hommes. Le pays dispose de 20 millions d'heures. Supposons qu'il y ait cent cubes de terre à déplacer pour une entreprise quelconque. Si l'on dispose d'un ouvrier et s'il déplace un cube par jour, la besogne sera terminée en trois mois. Mais s'il y a cent ouvriers, elle peut être faite en un jour. Quand Acarpie disposera de dix millions d'heures de travail de plus, son accommodation aux besoins de ses habitants avancera plus vite.

L'intelligence produit également une économie de temps. Un homme stupide comprend lentement ce qu'il faut faire, un homme de génie le comprend d'un coup. Que les colons d'Acarpie soient plus intelligents, ils iront droit au but par les procédés les plus rationnels et les plus expéditifs; ils feront peu de fautes; ils ne détruiront pas le lendemain le travail de la veille et leur pays se transformera rapidement au gré de leurs désirs.

Enfin, quant aux capitaux, comme ils représentent du travail accumulé, ils se ramènent facilement à la notion du temps. Robinson avait besoin de bâtir une hutte. S'il avait trouvé dans son navire une maison démontée, il lui aurait suffi de la transporter à terre et de l'édifier, pour avoir un logement confortable. Faute de l'avoir trouvé, il lui a fallu couper des arbres, les scier, les empiler, etc. Bref, dans le premier cas, il eût été logé plus vite que dans le second, mais c'est parce que d'autres hommes auraient précédemment travaillé pour lui. Quand on dit qu'Acarpie avancerait plus vite par l'afflux de capitaux extérieurs, on se sert, en réalité, d'une expression abrégée; il faut dire qu'elle avancerait plus vite parce que les habitants d'une autre région lui fourniraient un outillage plus parfait et plus complet.

Euforie et Acarpie peuvent servir encore à montrer l'action du facteur temps, à un autre point de vue.

Comme nous l'avons dit, si l'homme pouvait entendre ce qui se dit aux antipodes, le téléphone serait inutile. Personne n'en fabriquerait. D'autre part, s'il n'y avait ni marais ni déserts, nous n'aurions jamais besoin de drainages ni d'irrigations. Tous les instruments qui servent à ces travaux seraient inutiles. Il n'y a pas de déserts ni de marais à Euforie ; il y en a à Acarpie. Mais, au bout de trente ans de travaux persévérants, les Acarpiens ont desséché leurs marais et irrigué leurs terres. Leur pays est devenu alors plus semblable à Euforie, mais comme les Acarpiens sont partis d'un échelon inférieur, il leur a fallu du temps pour rattraper les habitants de la colonie mieux avantagée.

Représentons par le chiffre 1 000 le degré d'adaptation d'Euforie, au moment du débarquement de ses premiers habitants. Nous devrons prendre un chiffre inférieur pour Acarpie, 500, par exemple. Admettons la même activité dans les deux pays; supposons que la richesse double en cent ans dans l'un comme dans l'autre. Nous aurons alors la progression suivante :

	Au moment de la colonisation.	Au bout de 100 ans.	Au bout de 200 ans.	Au bout de 300 ans.
Richesse à Euforie.	1000	2000	4000	8000
— Acarpie.	500	1000	2000	4000

Les conditions avantageuses des Euforiens leur permettent d'atteindre en deux siècles une somme de confort que les Acarpiens atteindront seulement au bout de trois. Donc, toute adaptation naturelle se ramène à une question de temps.

Le degré d'accommodation d'un pays aux besoins de ses habitants augmente par le jeu combiné de deux facteurs : 1° les conditions naturelles plus ou moins favorables, et 2° l'activité du travail. Soit à Euforie l'adaptation initiale 1 000 et à Acarpie 500. Mais si la richesse gagne seulement 50 p. 100 par siècle dans le premier pays et 100 p. 100 dans le second nous aurons :

	Au moment de la colonisation.	A la fin du premier siècle.	A la fin du deuxième siècle.	A la fin du troisième siècle
A Euforie . .	1000	1500	2250	3375
A Acarpie . .	500	1000	2000	4000

De cette façon, au bout de trois siècles, Acarpie aura dépassé Euforie, bien que les habitants du premier pays soient partis d'un échelon inférieur.

Nous devons faire remarquer également que la richesse n'augmente jamais en progression arithmétique, mais en progression géométrique, parce que les capitaux produisent des capitaux. C'est une conséquence de la loi universelle de l'accélération du mouvement, qui se manifeste quand des forces agissent d'une façon continue dans la même direction. Le taux d'accroissement de la richesse doit se représenter non par :

2, 4, 6, 8, 10.

mais par :

2, 4, 8, 16, 32.

Sans doute, la progression ne grandit pas si vite ; mais, de toute façon, en temps normal, elle est géométrique, parce qu'un homme ayant un capital de 100 000 francs, a plus de puissance productive que dix hommes ayant chacun 10 000 francs.

Nous voyons souvent des nations réserver l'avenir. Les protectionnistes répètent à l'envi : Oui, nous sommes plus pauvres aujourd'hui, grâce aux droits de douane, mais nous rattraperons demain le temps perdu. Les Américains du Nord disent : défendons notre territoire aux Chinois et aux Européens ; ce sera une réserve pour nos descendants. Cette politique est insensée. On peut le démontrer par une simple progression. Représentons la richesse des Américains par 1 000. Soit cent ans la période de doublement. Nous aurons donc:

1894	1994	2094
1000	2000	4000

Mais si la période de doublement était de 50 ans, nous aurions :

1894	1944	1994	2044	2094
1000	2000	4000	8000	16000

Maintenant si, grâce à l'exclusivisme, la période de doublement de la richesse reste de 100 ans et, en admettant même qu'elle devienne de 50 ans après un siècle, on aura toujours :

1894	1994	2044	2094
1000	2000	4000	8000

Donc, pour avoir perdu leur temps au xxe siècle, leur richesse n'atteindra que 8 000 à la fin du XXIe, au lieu d'atteindre 16 000. Ils seront donc moitié plus pauvres. On peut en conclure qu'une avance perdue l'est pour l'éternité des temps, parce qu'il n'est pas dans le pouvoir de l'homme de créer la millionième partie d'une seconde.

Rien ne prouve qu'en diminuant le taux d'accroissement de la richesse pendant un certain temps, on l'accélérera plus tard. C'est là une simple affirmation hypothétique, sans aucune base. Tandis qu'au contraire, la production de capitaux nouveaux par des capitaux anciens est un fait universellement observé depuis des siècles. Lors donc que les nations réservent l'avenir, elles commettent une sottise, parce qu'elles gaspillent le temps d'une façon absolument irréparable.

Le héros d'un des contes des *Mille et une nuits*, Aladin, veut épouser la fille du roi. Il frotte sa lampe merveilleuse; le génie apparait. Il lui ordonne de lui élever un palais magnifique. Le lendemain, on voit celui-ci se dresser sur une des places de la ville. Si nous pouvions adapter notre milieu à nos besoins, en zéro secondes, nous serions tous des magiciens comme le génie de la lampe merveilleuse. Chacun de nos désirs serait aussitôt réalisé et le nombre de nos jouissances serait infini.

Nous appelons progrès une diminution du temps nécessaire pour produire les objets dont nous avons besoin.

Prenons un exemple.

L'auteur a sur sa table la traduction française d'un ouvrage de M. Herbert Spencer, intitulé *La Morale des différents peuples*. C'est un volume in-8 de 384 pages. Calculons le temps nécessaire pour le reproduire au nombre de mille exemplaires, par les différents procédés en usage dans l'humanité.

En belle calligraphie, il faut au moins 45 minutes par page. Mille exemplaires exigeraient donc 288 000 heures [1]. Sur une machine Remington, il faut 15 minutes par page, soit 96 000 heures pour l'édition.

Passons à l'imprimerie. Pour composer et mettre en page le livre de M. Spencer il faut compter 27 heures par feuille, avec

(1) En écriture courante on peut aller quatre fois plus vite ; mais elle sera si peu lisible que le lecteur alors perdra beaucoup de temps. Evaluez le travail d'un copiste à 2 francs par jour. Cela mettra le prix de revient de l'écriture seule à 58 francs par exemplaire.

un ouvrier ordinaire. Le tirage prendra cinq heures par feuille, soit en tout 768 heures de travail. Nous négligeons le brochage parce qu'il demanderait à peu près le même temps avec tous les procédés.

Ainsi la machine Remington va trois fois plus vite que la main du calligraphe, l'imprimerie 466 fois.

Nous pensons ne rien exagérer en affirmant que le calligraphe écrit avec notre alphabet, au moins cinq fois plus vite que le scribe égyptien en caractères hiéroglyphiques. L'édition du livre de M. Spencer aurait donc exigé 2 330 fois plus de temps pour être faite par l'ancienne écriture égyptienne que par nos presses à vapeur modernes. Ainsi la reproduction de mille exemplaires d'un volume de 384 pages demande selon le procédé 1 440 000, 288 000, 96 000 et 768 heures.

Supposez que la fabrication de chaque produit exige zéro minutes, le nombre des produits pourrait être infini, donc la richesse sans limites. Il y a actuellement près de 360 millions d'adultes mâles sur notre globe. Imaginons que chacun d'eux puisse fabriquer un objet quelconque en quantités suffisantes pour tous les autres hommes. Il pourrait recevoir en échange de son travail 359 999 999 objets élaborés par le reste des producteurs. Dans ce cas, son bien-être atteindrait le maximum possible ici bas. C'est vers ce but, à jamais réalisable, que tend cependant tout perfectionnement de l'outillage. « Avec les presses rotatives, dit M. Leroy-Beaulieu [1], dix compositeurs et cinq pressiers livrent autant de travail que 300 000 copistes il y a cinq siècles. » Les 299 985 hommes, rendus libres par l'invention des presses rotatives, peuvent s'occuper d'autre chose et augmenter la masse des produits existant sur la terre.

La concurrence pousse constamment vers ce résultat. Soit un marché ayant besoin de cent mille barres de fer par an. X et Z les fabriquent par moitié. Z trouve moyen de faire les barres deux fois plus vite qu'auparavant. Désormais il peut fournir à lui seul tout le marché. Il a intérêt à ce que l'usine de X ferme. Mais il n'a pas intérêt à ce que X ne fasse rien. Pour plusieurs raisons : 1° X cessera d'être un client pour Z [2] ; 2° X

(1) *Précis d'Économie politique*. Paris, Delagrave, 1888, p. 84.

(2) Car directement ou indirectement, X aura besoin de barres de fer.

ne pourra rien échanger avec Z, d'où diminution de la masse des produits, offerts sur le marché, ou, en d'autres termes, diminution du bien-être de Z, et enfin, 3° X tombera à la charge de Z comme indigent. En un mot, l'intérêt de Z est que X cesse de produire des barres de fer, mais non qu'il cesse de produire en général. L'intérêt de Z est que la fabrication de chaque objet de consommation se fasse dans le temps le plus court possible.

C'est la nécessité de ménager le temps qui a amené la création de la grande industrie. En effet, plus le nombre des produits similaires à fabriquer est considérable, plus vite va la besogne, car les travaux préparatoires se font d'un seul coup en vue d'une quantité plus forte. On peut employer plus de machines et des machines plus efficaces. Une édition tirée à 100 000 exemplaires ira plus vite que cent éditions à mille exemplaires.

Ce que notre esprit conçoit comme une *qualité* se ramène aussi, dans certains cas, à une question de temps. Un bon cheval est celui qui marche vite; une bonne route, celle qu'on peut parcourir rapidement. Une locomotive pouvant faire (avec la même dépense de charbon) $1^{km},5$ par minute sera déclarée meilleure que celle qui peut faire un seul kilomètre. Un bon habit est celui qui dure longtemps. Supposons qu'A travaille 100 heures pour se payer des vêtements ; s'il en achète demain qui soient deux fois plus durables, il ne travaillera plus que cinquante heures pour cet objet. Un savant dont la bibliothèque et le cabinet de travail sont à des étages différents, doit perdre un certain temps toutes les fois qu'il a besoin d'aller prendre un livre : il est donc mal logé. Une maison bien bâtie est celle qui exige peu de réparations. Un bon maître, est celui qui enseigne par des méthodes expéditives. Un bon élève, celui qui apprend vite. Dans ce cas il y a deux combinaisons : le bon élève travaillant dix heures par jour et ayant besoin d'une demi-heure pour apprendre un fait, connaîtra vingt faits par jour, le mauvais, ayant besoin d'une heure pour chaque fait, n'en retiendra que dix. Dans l'autre combinaison, s'il y a dix faits à apprendre, le bon élève emploiera cinq heures, le mauvais le double.

La sociabilité économise le temps par la spécialisation du

travail et le troc. Un individu fait une paire de bottes par jour; il l'échange contre un certain nombre d'autres articles. Mais s'il pouvait faire deux paires de bottes, il pourrait obtenir plus d'objets. En d'autres termes, le salaire est en fonction du temps.

Moins il faut d'heures pour produire un article, plus forte est la rémunération du travail, parce qu'il y a un plus grand nombre d'utilités à partager entre le même nombre d'individus.

Le troc direct des marchandises a cessé depuis des siècles, dans les pays civilisés. Tous les produits s'échangent contre un seul qui sert d'intermédiaire : la monnaie. La complexité des phénomènes économiques est extrême, le nombre des facteurs qui font varier les prix immense. En tout premier lieu il y en a deux qui causent de grandes perturbations : l'envie qu'a X des objets produits par Z, envie qui peut varier dans une mesure considérable, le désir qu'a Z des objets offerts par X, qui peut aussi se modifier à tout moment. Ces faits obscurcissent le phénomène fondamental. L'offre et la demande sont des perturbateurs. Pour bien comprendre les choses complexes, il faut les simplifier, les ramener à leurs éléments derniers. Faisons abstraction un moment de la variabilité des désirs humains. Supposons une série d'objets également demandés. Dans quelle proportion vont-ils s'échanger entre eux? Il est évident que le temps nécessaire à leur fabrication établira cette proportion. Toutes choses égales d'ailleurs, le prix d'un objet est en raison directe du temps nécessaire pour le produire. Quand ce temps est réduit à zéro, l'objet n'a aucun prix. Ainsi le canal de Suez coûte 500 millions de francs. Il a exigé dix ans de travail. S'il en avait exigé seulement cinq (*ceteris paribus*), il n'aurait coûté que 250 millions. Le Bosphore, par contre, ne coûte rien parce qu'il a exigé zéro jours de travail. Il en est de même de tous les produits, si on néglige l'élément perturbateur de l'offre et de la demande.

On parle toujours de l'heureux mineur à qui il a suffi de se baisser pour ramasser une pépite d'or qu'il échange contre des articles représentant des milliers d'heures de travail. Sans doute ce fait peut se produire. Mais combien de fois par siècle et pour combien d'individus? Si on devait compter sur un accident de ce genre pour subvenir à ses besoins, des millions d'hommes devraient mourir de faim tous les jours.

Rien de plus décevant que l'appréciation de la valeur des produits en argent. Il faudrait trouver une mesure complètement différente. C'est très difficile, sans doute. Mais si l'économie politique ne veut pas piétiner sur place, on devra bien y arriver tôt ou tard. Il faudrait faire un modèle d'habitation, y ajouter une certaine quantité de vêtements, de meubles, d'ustensiles, de subsistances, etc. Cet ensemble devrait être qualifié d'une dénomination quelconque, s'appeler, par exemple, le confort-type n° 1. Un second type, comportant une plus grande somme de bien-être, comprenant, outre les objets de première nécessité, quelques autres, servant à la satisfaction des besoins intellectuels : livres, journaux, gravures, etc., serait classé sous le n° 2. A ces deux premières classes on pourrait en ajouter une troisième et une quatrième. On calculerait alors combien d'heures de travail il faut pour obtenir ces conforts-types. La difficulté serait grande pour établir cette donnée, parce que certains individus travaillent vite et d'autres lentement. Cependant les fortes moyennes égaliseraient les différences. Ceci fait, on aurait une mesure économique qui pourrait s'appeler l'*horo-confort*. Comme on a créé le kilogrammètre en mécanique et, récemment, le kilowatt pour les applications de l'électricité, on devrait créer une unité de mesure scientifique en économie politique. Quelques tentatives se font déjà dans cette direction. Les revendications des socialistes ont poussé à ce genre de recherches. On a essayé de faire comprendre à l'ouvrier que le nombre de francs de son salaire n'est pas tout. L'important est la somme de produits qu'il peut obtenir pour cet argent. Ainsi, en définitive, tout se ramène à une équation de temps.

L'évaluation du nombre d'heures nécessaires pour atteindre les différents types de confort exigera des recherches minutieuses et patientes. On n'arrivera pas à l'établir, d'une façon suffisamment précise, en un seul jour. De nombreux économistes devront se consacrer à l'étude de cette épineuse question [1]. Il faudra

(1) Nous devons faire remarquer, cependant, que les travaux, répondant à cet ordre d'idées, deviennent de plus en plus nombreux dans ces dernières années.

recueillir de nombreux documents sur les salaires. Une difficulté de plus, c'est que le type de confort varie selon les climats. Les appareils de chauffage, nécessité de premier ordre en Sibérie, sont inutiles en Egypte. Malgré toutes ces difficultés, on parviendra à déterminer l'horo-confort en chiffres d'une précision suffisamment exacte. Quand cela sera fait,cette mesure rendra les services les plus considérables à l'économie politique. Alors seulement, on pourra déterminer scientifiquement la richesse d'un pays, car elles se déduira d'une seule donnée : le nombre d'heures de travail nécessaires pour atteindre les différents types de confort. Les pays où ce nombre sera petit seront riches, celui où il sera grand seront pauvres[1].

Cependant ce terme d'horo-confort est lui-même insuffisant. En définitive, comme nous l'avons vu, les outillages du premier, du second et du troisième degré ont pour but unique l'aménagement de la planète. Si l'on voulait adopter pour l'économie politique une mesure complètement exacte, il faudrait créer celle d'*unité d'adaptation*. Elle serait la somme d'accommodation du monde extérieur qu'on pourrait produire dans un temps donné, en un jour par exemple. Nous comprenons que ce terme est extrêmement vague. Il faudrait les plus vastes recherches et les travaux les plus patients pour le ramener à quelque notion concrète. Cependant si vague que soit ce terme, le lecteur verra plus loin combien il a d'utilité.

Quoi qu'il soit de l'horo-confort et des termes analogues, toujours est-il que, même en ramenant la valeur des objets à l'or ou à l'argent, leur prix est toujours en fonction du temps employé à les produire.

Nous n'avons pas l'intention de courir sur les brisées de Karl Marx et d'affirmer que le travail manuel est la seule source de la richesse. L'intelligence et le capital, sont des éléments indispensables à toute production. Pour ce qui est du capital, il se ramène aussi à la notion du temps, puisqu'il est du travail accumulé, de la force potentielle produite par une force autrefois active.

Nous ramenons bien entendu l'effort intellectuel de l'entre-

(1) Supposons que le type n° 3 puisse être atteint en Angleterre en 20,000 heures et en Russie en 60,000. L'Angleterre sera trois fois plus riche que la Russie.

preneur sous le vocable de travail. Mais on doit reconnaître que l'activité mentale échappe, plus que toutes les autres, à l'action du temps. Une idée de génie, capable d'opérer les transformations économiques les plus colossales, peut éclore en une seconde. Non seulement l'importance d'une idée n'est pas toujours en raison directe du temps nécessaire à la produire, mais elle est parfois en raison inverse. Les œuvres littéraires les plus parfaites sont écloses d'un seul jet du cerveau de leurs auteurs. Haendel a écrit son *Messie* en quelques semaines, Rossini son *Barbier de Séville* en quelques jours. On pourrait multiplier ces exemples à l'infini. Toujours les chefs-d'œuvre naissent par une inspiration rapide et prompte. Comme les hommes rémunèrent les services en raison directe des jouissances qu'ils leur procurent, certains littérateurs de talent peuvent gagner avec quelques pages plus que des ouvriers travaillant pendant des années. Ici la valeur des produits n'est plus en raison directe du temps. Cette proposition s'applique donc plus particulièrement à la transformation des objets matériels ou, en d'autres termes, à la production agricole et industrielle.

Considérons maintenant la richesse au point de vue individuel. Nous verrons qu'elle permet de produire l'adaptation passive et active dans le délai le plus court possible. Son avantage consiste pour ainsi dire à supprimer le temps.

X a une immense fortune. Le climat du pays qu'il habite ne lui convient pas. Immédiatement, il va s'établir ailleurs. X n'aime pas les plaines, elles lui causent de l'ennui. Aussitôt il se choisit un séjour dans les montagnes.

X veut s'instruire. Il peut s'acheter tous les livres nécessaires. Il n'a pas besoin de perdre son temps à aller les chercher dans les bibliothèques publiques. Il peut appeler les professeurs les plus en renom pour lui faire des cours et des conférences.

X a acheté un parc. Mais il ne lui plait pas. Immédiatement il fait venir un paysagiste, des ouvriers, et le transforme selon ses idées. Il trouve que le mobilier de son hôtel n'est pas conforme à sa fantaisie. Il appelle un tapissier et s'en commande un autre. Enfin X veut propager une idée. Il peut fonder un journal, imprimer un livre à des millions d'exemplaires, le distribuer gratuitement, organiser un vaste service de publicité pour les faire connaître, etc. En un mot, il peut s'assimiler au milieu physique et mental, et adapter dans le temps le plus court ce même milieu à son individualité. Si la fortune de X était infinie, il aurait pu aménager toute la planète conformément à ses désirs et par conséquent rendre la corrélation entre son idéal, et le monde terrestre aussi complète que possible.

Ce qui se donne vite au riche se donne lentement ou ne se donne pas du tout au pauvre. Ce dernier est obligé de gaspiller son temps. Prenons un seul exemple. L'indigent doit aller à pied ; un peu plus d'aisance permet de prendre l'omnibus, plus d'aisance encore un fiacre, enfin la richesse permet d'avoir ses propres chevaux et d'autant plus rapides qu'ils sont plus chers. Dans les rues d'une ville, l'indigent fera quatre kilomètres à l'heure, le richard quinze. En chemin de fer, le pauvre prend des trains omnibus, le riche des trains éclairs.

Par la richesse, en un mot, on peut se donner le plus grand nombre de jouissances dans le temps le plus court.

Pour finir, considérons la question sous son aspect le plus général. La proposition que tout progrès se ramène à une suppression de temps est aussi vraie en biologie et en psychologie qu'en économie politique. Les êtres placés aux échelons les plus bas de la hiérarchie vitale, sont composés d'une seule cellule. A mesure qu'ils se perfectionnent, nous voyons qu'ils forment des associations de plus en plus nombreuses. Le corps de l'homme est un groupe de plusieurs milliards de cellules. Quel bénéfice procure l'association ? Une économie de temps. Par un repas de quelques minutes l'organisme humain pourvoit à la nourriture de toutes ses unités vitales. Si chacune d'elles, vivant séparément, avait dû pourvoir à son alimentation pour son compte particulier, le temps exigé pour cette opération eût été beaucoup plus considérable. Même économie par la différenciation des fonctions. L'homme peut respirer, assimiler les aliments, voir, entendre et penser, du même coup. Or toute simultanéité est un gain : en effet, avoir un grand nombre de sensations dans le même moment revient à avoir besoin d'un temps très court pour chacune d'elles.

L'échelle hiérarchique des êtres commence à une gelée amorphe comme le *bathybius* et aboutit à l'homme. Toujours l'animal supérieur se distingue de l'inférieur par une plus grande complexité et une plus grande différenciation des fonctions. D'où la possibilité d'exercer un plus grand nombre d'actes vitaux simultanés. Les limites de notre travail ne nous permettent pas de nous étendre sur ce sujet. Pour la psychologie nous nous contenterons de signaler un seul ordre de faits. Quand une idée évoque trop d'images dans l'esprit, il se produit une confusion, une perte de temps. Par exemple, si, pour nous représenter l'Asie, nous devions songer à tous les pays et à tous les peuples de ce continent, il faudrait un temps extrêmement long. Alors le nombre de nos idées serait très restreint. Heureusement le cerveau fait une synecdoque. Il prend la partie pour le tout. Il associe l'image de l'Asie avec celle d'un paysage particulier ou avec celle d'une carte. Une seconde opération, encore plus merveilleuse, est la faculté que possède l'esprit de concentrer une série d'images innombrables sur un seul mot : comme table, ville, maison, etc.

Eh bien ! toutes ces opérations épargnent le temps. Le processus d'économisation, inconscient dans les premiers jours de notre vie, devient ensuite conscient et voulu. L'édifice merveilleux des mathématiques a été créé, en partie, pour économiser le temps. Je veux savoir, par exemple, en combien d'années se double un capital placé à 7 p. 100. Je puis faire la série des multiplications une à une. Mais cette méthode est lente. Au moyen d'une formule algébrique, je puis avoir le chiffre désiré en quelques minutes. La formule a été faite précisément pour me procurer cette facilité.

Le progrès social se ramène exactement au même principe : association, différenciation et simultanéité.

La horde primitive était composée de quelques dizaines d'individus. Aujourd'hui l'empire britannique en compte 381 millions. Comme ces hommes ne se font plus la guerre, ils détruisent moins de richesse et accroissent plus vite leur bien-être. Dans les sociétés peu avancées le gouvernement se mêle de régler les croyances de ses administrés, il s'occupe de leur activité économique. Il y a une religion d'État ; la littérature est sous la protection du roi, le commerce et l'éducation sont réglementés par un ensemble de mesures des plus minutieuses. Dans les sociétés plus avancées, la religion devient affaire privée, la littérature se passe de Mécènes, le commerce est abandonné à lui-même. En Angleterre, il n'y a pas de droits protecteurs et chaque industriel achète et vend comme bon lui semble et où bon lui semble, sans que le gouvernement s'en mêle. La liberté en définitive n'est qu'une différenciation des fonctions.

En effet, quand un gouvernement n'essaye pas d'imposer un dogme, cela veut dire que les fonctions administratives sont différenciées des fonctions religieuses ; quand un gouvernement ne patronne plus les savants, les littérateurs et les artistes, cela veut dire que la fonction de la production mentale s'est différenciée à son tour. Enfin, quand un gouvernement ne protège plus la production nationale, cela veut dire que les fonctions économiques ne se confondent plus avec les fonctions politiques.

Toute différenciation a pour résultat la simultanéité des fonctions, donc un accroissement de l'activité sociale. Ces différenciations diverses s'appellent du nom de libertés, en langage usuel. La liberté produit une économie de temps. Le progrès biologique d'une part, le progrès social de l'autre, ont pour résultat d'accélérer l'adaptation de l'homme à son milieu et du milieu à l'homme.

CHAPITRE IV

LA LOI D'ÉQUILIBRE

Une boule de métal chauffée à 300 degrés est placée à côté d'une autre, chauffée à 30 degrés. Au bout d'un certain temps, la boule la plus chaude transmet une partie de son calorique à la plus froide et leur température s'égalise. Qu'est-ce qui arrive alors? La chaleur est produite par les mouvements atomiques. Quand la température des boules était différente, les mouvements l'étaient aussi. Quand la température devient égale, les mouvements le deviennent aussi. Nous voyons ici un des cas les plus simples d'une loi universelle : les forces tendent à l'équilibre. En mécanique, l'équilibre ne signifie pas la suppression du mouvement (un atome sans mouvement est une pure entité métaphysique), mais la constance des trajectoires. Supposons, en effet, que les mouvements atomiques de tous les corps, influant sur nos boules, soient de nature à accomplir des vibrations produisant 30 degrés de chaleur. Nos boules conserveront cette température éternellement, ou, en d'autres termes, les trajectoires de leurs atomes ne changeront plus.

La loi de l'équilibre est la plus vaste généralisation de l'esprit humain. Elle englobe toutes les lois particulières de la mécanique, de l'astronomie, de la géologie, de la biologie, de la psychologie et de la sociologie ; il n'y a pas un seul phénomène de la nature qui ne puisse y être ramené par une analyse pénétrante.

Pour les besoins de notre travail nous n'avons pas besoin de remonter au delà de la physiologie. La loi d'équilibre s'y manifeste sous l'aspect de la santé ; en psychologie, sous l'aspect de la vérité. Pour la santé, il est à peine besoin d'une démonstration. Dès que notre corps se trouve plongé dans un milieu dont la température est trop basse, ou trop haute, il y a maladie, parce qu'il n'y a plus d'équilibre entre les mouvements atomiques de notre organisme et ceux du milieu ambiant [1].

Quant à la vérité, la démonstration est un peu moins directe et une courte analyse devient nécessaire. Un homme aperçoit une surface miroitante dans le désert. Deux images se forment aussitôt dans son esprit : celle de l'eau et celle du mirage. S'il y a réellement de l'eau et que notre homme croie voir de l'eau, l'image interne correspond à la chose externe ; il y a donc similitude entre les mouvements atomiques de l'eau et les mouvements des centres nerveux, qu'ont produit cette représentation ; donc corrélation entre les forces internes et externes, donc équilibre. Si, au contraire, il y a réellement un mirage et si l'homme croit voir de l'eau (ou vice versa), la corrélation n'existe pas. En effet, en s'approchant de l'endroit, où il a cru voir de l'eau, l'homme n'éprouve aucune des sensations que donne ce liquide. Dans le cas où l'homme prend un mirage pour un mirage ou de l'eau pour de l'eau, nous disons qu'il est dans le vrai ; dans le cas contraire, il est dans le faux. Un autre exemple. La terre nous parait plate. Si toutes nos sensations concordaient toujours avec cette impression, elle serait vraie. Mais elles ne concordent pas toujours. En allant aux antipodes nous ne voyons aucune des étoiles de notre hémisphère. Si la terre était plate, pareille chose ne pourrait pas se produire. Donc nous nous trompons en croyant la terre plate.

Si la concordance pouvait être complète entre le monde extérieur et nos représentations, l'homme connaîtrait la vérité absolue. C'est impossible pour deux raisons. En premier lieu, comme toute sensation et toute image exigent du temps, le nombre de nos connaissances est forcément limité, tandis que le nombre des phénomènes naturels est infini. Nous en connaît-

(1) La santé peut toujours se ramener à un équilibre entre l'organisme et le milieu. Prenons pour exemple les microbes et le corps humain. Ou il assimile ces petits êtres, ou il les détruit. Dans le premier cas, il se rend semblable au milieu (puisque certaines substances qui étaient d'abord autour de lui dans les microbes, sont maintenant en lui), dans le second cas il rend son milieu semblable à soi (puisqu'en détruisant les microbes, il transforme des combinaisons chimico-biologiques nuisibles en combinaisons inoffensives).

trons toujours une quantité extrêmement faible; par conséquent, il y aura toujours discordance entre l'univers et la représentation que nous pouvons nous en former. L'obstacle, qui empêche une adaptation psychique complète, vient du temps.

D'autre part, la représentation des phénomènes externes est le produit de deux facteurs : la nature de ces phénomènes et la nature de notre esprit. Forcément, nous faisons subir à toute image d'un objet extérieur une déformation subjective qui l'altère dans une mesure quelconque. Par conséquent, il n'y aura jamais concordance complète entre le monde externe et sa représentation interne ; donc, il n'y aura jamais d'adaptation psychique complète, jamais d'équilibre définitif.

La psychologie moderne a démontré que cette déformation subjective de notre cerveau est précisément la notion de l'espace et du temps. Il nous est absolument impossible de former la moindre représentation en dehors de ces deux catégories. Cependant l'espace et le temps n'ont aucune réalité objective. Ce sont des relations dont notre moi constitue un terme. Supprimez ce terme et la relation disparaît. La notion du temps est une résultante du fonctionnement des centres nerveux qui produit la mémoire. On pourrait représenter le phénomène de la durée par la figure suivante :

passé ∞ ←←←←← moi →→→→→ ∞ futur.

Selon que ce *moi* se déplace, les relations s'altèrent. Ce qui était le futur pour mon grand-père est le passé pour moi ; ce qui est le futur pour moi sera le passé pour mon petit-fils. Mais pour qu'il y ait un *hier* et un *aujourd'hui*, il faut qu'il coexiste certaine représentation dans un cerveau. Supprimez ces représentations et il n'y aura plus de temps. Le moment où ces lignes tomberont sous les yeux du lecteur sera aussi bien le commencement que la fin des temps. Fin, comme point terminal d'une évolution infinie dans le passé ; commencement, comme point initial d'une évolution infinie dans le futur. Et dans mille siècles, comme dans cent millions de siècles, il en sera toujours ainsi. Nous n'écrivons pas un traité de psychologie et nous n'avons pas à nous arrêter plus longtemps sur cette question. Nous avons dû en parler seulement dans la mesure qui est nécessaire pour la compréhension des phénomènes économiques. Nous devons ajouter, cependant, que si tous les hommes pouvaient comprendre la subjectivité du temps, la face de la terre serait immédiatement transformée. En effet, si le temps n'existe pas, l'univers n'a jamais eu de commencement. Nous n'avons donc à courber le front devant aucun créateur. Délivrés de toute superstition, nous pourrions nous livrer à des besognes productives et fécondes. Notre activité ne serait plus entravée à chaque instant par des terreurs enfantines et des préjugés surannés.

Mais s'il ne doit y avoir jamais de corrélation complète entre le monde externe et nos images internes, c'est-à-dire d'équilibration psychique absolue, nous y tendons constamment en vertu de la loi universelle de la nature. Tout ce qui augmente la corrélation est jouissance ; tout ce qui la diminue, souffrance. En d'autres termes, tout ce qui augmente l'adaptation passive et active au milieu ambiant est le bien, tout ce qui le diminue est le mal.

L'homme qui apprend quelque chose, tend à établir une corrélation plus exacte entre ce monde externe et ses représentations internes ; voilà pourquoi le savoir est une jouissance[1]. Tout homme qui travaille, tend, directement ou indirectement, à accommoder la planète à ses besoins ou à rendre les individus qui l'entourent, plus semblables à lui-même. Voilà pourquoi la production est une jouissance. Si un labeur excessif et sans résultat peut être pénible, l'inactivité complète, d'autre part, est le pire de tous les maux. La prison cellulaire, sans travail, mène rapidement à l'idiotisme et à la folie. Après la mort, elle est le plus cruel de tous les tourments. On peut déduire de la loi de l'équilibre pourquoi le viveur doit arriver si vite à la souffrance par la satiété. Le viveur ne produit pas de richesse, donc il ne tend en aucune façon à accommoder la planète à ses besoins. Il ne produit pas non plus d'idées et ne propage pas celles des autres ; donc il n'essaye pas de rendre son entourage semblable à lui-même. Dès qu'un viveur

(1) Ne pas confondre ici deux choses. Apprendre peut être une peine, mais savoir est un plaisir. Dans un conte de fées de Mme de Ségur, il est question d'une princesse qu'on instruit dans son sommeil. C'est l'idéal. Savoir, sans se donner la peine d'apprendre. Si apprendre est si pénible cela tient certainement, en partie, à nos méthodes d'instruction, mais ce n'est pas ici l'occasion de nous étendre sur ce sujet.

a une passion, ne fût-ce que celle d'enseigner une nouvelle passe à l'escrime, il a un but ; il conforme, dans une mesure, si faible qu'elle soit, le milieu à ses désirs et cesse, par cela même, d'être un viveur dans l'acception complète du terme.

Un autre phénomène psychique, provenant aussi de la notion du temps, a une extrême importance en économie politique. L'homme projette les événements dans le passé, comme dans l'avenir. Il peut, non seulement se représenter un état de choses qui n'existe plus et qui a existé, mais encore un état de choses qui n'existe pas encore et qui pourra exister. Ce dernier phénomène psychique s'appelle l'idéal. Il est d'une importance de premier ordre. A vrai dire, il est le moteur principal de toute notre activité. Si l'homme travaille, c'est pour réaliser un état de choses non existant, mais qui lui promet des jouissances futures.

L'idéal ne se projette pas seulement dans l'avenir, mais aussi dans le passé. Dans ce dernier cas, il nous donne un criterium pour apprécier le bien et le mal. Quand nous disons, par exemple, que Louis XIV a eu tort de révoquer l'édit de Nantes, nous l'affirmons seulement grâce à un idéal existant dans notre esprit. Nous pensons que l'intervention de l'État dans le domaine de la foi est néfaste et nous jugeons l'acte de Louis XIV à ce point de vue.

Tout homme, si modeste que soit son intelligence, a une représentation quelconque de l'univers et un idéal. Pour un paysan, par exemple, cet idéal peut consister dans la disparition de certains impôts et de certaines entraves. Ce n'en est pas moins un idéal social. Quand les événements s'acheminent vers notre idéal, nous éprouvons de la jouissance ; quand c'est le contraire, de la souffrance. Dès que le milieu devient ce qu'il nous semble devoir être, nous sommes contents. En d'autres mots, plus la concordance entre nos volitions internes et le monde externe augmente, plus nous sommes heureux, parce qu'il y a accroissement d'adaptation.

Or il existe toujours un lien très étroit entre notre conception de l'univers et notre idéal. L'un découle toujours de l'autre. Nous ne nous estimons pas malheureux parce que les trois angles d'un triangle ont leur somme égale à deux angles droits et pas à quatre. Nous ne nous plaignons pas de ce que les corps s'attirent en raison inverse du carré des distances et non du cube. Le soleil a maintenant 1 384 000 kilomètres de diamètre. S'il en avait davantage, il nous enverrait plus de chaleur, ce qui serait un bienfait pour certaines régions de la terre. Nous ne songeons cependant pas à nous lamenter de ce que le soleil est trop petit. Ce qui nous paraît conforme aux lois de la nature nous parait conforme aux lois de la raison. Or, qu'est-ce que cela signifie, sinon, qu'il y a alors concordance complète entre le monde externe et nos représentations internes ?

A un autre point de vue, ce qui est conforme aux lois de la nature nous parait juste. Aussi, quand une plus grande somme de justice qu'auparavant est réalisée sur notre terre, nous éprouvons de la jouissance ; quand l'injustice triomphe, de la souffrance.

La jouissance et la souffrance sont aussi des conceptions relatives et cette relativité provient précisément de notre idéal. Des libertés qui paraîtraient à un Persan constituer le comble du bonheur paraîtraient à un Anglais le comble du despotisme. Ainsi, pour avoir imprimé un libelle contre le Schah, un Persan peut être décapité. Si la législation est modifiée et qu'il subisse seulement dix ans de prison, il sera très satisfait. Mais pour un Anglais une peine de ce genre paraîtrait d'une sévérité intolérable. Tout dépend du point de vue personnel. Voilà pourquoi on voit souvent les ouvriers les mieux payés être les plus mécontents. Quelques-uns d'entre eux s'imaginent avoir droit à la totalité des bénéfices produits par l'entreprise dans laquelle ils sont engagés. Que cette idée soit juste ou fausse, peu importe ; grâce à elle, un ouvrier, gagnant dix francs, peut s'estimer plus malheureux qu'un autre dont le salaire est moitié moindre.

Relevons encore un phénomène psychique très important en économie politique : l'esprit humain ne peut percevoir que des différences. S'il n'y a aucun changement dans le milieu, il n'y a ni sensation, ni perception. Certaines modifications nous causent du plaisir, d'autres de la douleur, mais les modifications seules arrivent à la conscience.

La discrimination est le point de départ d'une immense série de faits économiques. La viande coûte 7 centimes le kilogramme dans la république Argentine et un franc dans les pays de l'Europe occidentale. A partir du moment où cette différence sera connue, l'Argentin, pour gagner davantage, tâchera d'expédier sa viande en Europe ; l'Européen, pour dépenser moins, tâchera de la faire venir d'Amérique. Les rapports commerciaux se noueront ; on s efforcera de transporter du bétail vivant ou de la viande congelée. Mais si la différence des prix n'avait pas été connue dans les deux pays, jamais on n'aurait noué de rapports.

Autre exemple. L'hectare donne en moyenne 15 hectolitres de blé en France et 29 en Angleterre. A partir du moment où ce fait vient à être connu, un série de conséquences vont se produire : les Français seront portés à améliorer leur outillage agricole, à modifier la succession de leurs cultures, à introduire des engrais chimiques, etc.

Le plaisir et la douleur proviennent donc de la perception d'une différence. L'atmosphère contient 23 parties d'oxygène. Il en est ainsi sur tout le globe. Nous n'éprouvons donc ni souffrance ni jouissance en respirant l'air aux Etats-Unis plutôt qu'en Europe. La composition de l'atmosphère paraît un fait naturel et nul ne s'en soucie. S'il paraissait conforme aux lois de la nature que la viande coutât un franc le kilogramme, nul ne souffrirait en Europe de la payer ce prix. S'il paraissait conforme aux mêmes lois à l'Argentin de la vendre 7 centimes, il ne souffrirait pas davantage. Les deux peuples commencent à souffrir à partir du moment où ils savent, l'un, que la viande pourrait lui coûter beaucoup meilleur marché, l'autre, qu'il pourrait la vendre beaucoup plus cher [1].

Les continents forment actuellement un tiers environ de la surface du globe. S'ils formaient la moitié, l'homme aurait plus de place et il pourrait être plus riche. Mais qui éprouve de la souffrance parce que la proportion entre les terres et les mers n'est pas différente de ce qu'elle est? On accepte ce fait comme inévitable. L'étendue des continents offre un espace minimum de terres appropriables à nos besoins et, parce que ce fait est

(1) Le même fait peut causer des jouissances ou des souffrances selon les notions de l'individu. Un homme n'a jamais voyagé autrement qu'en voiture. Il prend un train qui fait 40 kilomètres à l'heure. Il éprouve une grande satisfaction. Mais si on lui apprend que sur d'autres lignes on fait 90 kilomètres à l'heure, la vitesse de 40 l'impatiente ; donc elle lui cause une souffrance.

conçu comme naturel, il échappe à la conscience. Il en sera de même du minimum de confort que comporte une société, à un moment donné. De même que nul ne s'estime heureux d'avoir de l'air à respirer et de l'eau à boire (c'est là, cependant, la condition essentielle de l'existence), nul ne s'estimera heureux de posséder le minimum de bien-être que comporte l'état social, à un moment donné. La souffrance commencera quand on tombera au-dessous; la jouissance, quand on montera au-dessus, c'est-à-dire quand il y aura une perception de différence. Dans l'Europe occidentale, les chaussures sont devenues d'un usage presque universel. Ceux qui doivent marcher pieds nus dans les rues souffrent; ceux qui ont des souliers ne s'en estiment pas particulièrement heureux à chaque instant de leur vie. Quand un homme atteint un certain degré de bien-être, il cesse d'y faire attention et tous ses efforts se portent à l'augmenter.

Ici apparaît le phénomène de l'empiétement sur l'avenir : l'idéal. Chaque homme a le sien. Plus vite il se réalise, plus il est heureux.

Naturellement, dès que s'établit la division du travail, chaque individu, au sein de la société, ne peut vivre et se nourrir qu'au moyen de l'échange. Il vend une certaine somme de services ou de produits; il achète une certaine somme de produits ou de services à ses semblables. La question qui prend alors la plus grande importance, est de savoir dans quelles proportions va s'effectuer l'échange. Ici aussi, l'idéal revendique immédiatement ses droits. Il n'y a pas un seul échange qui ne soit accompagné de jouissance ou de souffrance. Jouissance, quand nous croyons avoir obtenu une rémunération égale ou supérieure à notre peine, souffrance quand le fait contraire se produit. Mais comment établir l'équivalent de notre travail ? Nous y arrivons encore ici par la perception des différences. Si X apprend que Z reçoit 5 francs pour un labeur semblable au sien, tandis qu'il reçoit lui-même 2 francs, il souffre et fait des efforts pour obtenir aussi 5 francs. Si X ne savait pas qu'un travail semblable au sien se paye ailleurs beaucoup plus cher, ou s'il savait (ce qui revient au même) qu'un travail de ce genre se paye 2 francs sur la surface entière du globe, il ne se sentirait pas lésé et ne souffrirait pas. On le voit, le maximum de bonheur se produira sur la terre, alors qu'il s'établira un équilibre économique aussi complet que possible.

Mais cette question doit être examinée avec plus de développements. Nous le ferons au chapitre suivant. Avant d'y passer, un mot encore, sur l'équilibre. Cette loi universelle s'applique à tous les phénomènes sociaux. C'est par son action que les peuples sont poussés à se ressembler toujours davantage. Et, plus il y aura de similitude dans les principes fondamentaux de leur organisation, moins il y aura de souffrances. Donnons un exemple tiré d'un fait tout récent. A la séance du 5 août 1893 du congrès international des socialistes, tenu à Zurich, on a proposé la grève générale en cas de guerre. Cette mesure mettrait fin aux stupides massacres et à l'épouvantable gaspillage causés par l'esprit de conquête. Si les ouvriers faisaient cela, quel incommensurable progrès ! Mais cette proposition s'est heurtée à l'objection suivante : « En cas de guerre, le peuple le plus socialiste suivra la décision du congrès et se mettra en grève, le peuple le moins socialiste ne la suivra pas. Ce dernier écrasera le premier. »

La proposition fut rejetée. Or elle ne l'aurait pas été si, dans l'opinion des délégués de Zurich, tous les peuples de l'Europe eussent été également socialistes, c'est-à-dire, si la similitude ou l'équilibre social eût été plus grand entre eux. Toute institution qui ne s'adapte pas à un milieu donné est perturbatrice ; elle cause de la souffrance. De là, un effort constant pour la détruire ou l'éliminer.

CHAPITRE V

L'ÉQUILIBRE ÉCONOMIQUE

Il n'y a pas plus de chimie, de biologie, et de sociologie dans la nature, qu'il n'y a de provinces sur le globe terrestre. C'est nous qui établissons les divisions par des lignes idéales. Nous disons : ceci s'appellera Lorraine, cela Alsace. C'est nous qui marquons les bornes, et non la nature. De même nous disons : tels phénomènes sont chimiques, tels autres biologiques, tels autres sociaux. Encore ici notre esprit place des bornes imaginaires.

C'est faute d'avoir bien compris l'unité des phénomènes naturels que les sciences sociales sont encore si arriérées. Quand les économistes, dans leurs traités, commencent par des abstractions insaisissables et vagues, comme la définition de la valeur, ils provoquent une vive répulsion et une profonde défiance chez le lecteur. Il sent que toutes ces théories sont des constructions dialectiques, des châteaux de cartes qu'une théorie contraire, aussi abstraite et aussi vague, peut renverser d'un seul souffle.

Si l'on veut s'appuyer sur un terrain solide, il faut partir des données de la biologie dont l'économie politique n'est qu'un simple prolongement.

Pour bien comprendre la question du salaire, il faut remonter aux phénomènes primordiaux de la vie. Nous savons que cette proposition provoquera de l'opposition et même des plaisanteries. Mais qu'importe.

Le phénomène vital le plus élémentaire est l'irritation. Quand un muscle ou un nerf est excité par une action extérieure, il produit un mouvement. La vie est une série d'actions du milieu sur l'organisme et de réactions de l'organisme sur le milieu. L'action du dehors au dedans prend le nom d'irritation en physiologie, de connaissance en psychologie, de vente en économie politique.

Les phases diverses des phénomènes vitaux peuvent se représenter comme il suit :

	Adaptation passive. Action du dehors sur l'individu.	Adaptation active. Action de l'individu sur le dehors.
En physiologie. . . .	Irritation.	Mouvement.
En psychologie . . .	Science.	Enseignement.
En économie politique	Vente (revenu).	Achat (dépense).

Il est à peine nécessaire de nous arrêter sur les phénomènes psychologiques. Tout le monde comprend, en effet, qu'apprendre signifie s'incorporer des notions et des idées venant du dehors, qu'enseigner, ou faire de la propagande, signifie communiquer nos idées à nos semblables.

Mais le fait économique est moins simple et demande quelques mots d'explication.

Quand un individu accomplit un travail en vue d'un salaire, ou produit un objet quelconque en vue de le vendre, il le fait parce que d'autres hommes désirent ce travail ou cet objet. L'ouvrier, pour gagner sa vie, accepte la besogne imposée par ceux qui l'emploient. L'industriel se conforme au goût de ses acheteurs et se soumet à leurs fantaisies. Il livre souvent des articles, qu'il trouve mauvais, mais que sa clientèle trouve bons. Sous peine de ruine, il est obligé de se conformer aux exigences du marché. De même, quand un homme fonde une entreprise nouvelle, il doit s'enquérir des besoins à satisfaire, c'est-à-dire, agir selon les désirs des autres. Par la vente, le producteur subit l'action, souvent tyrannique et capricieuse, du milieu économique. Mieux il sait s'y adapter, plus il prospère.

La totalité des ventes opérées par un producteur, constitue son revenu. La vente et le revenu représentent donc l'action du dehors sur l'individu.

L'achat, au contraire, représente l'action de l'individu sur le milieu. De même que la totalité de nos ventes forme notre revenu, la totalité de nos achats forme notre dépense.

Un homme préfère le pain de blé au pain de seigle ; par cela il force d'autres hommes à planter une céréale plutôt que l'autre. Quand la mode s'attache à un objet, les industriels sont poussés à le fabriquer. Quand nous commandons un tableau à un peintre, nous le forçons à réaliser une idée qui nous est personnelle, donc à s'identifier à nous dans une certaine mesure. Un homme se bâtit un hôtel ou se fait tracer un parc. Il rend donc un certain ensemble d'objets extérieurs conformes à une image qu'il avait préalablement dans son esprit. Mais, pour opérer cette transformation, il doit faire une dépense. Quand on publie un livre, en vue d'instruire ses semblables, il faut d'abord débourser de l'argent pour l'impression, la distribution, la réclame etc. En un mot, c'est par l'achat, c'est-à-dire la dépense, que s'exerce notre action individuelle sur le milieu social.

Condensons maintenant l'action réciproque du milieu sur l'individu et de l'individu sur le milieu dans une brève formule. Soit i, l'irritation, et m, la réponse ou le mouvement. On peut obtenir les trois combinaisons suivantes :

$$
\begin{array}{cccccc}
\text{I} & i^1 & i^1 & i^1 & i^1 & i^1 \\
 & m^1 & m^1 & m^1 & m^1 & m^1 \\
\text{II} & i^1 & i^2 & i^3 & i^4 & i^5 \\
 & m^2 & m^3 & m^4 & m^5 & m^6 \\
\text{III} & i^2 & i^3 & i^4 & i^5 & i^6 \\
 & m^1 & m^2 & m^3 & m^4 & m^5
\end{array}
$$

La première série représente l'équilibre complet, la stagnation absolue : des irritations de même énergie provoquant des mouvements d'une intensité semblable sans discontinuité. La formule I est complètement abstraite. Elle ne se produit jamais dans l'univers. Elle est une pure entité métaphysique. Elle serait la constance de toutes les trajectoires parcourues par les atomes, c'est-à-dire l'absence de toute transformation. Cet état est impossible, parce que la force répandue dans l'univers, est infinie. A chaque moment de la durée, l'action exercée sur un point donné, varie nécessairement, et le chiffre de l'indice doit se modifier.

La formule II :

$$
\begin{array}{ccccc}
i^1 & i^2 & i^3 & i^4 & i^5 \\
m^2 & m^3 & m^4 & m^5 & m^6
\end{array}
$$

représente l'accroissement. Une action du milieu sur l'individu (i^1) produit une accommodation de l'organisme plus complète qu'auparavant ; alors la réaction devient plus forte (m^2) : ceci, à son tour, produit une accommodation du milieu à l'organisme qui est plus parfaite ; alors l'action du milieu devient de nouveau plus effective (i^2) et on obtient une série ascendante.

Le phénomène de l'accélération du mouvement, ou la croissance, est universel dans la nature. Il nous est impossible d'entrer dans des développements que ne comportent pas les limites de ce travail. Disons, en peu de mots, que ce phénomène est bien connu en physiologie. « Il se trouve, par suite de dispositions anatomiques toutes spéciales, dit M. Charles Richet [1], que l'excitabilité du nerf sensitif à sa périphérie est extrêmement délicate... et, grâce à cela, des forces minimes peuvent être perçues par nous. » En d'autres termes, nos centres nerveux emmagasinent la force et « la quantité d'énergie latente va en augmentant à mesure qu'on s'élève dans la hiérarchie des tissus et dans la hiérarchie zoologique [2] ». Il est manifeste que, si l'action du milieu sur l'individu et celle de l'individu sur le milieu, n'allaient pas en croissant, l'emmagasinement de la force n'aurait pas pu se produire. Remarquons, en passant, que ce phénomène est analogue à la capitalisation, telle que nous la verrons se produire en économie politique [3].

On peut suivre le processus de la croissance dans toutes les branches des sciences biologiques. En psychologie, nous observons que plus un homme sait de choses, plus son esprit est ouvert pour en apprendre d'autres. Là où un ignorant n'aperçoit rien, un savant trouve un champ de fertiles études. D'autre part, mieux un homme connaît les individus auxquels il parle, plus vite il trouve les arguments nécessaires pour les convaincre. Enfin, en économie politique, plus une personne est riche, plus facilement elle peut augmenter sa fortune. Les premiers 1 000 francs sont les plus difficiles à gagner. En généralisant

(1) *Essai de psychologie générale*. Paris, F. Alcan, 1891, p. 125.

(2) *Ibid.*, p. 173.

(3) Un banquier signe un chèque ; immédiatement des ouvriers se mettent à l'œuvre et édifient une usine colossale ou une ligne de chemin de fer. Des résultats prodigieux ont pour impulsion première une action d'une puissance mécanique presque nulle.

encore davantage, on peut dire que plus l'outillage industriel d'une société est parfait, plus vite il se perfectionne. Une agriculture plus savante produit de meilleures récoltes; les meilleures récoltes augmentent les ressources alimentaires et la richesse s'accroit; cela permet de faire des recherches scientifiques plus profondes qui, à leur tour, produisent une agriculture plus savante encore.

Nous observons également dans la nature le phénomène de la décroissance, représenté par notre formule III :

$$\begin{matrix} i^2 & i^3 & i^4 & i^5 & i^6 \\ m^1 & m^2 & m^3 & m^4 & m^5 \end{matrix}$$

Ici une irritation d'une plus grande amplitude correspond à un mouvement d'une plus faible amplitude. Après chaque terme de la série, il y a une moindre corrélation entre le milieu et l'organisme et, sitôt qu'une certaine limite est atteinte, la désagrégation du groupe, c'est-à-dire la mort, devient inévitable.

Pourquoi arrive-t-il un moment où cesse la croissance et où commence le processus contraire? Nous l'ignorons absolument.

La seule chose que l'on puisse dire, c'est que la décroissance produit un déficit, comme la croissance produit un gain, un reliquat. En psychologie, la décroissance se manifeste tout d'abord par un affaiblissement de la mémoire et de l'entendement. Tandis que dans la période ascendante, le nombre des images conservées par le cerveau (donc son énergie latente) allait en augmentant, maintenant il va en diminuant. Tandis que le temps nécessaire pour faire un raisonnement, devient de plus en plus court dans la période ascendante, il devient de plus en plus long dans la période descendante. De là un ralentissement de l'adaptation.

En économie politique, plus les pertes d'un homme augmentent, moins il a de crédit; donc moins il a la possibilité de parer à la mauvaise fortune. Quand l'outillage industriel d'une nation est détruit, il faut un temps très long pour le reconstituer, puisqu'on doit repartir d'un échelon inférieur, toujours le plus difficile à gravir. Quand un champ est resté en friche pendant un siècle, il est plus pénible de le labourer que si la charrue y avait passé l'année précédente.

En condensant nos deux séries nous obtenons le tableau suivant :

Phénomène	Série II	Série III
Biologique.	Vie.	Mort.
Physiologique	Santé.	Maladie.
Psychologique. . . .	Intellectualisation.	Abrutissement.
Sociologique.	Progrès.	Régression.
Economique.	Enrichissement.	Appauvrissement.

Par les mots *vie* et *mort* nous entendons ici un gain de la matière vivante sur la matière inerte ou vice versa. En effet, nombre de composés atomiques qui existent aujourd'hui sur la terre, à l'état de minéraux, pourraient se transformer en plantes, en animaux et en hommes. Notre espèce peut croître au détriment des autres. On nous excusera de nous être servi du terme, un peu vulgaire, d'*abrutissement*. Mais il est le seul qui marque un mouvement, c'est-à-dire une diminution consécutive des facultés mentales. Nous avons créé un mot nouveau pour leur croissance, celui d'*intellectualisation;* que l'Académie veuille bien nous le pardonner.

Nos deux séries forment une succession logique : tout bénéfice produit la richesse, la richesse le progrès, le progrès social fait augmenter les lumières, intellectualise les masses; tous ces facteurs réunis produisent la santé. et la santé, en donnant la longévité, augmente la population, c'est-à-dire transforme une plus grande quantité de matières minérales, végétales et animales en matière humaine. Dans la série décroissante, les pertes et les gaspillages ont pour résultat l'appauvrissement, celui-ci la décadence sociale qui produit à son tour l'obscurantisme ; alors les maladies se développent, la population diminue et le silence de la mort s'étend sur des régions où la vie débordait d'un flot puissant. Telle est la Mésopotamie, par exemple, autrefois un des pays les plus peuplés de la terre, maintenant séjour désolé de quelques Bédouins faméliques.

Après cette généralisation, occupons-nous plus spécialement des phénomènes économiques. Nous avons vu que l'achat correspond au mouvement en physiologie; la vente, à l'irritation. Si un individu vend peu et achète beaucoup, son travail est bien payé. Alors, en substituant le terme *vente* (v) à celui d'*irritation* et celui d'*achat* (a) à celui de *mouvement*, nous retrouvons notre formule II.

$$\frac{v^1}{a^2} \quad \frac{v^2}{a^3} \quad \frac{v^3}{a^4} \quad \frac{v^4}{a^5} \quad \frac{v^5}{a^6}$$

Il reste un reliquat après chaque terme de cette série, donc un bénéfice, un gain; le résultat est l'enrichissement.

Mais si un individu vend beaucoup et achète peu [1], son travail est mal payé et on est ramené à la formule III.

$$\frac{v^2}{a^1} \quad \frac{v^3}{a^2} \quad \frac{v^4}{a^3} \quad \frac{v^5}{a^4} \quad \frac{v^6}{a^5}$$

Ici il reste un déficit après chaque terme de la série, donc une perte ; le résultat est l'appauvrissement.

Après ces formules de la croissance et de la décroissance de la richesse, voyons maintenant comment celle-ci pourra atteindre son point culminant sur notre globe.

Supposons que la machine à vapeur la plus parfaite qu'on puisse construire en ce moment, développe un cheval de force en consommant une livre de charbon. Supposons que la totalité des machines sur notre planète soit d'un million. Si l'on fournit une livre de charbon à chaque machine, on obtient un million de chevaux de travail, c'est-à-dire, un million d'unités d'adaptation ou d'horo-produits. Mais si l'on donne 750 000 livres à 500 000 machines, il ne restera que 250 000 livres pour les 500 000 autres et on obtiendra 750 000 horo-produits. On aura donc un déficit de 250 000 horo-produits. C'est comme si on empêchait 250 000 machines de produire, ou, ce qui revient au même, comme si on les arrêtait.

Au point de vue du travail, les hommes peuvent être identifiés aux machines.

Il y a, sur le globe terrestre, 538 millions d'adultes en état de

(1) Nous écartons pour le moment le phénomène de l'épargne qui aboutit cependant aux mêmes conséquences. Si un homme peut acheter plus de choses le lendemain que la veille, il vit mieux. On épargne, pour atteindre ce but. En se restreignant pendant dix ans, on est mieux la onzième année. Sauf quelques maniaques, nul n'épargne pour entasser de l'or.

travailler [1]. Supposons que chacun d'eux puisse produire une unité d'adaptation par jour (ce qui est égal au cheval-vapeur de la machine) et que l'équivalent de cette unité soit un franc [2].

Si chaque ouvrier reçoit un franc de salaire, il y aura chaque jour 538 millions d'unités d'adaptation de plus sur le globe. Mais si 200 millions d'hommes reçoivent chacun 1 fr. 50, il ne reste plus que 238 millions de francs à donner aux 338 millions d'autres (soit 0 fr. 70 par tête). On obtiendra donc 438 millions d'unités d'adaptation, soit une perte journalière de 100 millions de ces unités, soit un ralentissement de l'adaptation de la planète à nos besoins. C'est comme si l'on avait forcé 100 millions d'hommes à travailler sans profit.

Avec l'égalité de salaire on aura :

538 000 000 d'hommes,
538 000 000 de francs,
538 000 000 d'horo-produits.

Avec l'inégalité des salaires on aura :

538 000 000 d'hommes,
538 000 000 de francs,
438 000 000 d'horo-produits.

Cela fait un déficit de 100 millions d'horo-produits. En effet, pour qu'un article puisse être vendu, il faut qu'il soit acheté. Abaisser la faculté d'achat de 1 franc à 70 centimes pour 338 millions d'hommes, équivaut à empêcher 100 millions d'hommes de travailler.

Mais, dira-t-on, si 200 millions d'hommes achètent des articles pour 1 fr. 50, cela compensera la différence. Ce n'est pas absolument exact. Il y a une certaine hiérarchie naturelle dans les produits; quelques-uns sont plus nécessaires que d'autres; ils forment comme un premier échelon, sans lequel on ne peut pas gravir les suivants. Pour fabriquer des vêtements et des meubles, l'homme doit d'abord manger, et s'il n'est pas nourri, il ne fabriquera ni meubles ni vêtements. Si l'on

(1) Voir le chapitre VI.

(2) Comme la livre de charbon dans la machine.

abaisse la faculté d'achat des subsistances, on sape par la base l'édifice de la richesse.

Maintenant si les 200 millions de privilégiés, ayant besoin d'une livre de pain par jour, en achètent et en mangent une livre et demie, ils font la même opération qu'une machine à vapeur consommant 15 livres de charbon par 1 000 kilogrammètres, quand elle peut les produire en n'en consommant que 10. C'est du pur gaspillage.

La force dont l'humanité dispose chaque jour, est une quantité finie. Un Hindou fabrique 100 mètres d'étoffe. Supposons qu'il faille un temps égal pour produire une livre de pain, une livre de viande et un litre de bière. Au prix du marché universel ces articles équivalent, par hypothèse, à 80 centimes. Si l'ouvrier hindou obtient 1 franc de salaire, il rentre dans la formule II :

$$\frac{v^1}{a^2} \quad \frac{v^2}{a^3} \quad \frac{v^3}{a^4} \quad \frac{v^4}{a^5} \quad \frac{v^5}{a^6}$$

Mais s'il obtient seulement 70 centimes, il tombe dans la formule III :

$$\frac{v^2}{a^1} \quad \frac{v^3}{a^2} \quad \frac{v^4}{a^3} \quad \frac{v^5}{a^4} \quad \frac{v^6}{a^5}$$

Quand l'Hindou obtient un équivalent de son travail plus un bénéfice, il y a adaptation croissante ; s'il obtient moins que l'équivalent de son travail, l'adaptation est décroissante.

Quand l'ouvrier anglais reçoit 5 francs pour un travail que l'ouvrier hindou fait pour 1 franc, c'est comme si l'Anglais donnait dix heures de travail et recevait l'équivalent de cinquante. Cela fait une perte de quarante heures, un ralentissement de l'adaptation. En effet, les quatre francs, que l'Anglais prend en plus, un autre homme doit les prendre en moins. Donc la faculté d'achat et la production, par conséquent, diminueront. D'où cette conclusion, que l'humanité atteindra le maximum de bien-être quand les salaires se seront égalisés sur toute la surface du globe, c'est-à-dire, quand se sera produite l'équilibration la plus grande possible.

Tant que l'économie politique ne sera pas fondée sur les

lois universelles de la nature, elle arrivera constamment à des contradictions inévitables. Exemple : Une famine se produit, les prix des subsistances se relèvent; les économistes disent que c'est un mal. Une crise commerciale amène une grande baisse du prix des marchandises; les économistes proclament, de nouveau, que c'est un mal. On reproche au système protecteur de restreindre le marché international. Les tarifs prohibitifs des autres pays empêchent, par exemple, les soieries de se vendre hors de France et les prix baissent. Mais on peut dire que c'est tout bénéfice pour l'acheteur français, si on considère le bon marché comme un bien. Quand on proclame donc que le système protecteur est mauvais, parce qu'il restreint les opérations commerciales, on est obligé de reconnaître que le bon marché est un mal. Les prix sont d'autant plus bas que les produits sont plus nombreux. Une bonne récolte est-elle un bien ou un mal? On devrait s'entendre une fois pour toutes : qu'est-ce qui vaut mieux, l'abondance ou la disette?

Mis au pied du mur, les économistes répondent : l'abondance, à coup sûr. Ils proclament que le maximum de bien-être sera obtenu quand les produits seront à bon marché et les salaires très élevés. Nous nous permettrons de faire remarquer tout d'abord combien le taux des salaires est chose décevante.

X gagnait auparavant 10 francs par jour. Plus tard on lui en donne 15; mais le prix des produits a augmenté dans le même temps de 100 pour 100. Il est clair que le bien-être de X va diminuer. X gagnait 10 francs; il en gagne 15; mais les produits haussent de 50 pour 100; X reste gros Jean comme devant. X gagnait 15 francs, il en gagne 10, mais les produits baissent de 100 pour 100; le bien-être de X augmente. On se perd dans ces combinaisons comme dans une épaisse forêt.

Il faut se placer à un point de vue tout à fait différent, si on veut sortir de ces contradictions perpétuelles. Il faut se baser, comme nous l'avons fait, sur une loi de la nature. En réalité, le bien-être est en raison directe de l'équilibration économique.

Dans la République Argentine, la viande se vend 7 centimes le kilogramme; dans l'Europe occidentale, un franc. De là une double souffrance. L'Argentine a trop peu de bénéfice; l'Eu ropéen, trop de dépense. Quand la viande se vendra 50 centimes à Buenos-Aires et 50 centimes à Paris, une plus grande somme de bien-être sera réalisée sur la terre. Si la viande pouvait coûter le même prix sur tout le globe, le bien-être serait encore plus grand.

Il en est de même des salaires.

De grandes filatures de coton ont été établies aux Indes. L'ouvrier indigène y gagne 30 centimes par jour, tandis qu'à Manchester l'ouvrier anglais reçoit 10 francs dans la même branche de l'industrie. Cette combinaison produit le minimum de bien-être. D'une part, l'Hindou souffre de gagner si peu; de l'autre, le consommateur des cotonnades du Lancashire souffre de les payer si cher. Si l'équilibre pouvait se produire dans les salaires, de façon que l'Hindou gagnât 5 francs et l'Anglais 5, le bien-être serait plus grand. Si tous les ouvriers pouvaient gagner le même salaire (à égalité de capacité, bien entendu), le temps nécessaire pour atteindre la plus grande somme possible de bien-être serait réduite au minimum [1].

Le prix des denrées de première nécessité est presque équilibré de nos jours. Il y a déjà un marché universel pour les céréales. Grâce à cette circonstance, les famines peuvent être évitées dans les pays pourvus de moyens de communication perfectionnés. L'égalisation des salaires est encore loin d'avoir atteint la même phase, mais on y marche inévitablement. C'est dans cette égalisation que les économistes voient la possibilité de réduire les souffrances au minimum. En effet, si les ouvriers pouvaient être transportés des pays où les salaires sont bas, à ceux où ils sont élevés, et, si ce transport pouvait se faire aussi facilement que celui du blé, un immense accroissement de bien-être serait réalisé sur notre terre [2].

Les migrations des travailleurs nous mènent insensiblement à un autre genre d'équilibre ayant une influence considérable sur celui des prix et des salaires. C'est l'équilibre des populations.

Elles sont réparties sur le globe de la façon la plus impar-

(1) Voir le chapitre VIII.

(2) Voir un très intéressant travail de M. de Molinari, *les Bourses du travail*. Paris, Guillaumin, 1893. Partant d'un point de vue différent du nôtre, il arrive aux mêmes conclusions.

faite. Ici la terre manque aux hommes, ailleurs les hommes manquent à la terre.

Le haut bassin du Nil pourrait nourrir cinquante millions d'individus, dit M. Reclus [1]. Le bassin du Zambèse deux cents millions [2]. Celui de l'Orénoque autant; celui du Gaporé, dans la haute Bolivie, cent [3]. Des phrases de ce genre reviennent constamment sous la plume de l'éminent géographe. En effet, la Russie, le Canada, les États-Unis, l'Amérique centrale et méridionale, l'Asie occidentale et l'Australie sont presque des déserts. Deux cents millions d'hommes pourraient vivre dans les îles de la Sonde, dit également M. Pearson [4]; quatre-vint-dix dans le Turkestan. Par contre, des régions comme la Chine et le Bengale ne peuvent presque plus nourrir leur population. Cette absence d'équilibre cause une double perte. D'un côté, il y a déficit de production, faute de bras, de l'autre, déficit de consommation faute de ressources.

Le jour où les prix des produits et des salaires seront égalisés sur tout le globe, le jour où la densité de la population sera la même partout (bien entendu proportionnellement aux ressources des différents pays), l'humanité atteindra la plus grande somme de bien-être. Le maximum d'équilibre économique produira le maximum de jouissance. Mais l'équilibre économique absolu est à jamais irréalisable, comme l'équilibre mécanique de l'univers.

Voyons maintenant par quels facteurs il est rompu constamment.

Reprenons l'exemple de la machine à vapeur. S'il y en avait un million sur le globe et jamais plus; si éternellement on devait leur fournir 500 grammes de charbon par cheval et par heure, l'équilibre de la production serait définitif. Mais il n'en sera jamais ainsi. Un homme, plus intelligent que d'autres, trouvera moyen un beau jour de construire une machine brûlant seulement 400 grammes. Alors l'équilibre sera rompu. L'inventeur de ce perfectionnement réalisera un bénéfice supé-

(1) *Nouvelle Géographie universelle*, t. X, p. 154.
(2) *Ibid.*, t. XIII, p. 635.
(3) *Ibid.*, t. XVIII, p. 125 et 641.
(4) *National life and Character*. Londres, Macmillan, 1893, p. 42.

rieur à celui des autres industriels. Ceux-ci, forcés par la concurrence, seront obligés de faire comme lui et toutes les machines à vapeur, travaillant à 500 grammes, seront éliminées à la longue, c'est-à-dire mises au rebut. Un autre perfectionnement s'opérera plus tard et ainsi de suite.

Y a-t-il une limite ? Sans doute. Mais où est-elle ?

L'homme que nous appelons *plus intelligent* est, en définitive, celui qui a une connaissance plus approfondie des lois de la nature, donc un horizon mental plus étendu. Evidemment la capacité du cerveau humain a des limites ; mais, comme il nous est impossible de savoir où elles se trouvent, au point de vue concret, c'est comme si elles n'existaient pas. Les rayons du soleil ne sont pas parallèles, mais pour les calculs que nous faisons sur la terre, nous pouvons les considérer comme tels. Il en est de même des limites de notre intelligence. Elles existent, mais, pour nos préoccupations terrestres, c'est comme si elles n'existaient pas.

Donner 750 grammes à une machine qui peut développer un cheval-vapeur avec 500 grammes, c'est gaspiller, c'est suivre la pente qui mène à l'appauvrissement, à la décadence et à la mort ; trouver moyen de produire un cheval-vapeur avec 400 grammes de charbon, au lieu de 500, c'est remonter la pente glorieuse qui mène au progrès, à l'intellectualisation et à l'accroissement de la vie. Or, que signifie obtenir un cheval-vapeur avec 400 grammes de combustible au lieu de 500 ? Cela veut dire, simplement, économiser du temps. Si auparavant mille hommes devaient produire le charbon nécessaire à la société, il en suffira désormais de 800. Les deux cents individus restés libres, pourront produire autre chose et augmenter la somme des utilités. Plus tard on ira plus loin, on aura un cheval-vapeur avec 300 grammes de combustible. Alors on aura encore plus augmenté notre bien-être. Si enfin, on trouvait moyen d'employer directement les 925,665,114,016,000,000, de kilogrammètres que représente l'énergie solaire déversée sur notre globe pendant une minute, nos moteurs mécaniques actuels seraient jetés au rebut comme de ridicules vieilleries. Nous les considérerions du même œil que les haches de silex de l'époque paléolithique. Par l'emploi direct de la force du soleil, la richesse de l'humanité ferait un bond si prodigieux, que tous nos progrès passés seraient un enfantillage en comparaison.

Ainsi, grâce au développement de l'esprit humain, on fait de nouvelles inventions. Chacune d'elles trouble un équilibre précédemment établi. Peu à peu, il s'en forme un nouveau, qui est troublé à son tour, et ainsi de suite, sans trêve ni repos.

Considérons maintenant l'équilibre économique à un autre point de vue.

X a deux ouvriers, Y et Z, qui font le même travail et également bien ; mais X a des préférences : il donne quatre francs par jour à Y et seulement deux à Z. Nous disons que X est injuste. Ainsi l'équilibre économique est aussi conçu par notre esprit sous l'aspect de justice. Rien de plus exact ; seulement une certaine part de volonté humaine est toujours impliquée dans cette idée. Par exemple, en Colombie, le maïs donne trois cents fois la semence ; dans le nord de la Russie, le seigle la donne à peine cinq à six fois. Nous ne trouvons pas injuste que le Colombien garde son surplus pour lui-même. Nous disons qu'il a le bonheur de vivre sur une terre fertile. Quand l'inégalité provient de causes naturelles, nous n'y voyons pas d'injustice. Il faut, pour cela, une intervention de l'homme, un effet de sa volonté. En Chine, un simple ouvrier se paye 20 centimes par jour, en Californie, de 5 à 6 francs. Si les Chinois ne pouvaient pas supporter la traversée, s'ils mouraient tous du mal de mer, s'il leur était impossible, par conséquent, de se rendre en Californie, nous pourrions seulement plaindre leur sort. Mais à partir du moment où le Chinois veut débarquer en Californie et où il en est empêché par les habitants de ce pays, nous disons que ses droits sont violés et qu'une injustice est commise à son égard. En effet, quel est le résultat économique de la défense de débarquement? C'est d'obliger le Chinois à se contenter d'un salaire de 20 centimes afin que d'autres hommes (les Américains) reçoivent des salaires de 6 francs. L'injustice commence dès qu'un individu, par force ou par ruse, empêche l'établissement de l'équilibre économique. Toute injustice implique deux termes : un privilégié, qui s'attribue une rémunération supérieure à la somme du travail produit ; un persécuté, qui est obligé de se contenter d'une rémunération inférieure à l'équivalence de son effort.

Revenons à notre exemple des machines. Il y en a un million et chacune d'elles peut développer le travail d'un cheval en brûlant une livre de charbon par heure. Si 500 000 machines, par force ou par ruse, se font attribuer 750 000 livres de charbon, les 500 000 autres n'ont plus qu'une demi-livre par heure pour leur consommation. Les premières machines sont des privilégiés, les secondes des persécutés. Or, comme nous l'avons vu plus haut, l'inégalité de répartition du charbon diminue le nombre des unités d'adaptation, produites dans un temps donné ; elle est donc un gaspillage, une perte, une régression. Tout privilège ralentit le progrès économique, parce qu'il produit une consommation supérieure à la production et laisse un déficit pour l'éternité; tout privilège retarde le moment où un type de confort plus élevé peut être atteint. En un mot, toute injustice est un gaspillage.

La persévérance, la capacité, le génie sont des dons naturels. Si l'homme qui en est pourvu obtient, grâce à eux, un plus grand revenu, il n'y a pas d'injustice. Elle commence précisément à partir du moment où on est empêché par les autres de recueillir les avantages de ses facultés. Si tout privilège est un gaspillage, l'absence de privilège, c'est-à-dire la justice, favorise l'adaptation la plus rapide de la planète à nos besoins; elle assure donc le maximum de jouissance.

DEUXIÈME PARTIE

OBSTACLES A L'ACCROISSEMENT DE LA RICHESSE

LIVRE PREMIER

Confusion de la richesse avec l'or

CHAPITRE VI

DONNÉES STATISTIQUES

Nous allons examiner maintenant quels sont les principaux obstacles qui s'opposent à l'accroissement de la richesse. Mais, avant d'aborder ce sujet, nous croyons indispensable de mettre sous les yeux du lecteur les données statistiques sur lesquelles nous basons nos calculs.

D'après MM. Wagner et Supan, le globe terrestre a 1 480 millions d'habitants. Comment faut-il classer ces individus? Quel trait distinctif faut-il choisir pour établir des divisions dans l'humanité? Ce qui est de la plus grande importance, au point de vue de la sociologie, c'est la conception de l'univers, la *Weltanschauung*, comme disent les Allemands. La conduite de chaque particulier et l'organisation des communautés dépendent, en majeure partie, de la représentation du monde extérieur. Comme la religion, par le dogme, contient toujours une synthèse quelconque de l'univers, c'est elle qui doit servir de base aux divisions à établir dans l'humanité. On peut donc la partager en cinq groupes : les chrétiens, les bouddhistes, les brahmanistes [1], les musulmans et les païens. Quelle est leur importance numérique? Nous ne sommes assez suffisamment

(1) Nous comprenons sous ce nom les innombrables religions naturalistes de l'Inde.

renseignés que sur les chrétiens. M. Levasseur évalue le nombre des Européens vivant hors d'Europe (en Amérique, en Afrique, en Asie et en Australie), à 92 millions d'hommes [1].

Ajoutés aux 367 millions d'Européens, cela ferait, pour le groupe chrétien, près de 459 millions d'hommes. Mais les Européens ont déjà occupé tout le domaine des brahmanistes et la plus grande partie du domaine des païens. Comme ils gouvernent ces peuples, ils leur imposent leur conception de l'univers. On peut donc considérer ces populations comme faisant partie, désormais, du groupe européen. Au sens le plus large, il comprendra donc :

L'Europe entière.	367	millions d'hommes.
L'Amérique septentrionale (sans le Canada).	75	—
L'Amérique Centrale et Haïti	4,8	—
L'Amérique méridionale (sans la Guyane) .	33	—
L'Empire Britannique	343	—
— Hollandais.	30,8	—
— Français.	30,5	—
— Russe	18	—
— Belge (Congo)	17	—
— Espagnol	0,7	—
— Allemand	5,5	—
— Portugais	5,3	—

Soit pour le groupe européen, au sens large, 938 millions d'hommes.

Le groupe bouddhiste comprend les Chinois, les Indo-Chinois et les Japonais, soit 412 millions d'hommes. Le groupe musulman indépendant est composé de l'Arabie, la Turquie, la Perse et l'Afghanistan ; soit, environ, 35 millions d'hommes.

Une démographie générale de l'humanité aurait la plus grande importance pour le sociologue et l'économiste. Par malheur, les renseignements manquent presque tout à fait sur les groupes bouddhiste et mahométan. Même pour le groupe européen, au sens étroit, ils sont encore fort incomplets. Un grand empire, comme la Russie, n'a pas eu de recensement régulier depuis 1858. Néanmoins nous avons pu déduire quelques approximations assez grossières. Voici comment nous avons procédé pour obtenir, par exemple, le classement par âges.

(1) *La population française*, t. III, p. 315.

Nous avons pris les moyennes des cinq grandes puissances européennes : France, Italie, Allemagne, Grande-Bretagne et Autriche, telles que les donne M. Maurice Block dans son *Europe politique et sociale*[1], et nous les avons appliqués à l'humanité entière. Nous comprenons que ces chiffres sont très loin de l'exactitude. Mais que faire? Dans tous les cas, ces approximations, si grossières qu'elles soient, valent encore mieux que l'ignorance absolue et les ténèbres complètes.

M. Block ne fournit aucun chiffre pour les âges intermédiaires entre 6 et 20 ans. Nous avons donc pris pour base les indications données pour la France par M. Levasseur, en les ramenant à la moyenne de l'Europe[2]. Nous avons déduit la natalité et la mortalité de l'humanité, des statistiques des pays civilisés. C'est ici que l'erreur doit être la plus grande, car la mortalité de l'Afrique est, certainement, effrayante. Mais elle est peut-être compensée par la natalité des Chinois qui, selon certains auteurs, est extrêmement élevée. Quoi qu'il en soit, voici un tableau très approximatif de la démographie de l'humanité :

DONNÉES DÉMOGRAPHIQUES	HUMANITÉ ENTIÈRE	GROUPE EUROPÉEN au sens large.	GROUPE EUROPÉEN au sens étroit.
	en milliers	en milliers	en milliers
Population totale	1.480.000	938.000	459.000
Natalité annuelle, 31 par 1000	45.732	28.830	14.000
Mortalité — 21 —	31.820	20.060	9.740
Excédent — 9 —	13.912	8.770	4.260
Nombre des familles (à 5 indiv.).	296.000	186.000	90.600
Individus de 0 à 5 ans.	170.080	112.000	54.800
— 6 à 10 —	148.000	93.000	45.000
— 11 à 15 —	148.000	93.000	45.000
— 16 à 20 —	148.000	93.000	45.000
— 21 à 60 —	721.650	454.000	220.000
— 61 à 100 —	132.450	83.000	40.600
— 6 à 20 —	446.500	281.500	136.700
— 6 à 100 —	1.300.000	819.000	398.000

(1) Paris, Hachette, 1893.

(2) En Europe, sur 10,000 habitants, il y en a 3017 de six à vingt ans. En France, les enfants de six à dix ans sont au nombre de 867 pour 10000 habitants ; ceux de onze à quinze au nombre de 865 ; de seize à vingt, 858. Cela fait un total de 2 595. En prenant ce chiffre proportionnellement à celui de 3 017, on obtient environ 1 000 individus pour chacune de ces classes.

Avec ces chiffres on peut calculer à peu près ce que l'humanité peut fournir de journées de travail. Il faut d'abord décomposer le tableau précédent par sexes. On a alors :

AGE DES INDIVIDUS	HUMANITÉ ENTIÈRE		GROUPE EUROPÉEN au sens large.		GROUPE EUROPÉEN au sens étroit.	
	Hommes	Femmes	Hommes	Femmes	Hommes	Femmes
	en milliers.		en milliers.		en milliers.	
De 0 à 10 ans.	327.080		205.900		90.000	
11 à 20 —	148.000	148.000	93.000	93.000	45.000	45.000
21 à 60 —	360.000	360.000	227.450	227.450	110.450	110.450
61 à 100 —	132.450		83.500		40.600	

La statistique montre que le nombre des hommes équivaut à peu près à celui des femmes. Les inégalités qui se produisent dans certains pays, sont compensées par celles qui se produisent dans les autres en sens inverse.

Admettons maintenant comme équivalent du travail d'un homme adulte, celui de cinq garçons et de dix filles, de cinq à vingt ans. Tous les enfants ne travaillant pas, nous prenons des moyennes, plutôt exagérées en moins qu'en plus. Enfin comptons qu'une femme sur trois se livre à un travail productif. Ici aussi nous allons loin, on le voit. Comme valeur moyenne de la journée de travail, nous prenons 1 franc pour l'humanité entière, 1 fr. 33 pour le groupe européen au sens large et 2 francs pour le groupe européen au sens étroit. Ces chiffres ne nous paraissent pas exagérés. Sans doute, en Chine et aux Indes, la main-d'œuvre ne vaut guère plus de 20 à 30 centimes pour les simples ouvriers. Mais ces chiffres sont compensés par le prix du travail plus qualifié. Aux Indes mêmes, les salaires montent parfois jusqu'à 2 francs et à 2 fr. 50 pour certaines catégories de travailleurs. D'autre part, les prix plus élevés de l'Europe et de l'Amérique viennent augmenter les moyennes. Enfin nous considérons ici non seulement le travail manuel, mais tout travail en général. Or la rémunération des spécialistes doit certainement majorer nos chiffres. Nous ajoutons seulement 33 centimes pour le groupe européen au sens large. Cela nous paraît très modéré. Enfin le chiffre de 2 francs, pour le groupe européen au sens étroit, est certainement plutôt exagéré en moins qu'en plus. Il y a peu d'ouvriers en Europe et en Amérique qui aient un salaire inférieur et il y en a beaucoup qui en ont un supérieur[1].

En se basant sur les chiffres donnés plus haut, on obtient pour la valeur du travail de l'humanité les résultats suivants :

Unités de temps.	Humanité entière.	Groupe européen au sens large.	Groupe européen au sens étroit.
Nombre des journées . .	538.000.000	341.000.000	164.500.000
Valeur du travail par jour. fr.	538.000.000	454.000.000	329.000.000
heure	22.400.000	18.000.000	13.600.000
minute	375 000	300.000	225.000

De nos jours, une famille de cinq personnes peut vivre sans souffrances avec cinq mille francs de revenu. On voit que chaque *minute* perdue par l'humanité empêche 75 familles de jouir du bien-être, chaque *heure* perdue plonge dans la gêne 4 480 familles ou 22 400 individus, soit la population d'une ville. Cinq mille francs de revenu par famille, en moyenne, voilà l'idéal vers lequel nous devons tendre. Nous sommes bien loin du compte, hélas! M. Gide calcule que, même dans un pays riche, en France, le revenu moyen de chaque famille ne dépasse pas mille francs. Il faudrait donc quintupler ce chiffre. Mais comme les autres pays du globe sont considérablement plus pauvres que la France, il faudrait le décupler ou le vingtupler. Pour que l'humanité puisse sortir de la misère, la production annuelle devrait monter au moins à 1 480 milliards de francs. Ce chiffre est-il réalisable? Nous croyons que oui; nous croyons même qu'il pourrait être dépassé. Une partie de l'Asie, la plus grande partie de l'Amérique et de l'Australie sont encore des déserts. Mais, même dans les pays les plus peuplés, comme le Bengale (il a 171 habitants par kilomètre carré), combien de ressources ne sont pas encore mises en valeur! Aux Indes, les

(1) A Paris, la moyenne des salaires est, pour les hommes, de 5 fr. 90. Voir la *Revue scient.*, 1891, 1er sem., p. 317.

mines de houille commencent à peine à être exploitées. De plus, comme nous espérons le montrer dans les pages qui suivent, non seulement l'humanité peut produire infiniment plus de richesses, mais elle pourrait, de plus, économiser des milliards et des milliards qu'elle gaspille maintenant en pure perte.

N'oublions pas un fait important. Le commerce international qui dépassait à peine 5 milliards de francs vers 1789, a augmenté de seize fois en moins d'un siècle. Or, jusqu'à présent, non seulement des continents entiers ne sont pas mis en valeur, mais ils ne sont même pas explorés. Nous arrivons à peine à la phase préparatoire de l'exploitation régulière de la planète.

On estime que la richesse a quintuplé en France depuis la fin des guerres napoléoniennes. Or, à cette époque, ce pays avait été déjà mis en valeur dans une large mesure. Combien la production pourra augmenter encore, quand d'immenses régions, complètement inhabitées, seront exploitées par des procédés rationnels.

Une statistique des professions serait de la plus grande utilité pour l'économie politique. Par malheur, on possède bien peu de données pour l'établir. Il faut y renoncer tout à fait, non seulement pour l'humanité entière, mais même pour le groupe européen au sens large. Quelques recensements des peuples de l'occident renferment des données sur les professions. Mais tous les pays de l'Europe n'ont pas de recensements réguliers. En Russie, on a les notions les plus vagues sur la répartition des habitants par genre d'occupation.

Quoi qu'il en soit, si on se contente d'approximations très grossières, on obtient les chiffres suivants :

Population totale.	450 000.000		
dont	242.300.000	s'occupent	d'agriculture.
	87.800.000	—	d'industrie.
	20.900.000	—	de commerce.
	14.800.000	—	de transports.
	10.000.000	—	de professions libérales[1].

(1) Pour dresser ce tableau nous nous sommes appuyés sur les données, fournies par M. Block (*l'Europe économique*, p. 70). Nous avons majoré les chiffres proportionnellement à l'accroissement de la population depuis 1881.

La statistique est encore d'une imperfection navrante, et, tant qu'il en sera ainsi, on aura des chiffres assez vagues. Cependant on doit toujours profiter des données actuelles, quitte à les corriger aussitôt qu'on en aura de plus exactes.

Mais une chose paraît évidente désormais. Le jour est venu où il faut embrasser le globe entier dans nos spéculations économiques, comme on embrassait autrefois un seul pays. Il y a deux siècles, il fallait 358 heures pour aller de Paris à Bayonne ; maintenant en 358 heures, on peut aller de Paris aux îles Sandwich. Idéalement le globe s'est rapetissé dans une très forte mesure. Le temps n'est pas loin où l'on pourra faire le recensement général de notre planète le même jour et sur le même plan. Sans doute le XXe siècle accomplira ce desideratum. Mais dès à présent il faut avoir en vue l'humanité entière dans nos calculs.

Pour les pays où il n'y a pas de données, nous avons pris les moyennes des pays arrivés à un état de civilisation analogue. Nous le répétons, ces approximations sont très grossières.

CHAPITRE VII

CONFUSION DE LA RICHESSE AVEC L'OR

Confondre l'or avec la richesse est une des erreurs les plus persistantes dans l'humanité. Elle règne encore de nos jours d'une façon presque universelle et règle les actions quotidiennes des individus, des communautés et des plus grands États. Partout on peut obtenir ce qu'on veut en échange de l'or. A force de répéter cette action des millions de fois, il s'est formé entre la monnaie, quelle qu'elle soit, et le bien-être, une association d'idées qui semble absolument indéracinable. Demandez, à brûle-pourpoint, à n'importe qui : qu'est-ce qu'un homme riche? on vous répondra infailliblement : celui qui a beaucoup d'argent. En réalité, on peut posséder le plus grand bien-être sans avoir jamais eu dans sa poche un seul gramme de métaux précieux. Mais personne ne songe à cela, tant l'association entre l'idée de la monnaie et l'idée du bien-être, est devenue puissante à force d'être répétée.

Cette confusion entre l'or (ou n'importe quelle autre marchandise prise pour monnaie) et la richesse est, nous pouvons le dire hardiment, un des plus grands obstacles qui s'opposent à notre prospérité. Mais, comme cette erreur est extrêmement ancienne, il faudra de longs siècles pour la déraciner.

L'échange a commencé par le troc; puis une marchandise unique a été prise pour échangeur commun, s'il est permis de s'exprimer ainsi. De très bonne heure les métaux précieux ont joué ce rôle en Europe. Dès lors, leur possession, soit sous la forme de monnaie, soit sous une autre forme, a semblé constituer le bien suprême des humains. Déjà le roi Midas s'imaginait qu'il serait plus heureux en ayant la faculté de transformer en or tous les objets que toucherait sa main[1].

Posséder les métaux précieux devint une passion individuelle et nationale.

Les Avars s'établirent en Pannonie au temps de Justinien. Tous les ans ils allaient faire une incursion ; ils enlevaient du butin (principalement des objets d'or et d'argent) et venaient l'entasser dans leur fameux *ring*. Les ambassadeurs byzantins qui sont allés négocier avec le khagan des Avars, nous ont laissé une description de leur manière de vivre. Elle était des plus frugales. Le souverain même demeurait dans une cabane de bois de l'aspect le plus misérable. Comme on le voit, la possession du ring contribua peu à accroître le bien-être des Avars. Il ne pouvait pas en être autrement d'ailleurs : des objets enfermés dans une forteresse, ne donnent aucune jouissance. Parce que des sacs d'or et d'argent, des monceaux de bijoux, de rubis et de diamants étaient entassés dans un trésor national, le peuple avar n'avait ni une alimentation plus raffinée ni un plus grand confort.

Au VIe siècle, les héritiers de Clovis guerroyaient presque constamment les uns contre les autres. Ils avaient pour objectif principal la conquête du trésor de leur ennemi. Mais il est clair que la possession de quelques vases d'or et d'autres joyaux modifiait peu le train de leur existence. La possession d'*une seule marchandise*, quelle qu'elle soit, ne peut pas augmenter le confort. Mais les hommes sont sujets à cette illusion. Quand un objet particulier éveille leur convoitise, ils s'imaginent que leur bonheur sera en raison directe de la quantité qu'ils en posséderont.

La confusion de l'or et de la richesse traverse tout le moyen âge et les temps modernes. Pendant des siècles, les alchimistes se sont acharnés après la recherche de la pierre philosophale. Ils se sont imaginé que, si l'on parvenait à faire de l'or, on aurait le paradis sur la terre. Les conquistadores espagnols partageaient la même illusion. Ils se précipitèrent à la recherche du fameux Eldorado. Ils fouillèrent les deux Amériques pour

(1) Cette fable est peut-être la réfutation la plus probante et la plus ingénieuse de l'erreur dont nous parlons. La réfutation est ancienne, mais l'erreur persiste toujours.

découvrir ce merveilleux pays. La quantité de métaux précieux qu'ils apportèrent en Europe était loin de satisfaire leur convoitise. Elle était énorme cependant. Elle quadrupla, en un siècle, notre stock métallique. Mais le bien-être des populations de notre continent n'en fut guère augmenté. Vers la fin du XVIe siècle, on s'en étonnait même profondément.

Par malheur cette expérience si décisive n'éclaira personne. Quand on eut beaucoup d'or, il fallut en donner de plus grandes quantités pour obtenir la même somme de produits. Il y eut, comme on dit, un renchérissement général. Mais on ne comprit pas la nature de ce phénomène et, durant tout le XVIIe siècle, la possession des métaux précieux passa pour le plus désirable de tous les biens. Ce préjugé produisit le système mercantile, puis le système protecteur.

Cependant, dès la fin du XVIe siècle, quelques individus se mirent à étudier plus particulièrement les phénomènes économiques. Plus tard, les recherches se multiplièrent et une science nouvelle se constitua. Dès qu'on réfléchit un peu, on s'aperçut bien vite que la richesse n'avait rien à faire avec l'or. Cette idée fut nettement formulée, en 1691, par Dudley North dans son *Discours sur le commerce*. Quelques années plus tard, Vauban, dans sa *Dîme royale*, disait aussi que la richesse ne consiste pas dans la possession de grandes quantités d'or et d'argent, « mais réside dans l'abondance et le bon marché des denrées nécessaires [1] ».

A la fin du siècle dernier et au commencement du nôtre, Adam Smith, Ricardo, J.-B. Say, Rossi, J.-B. Mill et beaucoup d'autres économistes exposèrent, de la façon la plus nette, les phénomènes de la production et de la distribution de la richesse. Rien n'y a fait. Encore de nos jours, l'immense majorité des hommes l'identifient avec l'or. On entend souvent répéter : « Le système protecteur a du bon parce que l'argent reste dans le pays. » Personne ne dit : « Il est bon que le blé ou le fer reste dans le pays. » On trouve utile d'exporter ces articles. Mais on trouve désavantageux d'exporter l'or. Preuve que l'or n'est pas encore considéré comme une marchandise semblable au fer ou au blé.

(1) Cité par A. Espinas dans son *Histoire des Doctrines économiques*. Paris, Colin, 1891, p. 165.

Le chauvinisme se mêle aussi aux questions économiques. Combien de fois l'auteur n'a-t-il pas entendu dire : « Il ne faut pas donner notre argent à l'étranger. » Comme cet argent est toujours donné en échange d'une marchandise, cette phrase signifie qu'on croit désavantageux de donner de l'or et de prendre des machines, du café ou du blé. Donc on estime que la la possession de l'or est plus utile que celle des autres produits.

Dernièrement la ville d'Odessa voulut contracter un emprunt. Quand l'affaire vint en discussion au conseil municipal, un conseiller s'exprima comme il suit : « Nous aurons sept millions de roubles, mais nous devrons en payer quinze en 55 ans; l'affaire est donc mauvaise. » Ainsi, dans l'opinion de ce conseiller, il valait mieux garder l'argent et ne pas faire de travaux publics. Cet individu considérait donc la possession de la monnaie comme le suprême bien.

On le voit, l'identification de l'or avec la richesse est une des associations d'idées les plus indestructibles de l'esprit humain. Elle dure depuis des siècles. Mais, dans ces derniers temps, une série de circonstances lui ont donné une force nouvelle. Nous voulons parler du papier-monnaie. On s'est aperçu que les pays possédant une circulation suffisante de métal jaune, avaient un étalon de valeur invariable. Quelle que soit l'opinion du vulgaire sur la monnaie, son instabilité cause des difficultés sensibles à un très grand nombre d'individus. On nous a raconté le fait suivant : Un négociant de Saint-Pétersbourg avait à payer une traite sur l'étranger. Il mit dans son portefeuille la quantité de roubles papier, nécessaires à cet effet, et s'en alla à la Bourse où il devait opérer son versement. Il s'aperçut alors que le nombre de roubles papiers qu'il avait en poche, était insuffisant. Pendant le trajet de son bureau à la bourse, le cours du rouble avait varié. Ces expériences individuelles, répétées des millions de fois, montrent aux hommes les moins éclairés, combien la variation de l'étalon de valeur cause de ruines quotidiennes. Voyant que tous ces inconvénients disparaissent, quand la circulation du métal jaune est abondante, il s'est formé une nouvelle association d'idées entre une circulation monétaire, régulière et stable, et la possession de l'or. Peu de personnes comprennent que la variation des billets de banque, comme celle de toute autre obligation, dépend uniquement de la manière dont le débiteur remplit ses engagements. Quand une banque rembourse ses billets sans aucune hésitation, ils sont au pair ; si elle ne les rembourse pas, ils se déprécient, quand bien même cette banque regorgerait d'or [1].

Ce sont les Etats qui émettent généralement du papier monnaie, soit directement, soit indirectement, par l'intermédiaire d'une banque. Quand les gouvernements ne peuvent pas le rembourser en espèces métalliques, il se déprécie. Mais, comme l'Etat prend son papier-monnaie en payement des impôts, et comme, d'autre part, il doit payer tous ses achats à leur valeur réelle [2], sitôt que le papier-monnaie baisse il y a déficit dans le budget, embarras financiers, nouveaux impôts, bref, une série de désagréments pour les gouvernants et les gouvernés.

Peu de personnes comprennent que tout cela provient de ce que l'Etat veut vivre au-dessus de ses moyens. Tout le monde, au contraire, voit la cause immédiate de la crise dans la baisse du papier-monnaie. Celle-ci, à son tour, provient de la suspension du remboursement due au manque de métal ; de là une nouvelle association d'idées entre la possession de l'or et la prospérité financière d'un pays.

Quand un homme a de l'or dans sa poche, sous forme de monnaie, il peut toujours l'échanger immédiatement contre n'importe quelle marchandise. Mais, s'il a une marchandise, il doit se donner une certaine peine pour l'échange contre de l'or. Il doit trouver un acheteur. L'or offre donc un grand avantage. Quand il y a beaucoup d'or dans un pays, les transactions commerciales sont faciles et les finances prospères. De ces circonstances provient une association d'idées si puissante entre la richesse et l'or, qu'il faudra vraiment une diffusion bien large de l'économie politique, pour pouvoir la détruire.

(1) Un individu a un million d'or dans sa caisse. Il a émis des lettres de change pour cent mille francs seulement. Mais il ne *veut pas* les payer. Si l'on ne peut pas l'y forcer, son papier subira une dépréciation de 500, de 1 000 p. 100, et même une dépréciation totale.

(2) En effet, dès que le papier se déprécie, le prix de toutes les marchandises hausse.

Or l'économie politique est une science à ses débuts. Elle a deux siècles d'existence à peine. Ni ses principes, ni ses méthodes n'ont encore atteint une perfection suffisante. Dans un salon de Saint-Pétersbourg on causait un jour de libre-pensée. Chacune des personnes présentes déclarait ne pas croire à telle ou telle chose. Un vieux diplomate se pencha à l'oreille de son voisin et lui dit : « Moi, mon cher, je l'avoue, je ne crois pas à la géographie ! »

Si un *vieux diplomate* peut ne pas croire à la géographie, beaucoup de personnes peuvent ne pas croire à l'économie politique. Hélas, nous ne le voyons que trop. Les données les plus certaines de cette science sont souvent mises en question. L'empirisme le plus grossier règne en maître. On continue à identifier l'or avec la richesse. On continue à entasser loi sur loi provenant de cette erreur et les peuples, par cela même, continuent, hélas, à croupir dans la misère.

CHAPITRE VIII

LE SALAIRE ET LES GRÈVES

La question des salaires est le point central de l'économie politique. Bien entendu, nous comprenons sous ce nom toute rémunération d'un travail quelconque et pas seulement la paye donnée à l'ouvrier par journée ou par semaine. L'homme fait des efforts en vue d'obtenir des jouissances. Ces dernières sont le but, les efforts ne sont qu'un moyen. La production des richesses a une grande importance, sans doute ; mais elle est une phase préparatoire ; la chose principale est la distribution des richesses ou, en d'autres termes, la rémunération du travail.

La question des salaires est d'une complexité prodigieuse. On s'en occupe depuis des années, sans en avoir même pu formuler une théorie plus ou moins satisfaisante.

Chaque ouvrier s'imagine qu'en échangeant son effort quotidien contre 6 grammes d'or, il aura plus de bien-être qu'en l'échangeant contre 3 grammes[1]. Nulle part la fausse association d'idées entre l'or et la richesse n'est plus indestructible. Il se passera probablement de longues années avant qu'un ouvrier puisse comprendre que, dans certaines circonstances, il peut jouir d'un bien-être supérieur tout en recevant un moins grand nombre de francs par jour.

Nous avons montré au chapitre V que le maximum de richesse proviendra de l'équilibration plus complète des salaires. En effet, toutes les fois qu'un ouvrier parvient à obtenir une paye supérieure à la moyenne du marché[2], il se vole lui-même,

(1) La pièce de 20 francs pèse 6gr,451.

(2) A égalité de capacité bien entendu.

puisqu'il augmente le prix des objets dont il a besoin comme consommateur[1].

La quantité de grammes d'or, reçus par l'ouvrier, n'a aucune importance. Tout dépend de leur faculté d'achat. En Australie, en 1851, lors de la découverte des placers aurifères, un maçon ou un charpentier gagnait 25 francs par jour. Mais, à cette époque, une tête de chou s'y payait aussi 25 francs. En Californie, des ouvriers cigariers gagnent maintenant jusqu'à 9 fr. 50 par jour. Mais, dans ce pays, sitôt qu'on sort des grands centres, on doit se contenter du confort le plus élémentaire ; souvent il faut même coucher à la belle étoile. Le traitement des fonctionnaires du gouvernement est de 30 p. 100 plus élevé en Sibérie qu'en Russie d'Europe. Ces fonctionnaires ne vivent pas mieux pour cela, parce qu'en Sibérie les prix d'un très grand nombre d'objets sont beaucoup plus élevés.

Dominés par l'illusion crysohédonique[2], les ouvriers n'ont d'autre souci que d'augmenter leur salaire. Ils s'imaginent que leur bien-être, leur *standard of comfort*, comme disent si bien les Anglais, devra s'élever à cause de cela.

Il suffit de ramener les phénomènes économiques à leur formule la plus simple pour dissiper cette illusion.

Soit une société, composée de 100 individus, appelés Ixois, produisant 100 kilos de blé en 100 jours de travail. Aussi longtemps que les chiffres resteront les mêmes, la richesse de cette société ne variera pas. Comment pourra-t-elle augmenter? Il faut pour cela qu'on puisse produire 125 kilogrammes de blé en 100 jours, ou 100 kilogrammes en 80 jours, ou bien, enfin, que 80 personnes puissent produire 100 kilogrammes en 100 jours[3].

(1) Un exemple entre mille. En Californie les Chinois se contentent de 6 dollars par semaine, tandis que les Européens en demandent 11. Depuis que les Célestes se sont mis à faire de la cordonnerie, le prix de revient des bottines de femmes est tombé de 12 à 9 dollars par douzaine. (*Journal des économistes*, août 1893, p. 184.)

(2) Du grec χρυσός, *or* et ἡδονή, *jouissance*. Nous donnons ce nom à l'erreur consistant à considérer l'or comme la source de nos jouissances ou, en d'autres termes, à le confondre avec la richesse.

(3) Les deux dernières combinaisons sont une variante de la première. En effet, quand la production était de 100 kilogrammes en 100 jours pour 100 personnes, chaque Ixois produisait 1 kilogramme en moyenne. Quand

Le bien-être est en fonction de la quantité des produits et nullement de la proportion dans laquelle ils s'échangent entre eux. A son tour, la quantité des produits étant en fonction du temps nécessaire pour les élaborer, le bien-être provient, en dernière analyse, de l'efficacité du travail, et non de la quantité de grammes d'or dont il est rémunéré.

Maintenant, l'efficacité du travail, ou, en d'autres termes, la diminution du temps nécessaire pour produire un nombre donné d'objets, provient de deux causes : 1° l'habileté de l'ouvrier et 2° l'outillage. En une heure, X peut abattre deux fois plus de houille que Z. Il est juste qu'il ait une rémunération plus forte. Aussi le salaire à la tâche est-il beaucoup plus équitable que le salaire à la journée. Partout où le premier mode de payement peut être établi, il faut lui donner la préférence.

Mais, si grande que soit l'habileté individuelle, elle varie dans des limites assez faibles. Elle ne joue pas le rôle principal dans l'économie du temps. Le facteur principal est l'outillage. Avec une machine électrique, on peut tanner les peaux 90 *fois plus vite* qu'en les plongeant dans un bain de tannin. Les perfectionnements de l'outillage dépendent, à leur tour, de deux facteurs : l'idée et le capital. Des hommes, doués de certaines facultés spéciales, parviennent à découvrir des procédés de travail plus rapides, comme d'autres parviennent à composer des opéras ou à écrire de beaux vers. Le bien-être d'une société augmentera en raison directe de la fertilité d'invention de ces hommes. Un individu, comme Edison, économise certainement des milliards de journées de travail à l'humanité. Maintenant, quand une invention est faite, le rôle du capitaliste commence. Sans lui, elle ne peut pas entrer dans le domaine des réalités. L'inventeur et le capitaliste, voilà les deux principaux bienfaiteurs des ouvriers. Mais, hélas ! l'erreur crysohédonique les fait considérer comme leurs pires ennemis. Toute l'agitation socialiste moderne a pour but de supprimer le capital et, à un congrès récent des ouvriers catholiques belges, on a proposé un impôt sur les machines.

la production générale monta à 125 kilogrammes, cela fit 1kg,25 par personne. Quand on produisit 100 kilogrammes en 80 jours ou quand 80 personnes produisirent 100 kilogrammes en 100 jours cela fit aussi 1kg,25 par personne.

Les ouvriers comprennent mal la puissance de l'idée. Un trait de lumière qui se fait dans un cerveau et qui dure un dixième de seconde, peut produire des milliards. Si l'inventeur et le capitaliste en retirent un bénéfice considérable, les ouvriers les qualifient de voleurs, parce qu'ils s'imaginent que toute richesse provient uniquement du travail manuel.

Quant à la haine de la machine, elle est justifiée dans une certaine mesure. Les grands transatlantiques modernes ont besoin de 84 chauffeurs et de 57 porteurs de charbon ; qu'on introduise le chauffage par les résidus de pétrole, une vingtaine d'hommes suffira peut-être, et 121 individus seront congédiés. S'ils trouvent un autre travail, rien de mieux. Mais s'ils n'en trouvent pas? Or que faut-il pour qu'ils en trouvent ? Que l'esprit d'invention et l'esprit d'entreprise mettent en œuvre, tous les jours, des exploitations nouvelles [1].

Ce qui fait l'épouvantable misère des malheureux Hindous est précisément le manque d'initiative. Quand la population agricole augmente, elle reste sur place, faute de nouveaux débouchés. Un champ qui, auparavant, nourrissait dix hommes, doit en nourrir quinze ou vingt. Naturellement la part de chacun devient plus petite [2].

Les ouvriers ne voient pas non plus que le seul moyen d'augmenter leur bien-être est l'accroissement des capitaux. Plus ils seront abondants, plus le taux de l'intérêt sera bas et plus les entreprises nouvelles seront nombreuses. Le taux moyen de l'intérêt étant de 5 p. 100, toute entreprise donnant un revenu inférieur ne se fera pas ; le taux étant abaissé à 3 p. 100, les entreprises donnant 5 p. 100 deviennent lucratives et peuvent se fonder.

Comment développer l'esprit d'entreprise, seul agent qui puisse augmenter le bien-être de l'ouvrier? L'esprit souffle où il veut. Par malheur on ne peut décréter les inventions de génie. Les grands inventeurs, comme les grands poètes, sont des météores dont on ne peut ni prévoir le nombre, ni régler la venue.

(1) D'après M. Edison, les États-Unis possèdent environ 150 inventeurs sérieux dont les découvertes font gagner à ce pays de 500 millions à un milliard de francs par an.

(2) En langage usuel on dit : les salaires sont bas, pour caractériser cet état de choses.

Cependant la moyenne de l'esprit d'invention est fort honorable à notre époque. On n'éprouvera, nous le pensons, aucune déception de ce côté. Mais, outre l'inventeur, toute entreprise nouvelle a besoin d'un capitaliste. Pour que celui-ci offre ses services contre la rémunération la plus petite possible, il faut lui donner avant toute chose la *sécurité.*

Un homme a la probabilité de gagner 100 francs dans une entreprise, avec un capital de 100 francs. S'il a la certitude, que l'entreprise sera détruite dans une année, il voudra retirer tout son apport dans ce laps de temps[1]. Mais, s'il sait qu'elle pourra durer vingt ans, il peut se contenter de recevoir 5 francs par an. En d'autres termes (vérité banale d'ailleurs), le taux de l'intérêt est en raison directe de la sécurité du placement.

C'est ce que les ouvriers ne voient pas. Ils parlent constamment de supprimer la propriété privée. Ils traitent les hommes entreprenants, qui créent des exploitations nouvelles, de véritables malfaiteurs. La sécurité de l'industriel européen diminue tous les jours et, naturellement, aussi l'esprit d'entreprise. Alors, par une répercussion fatale et inévitable, la stagnation des affaires restreint la quantité des produits offerts sur les marchés, par suite la faculté d'achat de l'argent et le bien-être des ouvriers.

Par malheur, les ouvriers comprennent mal le jeu naturel des forces économiques. Ces phénomènes sont d'une complexité prodigieuse. Ils demandent une longue analyse. Les ouvriers sont plus simplistes. Ils veulent un accroissement de salaire ; ils ne voient rien au delà ; ils ne se préoccupent pas de savoir quelle sera la faculté d'achat de l'or qu'ils recevront en plus.

Les ouvriers savent qu'une marchandise hausse de prix quand elle est rare ; on leur a répété, depuis des années, que leur travail était une marchandise comme une autre. Donc, pour le rendre plus cher il n'y a qu'à le faire plus rare... il suffit de se mettre en grève et le bien-être est assuré ! C'est simple. Malheureusement, les phénomènes de la nature ne sont pas aussi simples. En premier lieu, le travail n'est pas une marchandise comme une autre. J'ai 100 000 briques en dépôt. Si je ne les vends pas aujourd'hui, je puis les vendre dans un mois, dans un an. Elles

(1) En langage économique le capitaliste exigera 100 p. 100 d'intérêt.

seront alors ce qu'elles sont maintenant. Un ouvrier est une certaine quantité d'énergie emmagasinée dans un organisme humain. Si, du 1er janvier au 31 décembre, cette énergie ne s'applique pas à adapter la planète aux besoins de l'homme, cette adaptation sera retardée, et le temps perdu le sera pour l'éternité des siècles. Ensuite l'énergie de l'ouvrier doit être entretenue, sans quoi elle est détruite. Donc, il doit consommer chaque jour, tandis que la marchandise ne consomme rien [1]. On ne peut donc pas identifier le travail avec les marchandises et il ne suffit pas de le raréfier pour augmenter le bien-être. De plus, il ne faut pas confondre deux choses entièrement différentes : le chômage complet et l'équilibration des salaires.

Soit deux régions voisines, l'une très peuplée (appelons-la Euforie), l'autre presque déserte (appelons-la Acarpie). Si des travailleurs d'Euforie vont s'établir à Acarpie, et s'ils tirent des produits de son sol, il y a bénéfice, parce que la somme des produits augmente sur le globe. Quand les ouvriers des campagnes émigrent dans les villes, il y a très souvent un gain. Des hommes en plus petit nombre qu'auparavant produisent la même quantité de denrées agricoles. Ceux qui sont allés dans les villes font autre chose et la masse des objets de consommation augmente. Peu importe le taux des salaires existant après ces migrations; elles sont toujours bienfaisantes en pareil cas.

Mais il n'en est pas de même des purs chômages. Ils diminuent de toute façon le bien-être de ceux qui s'y livrent. De même que la guerre ne peut augmenter la prospérité des vainqueurs, la grève ne peut pas augmenter la prospérité des ouvriers dans *aucun cas*. Mettons les choses au mieux. Soient 100 ouvriers qui, travaillant 300 jours à 3 francs, gagnent 90 000 francs. Ils se mettent en grève pendant 100 jours ; mais, pendant les 200 autres, leurs salaires sont doublés. Ils reçoivent donc 120 000 francs et croient avoir fait une bonne affaire. Ils se trompent grossièrement. Voici le résultat de cette opération. Supposons que chaque ouvrier ait fabriqué un objet par jour. Nous aurions donc eu sans la grève. — 100 ouvriers travaillant 300 jours et 30 000 objets à 3 francs — 90 000 francs. Avec la

(1) Ou plutôt, pour être tout à fait exact, il faudrait dire « consomme très peu ». La marchandise consomme, en effet, l'intérêt du capital qu'elle représente.

grève : 100 ouvriers travaillant 200 jours et 20000 objets à 6 francs — 120 000 francs. Le nombre des objets de consommation étant devenu moindre, grâce à la grève, le bien-être aura donc diminué. L'article qui, sans la grève, serait revenu à 3 francs, reviendra à 6 francs, grâce à la grève. Les individus, qui dépenseront 3 francs de plus pour l'acquérir devront forcément se passer d'un autre article, donc leur *standard of comfort* baissera d'un échelon.

Aucune grève ne peut augmenter la richesse. Elle peut seulement la répartir autrement. Les ouvriers diront peut-être que cela leur est égal. Ils se trompent grossièrement, car la répercussion de la cherté universelle les frappe comme toutes les autres classes et, d'autant plus durement, qu'ils sont plus pauvres. Se priver d'acheter un tableau est une médiocre souffrance ; se priver d'acheter des vêtements pour ses enfants en est une terrible.

On peut condenser dans une formule générale le résultat des chômages produits par la grève.

Soit A la richesse d'un pays et b son accroissement annuel, quand tous les citoyens travaillent. Si une moitié d'entre eux chôme, au bout de l'année la richesse du pays ne sera pas $A + b$, mais $A + \frac{b}{2}$. L'autre moitié de b est perdue pour l'éternité. En effet, prenons une progression de quelques années. Sans le chômage, nous aurons : $A + b + b + b + b$, etc. Avec le chômage, nous aurons $A + \frac{b}{2} + b + b$, etc. La soustraction de l'année de chômage se répercutera sur toutes les suivantes. Par conséquent, l'année où le bien-être maximum pourra être réalisé sur la terre, sera reculée.

Si les ouvriers pouvaient comprendre tout cela, leur politique changerait du tout au tout. Ce n'est pas dans les grèves, mais dans la mise en exploitation la plus rapide possible des ressources de la planète qu'ils auraient cherché un soulagement à leurs misères. Par malheur, ils sont complètement dominés par l'erreur crysohédonique, et hélas! comme ils sont les plus pauvres, ce sont eux qui en souffrent le plus.

Nous allons donner maintenant quelques chiffres sur ce que coûtent les grèves. C'est par elles que nous commenceront la revue des gaspillages, causés par les erreurs humaines. Dans ce livre nous examinerons les pertes, produites par le crysohédonisme; dans le suivant, celles qui proviennent de la confusion de la richesse avec la propriété, ou, pour l'appeler d'un mot nouveau, par le ctésohédonisme [1].

En juillet 1893, 250 000 mineurs anglais se mettent en grève : « Les fonds de réserve sont considérables ; on compte aussi sur des subsides. Avec ces ressources on espère que la grève pourra se prolonger plusieurs semaines [2]. »

Eh bien! et après? Il suffit de poser cette question pour montrer l'absurdité de ce moyen de combat. En effet, ou les patrons céderont, ou ils ne céderont pas. Dans le premier cas les ouvriers souffriront comme consommateurs; dans le second, ils perdront leurs réserves, ils seront privés de leurs bénéfices pendant un certain temps et, enfin, la faculté d'achat de l'or, qu'on leur payera, baissera, par le fait même de leur chômage.

La grève des mineurs de 1893 a été terrible, parce que le manque de houille a empêché le travail d'un très grand nombre d'usines. Les hauts prix du combustible ont fait perdre 60 000 000 de francs aux seules compagnies de chemins de fer. Calculez encore les dépenses indirectes. Ainsi rien que pour maintenir l'ordre dans le comté d'York, on a dépensé 5 625 000 francs. On évalue à 800 millions de francs, au plus bas mot, les pertes occasionnées par cette grève. Huit cent millions ! c'est-à-dire de quoi procurer l'aisance à 160 000 familles ! *Ab uno disce omnes !* Aux Etats-Unis les grèves ont fait perdre, de 1881 à 1886, 235 millions aux ouvriers et 191 millions aux patrons, soit encore près d'un demi-milliard de francs.

Dans ces dernières années le nombre des grèves est allé en augmentant. Ainsi on en a enregistré en France 108 en 1887, 110 en 1888 et 321 en 1889. En Angleterre et aux Etats-Unis même progression. De 1870 à 1879, 2,352 grèves ont eu lieu dans le Royaume-Uni, tandis que dans la seule année 1888, il y en a eu 509 [3]. Il est extrêmement difficile de faire un calcul exact des pertes directes, occasionnées aux ouvriers et aux patrons.

(1) Du grec κτῆσις, *propriété* et ἡδονή, *jouissance*.

(2) *Journal des Débats*, du 25 juillet 1893.

(3) Voir G. de Molinari. *Les Bourses du travail*, p. 250.

Quant aux pertes indirectes, provenant du renchérissement des produits industriels, elles échappent complètement à toute appréciation. Cependant, nous ne croyons rien exagérer en évaluant à un demi-milliard de francs *par an*, en moyenne, les pertes, causées par les grèves, dans l'étendue entière du groupe de civilisation européenne.

CHAPITRE IX

LA PROTECTION DU TRAVAIL NATIONAL

I

L'erreur crysohédonique a été un des fléaux les plus cruels de l'humanité. Tant qu'on identifiait la richesse avec les métaux précieux, elle devait faire l'effet de quelque chose de fini. Le genre humain possède 18 000 mètres cubes d'argent et 500 mètres cubes d'or, dit M. Cernuschi[1]. Par conséquent la nation qui aurait pu s'emparer de ces deux cubes, aurait possédé, selon la conception ancienne, le maximum possible de richesse. Mais, naturellement, si ces deux cubes étaient aux mains des Anglais, ils ne pourraient pas se trouver, en même temps, aux mains des Français. De là la conclusion que, dans un échange, celui qui donne de l'or et prend une marchandise, diminue son stock métallique, donc s'appauvrit.

Quand la voie du Cap de Bonne-Espérance fut ouverte par Vasco de Gama, les Espagnols, les Hollandais, les Anglais et les Français suivirent les traces des Portugais. Ils envoyèrent des vaisseaux aux Indes Orientales et aux îles des Épices pour se procurer les marchandises de ces pays. Selon les idées du temps, si les Hollandais apportaient en Europe mille quintaux de poivre et obtenaient de l'or en les vendant à des Anglais et à des Français, ils s'enrichissaient. Mais si des Anglais apportaient cette marchandise et si des Hollandais leur donnaient de l'or, ces derniers s'appauvrissaient. De là la conception que le bénéfice n'était pas dans le commerce lui-même, mais

(1) L'*Anatomie de la Monnaie*. Paris, Guillaumin, 1886, p. 3.

dans le monopole du commerce. Aussi les nations de l'Europe occidentale firent-elles les plus grands sacrifices pour s'en emparer. Elles firent couler des flots de sang. Pendant trois siècles, la majeure partie de leurs efforts ont eu pour but de détruire le commerce des nations rivales. Les navires qui se rendaient aux Indes étaient toujours armés. Quand les Hollandais, par exemple, rencontraient des Portugais ou des Anglais, la canonnade commençait immédiatement. C'était naturel puisque, d'après les idées du temps, tout chargement débarqué en Angleterre et non en Hollande, constituait une perte pour ce dernier pays. Comment calculer ce qui périt de vies humaines et de marchandises dans ces combats acharnés? Mais les pertes directes ne furent pas le seul mal. La confusion de la richesse avec l'or produisit le système mercantile. Or, par sa législation excessive et barbare, il opposa, pendant trois siècles, les obstacles les plus insurmontables à l'accroissement du bien-être de l'Europe occidentale. Par ses entraves, il diminua la production, dans une mesure incalculable. Si les hommes avaient pu comprendre que la richesse est l'adaptation de la planète à nos besoins, ils auraient compris, en même temps, qu'elle n'est pas une *quantité déterminée, une chose, mais un état de choses.* Elle peut s'accroître indéfiniment puisque la planète peut être chaque jour mieux accommodée aux nécessités de notre existence. Cette notion seule aurait épargné des flots de sang humain. En effet, la nationalité du transporteur est absolument indifférente. Peu importe à un Hollandais de savoir qui apporte le sucre en Europe. La seule chose qui lui importe, c'est que la quantité de sucre offerte sur le marché, corresponde, autant que possible, aux besoins des consommateurs. Par malheur, ces vérités, si élémentaires, ne sont pas encore complètement admises, même de nos jours. Notez, de plus, une conséquence indirecte du crysohédonisme, plus néfaste peut-être que toutes les autres. Quand on se représentait la richesse comme un bloc d'or, on était porté à arracher ce bloc au voisin. On trouvait donc avantageux de le voler. L'étranger étant celui qui avait intérêt à nous dépouiller, était considéré naturellement comme un éternel ennemi. Cela engendra les haines nationales les plus féroces et, à vrai dire, les plus légitimes. Beaucoup de personnes comprennent aujourd'hui que la prospérité du voisin fait notre prospérité. Mais, hélas! on ne peut pas dire : *sublata causa tollitur effectus*. Grâce au traditionnalisme invétéré de l'espèce humaine, les haines nationales survivent à quelques-unes des causes principales qui les ont fait naître. Et, de nos jours encore, il est difficile de calculer les maux innombrables qu'elles produisent.

Nous avons montré, dans le chapitre précédent, à quel point les ouvriers sont imbus de l'erreur crysohédonique. Les classes supérieures ne le sont pas moins. Le regain de popularité que le système protecteur obtient presque partout, à la fin du XIXe siècle, en est la meilleure démonstration.

Il a paru dernièrement en Angleterre un livre qui a fait beaucoup de bruit. Il est intitulé : *National life and character. A forecast.* L'auteur, M. Charles Pearson, n'est pas le premier venu. Il est L. L. D. (docteur ès lettres) ; il a été ministre de l'instruction publique dans la colonie de Victoria, il a beaucoup voyagé dans l'empire britannique. Eh bien! M. Pearson, dont les vues sont très larges en bien des choses, confond encore la richesse avec l'or. Il prévoit le recul prochain de la race blanche et voici pourquoi. Les ouvriers hindous se contentent d'un salaire de 30 centimes par jour. On fonde maintenant de nombreuses filatures de coton aux Indes, pourvues de l'outillage le plus perfectionné. Ces manufactures pourront produire à meilleur marché que celles de Manchester ; les cotonnades indiennes envahiront l'Angleterre *et ce pays sera ruiné*. La population devra forcément y diminuer. Tout l'édifice de cette argumentation est basé sur l'erreur crysohédonique. M. Pearson ne s'aperçoit pas d'un petit détail qui a cependant son importance. Si bas que soit le prix de leurs cotonnades, toujours est-il que les Hindous ne les donneront pas pour rien. Donc, si les Anglais leur prennent 1 500 millions de mètres qu'ils consomment annuellement, ils devront donner en échange une autre marchandise aux Hindous. M. Pearson ne fait pas attention à cela. Il s'imagine qu'on peut acheter un article sans en vendre forcément un autre.

Tant de fois il a donné de l'or pour obtenir les objets dont il avait besoin. Une association d'idées s'est formée dans son esprit, entre la livraison d'une certaine quantité d'or et l'appropriation d'un article quelconque. Il s'imagine donc qu'un pays peut en livrer indéfiniment en échange des produits qu'il reçoit. Or, si l'Angleterre est ruinée le jour où elle donnera de l'or pour avoir des cotonnades, c'est qu'il est désavantageux d'échanger ce métal contre des marchandises. On le voit, voilà un Anglais, et des plus cultivés, qui à la fin du XIXe siècle confond encore l'or avec la richesse [1].

Il n'est pas seul de son espèce, hélas! Le colossal édifice de nos lois douanières, les tarifs aux articles innombrables, les monceaux de circulaires ministérielles, le travail prodigieux des diplomates qui rédigent les traités de commerce, les assemblées législatives qui les discutent, tout cet ensemble effrayant d'efforts et de travail provient de l'erreur crysohédonique.

La possession de l'or étant considérée comme le bien suprême, les gouvernements se sont efforcés d'en obtenir le plus possible. Alors ils ont pensé qu'en favorisant l'exportation et en restrei-

(1) Les docteurs ès lettres, quand ils parlent d'économie politique, sont d'une ignorance enfantine. Ils croient au miracle. Ils s'imaginent qu'on peut créer de colossales industries d'un seul coup de baguette magique. L'Angleterre possède aujourd'hui 53 millions de broches pour filer le coton. Pour envahir les marchés du Royaume-Uni, les Hindous devraient en avoir autant. Or 53 millions de broches représentent un capital de 4 milliards de francs (en Angleterre l'établissement d'une broche revient à 75 francs environ). Nous ne comptons même pas les métiers à tisser. Où les Hindous prendraient-ils un pareil capital? Et, en admettant même qu'ils puissent le trouver, tous les constructeurs de machines de la terre, travaillant jour et nuit, mettraient des années et des années pour fournir ce colossal outillage. 53 millions de broches ne se font pas en une semaine! Et puis il n'y a pas seulement les capitaux, il faut l'instruction technique et l'esprit d'entreprise. Or, la société hindoue, au point de vue des capacités mentales, est plongée dans un état d'enfance des plus navrants. Pour certains grands seigneurs de ce pays, manger de la graisse de porc paraît un péché horrible. Quelle initiative attendre d'individus de cette espèce? Les filatures de coton qui existent actuellement aux Indes, ont été fondées, en majeure partie, par des Anglais et non par des indigènes. Ce mouvement peut continuer, dira-t-on. D'abord, que l'Anglais gagne de l'argent, en plaçant ses capitaux aux Indes ou à Manchester, c'est toujours l'Anglais qui gagne. Mais les placements aux Indes ne sont pas toujours faciles. « Si les capitalistes anglais pouvaient éprouver à Bombay le même sentiment de sécurité dont ils jouissent à Bolton, la concurrence des Indes pourrait se faire sentir, » dit M. Jeans (*Suprématie de l'Angleterre*, traduction de Baille, Paris, Guillaumin, 1887, p. 225). Pour la prospérité du monde civilisé, nous souhaitons que la domination britannique se maintienne aux Indes pendant de longs siècles encore. Mais il faut bien reconnaître que les Anglais eux-mêmes éprouvent des craintes à cet égard. Il est donc peu probable qu'ils veuillent y risquer 4 ou 5 milliards de francs dans l'industrie du coton. La Grande-Bretagne, comme on le voit, a donc encore l'avenir devant elle.

gnant l'importation, on pourrait obtenir une différence en métal. Puis on a supposé encore qu'en procurant le moyen à un producteur de blé de l'échanger contre 7 grammes de métal jaune plutôt que contre 4, la nation serait plus prospère. Nul ne pourra contester que le but du protectionnisme ne soit d'obtenir une augmentation de prix en faveur du produit national, c'est-à-dire la possibilité de l'échanger contre une plus grande quantité de métal. On a beau entasser sophisme sur sophisme, c'est là le but, car si un article national se vend meilleur marché que l'article étranger, il n'a pas besoin de la protection douanière. Aussi, quand elle est établie, ses effets se font sentir immédiatement. Dans ces dernières années, le quintal de blé se vendait en France 5 francs de plus qu'en Angleterre et en Belgique. La différence est égale au droit de douane. D'autre part, quand le papier-monnaie d'un pays subit des fluctuations, les protectionnistes demandent toujours une augmentation de droits, proportionnelle à la hausse de la monnaie fiduciaire. En Russie, en 1890, on avait même proposé un tarif à échelle mobile, variant avec le cours du rouble papier. Il s'agit donc toujours d'obtenir une plus grande quantité d'or en échange des produits nationaux.

La richesse d'un pays n'est pas en fonction de la quantité de monnaie métallique qui s'y trouve en circulation. Si demain on démonétisait l'or, comme on a démonétisé l'argent, l'adaptation de la France aux besoins de sa population ne serait pas modifiée. Parce que l'or aurait disparu, les maisons ne s'écrouleraient pas, les champs ne perdraient pas leur fécondité, ni les ouvriers parisiens leur supériorité artistique. Inutile de démontrer l'erreur des protectionnistes au point de vue du marché intérieur. Si un agriculteur vend son blé 50 p. 100 plus cher, mais s'il achète son pain majoré de la même différence, sa situation reste la même qu'avec le libre échange. La proportion dans laquelle les produits s'échangent entre eux n'a aucune action sur la richesse d'un pays.

Une transposition générale de tous les prix, soit en hausse, soit en baisse, si elle laissait subsister tous les rapports précédents, n'amènerait aucun changement économique ; elle agirait seulement comme une transformation de la monnaie. On a appelé franc 0gr,322 d'or. Si on avait donné ce nom à une pièce pesant 0gr,160, tout ce qui coûte un franc aujourd'hui en coûterait deux ; voilà tout. Imaginer qu'on puisse augmenter la richesse d'un pays en prenant 20 francs à Jean pour les donner à Paul, puis 20 francs à Paul pour les donner à Jean, est l'idée la plus saugrenue qui soit jamais entrée dans une cervelle humaine. A ce compte, tout individu pourrait s'enrichir en mettant son argent de la poche gauche dans la poche droite, puis de la droite dans la gauche.

Considérons le résultat définitif du libre échange. Il se traduit en dernière analyse, par un abaissement du prix des fermages, parce que les matières alimentaires et un grand nombre de matières servant à l'industrie, sont tirées de la terre. La répercussion dernière de tous les prix frappe toujours la propriété agricole. On dit, par exemple, que la concurrence des blés américains ruine la France. Qu'est-ce que cela veut dire ? Mais tout simplement ceci : grâce au bon marché du blé, M. X., qui recevait autrefois trois mille francs de revenu de sa terre, n'en recevra plus que deux. Qu'importe cependant, si ses deux mille francs, par suite du bon marché universel, lui assurent autant de bien-être que les trois mille? L'erreur crysohédonique l'empêche seule de voir qu'il n'y aura aucune différence.

Il est vrai qu'un autre élément entre ici en jeu : le fisc. Le fermage étant de 3 000 francs, s'il faut payer 500 francs d'impôt foncier, il reste 2 500 francs au propriétaire ; mais, s'il faut payer 500 francs sur 2 000, il n'en reste que 1 500. On dit alors que l'agriculture est atteinte. Mais comment ne voit-on pas que le mal vient de l'excès de fiscalité et non de l'abaissement du prix des fermages. D'ailleurs, que fait le droit de douane en pareil cas ? Il rejette la charge de Paul sur les épaules de Jean, ou de plusieurs individus, mais c'est toujours le pays qui paye. Il est vrai que ce système offre l'immense avantage de faire payer le pauvre pour le riche !

Chose singulière, on admet que le bon marché des produits alimentaires, des articles industriels et des capitaux, est avantageux pour le peuple, mais, par une contradiction vraiment incompréhensible, on croit que le bon marché du loyer des terres est un mal.

Si ce que Jean paye au profit de Paul est égal à ce que Paul paye au profit de Jean, le système protecteur fonctionne d'une façon équitable. Mais alors il est complètement inefficace, donc inutile. Il fait perdre seulement, sans profit pour personne, les frais de perception des droits et ralentit l'accroissement de la richesse par le temps gaspillé à surmonter mille entraves de tout genre. Le système protecteur peut procurer des bénéfices à quelqu'un, seulement dans le cas où Jean paye plus au profit de Paul que Paul au profit de Jean. A partir de ce moment, Paul devient un privilégié, un spoliateur, Jean un persécuté, un spolié.

L'intervention de l'or obscurcit un phénomène d'une extrême simplicité : le troc. Le commerce international n'est autre chose qu'un échange de marchandises. Mais cette vérité élémentaire est encore généralement méconnue. Le directeur d'un des départements du ministère des finances de l'empire russe disait à l'auteur : « Si nous introduisons le libre échange, nous achèterons tous nos articles à l'étranger, alors avec quoi les payerons-nous ? » M. Pearson, comme on l'a vu, s'imagine aussi que l'Angleterre pourra acheter des cotonnades indiennes sans donner une autre marchandise en échange[1]. De plus, un grand nombre de personnes se représentent l'or comme un objet de consommation pareil au blé. Elles croient qu'une fois hors de la frontière, il est perdu à tout jamais. Neuman Spallart évalue le commerce international du monde à 80 milliards de francs environ pour l'année 1885[2]. Si donc, comme le pensent le haut fonctionnaire russe, et M. Pearson, les achats se soldent en monnaie, les acheteurs ont dû donner 40 milliards de francs. Or, tout le stock métallique du globe (en or et en argent monnayé et en lingots) montait, à cette époque, seulement à 26 milliards de francs. On peut faire d'immenses transactions commerciales sans remuer une pièce de monnaie. Celles de la

(1) En mars 1894, lors de la discussion sur la surélévation des droits sur le blé, M. Méline est venu répéter, pour la cent millième fois, cet enfantillage : « Nous verrions l'Amérique et l'Australie nous prendre la culture du blé, l'Italie et l'Espagne la production du vin. Alors, je le demande, que deviendront dans ce pays le producteur et le travailleur ? » La réponse est des plus faciles. Si les étrangers donnent leurs produits pour rien aux Français, ils deviendront des esclaves travaillant au profit des Français. Ceux-ci deviendront des rentiers, ayant toutes les jouissances, sans aucune peine. Si les étrangers ne consentent pas à donner leurs produits pour rien, et si les Français n'ont rien à leur offrir en échange, les Français n'auront ni blé australien, ni vin espagnol.

(2) *Uebersichten der Weltwirtschaft*. Stuttgart, Meier, 1887, p. 429 et 551.

chambre de compensation de Londres se sont élevées à 195 milliards de francs en 1891. Or tout le stock métallique du Royaume-Uni monte à peine à 3 milliards 314 millions de francs.

Il n'est pas vrai que la balance du commerce se solde en monnaie, pour la raison toute simple qu'elle ne se solde jamais. On s'imagine que la vie s'arrête sur le globe à la date fatidique du 31 décembre. Il n'en est rien. La vie ne s'arrête à aucun moment. Quand un négociant envoie ses comptes de fin d'année à ses correspondants nationaux ou étrangers, il écrit l'avoir sur une page, le doit sur une autre, puis au bas de l'une d'elles : solde débiteur ou créditeur, à nouveau... tant. La vie ne s'interrompt pas parce qu'on s'est livré à cette opération de double écriture. Il en sera ainsi jusqu'à la fin des siècles. Jamais les comptes ne seront réglés définitivement ni entre particuliers, ni entre nations. L'inextricable écheveau des soldes débiteurs et créditeurs durera aussi longtemps qu'il y aura des hommes.

L'erreur crysohédonique a fait croire aussi qu'un pays se ruine quand il a un solde débiteur. C'est absolument faux. Avoir des dettes n'est rien. Tout dépend de l'emploi que l'on fait de l'argent emprunté. S'il rapporte un intérêt supérieur à celui qu'on paye, il y a bénéfice. Un pays nouveau peut importer sous forme d'outillage, servant à mettre en œuvre ses ressources naturelles, plus de marchandises qu'il n'en exporte, sans se ruiner ; au contraire. Et cela peut durer de longues années.

Dans la question de la balance commerciale, une seconde erreur vient se superposer à l'erreur crysohédonique. C'est une confusion des phénomènes économiques avec les phénomènes politiques.

Prenez trois vases : l'un carré, l'autre cylindrique, le troisième hexagonal. Remplissez-les d'eau. Exposez-les à une température de dix degrés au-dessous de zéro. L'eau gèlera. Mettez-les ensuite sur le feu, la glace fondera. Il en sera de même pour tous les trois vases, parce que le phénomène de la congélation et de la fusion dépend de la température et non de la forme du récipient. De même les phénomènes économiques ne dépendent pas des frontières politiques. Autrefois les souverains partageaient leurs domaines entre leurs enfants. L'électeur de Saxe, Frédéric le Bon, mort en 1464, laissa ses États à ses deux fils. Ernest, l'aîné, eut la Thuringe, Albert, le cadet, la Misnie et l'Ostermark. Est-ce à dire que les habitants de ces deux pays avaient intérêt à échanger librement leurs marchandises avant 1464, et, qu'après 1464, la douane devait favoriser leur prospérité? Mais si Frédéric le Bon n'avait eu qu'un seul fils, le partage n'aurait pas eu lieu. Qui pourra démontrer que la richesse de la Saxe dépendait de cette circonstance ?

Aujourd'hui le Parisien trouve avantageux de trafiquer avec Bordeaux, sans aucune entrave. Supposez que demain Bordeaux soit uni à l'Espagne. Au point de vue économique, les relations resteront exactement les mêmes entre le Parisien et le Bordelais. Mais le Parisien considérera alors le Bordelais comme étranger. C'est une considération politique qui n'a rien de commun avec les affaires. Si donc une douane était nuisible entre ces deux villes, quand elles faisaient partie du même État, elle le sera, dans la même mesure, quand elles feront partie de deux États différents. Si une douane était utile dans ce dernier cas, il faut reconnaître qu'elle l'aurait été aussi dans le premier. Il aurait donc fallu l'établir, malgré l'union politique des deux villes.

Dans le domaine économique, il n'y a pas d'étrangers ni de compatriotes; il y a de bonnes et de mauvaises affaires. Les individus qui font les premières s'enrichissent, ceux qui font les secondes s'appauvrissent. Quand un grand nombre de personnes font des spéculations lucratives, la richesse générale d'un pays augmente. Mais peu importe avec qui elles se font : avec un compatriote ou avec un étranger. Si l'on est volé par son propre frère, cela n'empêche pas qu'on ne subisse un dommage. Non seulement la concitoyenneté, mais la parenté même, n'a rien à voir dans les affaires économiques.

Certaines abstractions sont le fléau de l'humanité. Elles empêchent des millions d'hommes de vivre dans l'aisance et le confort. On entend toujours parler du « commerce de la France », du « commerce de l'Angleterre ». Or ces mots n'ont pas un atome de réalité concrète. La France ne fait aucun commerce, ni l'Angleterre, non plus. Mais Brown achète des marchandises à Durand et Smith vend des marchandises à Dupont. S'il plaisait demain aux Français et aux Anglais de s'unir en un seul Etat, les relations mutuelles de Brown et Durand, d'une part, et celles de Dupont et Smith, de l'autre, resteraient exactement ce qu'elles sont aujourd'hui.

La funeste abstraction qui est libellée « commerce national » empêche de comprendre la véritable nature du phénomène économique. Ainsi le peuple russe consomme annuellement 320 millions de kilogrammes de sucre indigène. Qu'est-ce que cela veut dire en réalité ? Que Pétrof achète du sucre à Ivanof. Si Pétrof achetait son sucre à Muller, en Allemagne, ou à Alvarez, à Cuba, il ferait exactement la même spéculation commerciale. Il donnerait une marchandise et en prendrait une autre. Mais on pense que si Pétrof échange avec Ivanof, la Russie sera riche ; s'il échange avec Muller ou Alvarez, la Russie s'appauvrira. Et puis revient l'éternel cliché, où la Russie prendra-t-elle l'argent nécessaire pour acheter son sucre à l'étranger ? Pétrof, Sidorof, et 124 999 998 Russes trouvent bien 400 millions de francs, aujourd'hui, pour les donner à Ivanof et à d'autres fabricants de sucre. Ils donneront exactement ces mêmes millions à Muller et à Alvarez. Ils se les procureront là où ils se les procurent maintenant. Pourquoi pense-t-on que les Russes ne trouveraient plus cet argent, le jour où ils achèteraient leur sucre à Cuba ? Mystère impénétrable ! Jamais Messieurs les protectionnistes n'ont pu nous expliquer cela.

Une autre erreur provenant de l'expression « commerce national » est celle de croire que les transactions entre deux pays doivent se solder directement. Si les Parisiens achètent pour 100 millions de marchandises à Bordeaux, est-ce à dire qu'ils seront ruinés si les Bordelais n'achètent pas pour 100 millions de marchandises à Paris ? Bordeaux peut ne rien acheter à Paris et se pourvoir à Marseille ou à Lyon, qui, à leur tour, ont des relations avec Paris. Le règlement de comptes peut s'opérer par des intermédiaires. De même la Russie peut ne rien vendre à la Chine, et solder ses achats, dans ce pays, par l'entremise de l'Angleterre. La circulation économique est si complexe au sein de l'Etat, qu'on se perd dans le dédale des opérations commerciales. Il en est de même du globe entier. Dès que des relations d'affaires s'établissent entre citoyens d'Etats différents, ces Etats constituent un seul marché, au point de vue économique, tout comme s'il n'y avait pas de frontières. Nul ne se préoccupe, en France, de savoir si la balance du commerce, entre la Touraine et l'Anjou, se solde au profit ou au détriment de l'une de ces deux provinces. La question de savoir si la balance du commerce, entre la France et l'Angleterre, se solde au profit ou au détriment de l'un de ces deux pays a tout aussi peu d'importance. Des préoccupations politiques viennent embrouiller les questions économiques. Nos préjugés, notre ignorance, notre manie d'abstraction donnent seuls une importance exagérée à des questions qui n'en ont aucune. Or, tant qu'on confondra des choses différentes, tant que nous n'aurons pas mis un peu d'ordre dans nos raisonnements, tant que nous nagerons dans un océan de pensées incohérentes et chaotiques, la somme de bien-être, dont nous pourrons jouir, sera toujours fort restreinte.

La richesse est une adaptation de la nature extérieure aux besoins de l'homme. Eh bien ! il suffit d'observer un peu les faits, pour se convaincre que le système protecteur produit précisément le contraire.

Soit un champ très fertile qui peut donner 30 hectolitres de blé par hectare. Ce blé se vend 15 francs. Un ouvrier gagne 3 francs par jour. Donc, en travaillant 150 jours, il peut acquérir le produit de cet hectare. Mais le droit de douane majore le prix de 5 francs. 30 hectolitres de blé valent désormais 600 francs. L'ouvrier, en travaillant 150 jours, ne peut plus acquérir tous les 30 hectolitres, produits par l'hectare, mais seulement 22,5 hectolitres. Par conséquent, au point de vue de l'ouvrier, le droit de douane est identique à une diminution de fertilité. Si des hommes, en France, avant de labourer leur champ, l'avaient rempli de pierres de façon à diminuer son pouvoir productif de 25 p. 100, ils auraient fait un acte identique, par ses conséquences, à l'impôt de 5 francs sur le blé étranger.

Autre exemple. Euforie possède des havres très sûrs et très profonds. Grâce à cette circonstance, le transport des marchandises de la ville A à la ville B coûte 10 centimes par tonne. Les Euforiens mettent un droit de douane de 100 pour 100 sur les navires étrangers. Les frais de transport augmentent pour ce motif et coûtent désormais 15 centimes. Cet acte n'est-il pas identique au comblement de leur port ? A Acarpie, où les havres sont mauvais, les grands bateaux ne peuvent pas aborder à quai ; ils doivent rester en rade et il faut prendre des allèges. Le pays étant mal adapté aux besoins de l'homme, le transport des marchandises y revient à 15 centimes la tonne. Eh bien, par les droits de douane, les Euforiens se placent dans des conditions aussi désavantageuses que les Acarpiens.

En Russie, le coût d'un kilomètre de chemin de fer est maintenant de 100 000 francs environ. Mais les droits de douane le majorent de 20 p. 100. Avec le libre-échange, le kilomètre coûterait seulement 80 000 francs. Pour établir une voie quelconque il faut, par exemple, 50 000 mètres cubes de déblais, qui coûtent 30 000 francs. Si un ingénieur russe commençait d'abord par faire 16 000 mètres cubes de remblais, puis s'il les déblayait et établissait ensuite le tracé définitif, il ferait un acte identique à la majoration du prix des chemins de fer par les droits de douane.

Dans ces exemples, des conditions de milieu, avantageuses à l'homme sont rendues *artificiellement* désavantageuses.

Considérons maintenant cette même folie à un autre point de vue. Un industriel russe a une machine à vapeur qui brûle 3 kilos de charbon par heure et par cheval. Le charbon entre en franchise : il coûte 20 francs la tonne. Puis on établit un droit de 10 francs[1] par tonne : le charbon coûte 30 francs. Avec le libre échange, chaque force de cheval serait revenue à 6 centimes à l'industriel russe, maintenant elle lui revient à 9. Si sa machine, moins parfaite, avait brûlé 4kg,500 par heure et par cheval, avec le libre-échange, les frais eussent été les mêmes pour lui.

Grâce au génie de nos mécaniciens, les broches qui filent le coton font désormais jusqu'à 11 000 tours par minute. En Russie, la douane majore de 85 p. 100 le prix des indiennes les plus ordinaires ! La situation ne serait-elle pas identique pour les Russes, si les broches ne faisaient que 6 000 tours à la minute et si les indiennes entraient en franchise de douane ?

Ici le tarif protecteur revient à dire ceci : nous vous défendons d'avoir des générateurs à vapeur brûlant 3 kilogrammes de charbon par heure et par cheval ; nous vous ordonnons d'en prendre de moins bons, qui en consomment 4 kilogrammes et et demi ; nous vous défendons de prendre des métiers à filer, dont

(1) Actuellement le droit est en Russie de 10 fr. 80 par tonne.

les broches font 11 000 tours à la minute; nous vous ordonnons d'en prendre d'autres, qui font 6000 tours. Sans doute, le législateur ne tient pas ce langage, mais le résultat est identique pour le consommateur, puisqu'il ne retire aucun bénéfice des perfectionnements techniques. Son moteur lui coûte 9 centimes au lieu de 6 et son indienne 50 centimes au lieu de 30.

Les protectionnistes ne considèrent que le producteur. Ils oublient que chacun d'eux est doublé d'un consommateur, comme chaque médaille est doublée d'un revers.

Pour le charbon et la machine, tout industriel est un consommateur. Il faut être vraiment frappé de démence pour croire qu'on favorise le développement des manufactures en accablant le producteur d'énormes surcharges. Suivons cependant le protectionnisme dans cette fausse voie. Voyons où nous aboutirons.

En ce moment, on établit des filatures de coton aux Indes. On y voit même un danger pour la prospérité future de la Grande-Bretagne. Les Anglais ont appliqué le libre-échange absolu dans leur grande possession asiatique. Les machines y entrent libres de tout droit. Si elles devaient cependant acquitter, comme en Russie, des droits de 30 et 40 p. 100, une usine dont l'outillage, à Bombay, coûte aujourd'hui 100 000 francs en coûterait 130 000. Les Hindous auraient été placés dans des conditions plus désavantageuses pour établir des filatures. Si, enfin, l'importation des machines étrangères était entièrement prohibée, les Hindous devraient attendre encore de longues années avant de pouvoir établir des filatures de coton chez eux.

Les nations sont dominées, de nos jours, par la passion industrielle. Donnez-nous des usines, n'en fût-il plus au monde, semblent-elles dire à l'unisson. Cette folie est absurde. Ce qu'il faut à l'homme, c'est le produit, non la production. Mais puisque la passion de l'industrie existe, elle devrait au moins être conséquente avec elle-même. Qui veut la fin veut les moyens, dit le proverbe. Or, ce n'est pas en taxant le fer, les machines, la fonte, la houille et les matières premières qu'on peut favoriser les progrès de l'industrie ; on ne peut que le retarder. Chaque produit d'un industriel est matière première pour un autre. La houille est produit pour le mineur, matière première pour le métallurgiste ; le fer, produit pour celui-ci, est matière première pour le fabricant de machines et ainsi de suite. Le pain et les vêtements semblent des articles de consommation par excellence. Ils peuvent cependant être aussi considérées comme des matières premières, puisque l'ouvrier, qui a du pain et des vêtements à bon marché, peut se contenter d'un salaire inférieur. La circulation de la matière et de l'énergie est perpétuelle dans la nature ; elle se joue des classifications artificielles de MM. les tarificateurs.

Il est plus difficile de gagner 150 000 francs que 100 000. Toutes les fois que l'établissement d'une usine coûtera le premier prix plutôt que le second, il s'en établira moins. Quand cette usine se mettra à fonctionner, elle pourra placer d'autant plus de produits, qu'ils seront moins chers. Si les droits de douane sur les matières que l'usine doit acheter, renchérissent ses articles, elle en vendra moins. Si l'on veut donc favoriser réellement l'industrie, il faut établir le libre-échange.

Certains pays sont restés plus longtemps dans l'enfance, parce que les conditions du milieu leur étaient défavorables. Il n'y a pas un seul point, en Angleterre, qui soit à plus de 150 kilomètres de la mer. Irkoutsk se trouve à 4 000 kilomètres du port le plus voisin. En Angleterre on peut travailler en plein air pendant toute l'année, en Sibérie seulement pendant 85 jours. Si à des difficultés matérielles on en ajoute encore d'artificielles, provenant du tarif des douanes, on retarde encore plus le progrès des pays à l'état d'enfance. Un adulte peut supporter un poids considérable sur ses épaules, mais un enfant succombe sous la même charge. Le protectionnisme est l'opposé de la logique. Il semble dire à une nation jeune : — « Parce que vous êtes débile, nous allons vous charger d'un poids de 100 kilogrammes, tandis que vos voisines, les nations vieilles, parce qu'elles sont fortes, on les chargera seulement d'un poids de 50 kilogrammes. » A coup sûr, ce n'est pas grâce à cette aimable sollicitude, que les cadets pourront jamais atteindre les aînés, ou bien marcher d'un pas égal ou bien les dépasser.

La banale comparaison de l'industrie naissante avec l'enfant se retourne contre le système protecteur. En effet, que font les parents à l'égard de leurs fils en bas âge ? Ils leur fournissent tout ce qui leur est nécessaire sans rien leur demander en échange. Ils leur font une série de dons ; ils leur facilitent la vie de toutes les manières. Un industriel veut fonder une usine dans un pays neuf; si on lui donnait les machines, le charbon et les matières premières pour rien, on agirait comme les parents agissent par rapport à l'enfant. Mais quand on les lui fait payer plus cher que dans les pays avancés, loin de lui venir en aide, on le persécute. Loin de lui prodiguer des dons, comme les parents à l'enfant, on l'accable de charges ; on lui rend la vie plus difficile, précisément parce qu'il est plus faible. Cela s'appelle protéger l'industrie !

Les pays neufs souffrent beaucoup plus du système protecteur que les vieux. Plus grande et plus puissante est la production, moins un tarif élevé est funeste. Un exemple. La Belgique a 115 kilomètres de chemins de fer par 10 000 kilomètres carrés de territoire, la Russie en a 6. Dans le premier pays on pourrait ne plus construire un seul nouveau tronçon ; le réseau actuel est entièrement suffisant. La Russie, au contraire, aurait besoin, au plus bas mot, de 200 000 kilomètres de lignes nouvelles. A 100 000 francs le kilomètre, cela fait 20 milliards de francs. Qu'importe à la Belgique un tarif élevé qui augmenterait le prix de revient des chemins de fer ; elle en a assez. Mais pour la Russie la majoration actuelle, provenant du tarif prohibitif, représente une somme de 4 milliards de francs. Par conséquent, avec le libre échange, la Russie pourrait construire 200 000 kilomètres avec la dépense que nécessiteront maintenant 160 000. Cela fait une différence égale à tout son réseau actuel.

Puisque nous parlons de pays neufs, cela nous fait songer à la Sibérie. Les conditions économiques de ce pays sont une des meilleures réfutations du protectionnisme. En effet, si la cherté fait la richesse, la Sibérie doit être le pays le plus riche du monde. Grâce aux immenses distances et au manque de moyens de transport, tout y coûte des prix très élevés. Un citron se paye deux francs à Irkoutsk et le reste à l'avenant. Eh bien ! n'en déplaise à MM. les protectionnistes, la Sibérie ne confirme pas leur théorie. On y vit de la façon la plus misérable. Mais voyez la singulière logique des hommes. On va employer 910 millions de francs pour le transsibérien. Ainsi, quand la cherté provient des conditions naturelles d'un pays, on trouve que c'est un mal, on dépense des capitaux énormes et on fait des efforts gigantesques pour la diminuer; mais, quand le bon marché provient des conditions naturelles, on le trouve désastreux et on cherche à le combattre par des tarifs insensés !

Revenons maintenant à la fonction de temps. Parlons d'abord du producteur, puis du consommateur.

Le pétrole russe est transporté par des wagons citernes, de Bakou à Batoum. Là, une partie en est versée dans des bidons qui sont emballés dans des caisses en bois. Ce bois entrait autrefois en franchise. Depuis 1893, il a été frappé d'un droit de 14 fr. 60 par tonne. Comme on en faisait venir environ 35 000 tonnes par an, les fabricants de pétrole vont perdre de ce chef 511 000 francs. Diminuer les bénéfices d'une industrie, est-ce vraiment la protéger ? Si l'on appelle cela protection, qu'appellera-t-on persécution? Supposons que l'industrie russe se soit outillée, en 1914, de façon à fournir aux fabricants de pétrole du bois, au même prix que l'étranger. Toujours les 10 220 000 francs de doits, payés pendant vingt ans auront été perdus sans retour. Les capitaux qui se seraient formés pendant cette époque, par le surplus des bénéfices réalisés sur la vente du pétrole, ne se formeront pas. En 1914, la Russie sera plus pauvre qu'elle ne l'aurait été sans les droits sur le bois. Pour toute industrie viable, les droits de douane sont une charge sans compensation. Ils diminuent simplement les bénéfices, donc ils ralentissent le taux d'accroissement de la richesse. Le protectionnisme se ramène toujours à un gaspillage de temps.

Quant aux industries artificielles qui ne peuvent pas vivre sans l'appui du tarif, nous refusons absolument de leur reconnaître le caractère d'entreprises de production. Au moyen âge, les barons féodaux se fortifiaient dans leurs châteaux. Quand des voyageurs passaient sur les grandes routes, ils se précipitaient sur eux et les détroussaient. Eh bien ! les industriels protégés font exactement la même opération, mais par d'autres procédés. Au lieu de recourir à la violence, ils recourent à la loi. Ils se font attribuer, par les autorités constituées, le droit de prélever un impôt sur leurs compatriotes. Ces individus sont tout simplement des parasites d'une nature très nocive, qu'on aurait traités en simples malfaiteurs dans des sociétés plus éclairées.

Quant au consommateur, pour lui, la protection éloigne simplement le moment où il aurait pu jouir d'un confort plus grand.

Ainsi les constructions en fer ont commencé à se répandre

largement dans l'Europe occidentale, vers le milieu de notre siècle. Le Palais de Cristal est de 1851 ; la grande nef du palais des Champs-Elysées, de 1855. En Russie, c'est à peine si l'on emploie en 1894, un peu de fer dans les édifices, et cela pour quelques poutres, absolument indispensables et dans de très rares occasions. Tout le monde comprend l'immense supériorité des constructions en fer ; elles permettent d'établir des salles de 100 et de 120 mètres sans supports intérieurs. La Russie est privée des avantages que procurent les fermes en fer. Pourquoi? Parce que cet article est frappé de droits exorbitants : 195 francs la tonne, représentant dans certains cas jusqu'à 160 p. 100 de la valeur.

Supposons que l'industrie russe parvienne à fournir le fer au même prix que l'industrie belge ou anglaise, en 1994. Les Russes atteindront donc le *standard of comfort*, réalisé dans la Grande-Bretagne vers 1850, seulement cent quarante ans plus tard. Six générations vivront dans une misère relative, enviant le bien-être des Anglais. Eh bien ! il suffirait de supprimer les droits de douane, pour avoir tous les articles presque au même prix qu'aux lieux de production, parce que le transport est désormais une quantité négligeable par rapport à un grand nombre de marchandises.

La logique des protectionnistes est vraiment stupéfiante. Les marchands orientaux font souvent des prix en proportion de la fortune qu'ils supposent à l'acheteur. A la bonne heure ! ces gens-là raisonnent.

Mais les gouvernements européens sont loin de leur ressembler. Ainsi la Russie est un pays pauvre. Il semblerait donc que les droits de douane devraient y être plus cléments. Au contraire, ils sont impitoyables. Les objets les plus usuels payent des droits exorbitants. Le sucre, par exemple, 97 centimes le kilogramme, soit 200 p. 100 de son prix de revient ! Le résultat de cette politique, c'est que le *standart of comfort* est en Russie de plusieurs degrés inférieur à celui de l'Europe occidentale. Et il en sera longtemps ainsi, si les Russes ne se guérissent pas de leur folie protectionniste [1].

(1) En Russie les briques sont chères parce qu'on les fabrique par des procédés lents. Si l'on avait des machines pouvant faire un million de briques par heure, elles ne coûteraient presque rien. Comme les procédés de fabri-

II

Essayons de calculer maintenant ce que « la protection du travail national » coûte aux pays civilisés.

Il y a d'abord des dépenses directes : les primes. Ainsi celles qu'on a distribué en France pour « encourager » la marine marchande ont monté en dix ans seulement, de 1881 à 1890, à 74 549 000 francs[1]. Les subventions accordées aux compagnies de navigation, les drawbacks, les capitaux distribués à différents industriels rentrent dans cette catégorie d'encouragements. Est-il nécessaire de dire que c'est tout simplement de l'argent jeté à la mer. Mais combien d'argent? Voilà ce qu'il est difficile de dire. Il faudrait examiner par le menu les budgets des différents Etats de l'Europe. Malheureusement l'auteur ne peut pas le faire, faute de documents. Mais si la seule prime pour l'encouragement de la marine française monte à 7 500 000 francs par an, l'auteur pense ne pas exagérer en portant la dépense générale, pour ce pays, à 10 millions. Si donc nous attribuons le même chiffre aux autres grandes puissances industrielles (Allemagne, Italie, Autriche, Russie, Etats-Unis)[2], et que nous portions de ce fait 50 millions de francs par an pour le groupe européen, nous pensons nous tromper en moins plutôt qu'en plus.

Passons aux douanes. Mais avant de parler des droits, considérons quelques pertes accessoires.

En tout premier lieu, le cordon de troupes qui garde la frontière pour empêcher la contrebande. En Russie cela occasionne

cation russes sont lents, on frappe les briques étrangères d'un fort droit de douane, ce qui équivaut aussi, pour le consommateur, à un ralentissement de production. On espère de cette façon accélérer la construction des maisons en briques!

(1) Voir l'*Économiste français* du 18 juin 1892, p. 472. La prime était de 60 francs par tonne pour les vapeurs en fer. Elle a été complètement inefficace ; la marine française fait peu de progrès. A cause de cela, on se propose de doubler la prime ! Quelle logique !

(2) Nous ne comptons ni les petites puissances, ni l'Angleterre qui donnent des primes médiocres.

une dépense de 25 millions de francs par an. Prenons seulement la moitié de cette somme pour les autres grandes puissances de l'Europe et les Etats-Unis, et un dixième pour les petites. Cela fait une dépense annuelle [1] de 130 millions de francs pour le groupe européen.

Maintenant comptez les innombrables formalités douanières. Elles sont un véritable supplice. Il faut réellement une imagination des plus fécondes pour trouver tant de complications. Et cela partout, même en Angleterre. Les tracasseries des douaniers sont non seulement ennuyeuses, elles sont parfois révoltantes. Mais ne parlons que du temps perdu. D'après nos calculs, 21 millions de personnes, en chiffres ronds, s'occupent de commerce, dans le groupe européen. Cela donne 4 millions d'hommes adultes. Supposons que le cinquième seulement aient affaire avec les douanes et que ces formalités leur prennent deux jours par an [2].

Nous pensons qu'on peut estimer le travail de ces négociants à 20 francs par jour en moyenne. Cela nous fait donc une perte de 32 millions de francs. Comptez maintenant les marchandises cassées, avariées, détériorées. Les importateurs ne sont pas toujours à même de payer immédiatement les droits. Ils laissent leurs marchandises, en dépôt, dans les magasins de la douane. Elles se gâtent souvent, surtout les substances alimentaires. Combien n'avons-nous pas vu de produits comestibles, devenus putrides, être enterrés dans des fosses. Evaluons ces détériorations, à un millième de la valeur des marchandises importées. Pour le commerce général du globe, qui est de 40 milliards de francs environ à l'importation [3], cela fait 40 millions.

Les formalités de douane ne sont pas gratuites. Chaque déclaration est frappée d'un droit de timbre. Nous avons souvent vu en Russie des articles qui acquittaient quelques centimes de droits, coûter plus de deux francs de timbre et de frais

(1) Six grandes puissances : Allemagne, Autriche, France, Italie, Espagne, États-Unis, et treize petites. L'Angleterre n'est pas comptée. Elle n'a pas de droits prohibitifs.

(2) La plupart des maisons d'importation sont obligées d'entretenir une personne spéciale pour les opérations de la douane.

(3) Voir Neumann-Spallart, *Uebersichten der Weltwirthschaft*, p. 551.

de dédouanement. Comment calculer ces pertes ? Evaluons-les modestement à 2 millions pour le globe entier [1].

Arrivons maintenant aux droits de douane. Les pertes qu'ils font subir aux sociétés civilisées sont très faciles à calculer pour certains articles. Ainsi, en 1893, la France a eu besoin d'importer de l'étranger 24 650 000 hectolitres de blé. Grâce au droit de douane, tous les 121 800 000 hectolitres nécessaires à sa consommation ont été majorés de la même somme. Cela fait un impôt de 609 millions de francs sur le peuple, perçu au profit de 142 000 gros propriétaires [2].

En Russie, la consommation du sucre monte annuellement à 320 millions de kilogrammes qui coûtent aux fabricants 150 millions de francs, bénéfice compris. Or ils le vendent 250 millions dans le pays, grâce aux droits de douanes. Cela fait donc une différence de 100 millions de francs que doit payer la population de cet empire au profit de 5 à 6 000 actionnaires de fabriques de sucre [3]. Mais d'autres articles ne se prêtent pas à des calculs si simples. Ils sont possibles à coup sûr. Il suffit de procéder de la même façon que pour le blé. Mettre d'une part la consommation, de l'autre la production intérieure, et majorer le tout par le droit de douane [4]. On comprend que des recherches si minutieuses excèdent les forces d'un seul homme. Une société aurait dû se former, en Europe, pour calculer le coût du système protecteur. L'auteur de ces pages ne possède pas, de plus, les documents nécessaires pour donner des chiffres exacts. Il devra s'en tenir à des approximations, mais elles pècheront surtout par leur modération.

D'ailleurs, des évaluations ont été faites, dans quelques pays,

(1) Depuis l'introduction des tarifs différentiels ces dépenses ont encore augmenté. Il faut se munir d'un certificat de provenance qui coûte au moins cinq francs. Comptez encore le temps employé pour l'obtenir. On voit que notre somme de 2 millions de francs est peu exagérée ; peut-être faudra-t-il la majorer encore de 10 ou 15 millions pour les certificats d'origine.

(2) Voir le *Journal des Économistes*, sept. 1893, p. 465. Tout ce passage a été écrit avant la surélévation des droits. Nous le laissons, cependant, sans changement.

(3) Leur nombre atteint à peine ce chiffre.

(4) Quelquefois les producteurs n'usent pas en entier des droits protecteurs ; mais ce cas est assez rare. D'ailleurs dans des calculs exacts cela pourrait être pris en considération.

par des spécialistes méritant toute confiance. Ainsi, dans la colonie de Victoria, le système protecteur coûte 900 francs par ménage [1], soit pour 190 000 ménages [2] 171 millions de francs [3]. M. Léon Say a fait le calcul de ce que le système protecteur coûte à la France. Il évalue les pertes à un milliard et demi de francs par an, au plus bas mot. Prenons ce chiffre comme base. Depuis quelques années les nations civilisées rivalisent d'insanité dans leurs tarifs de douanes. Elles n'ont rien à s'envier, sous ce rapport. Pour certains articles les droits perçus, en France, par le tarif minimum de 1891 sont de cinq fois et demi plus élevés que les droits anciens [4] !

En Russie, le sucre est taxé à 200 p. 100 de son prix de fabrique, la houille à 200 p. 100 de son prix sur le carreau de la mine [5] ! La France pourra donc nous servir de terme de comparaison. En prenant ce chiffre d'un milliard et demi, en proportion avec l'importation des autres pays, nous arriverons à une approximation assez exacte des pertes, que le protectionnisme inflige aux nations modernes.

Nous nous basons sur les données fournies par Neumann-Spallart [6].

L'ensemble de l'importation des États européens est évalué par lui à 39 milliards 100 millions de francs. Nous en déduisons la France, déjà prise en considération, et les pays libres échangistes de notre continent : l'Angleterre, la Belgique et la Hollande ; mais nous ajoutons les Etats-Unis, le Canada, Cuba, le Mexique et Victoria. Cela donne un ensemble de 17 730 000 000 d'importation en pays protégés. Si la France perd un milliard et demi sur une importation de 4 423 000 000 fr. [7], la règle de proportion donne 6 milliards 12 millions de francs qui, ajoutés au milliard et demi de la France, font 7 512 000·000 pour le groupe européen.

(1) *Journal des Economistes*, juillet 1893, p. 91.

(2) Victoria a 1 140 000 habitants. Nous divisons par 6.

(3) Et cela au bénéfice de 50 000 ouvriers !

(4) Le vin, par exemple, est taxé à 80 p. 109 sa valeur.

(5) Le simple verre à vitres à 140 p. 100 !

(6) *Uebersichten*, p. 519.

(7) C'est le chiffre de 1890, sur lequel s'est basé M. Léon Say.

Sept milliards et demi par an! Telle est très probablement la perte directe que nous inflige la folie protectionniste. Mais cette perte directe n'est pas même la seule. Hélas! elle est peut-être inférieure aux pertes indirectes.

En tout premier lieu, le système protecteur met des entraves aux transactions commerciales. Ainsi, un habitant de Toulouse reçoit une circulaire des Magasins du Bon Marché de Paris. Une étoffe lui plait; il envoie une carte postale et, deux jours après, il a son étoffe. Pareille transaction serait impossible entre pays étrangers à cause de la douane. Si l'on pouvait calculer le nombre d'affaires de ce genre qu'elles rendent impossible! C'est par millions qu'il faut sans doute les compter. Or chacune de ces affaires aurait laissé un bénéfice. Dans certains pays, comme la Russie, le confort est des plus élémentaires; les vêtements, le mobilier, des plus primitifs. Bien souvent on se prive de beaucoup de choses, non faute de ressources, mais faute de relations commerciales. Or, dès que les étrangers veulent faire des affaires avec la Russie, la douane se dresse devant eux comme un épouvantail devant lequel reculent les plus braves. Combien de fois n'est-il pas arrivé à l'auteur de faire des reproches aux industriels français : « Vous faites de si jolies choses, leur disions-nous, mais vous ne savez pas les vendre. Pourquoi n'établissez-vous pas des dépôts en Russie? » Nous recevions toujours la même réponse : « Avec vos tarifs actuels, c'est absolument impossible. »

Et puis, la douane arrête encore les affaires, parce que le marchand doit payer les droits, mais n'est pas sûr de vendre ses articles. Ceci encore empêche des millions de transactions qui autrement auraient pu s'accomplir. Si on pouvait renvoyer au fabricant un article non vendu, le commerce prendrait une extension énorme [1].

(1) C'est ce qui se passe pour la librairie, par exemple. En Russie les livres ne payent pas de droits. Aussi les éditeurs parisiens envoient-ils d'office deux exemplaires de tout ce qu'ils publient, dans une ville comme Odessa. L'auteur y a vu un jour une monographie d'un château du Poitou. C'était un gros volume in-8, publié avec beaucoup de luxe et coûtant dans les environs de 50 francs. « Avez-vous espoir de vendre un pareil livre ici? demanda-t-il au libraire. — Mais oui, monsieur, cela arrive souvent. » Eh bien, le libraire odessois se serait-il risqué de faire venir un ouvrage de ce genre, s'il avait dû payer des droits de douane? Il se serait contenté de demander

Le nombre des transactions arrêtées par la douane est colossal. Chacune d'elles aurait laissé un bénéfice, qui n'est pas encaissé aujourd'hui. Mais ce fait a une importance beaucoup plus considérable qu'on ne se l'imagine. Ce qui fait agir l'homme est le désir ardent de réaliser un idéal quelconque. Dans un pays où le commerce est mal organisé, où il y a peu de boutiques, où les marchandises ne sont pas étalées aux regards des passants, la passion du bien-être ne peut pas naître, et l'activité de l'homme est réduite au minimum. Ainsi, en entravant la circulation des marchandises, on affaiblit le ressort vital ; on diminue donc la production et on ralentit l'accroissement de la richesse.

Mais les maux indirects du protectionnisme sont surtout funestes quand ils retardent l'amélioration de l'outillage. On a calculé en Russie que les machines agricoles procurent une économie de 48 p. 100 sur le semage, de 50 p. 100 sur le battage, et de 53 p. 100 sur le nettoyage des grains. Supposez que ces trois économies représentent seulement 10 copecks par poud ; cela ferait pour les 2 milliards 345 millions de pouds de blé, que produit la Russie, une économie de 503 millions de francs. Plus d'un demi-milliard ! Les machines agricoles payent des droits très élevés en Russie. Les moissonneuses-lieuses sont majorées de 15 p. 100 par le tarif des douanes, les batteuses de 25 p. 100, les charrues de 25 p. 100 [1] !

Les machines, entrant en franchise, supposons qu'elles eussent accompli en plus un *dixième* des opérations agricoles, énumérées plus haut. Cela aurait toujours produit une économie de 50 millions de francs par an.

Autre exemple des maux indirects du protectionnisme. On sait que les incendies sont un des fléaux de la Russie. Ils causent parfois des pertes montant à 250 millions de francs

les romans les plus en vogue ; et encore la vogue de Paris n'est pas la vogue d'Odessa.

Ce qui est vrai des livres, l'est de toutes les marchandises. Combien n'en aurait-on pas envoyé en commission dans les pays étrangers, sans les douanes ? Et un très grand nombre se seraient vendues.

(1) Taxer les machines agricoles, dans un pays comme la Russie, semble un crime de lèse-patrie. Mais la folie protectionniste aveugle même les gouvernements les mieux intentionnés.

par an [1]. Le mal sévit surtout dans les campagnes, où presque tous les toits sont couverts de chaume. Eh bien! la tôle pour toiture est taxée à 156 p. 100 de sa valeur. Supposons la tôle libre de droits et supposons que, grâce au bon marché de ce produit, un dixième des édifices couverts de chaume aient des toitures de tôle, cela ferait une économie annuelle de 25 millions de francs pour la Russie. Ajoutez à cela les primes d'assurance qui sont plus faibles pour les immeubles à toiture de fer.

Ces exemples pourraient être multipliés à l'infini. Toujours ils aboutiront à des chiffres montant à des millions, surtout si l'on considère l'ensemble du groupe européen.

Un tarif de douane ne peut pas être immuable. Il n'y a rien d'immuable dans l'univers et les folies humaines le sont encore moins que tout le reste. Un jour, dans la mêlée d'intérêts égoïstes et contradictoires, c'est un groupe qui l'emporte; le lendemain, c'est un autre. Un jour, les gouvernements s'engouent pour un article de production, le lendemain, pour un autre. Les tarifs sont donc modifiés, et cela presque constamment. Or, chacun de ces changements cause la ruine de quelques producteurs [2].

A quel chiffre s'élèvent ces pertes? C'est ce qu'il est impossible de préciser; mais il faut aussi les enregistrer pour mémoire.

Voler 10 000 francs à un homme, ou l'empêcher de gagner 10 000 francs revient absolument au même, puisque, dans les deux cas, on prive cet individu d'une certaine somme de bien-être. Quand les protectionnistes entravent le développement de la richesse, il faut leur demander compte, non seulement des pertes qu'ils font subir, mais encore des bénéfices qu'ils empêchent de

(1) En 1882, par exemple, 98 600 000 roubles ou 247 millions de francs.

(2) Les industriels se plaignent avec raison de l'instabilité des tarifs. Comment être sûr du lendemain et risquer de l'argent dans une entreprise quand un changement du tarif, élevant les droits des articles que l'industriel achète, ou abaissant ceux des articles qu'il vend, modifie, d'un seul coup, toutes ses combinaisons ? C'est même là un des plus funestes effets du protectionnisme. Il fait de l'industrie une loterie. Certains casse-cou se jettent dans la mêlée, mais les gens prudents s'abstiennent de risquer leurs capitaux dans des affaires industrielles. Comme toujours, quand les gouvernements se mêlent de ce qui ne les regarde pas, ils produisent un effet diamétralement opposé au but poursuivi. Ils veulent favoriser l'industrie; ils aboutissent à empêcher son développement.

réaliser. Mais comment chiffrer ces sommes? La seule chose que l'on puisse dire, c'est qu'elles sont colossales.

Nous avons parlé jusqu'à présent de pertes économiques, mais le système protecteur en cause aussi de financières, qui ne sont pas moins importantes. Ainsi les Espagnols acquittaient la majeure partie des intérêts de leur dette, par les bénéfices réalisés sur la vente de leurs vins. Or les vins qui payaient auparavant 2 francs l'hectolitre, à leur entrée en France, en payent désormais 12. L'Espagne, privée de son principal marché d'exportation, s'est trouvée dans une situation des plus difficiles, qui s'est traduite par une baisse immédiate de ses principales valeurs. Comme un très grand nombre de ces valeurs sont placées en France, le nouveau tarif protectionniste de M. Méline a fait subir à ce pays une perte qui, en mars 1892, montait déjà à un milliard 205 millions de francs [1].

Nous nous en tiendrons à cet unique exemple. Mais on comprend bien que la stagnation des affaires, provenant des entraves douanières, exerce son action sur le cours de toutes les valeurs, et occasionne fréquemment des désastres financiers.

Il est impossible d'énumérer toutes les pertes indirectes du système protecteur [2]. Quelques-unes échappent même complètement à la conscience sociale. Maintenant comment risquer une évaluation? Selon nous les pertes indirectes dépassent les pertes directes. Les petits ruisseaux font les grandes rivières. Mille petites affaires, empêchées tous les jours entre des centaines de millions d'hommes, produisent, à la longue, des soustractions colossales. Si l'on comptait seulement 10 francs pour chaque adulte du groupe européen, cela ferait déjà 4 milliards 549 millions de francs. Evaluer seulement à 10 francs ce que la stagnation des affaires nous empêche de gagner, en plus de nos bénéfices actuels, nous paraît extrêmement modéré. Cependant, pour désarmer nos contradicteurs, nous irons encore plus loin et nous évaluerons les pertes indirectes du système protecteur au tiers de ses pertes directes.

(1) Voir les discussions du *Congrès de législation douanière d'Anvers*, 1892, p. 161. Ces chiffres ont été communiqués par M. E. Davioud.

(2) Nous devons rappeler ici le temps gaspillé pour rédiger les tarifs, pour les publier et les appliquer.

Nous obtiendrons alors :

Primes.	50	millions.
Garde des frontières	130	—
Formalité de la douane.	32	—
Détérioration des marchandises.	40	—
Droits de timbre.	2	—
Pertes directes par le tarif. . . .	7.512	—
Pertes indirectes.	2.504	—
Total. . .	10.270	—

Dix milliards de francs par an, voilà, au plus bas mot, ce que coûte certainement le système protecteur!

Toutes les affaires deviennent extrêmement complexes dans les sociétés humaines. Songez seulement aux innombrables branches d'activité que fait naître un simple plaisir, comme le théâtre. Il demande le travail des auteurs, des compositeurs, des musiciens, des acteurs, des danseuses, des décorateurs, des machinistes, des costumiers, etc., etc.

Eh bien ! tout l'immense ensemble d'intérêts, de mouvements, d'agitations, de luttes, d'efforts, de mesures législatives, de négociations diplomatiques, de paperasses administratives, de discussions, d'articles de journaux, de brochures, de livres, que produit le système protecteur, proviennent d'une seule erreur : la confusion de l'or avec la richesse. Tout, dans l'humanité, prend des proportions colossales, acquiert des ramifications innombrables, parce que les hommes sont très nombreux et leurs besoins très complexes. Quand une erreur s'est logée dans nos cerveaux, nous avons beaucoup de peine à nous en débarrasser, justement, parce que la masse d'intérêts, qu'elle a engendrés, est en raison directe de la multiplicité des phénomènes sociaux.

A l'époque où l'agitation contre les droits sur les céréales battait son plein en Angleterre, l'opinion publique était très montée contre les lords. « S'ils étaient des démons, ils ne se conduiraient pas autrement, » disait-on. Nous pourrions paraphraser cette idée. Si une divinité malfaisante et cruelle dirigeait les affaires des malheureux humains, elle n'aurait pas pu trouver un moyen plus efficace pour empêcher le développement de notre bien-être que la prétendue « protection du travail national ».

On pourrait définir le protectionnisme d'un seul mot : c'est une *désadaptation* artificielle du milieu. Notre planète est déjà très mal accommodée à nos besoins. Mais, dans notre folie et notre aveuglement, nous avons voulu rendre la nature encore plus marâtre et... nous avons inventé le système protecteur !

LIVRE II

Confusion de la richesse avec la propriété.

CHAPITRE X

LE VOL ET LE DOL

La plus grande jouissance de l'homme consiste à adapter le milieu à ses besoins. Moins il faut d'efforts (c'est-à-dire de temps) pour donner aux objets extérieurs la forme et la disposition qui nous convient, plus il y a de jouissance. Ce résultat est atteint le plus vite, alors que ces objets sont entièrement en notre pouvoir, que nous pouvons exercer sur eux le *jus utendi et abutendi*, en un mot, alors qu'ils nous appartiennent. Depuis des milliers d'années l'homme a éprouvé un accroissement de bien-être par suite de l'appropriation de certains objets. Une association d'idées s'est formée, par conséquent, entre la propriété et la jouissance. Or, comme tout objet qui contribue à accroître notre jouissance est une richesse, une association d'idées non moins puissante s'est formée, également, entre la richesse et la propriété. Ces deux termes sont devenus presque synonymes. L'homme, qui n'a rien, est appelé pauvre ; celui qui possède beaucoup, riche.

Evidemment, la richesse n'est qu'un moyen, la jouissance est le but. Mais, quand l'association d'idées entre la propriété et la richesse s'est formée, elle s'est étendue du moyen au but et les hommes se sont imaginé que propriété et jouissance sont deux termes synonymes, aussi bien que propriété et richesse.

L'erreur ctésohédonique est peut-être encore plus profondément ancrée dans nos esprits que l'erreur crysohédonique. Des associations d'idées, qui ont duré pendant des milliers d'années, acquièrent une puissance énorme. Il faut de nombreux et de persévérants efforts pour nous en débarrasser.

L'erreur ctésohédonique est cependant très grossière. C'est facile à démontrer. En effet :

1° Toute jouissance ne vient pas d'une chose appropriable ;

2° Le plus grand nombre de nos jouissances ne viennent pas des choses appropriées.

Ce qui contribue le plus au charme de notre existence, c'est le climat et la beauté du pays dans lequel nous habitons. Or ces deux choses peuvent-elles être appropriées ? Quand le soleil éclaire la campagne en plein janvier, quand je peux me promener sans qu'une bise glaciale me coupe la figure, je suis content. Mais est-ce que le soleil et la chaleur sont à moi ? Les personnes qui vont à Nice en hiver, jouiraient-elles davantage de la clémence de la température si Nice leur appartenait ? Quant à la beauté du pays, elle est certes un des plus grands éléments du bonheur humain. Les fonctionnaires russes, envoyés dans les sables de l'Asie centrale, se considèrent comme des condamnés. Par contre, les innombrables touristes qui vont visiter la Suisse tous les ans, y éprouvent les plus vives jouissances. Ils n'ont pas besoin pour cela de posséder la Jung-Frau ou la vallée de Zermatt.

Passons aux œuvres humaines. Rouler sur une route bien empierrée, au lieu de rouler sur un chemin caillouteux est une jouissance. Passer des rivières sur des ponts commodes, est plus agréable que de les traverser à gué au péril de sa vie. Parcourir une route balayée, au lieu d'une route poudreuse, est un plaisir. Cependant cette route ne nous appartient pas. Dans les villes, les belles promenades, les jolis squares, les beaux édifices publics constituent déjà des éléments de bonheur très importants. Des milliers de gens viennent à Paris, soit temporairement, soit pour s'y fixer à demeure. Qu'est-ce qui les attire ? Dans une certaine mesure, ce sont les Champs-Elysées, les boulevards, le Bois de Boulogne, le Louvre, Notre-Dame, bref, toutes les splendeurs de cette ville qui, cependant, ne deviendront jamais leur propriété.

Un artiste va visiter la cathédrale de Florence. Il reste en admiration devant sa merveilleuse façade. Si on lui faisait cadeau de cette église, pourrait-il en retirer plus de jouissances? Quand on se promène dans une magnifique avenue, bordée d'hôtels luxueux et pittoresques, on éprouve du plaisir. Faut-il pour cela être propriétaire de tous ces immeubles? Par contre, si on se promène dans une ville dont les édifices sont laids, où ils ont un aspect misérable et délabré, on éprouve un sentiment pénible, fût-on logé soi-même dans le plus magnifique des palais.

Pourquoi tant de voyageurs vont-ils en Suisse et non au Caucase qui offre, cependant, des paysages bien plus grandioses? Mais parce qu'on jouit de tout le confort désirable dans le premier pays et que ce n'est pas le cas dans le second. Partout on trouve en Suisse d'excellentes voitures, des hôtels qui sont de vrais palais. On n'a pas besoin d'être propriétaire de tout cela pour en jouir.

Dans les grandes villes, comme Londres et Paris, on peut voir des spectacles montés avec le plus grand luxe. C'est une jouissance considérable. Mais qu'importe aux spectateurs que les théâtres ne leur appartiennent pas? Leur plaisir n'est pas diminué pour cela.

Enfin, dans la vie privée, avoir des amis, luxueusement installés, qui donnent de bons dîners et de jolies fêtes, est un immense avantage. On va chez eux avec plaisir[1]. On évite d'aller, par contre, ou l'on va, à contre-cœur, chez des personnes dont le train de maison est sensiblement inférieur à celui que l'on possède soi-même. Toute chose laide cause une sensation pénible, toute chose jolie, une sensation agréable, qu'elle appartienne à soi ou aux autres. Or l'accumulation des sensations agréables constitue le bonheur. Quand mon voisin bâtit une jolie maison, il me rend service. Si toutes les maisons, que voit mon œil, étaient belles, la somme de mon bonheur serait accrue.

Encore une démonstration de ce fait que la jouissance ne provient pas toujours de la propriété : le fils d'un homme riche peut

(1) Il y a l'envie, sans doute. Mais l'envie n'empêche pas un laffitte de 1858 d'être plus agréable à boire qu'une mauvaise piquette. On peut envier le luxe des autres, mais, tout de même, il procure de la jouissance.

vivre dans le plus grand luxe, sous le toit paternel, sans posséder un sou de fortune personnelle.

En un mot, la plus grande partie de nos jouissances vient de choses inappropriables ou inappropriées. Combien ne voit-on pas de gens quitter une ville de province, où ils jouissent d'un confort relativement considérable, pour venir s'installer pauvrement dans une grande capitale. Pourquoi font-ils cela? Précisément, parce que la somme de jouissance provenant des objets non appropriés, dépasse, dans ce cas, celle des objets appropriés.

On peut hardiment affirmer que, dans des pays très civilisés, les jouissances, provenant des objets, qui ne nous appartiennent pas, sont supérieures, dans une *immense mesure*, à celles que nous donnent les objets qui nous appartiennent.

Cette vérité économique peut servir de base à la morale. Si la richesse publique, et celle du voisin, contribuent dans une mesure si forte à notre bonheur, nous avons tout intérêt à les voir se développer le plus vite possible, et cela, par pur égoïsme.

Le ctésohédonisme est donc une grossière erreur. Malheureusement, c'est une des plus fortement enracinées dans l'âme humaine. Mais avant de parler des actions qu'elle a engendrées, nous devons examiner une autre de ses sources : le travail.

Une masse de travaux sont pénibles. De là l'homme a fait une généralisation et il a conclu que *tout travail est pénible.* Or cette généralisation est d'une fausseté manifeste, puisque l'inaction est le plus cruel de tous les maux. Dernièrement un individu venait supplier l'auteur de lui trouver une place. C'était un jeune homme possédant un revenu très suffisant pour vivre dans l'aisance. Mais l'inaction lui était insupportable. Il désirait une occupation, même non rémunérée au besoin, mais qui fût un moyen d'employer sa journée. Les femmes, dans la classe riche, souffrent particulièrement de l'oisiveté. Quelques-unes font les plus grandes folies et s'attirent les plus grandes contrariétés, pour satisfaire ce besoin d'action qui est inhérent à toute créature vivante. Demandez à des hommes entièrement inoccupés : Etes-vous heureux? La réponse n'est pas douteuse. Tous diront : Non, non! Sans doute, des millions d'hommes font un travail qui leur répugne. Mais c'est ce travail particulier, et non le travail, en général, qui leur est odieux[1]. Maintenant il y a encore des individus, qui doivent se livrer à un labeur, dépassant de beaucoup leurs facultés physiques et mentales ; il les épuise, il les mène prématurément au tombeau. Mais, encore ici, c'est l'excès, et non la chose, qui produit le mal.

Quoi qu'il en soit, ces deux erreurs combinées, le ctésohédonisme et la confusion du travail avec la souffrance, ont engendré une série d'actions humaines qu'on peut classer sous quatre catégories : le vol, le dol, le parasitisme, la conquête.

On croit devoir être plus heureux, quand on se sera emparé des objets appartenant à d'autres hommes. De là une série d'efforts pour leur arracher ce qu'ils possèdent, par la violence (brigandage), par la violence combinée avec la ruse (vol) et enfin par la ruse (dol). Quand il s'agit des groupes sociaux, l'appropriation violente des objets appartenant à une autre communauté prend le nom de conquête ; elle est une forme spéciale du brigandage.

Les voleurs, les fraudeurs et les conquérants s'imaginent qu'à partir du moment où certains objets convoités, qui appartiennent maintenant à d'autres, leur appartiendront à eux, ils auront une plus grande somme de jouissances. Il suffit de comprendre la véritable nature de la richesse, pour voir qu'il n'en est pas ainsi. La richesse est l'adaptation du milieu aux besoins de l'homme et il est facile de voir que cette adaptation n'augmente pas d'un atome par le déplacement de la propriété.

Ramenée à ses éléments les plus simples, cette vérité devient d'une entière évidence. Soient seulement deux hommes sur la terre : A et B. D'abord, pour que A puisse s'emparer, de quelque façon, du bien de B, il faut, de toute nécessité, que B produise de la richesse. Si, lui aussi, n'a d'autre occupation que de dérober celles de A, A n'aura rien à prendre à B, puisque B n'aura rien produit.

Mais, dans l'hypothèse que B travaille, on a ceci. Si A et B font de la besogne, l'adaptation de la planète à leurs besoins s'opérera deux fois plus vite que si B travaille et que A lui dérobe le produit de ses peines. Si donc A vit soixante-dix ans, en travaillant

(1) Il y a des exceptions, sans doute ; mais ce sont des cas pathologiques, comme la folie ; nous parlons de l'homme normal.

comme B, il arrivera à voir une adaptation égale à x; en ne travaillant pas, il verra seulement, une adaptation égale à $\frac{x}{2}$. La somme de ses jouissances sera donc juste la moitié de ce qu'elle aurait été s'il avait travaillé aussi. Depuis l'apparition de notre espèce sur la terre il y a eu des hommes qui ont produit la richesse et d'autres qui ont vécu en dérobant celle de leurs voisins. Si tous avaient travaillé, il est évident que la face du globe serait actuellement bien différente. Il aurait aujourd'hui l'aspect qu'il aura dans cent ou deux cent mille ans. Nos descendants verront en 200 894 ce que nous verrions aujourd'hui, s'il n'y avait pas eu de vol, de dol, de brigandage et de conquête.

L'homme se trompe très grossièrement quand il s'imagine que l'appropriation du bien d'autrui demande moins de fatigue et de travail que la production directe. Certes les voleurs, les escrocs, les brigands, les conquérants dépensent une activité physique et mentale qui dépasse, dans une très grande mesure, celle des agriculteurs, des ouvriers, des entrepreneurs, des négociants, des avocats, etc. Non seulement le vol, le brigandage et la conquête demandent plus d'efforts que les occupations productives, mais encore elles comportent aussi plus de risques. Les escroqueries, les coups de bourse, les razzias, les pillages, les invasions ne réussissent pas toujours. Bien des entreprises de ce genre se terminent par le bagne ou l'extermination entière de ceux qui les ont risquées.

Depuis des siècles les hommes ont méprisé le travail et honoré le métier des armes. Mais la guerre a toujours été un moyen; la conquête, c'est-à-dire la richesse, a été le but. Evidemment on préférait les combats à la production, parce qu'on s'imaginait que c'était un moyen moins pénible d'acquérir le bien-être. C'était une pure illusion.

Inutile de parler des souffrances atroces, endurées par les combattants, pendant la guerre. Mais, même en temps de paix, le métier de soldat est des plus rudes. De nos jours, comme on doit rester très peu de temps sous les drapeaux, l'instruction militaire doit marcher rondement. Il n'y a pas une heure à perdre. Aussi, les conscrits sont levés avant l'aube ; ils apprennent la marche, le maniement des armes, le tir; ils font de la gymnastique. Tous ces exercices sont si fatigants que, le soir, ces malheureux jeunes gens sont brisés. Quand arrivent les grandes manœuvres, la vie devient encore plus dure. L'existence du soldat est si pénible que tous les peuples européens en ont la plus sainte horreur. Les suicides ne sont pas rares dans les casernes et tous ceux qui peuvent les fuir le font avec délice. Actuellement tous les métiers, l'agriculture, l'industrie, les professions libérales, sont moins rudes que le métier de soldat. L'existence des officiers, non plus, n'est pas oisive ; ils travaillent ferme. Avec les applications scientifiques aux choses de la guerre, on exige maintenant des officiers des connaissances de plus en plus étendues. Un artilleur doit connaître les hautes mathématiques. Le travail mental des officiers n'est donc pas inférieur à leur travail physique. Mais ce sont peut-être les chefs de la hiérarchie militaire qui ont la besogne la plus accablante. Il faut une dépense prodigieuse de labeur intellectuel pour organiser la mobilisation de trois ou quatre millions d'hommes. Certes l'effort cérébral de Napoléon Ier n'a pas été moins intense que celui d'un Stephenson ou d'un Fulton.

Dans les temps antérieurs, une bande d'aventuriers pouvait conquérir un royaume en une campagne de quelques semaines. Il n'en est plus ainsi, de nos jours, avec nos nations armées. Si donc la guerre pouvait paraître autrefois un moyen d'enrichissement moins pénible que le travail, ces circonstances sont passées sans retour. Les conditions sociales se sont modifiées. Par malheur, les idées et les illusions anciennes règnent toujours parmi nous : on tient le métier des armes pour le plus noble de tous (bien qu'il soit le plus ingrat) et on considère l'appropriation du territoire du voisin comme la plus lucrative des entreprises.

L'erreur fondamentale des voleurs, des escrocs, des brigands et des conquérants consiste à méconnaître cette vérité élémentaire : quand on vole son prochain, on se vole indirectement soi-même, puisqu'on diminue la somme des utilités offertes sur le marché. Ou bien on peut dire que tout voleur, en retardant l'adaptation de la planète, restreint également sa propre jouissance.

Les quatre manifestations de l'erreur ctésohédonique sont donc le vol, le dol, le parasitisme et la conquête.

L'humanité a fait un grand pas. Il a été reconnu presque universellement que, *dans la limite de l'Etat*, le vol et le dol sont un mal social. Il a fallu du temps pour rendre cette vérité évidente. Dans l'antiquité, le vol était considéré comme parfaitement licite et même comme méritoire. De nos jours encore, il y a des pays où les brigands jouissent d'une certaine faveur auprès des masses populaires. Leurs hauts faits sont chantés par les poètes et deviennent légendaires. De plus, le vol est considéré comme un mal, seulement dans les limites de l'Etat. Hors de ces limites, cette grande flibusterie qui s'appelle la conquête, est encore tenue pour la plus honorable et la plus glorieuse des actions humaines.

Mais enfin, c'est un immense pas de fait. Les gouvernements modernes se sont débarrassés de l'erreur ctésohédonique, du moins pour ce qui regarde les rapports entre les concitoyens. Le vol et le dol sont poursuivis par la force publique et par les tribunaux.

Un certain nombre d'hommes pensent qu'il est avantageux de s'emparer du bien du prochain, mais bien peu s'imaginent qu'il est avantageux de lui abandonner son bien à soi. Aussi un ensemble de mesures sont-elles prises pour préserver sa propriété des atteintes des autres : les serrures, les coffres-forts, les murs, les gardiens, les signaux électriques. Pour se préserver du dol, il y a les actes de toute espèce, les timbres, les contrats, etc.

L'homme a créé un outillage immense pour se garantir du vol et du dol. De leur côté, les gouvernements ont créé une organisation pourvue, elle aussi, d'un outillage très complexe, pour les prévenir et les punir : la police, les tribunaux, les prisons, etc.

Ces outillages privés et publics et cette organisation exigent des dépenses colossales. D'autre part, la crainte du vol et du dol produit un gaspillage de temps véritablement prodigieux. Qu'on songe seulement aux légalisations des signatures, aux formalités nécessaires pour la validité d'un contrat ou celle des titres de propriété. Le nombre des affaires qui auraient pu se conclure dans le même temps, aurait peut-être décuplé, si tous les hommes étaient de bonne foi. Un simple mémorandum, pour se rappeler les clauses stipulées, aurait remplacé toutes les paperasseries innombrables sous le poids desquelles nous succombons maintenant.

Les pertes, causées par le vol et le dol, doivent se chiffrer par milliards[1]. Les bénéfices qu'ils empêchent de réaliser doivent se chiffrer par des milliards encore plus nombreux. Combien? Nous savons tous que c'est beaucoup, mais nous manquons absolument de données pour indiquer un chiffre. Nous nous risquons cependant à en proposer un. Voici notre hypothèse. Il nous semble que le gaspillage, produit par le vol et le dol, ne peut, en aucune façon, équivaloir à moins de vingt journées de travail par an. Que le lecteur songe un peu à sa propre existence. Est-ce qu'il ne dépense pas ce temps pour garantir sa propriété? Chaque soir on ferme la porte de sa maison. Mettons que cela demande seulement deux minutes. A chaque instant on ferme ses tiroirs. Comptons une demi-minute pour cela. Eh bien! deux minutes et demi par jour font quinze heures par an; soit une journée et demie de travail. Il reste donc seulement dix-huit jours pour tout le reste: dépenses supportées pour la sûreté publique, les tribunaux, les formalités judiciaires, les procès, etc., etc. On le voit, il semble que nous n'exagérons rien. Eh bien! vingt jours de travail pour l'humanité entière représentent 10 milliards 760 millions de francs par an[2]. Telle est probablement la somme que nous font perdre le dol et le vol.

Y a-t-il un remède contre ces deux manifestations de l'erreur ctésohédonique? Oui, un seul. Les hommes cesseront d'attenter à la propriété d'autrui, le jour où ils comprendront que cela est contraire à leur intérêt. Ce jour est loin, s'il doit venir jamais.

Dans les sociétés les plus civilisées, le nombre des individus comprenant que le ctésohédonisme est une erreur, et ceux qui respectent la propriété, par action réflexe, va en augmentant. S'il a augmenté dans le passé, il n'y a aucune raison de penser qu'il n'augmentera pas dans l'avenir. Mais, à coup sûr, l'unanimité est impossible. Il faudrait pour cela que tous les hommes fussent raisonnables et sages; ils ne le seront jamais, pas plus que tous ne seront jamais bien portants. Les cas de pathologie physique (maladie) et les cas de pathologie mentale (crimes) dureront aussi longtemps que l'humanité.

Comme le corps humain a dû créer une organisation spéciale

(1) On peut rappeler ici les colossales escroqueries qui se font parfois à la Bourse.

(2) Le vol sévit plus cruellement chez les barbares que chez les civilisés.

pour combattre les microbes pathogènes qui sont dans l'air, les sociétés ont dû créer une organisation spéciale pour combattre le vol et le dol. Jamais cet organe de défense ne deviendra inutile, jamais, hélas! il ne devra s'atrophier. Les dépenses produites par le vol et le dol, pèseront toujours sur nos épaules. Ces crimes diminueront notre bien-être et seront une soustraction à nos bénéfices. Que faire? Il faut se soumettre à ce qui est inévitable. Si nous avons parlé ici du vol et du dol, ce n'est pas pour prêcher une morale, hélas! complètement vaine, mais pour montrer seulement que notre misère est en raison directe de nos erreurs. Nous sommes pauvres parce que nous voyons faux.

CHAPITRE XI

LE PARASITISME SOCIAL

I

Le vol comporte de nombreux degrés. X peut prendre une marchandise à Z et ne rien lui donner en échange. C'est une confiscation totale. X peut prendre une marchandise à Z et lui en donner une autre d'une valeur inférieure. C'est une confiscation partielle. X peut obtenir de Z un service et ne lui en rendre aucun ; c'est la servitude totale. X peut obtenir de Z un service et lui en rendre un autre d'une valeur inférieure ; c'est une servitude partielle.

Quand des individus échangent entre eux des marchandises et des services de valeur égale, c'est-à-dire quand règne la justice, il s'établit un état de choses qui, en biologie et en sociologie, prend le nom de *symbiose* ou mutualité. Si l'échange n'est pas de valeur égale, il y a injustice. Alors apparait le phénomène qui porte le nom de parasitisme.

D'autre part, on peut employer des procédés très variés pour s'approprier le bien d'autrui : la violence, la ruse ou la fraude.

Ces rapports peuvent se condenser dans le tableau suivant :

SYMBIOSE	Echanger des objets de valeur équivalente		Commerce.	
	Echanger des services de valeur équivalente		Association.	
PARASITISME	Prendre sans rien, donner en échange.	par force	Brigandage.	Confiscation totale.
		» ruse	Vol, dol.	
		» fraude	Parasitisme.	
	Donner en échange un objet d'une valeur inférieure.	» force	Privilège.	Confiscation partielle.
		» ruse	Monopole.	
		» fraude	Exploitation.	
	Imposer un service sans réciprocité.	» force	Asservissement total.	Servitude totale.
		» ruse	Exploitation.	
		» fraude	Exploitation.	
	Rendre un service de valeur inférieure.	» force	Asservissem. partiel	Servitude partielle.
		» ruse	Exploitation.	
		» fraude	Exploitation.	

La symbiose et le parasitisme sont deux phénomènes simultanés et parallèles. Chaque cellule, au sein d'un organisme biologique, et chaque individu, au sein des sociétés, ont une tendance innée à devenir parasites. Au point de vue purement objectif le parasitisme et la symbiose sont des phénomènes également normaux. Mais, au point de vue subjectif de l'homme, le parasitisme peut être considéré comme un cas pathologique ou, si l'on veut, comme un phénomène perturbateur. Toute l'évolution biologique est en somme un combat entre la symbiose et le parasitisme. Dans les cas où la première triomphe, il y a santé pour l'individu et survie pour l'espèce. Dans le cas où le second l'emporte, il y a maladie pour l'individu et extinction pour l'espèce. Il en est exactement de même pour les sociétés ; leur prospérité et leur longévité sont en raison inverse du parasitisme qui règne dans leur sein.

Dans l'organisme individuel, toutes les fonctions n'ont pas la même importance. Chez l'homme, la pensée et le sentiment priment tout le reste. Aussi le cerveau reçoit-il une alimentation supérieure aux autres organes. De même dans la société, tous les services n'ont pas une valeur équivalente. Le travail d'un Edison produit infiniment plus de richesses que celui d'un simple terrassier. Il est donc juste que le premier soit mieux rémunéré que le second. Il est très difficile de déterminer à chaque moment l'équivalence des différents labeurs. Aussi nos opinions sur le parasitisme ou la symbiose varient-elles tous les jours. A mesure que nos connaissances scientifiques deviennent plus complètes, telle action, considérée auparavant comme utile et profitable, peut être considérée plus tard comme nuisible et ruineuse. Ce que nous considérons comme parasitisme subit et subira d'éternelles transformations.

Comme au sein de l'organisme biologique chaque cellule cherche à vivre au détriment des autres, c'est-à-dire à devenir parasitaire, de même au sein des sociétés chaque individu et chaque groupe cherchent à vivre au détriment du voisin. Les classes sociales revendiquent constamment des privilèges. Elles tendent au parasitisme. Ce mouvement s'accuse aussi, de nos jours, chez les ouvriers. Ils demandent non le droit commun, mais une situation exceptionnelle. De même que la noblesse et la bourgeoisie ont exploité les classes populaires, les ouvriers veulent exploiter aujourd'hui la noblesse et la bourgeoisie [1]. Mais les ouvriers se font de cruelles illusions en s'imaginant que la poussée de bas en haut s'arrêtera jamais. Déjà, de nos jours, nous voyons les revendications de l'*unskilled labour* [2] se poser en face de l'aristocratie des métiers les mieux rétribués parmi les travailleurs. Aussi longtemps qu'on réclamera non pas la justice, mais le privilège, les plus misérables voudront toujours spolier les plus riches, ou les moins capables, les plus capables. Il n'y a qu'un moyen d'arrêter ce mouvement, c'est de crier halte-là : plus de spoliation, la libre concurrence pour tous.

Quand le parasite triomphe d'un animal, ce dernier languit et meurt au bout d'un temps plus ou moins rapproché. Le décès de la victime entraîne, nécessairement, celui du bourreau ; l'exploitant subit le sort de l'exploité. Comme une mort prématurée empêche la reproduction, les organismes dans lesquels une juste répartition des fonctions biologiques ne s'est pas établie, ont péri en plus grand nombre. Ceux où la symbiose (équité de distribution des substances alimentaires) a pris le dessus, ont

(1) Il y a de singuliers retours ici-bas. On avait fait au XIVe siècle en Angleterre, une loi pour imposer un salaire minimum aux travailleurs. On parle aujourd'hui de faire la même chose en France. Seulement il s'agissait autrefois de fixer ce minimum au-dessous des prix du marché, maintenant il s'agit de le fixer au-dessus.

(2) Les Anglais appellent ainsi le simple travail manuel qui n'exige aucune préparation technique.

survécu. Après une période d'une longueur immense, des combats innombrables et des millions d'avortements ont eu pour résultante la formation d'un organisme aussi parfait que le corps humain.

Le parasitisme est une conduite des plus désavantageuses, punie par la disparition inévitable de l'individu et de l'espèce. Mais, naturellement, dans sa phase biologique, ce processus reste inconscient.

Il n'en est pas ainsi dans nos sociétés. L'élément psychique est ici la trame de tous les phénomènes. Aussi le parasitisme y devient-il conscient. Il revêt la forme de l'erreur ctésohédonique. L'homme peut *prévoir*. Au fur et à mesure qu'il s'instruit, il peut de mieux en mieux sonder l'avenir et se représenter des états de choses toujours plus lointains.

Dans nos sociétés civilisées, tout parasitisme peut être traité d'aveuglement. En effet, si le bien-être provient d'une meilleure adaptation de la planète à nos besoins, il est aisé de comprendre que chaque parasite éloigne le moment où nous pourrons jouir du maximum de confort réalisable sur notre globe. Le parasite est l'ennemi de sa propre personne ; il tend à détruire son propre bonheur. Malheureusement l'intelligence d'un très grand nombre d'hommes est très bornée. Aussi nous voyons des individus et des classes entières développer l'énergie la plus opiniâtre et affronter les batailles les plus meurtrières, pour empêcher l'établissement d'un ordre de choses qui leur assurerait la plus grande somme possible de prospérité.

II

Parcourons maintenant les différents degrés du parasitisme social [1].

La première combinaison est de prendre sans rien donner en échange, par force ou par ruse, c'est-à-dire par le brigandage, le vol et le dol. Ce sont là des actes considérés comme nuisibles dans toutes les sociétés humaines ; aussi nous n'en parlons pas. On

(1) Voir sur ce sujet un très intéressant opuscule de MM. Massart et Vandevelde : *Le parasitisme organique et le parasitisme social*, Paris, Carré, 1893.

peut encore ranger dans cette catégorie la mendicité de profession. Si un individu nous fait accroire qu'il est pauvre et misérable et tâche d'exciter en nous des sentiments de pitié sans la mériter réellement, il commet une fraude. Il nous enlève une partie de notre avoir sans rien nous donner en échange. Mais la mendicité est aussi considérée comme une nuisance sociale, comme un délit même, par certaines législations. Inutile donc de nous y arrêter.

Quand il y a confiscation totale, la conscience publique proclame qu'il y a dommage ; mais, si la confiscation est partielle, 999 hommes sur 1000 croient encore actuellement qu'il y a bénéfice.

Prendre au moyen de la force brutale et donner une valeur inférieure est ce qui s'appelle une conquête. Elle met en présence des privilégiés qui jouissent de tous les plaisirs, et des misérables serfs de la glèbe qui accomplissent tous les labeurs. Nous parlerons de la conquête au chapitre XIII.

Quand, au lieu de la force, on emploie la ruse, on est en présence du monopole.

Ainsi certains individus se font payer 19 francs un hectolitre de blé qui en vaut 12 en réalité. Ils opèrent dans ce cas une confiscation partielle de 7 francs. Comment une injustice aussi flagrante peut-elle être commise journellement dans des milliers d'opérations entre des millions d'individus ? Par ruse. Un certain groupe de meneurs parvient à faire accroire aux masses populaires que cette soustraction quotidienne peut être favorable au bien-être général. Si ces masses pouvaient connaître les honteux tripotages à l'aide desquels s'élaborent les tarifs de douanes, le système protecteur ne durerait pas un seul jour.

Un million d'hommes donnent chacun un franc. On fait une loterie. On tire un seul lot. Le gagnant a un million. C'est la richesse. Mais si on voulait avantager un homme sur 10, on ferait des lots de 10 francs. Cela serait bien peu de chose. Enfin, si on voulait pratiquer la justice la plus stricte, c'est-à-dire avantager tout le monde, les lots devraient être mis à un franc et il n'y aurait plus de loterie. Tel est le système protecteur. Il ne peut être efficace que s'il y a un petit nombre de gagnants. Un tarif élevé crée, forcément, une aristocratie de privilégiés. Restreindre la concurrence, c'est légaliser le vol, autoriser la spoliation du grand nombre au profit de quelques-uns. Aussi protectionnisme et démocratie sont-ils deux antinomies. On pourrait même dire que le protectionnisme et la justice sont incompatibles. La justice est le droit pour chacun de jouir du bénéfice de son travail, le protectionnisme est le droit de spolier son prochain.

Passons aux services. Faire travailler un homme à son profit et ne rien[1] lui donner en échange, en employant la force brutale, constitue l'esclavage et le servage. C'est la servitude totale qui comporte, comme on sait, des degrés très nombreux et des combinaisons presque infinies. Cette forme de l'appropriation de la personne humaine a été abolie dans presque toutes les sociétés civilisées. Aussi ne l'enregistrons-nous que pour mémoire.

Il n'en est pas de même du procédé suivant : l'emploi de la ruse pour se faire allouer une rémunération supérieure aux services rendus. C'est le parasitisme. Cette confiscation partielle fleurit avec une vigueur incroyable dans nos sociétés modernes. A vrai dire, elle semble constituer la base même de nos institutions, puisque, de haut en bas, chaque individu n'a qu'une chose en tête : devenir un privilégié, vivre au détriment de ses semblables. Mais, évidemment, comme nul n'abandonne son bien sans compensation, un ensemble de sophismes les plus incroyables sont mis en avant pour persuader aux classes populaires qu'elles ont avantage à être exploitées de la façon la plus impitoyable.

Le parasitisme affecte les formes les plus diverses. Parfois on a de la peine à le découvrir. Il sait se dissimuler sous les dehors d'une fonction utile. Nous n'avons pas la prétention d'énumérer ici tous les parasites sociaux. Leur nom est légion. Nous en oublierons, sans doute, de nombreuses catégories.

En premier lieu, il y a le parasitisme direct, officiel, non dissimulé.

Ce sont les innombrables pensionnaires de l'Etat qui ont reçu leurs pensions, non pour des services rendus à la communauté, mais pour des services rendus à des particuliers. Ce genre de parasitisme fleurit partout, mais nulle part il n'a atteint des proportions aussi colossales qu'aux Etats-Unis. On sait que

(1) Rien est une manière de parler. Il serait plus juste de dire le moins possible.

l'immense majorité des prétendus invalides de la guerre de sécession se portent comme des charmes. Ce sont des individus, récompensés pour des services électoraux ou autres. En 1868, les pensions militaires montaient à 120 millions de francs. En 1892, on y a affecté 940 millions. On peut hardiment faire la soustraction et affirmer que 820 millions sont attribués à des gens n'ayant absolument rien de commun avec la guerre de sécession. Voilà donc de purs parasites. Il est très difficile de faire le calcul des pensions injustement accordées dans les autres pays du groupe européen. Nous pensons cependant qu'en les portant à 180 millions de francs, nous serons bien en dessous de la réalité. Voilà donc un milliard à inscrire au compte des gaspillages pour les parasites directs.

L'assistance publique est aussi parfois une forme de pur parasitisme. A Pondichéry, par exemple, tous les descendants d'Européens sont inscrits au bureau de bienfaisance. La colonie accorde des secours, non pas aux indigents, mais à l'aristocratie de l'endroit. M. Barbé, à qui nous empruntons ces renseignements, affirme que si les Anglais étaient chassés de l'Inde, les classes supérieures reprendraient l'exploitation à outrance des classes inférieures[1]. Cela nous paraît certain. La mise en coupe réglée du bas peuple est le régime de l'Inde depuis un temps immémorial.

Mais nous arriverons maintenant à la plus grande manifestation du parasitisme social : le fonctionnarisme. Le nombre des fonctionnaires inutiles est prodigieux dans les Etats civilisés. On pourrait en supprimer le quart, le tiers, ou peut-être même, la moitié sans désorganiser, en aucune façon, les services publics. Nous ne parlons pas des fonctions que l'Etat ne devrait pas exercer (il en sera question au chapitre suivant). Mais, même en lui laissant ses nombreuses attributions actuelles, on pourrait réduire sensiblement le nombre des fonctionnaires. D'abord la plupart d'entre eux ne travaillent parfois que deux et trois heures par jour. Ils arrivent à leur bureau à 11 heures ou à midi et s'en vont à 2 heures. Une série d'enquêtes entreprises dans différents pays de l'Europe, le démontrent surabondamment. Nous ne parlons pas des pays continentaux comme

(1) Voir la *Revue scientifique*, du 29 juillet 1893, p. 140.

l'Espagne, la France, l'Italie, la Russie, la Grèce. Ils sont rongés par le fonctionnarisme. Les choses ne vont pas mieux dans la libre Angleterre. « Dans une célèbre enquête anglaise, le secrétaire de l'Amirauté, M. Forwood, reconnaissait que ses bureaux coûteraient 35.000 à 40.000 livres sterling de moins, s'ils étaient organisés d'une façon commerciale. Mais pourquoi ne le fait-on pas ? Un passage de la même enquête va nous le dire... M. Mac Hardy, directeur des magasins de l'amirauté, se plaignait de l'indolence de ses employés. Il passait son temps à les secouer et à les morigéner. « Je disais aux fonctionnaires du service civil : — Mais que diable, on se remue, on prend de la peine. » Et ils me répondaient : — « Nous ne sommes pas entrés ici pour prendre de la peine. — Et pourquoi alors ? Pour dormir ? — Mais oui[1] ! » Dans tous les autres pays on obtiendrait la même réponse. Qui de nous n'a éprouvé, en entrant dans une grande administration de l'État, une impression de mortel ennui. On sent que tous ces gens ne font que tuer le temps et manger l'argent des contribuables.

Un fonctionnaire inutile cause quatre maux à la société : 1° il ne produit pas de richesse par lui-même ; 2° il reçoit des appointements officiels ; 3° il reçoit des appointements non officiels ; 4° il devient un rouage de plus dans la machine administrative, déjà si lourde, et fait perdre le temps le plus précieux aux véritables producteurs. Donc, d'un côté, les abeilles de la ruche humaine doivent gagner de quoi nourrir ces frelons et, de l'autre, ces mêmes frelons gênent le travail des abeilles et empêchent qu'il ne soit plus productif. Il y a donc une somme de richesse gaspillée directement et une autre que le fonctionnaire parasite empêche de gagner. Il ralentit l'accroissement du bien-être de deux façons.

Combien coûtent bon an mal an les fonctionnaires inutiles, les locaux qu'ils occupent, les fournitures de bureau qu'ils gaspillent à tout moment ? Il faudrait, pour donner un chiffre exact, soumettre tous les budgets de l'Europe à la plus scrupuleuse revision. Ce serait un travail d'une très haute utilité. Mais on comprend qu'il soit absolument au-dessus des forces d'un seul homme. Aussi emploierons-nous notre méthode d'analogie, qui

(1) *Journal des Débats* du 20 mars 1893, édit. du matin.

donne des résultats moins sûrs mais toujours vraisemblables.

En Angleterre, les fonctionnaires émargent 454 millions de francs d'appointements. En France, en 1892, 417 millions. Cependant la Grande-Bretagne est le pays où le fonctionnarisme a pris le moins de développement. En partant des chiffres de ce pays, nous serons, certainement, au-dessous de la réalité. Eh bien ! admettons qu'un quart des fonctionnaires anglais soient inutiles. Cela ferait une économie de 113 millions de francs, soit 5 p. 100 du budget total qui monte à 2 250 millions de francs. Prenons cette même proportion pour les budgets des autres États du groupe européen ; nous obtenons le chiffre de 1 milliard de francs[1].

Voilà ce que coûtent probablement les fonctionnaires inutiles des sociétés civilisées. Mais il faut encore ajouter à ce chiffre la diminution de production provenant des sinécures qu'ils occupent.

On peut estimer, au plus bas mot, à 5 millions d'hommes le nombre des fonctionnaires du groupe européen[2]. S'il y en a 1 250 000 d'inutiles qui, en se livrant à des besognes lucratives, auraient pu gagner seulement 2 000 francs par tête, cela fait encore 2 500 000 000 de francs.

Il faudrait enfin compter les pertes que ces fonctionnaires inutiles infligent aux véritables producteurs, par les formalités qui proviennent de leur présence dans les administrations.

(1) D'après les calculs personnels de l'auteur, les budgets des États européens montaient, en 1885, à 15 257 millions de francs. Or, ils ont bien augmenté depuis ! Nous en déduisons l'Angleterre, qui a déjà été comptée. mais nous y ajoutons 2 816 millions pour les États allemands (non compris les parts matriculaires), et les Colonies anglaises, qui, selon le *Statesman's year-book* de Keltie, pour 1893, ont un ensemble de dépenses montant à 1 285 millions de francs et 2 392 millions pour les États-Unis. Comme ce dernier pays est une fédération, il aurait fallu donner les dépenses des différents États. Malheureusement, il nous a été impossible de nous procurer des données sur cet intéressant sujet. Nous n'avons pas compté les dépenses des autres États de l'Amérique, leur budget n'offrant aucune certitude. Le total que nous avons obtenu est, de 19 500 millions de francs. Nous n'avons pas compté non plus les finances provinciales et communales qui défrayent aussi un nombre considérable de fonctionnaires inutiles. On peut peut-être évaluer l'ensemble des dépenses officielles du seul groupe européen à 30 ou 35 milliards de francs par an. Alors il faudrait majorer notre chiffre de 500 millions.

(2) Il y en a 600 000 en France et 312 000 en Angleterre.

Quand un fonctionnaire n'a rien à faire en réalité, on lui crée une besogne imaginaire. On augmente l'odieuse paperasserie pour qu'il ait un semblant d'occupation. Mais chaque instance superflue se traduit par un ralentissement de l'activité sociale, par un gaspillage de temps, donc par une perte qui peut se chiffrer en argent. Comment l'évaluer? Nous serons très modestes. Nous la taxerons à une demi-journée de travail pour l'ensemble des producteurs du groupe européen. Cela nous fera tout de même encore 226 500 000 francs.

Additionnons les trois chiffres précédents. Ils nous donnent 3 726 500 000. Tel est, calculé de la façon la plus modeste, le tribut que nous payons tous les ans à Messieurs les sinécuristes.

Les fonctionnaires de l'Etat se contentent rarement des appointements officiels qui leur sont alloués. Comme disait Figaro, ils mangent à deux râteliers. Pour obtenir la moindre concession de travaux publics, il faut payer et payer très cher. Les actionnaires de Panama en savent quelque chose. Ce mal invétéré sévit du haut en bas de l'échelle du fonctionnarisme. Pour faire passer des élèves d'une classe dans une autre, l'auteur connait des individus qui ont dépensé jusqu'à 2 500 francs. Dans quelque pays de l'Europe, le personnel de la police est aux gages de certaines catégories de citoyens, même de ceux qui ne commettent *aucune action contraire aux lois et aux règlements*. Pour s'éviter des tracasseries qui peuvent toujours les frapper, ils préfèrent, s'ils sont industriels, par exemple, payer une certaine somme tous les ans au commissaire de police de leur quartier. Les gros négociants ont une volumineuse correspondance. Les employés de la poste peuvent retenir leurs lettres pendant un jour ou deux, et leur causer des pertes. Alors tous les ans on donne un petit cadeau en argent à ces employés pour s'épargner ces désagréments.

Plus les lois sont iniques, plus on a besoin de les éluder. Si l'on faisait une loi défendant de manger, tous les citoyens l'éluderaient trois fois par jour. Mais quelles que soient les mesures législatives, leur application dernière est faite par de petits employés subalternes. C'est en présence de ces derniers que se trouve la population et, très souvent, pour ne pas être molestée, elle les achète. Ce mal sévit avec une intensité toute particulière en Russie. Ainsi les malheureux Israélites sont pourchassés maintenant comme des animaux immondes. Autrefois on tolérait leur présence dans presque tout l'empire. On veut appliquer, depuis ces dernières années, des règlements tombés en désuétude, qui les confinent dans une catégorie spéciale de localités. Pour ne pas quitter leur pays, ils achètent les employés subalternes. Il y en a qui se font payer ce service 2 roubles et demi par mois. C'est une espèce d'impôt de capitation qu'ils lèvent sur les Israélites. Ces derniers, à la lettre, doivent, pour ainsi dire, acheter l'air qu'ils respirent. La police est toute-puissante en Russie. Souvent il n'y a aucun recours contre elle. Aussi doit-on lui donner de larges sommes pour pouvoir rester tranquille, sans parler de ceux qui la payent pour commettre impunément des actes illégaux. On estime que, dans la seule ville d'Odessa, la police gagne quelque chose comme 2 millions ou 2 500 000 francs par an. Il y a des commissaires qui mènent grand train avec des appointements officiels de 1 250 francs. Il y en a d'autres qui achètent de magnifiques immeubles au bout de quelques années de service.

Le peuple russe paye officiellement 1 770 000 000 de francs d'impôts. C'est le budget de 1893. Or il faut évaluer, au plus bas mot, au tiers de cette somme un autre budget occulte : les recettes indirectes des fonctionnaires. Le peuple supporte donc de ce chef une surcharge de 590 millions de francs ! A coup sûr, ce chiffre est difficile à prouver, mais les gens qui s'y connaissent le taxeront peut-être de modéré [1].

Dans quelques pays de l'Europe les fonctionnaires sont plus intègres, mais, par contre, dans d'autres (l'Espagne, la Turquie) ils sont peut-être encore plus âpres qu'en Russie. Si donc nous prenons la moyenne de ce pays et si nous l'appliquons aux autres Etats du groupe européen, en la diminuant même de moitié, nous ne serons pas bien loin de la vérité. Nous enregistrons aussi sous cette rubrique les retenues de MM. les fonctionnaires sur les fournitures faites à l'Etat. Or, dans tous les pays du monde, y compris la libre Angleterre, tout ce qui se vend au gouvernement est majoré dans une forte mesure, pour couvrir certains frais interlopes.

(1) Le gouvernement russe fait tout ce qu'il peut pour combattre cette vénalité. Par malheur, toutes ses mesures n'ont servi à rien jusqu'à ce jour. Le mal est plus fort que jamais.

La dîme des fonctionnaires monte en Russie à 14 francs par habitant. Prenons-en 7, même 5, pour les autres États du groupe européen, au sens étroit, cela nous fera toujours une somme de 1 milliard 640 millions de francs qui, ajoutés aux 590 millions de la Russie, font 2 milliards 130 millions. Un joli denier! Et nous ne comptons pas les charges provinciales et communales! Qui ne se souvient encore des scandales du Tammany-Ring de New-York! C'est par centaines de millions qu'on y volait l'argent des contribuables. Les sinécures, les bénéfices interlopes et les malversations ne sont pas moindres dans les finances communales, que dans celles de l'État, s'ils ne sont pas supérieurs. Il faudrait peut-être porter la dîme des fonctionnaires au double de la somme indiquée plus haut.

Mais nous n'avons pas épuisé la liste des parasitismes sociaux.

Quelques-uns d'entre eux s'introduisent parmi nous sous les dehors les plus honorables et les plus sympathiques. Ils font appel aux sentiments les plus nobles de l'âme humaine. Ainsi la protection des beaux-arts. Quoi de plus glorieux? L'art est la plus haute manifestation de la vie nationale, c'est l'essence même de la civilisation. Si Athènes tient encore une place si importante dans les esprits des hommes cultivés, elle le doit moins à ses politiques qu'à cette pléiade glorieuse qui va de Phidias à Praxitèle et à Lysippe. Eh bien! la plupart des gouvernements modernes exploitent notre amour du beau pour créer une série de parasites, pour donner des pensions aux médiocrités les plus manifestes, pour acheter et faire exécuter des œuvres d'une navrante infériorité. Combien de millions sont gaspillés pour cela tous les ans!

Un autre sentiment des plus honorables est exploité de la façon la plus inique ou, si l'on veut, la plus habile : l'amour du prochain, la charité. Saint-Pétersbourg et Moscou ont des asiles d'enfants trouvés, appartenant à l'administration publique. Ces deux établissements reçoivent, en moyenne, 5 175 orphelins. Mais 620 d'entre eux atteignent leur majorité, les 4 555 autres meurent en bas âge. Si l'on compte les frais de ces établissements, en proportion des enfants qui ont survécu, on trouve que l'éducation de chacun d'eux revient à 10 000 francs par an! Les fils de M. de Rothschild ne coûtent certainement pas cette somme à leur père. Ces chiffres démontrent surabondamment que les orphelins sont seulement un prétexte. La vraie destination de ces établissements est maintenant de donner des emplois à un certain nombre de sinécuristes, de parasites sociaux. En effet le personnel de ces institutions n'est pas autre chose. Si les 10 000 francs que coûte chaque orphelin, n'avaient pas été soustraits aux poches des contribuables, beaucoup plus d'enfants auraient survécu dans les familles, que dans l'établissement public. Ces deux orphelinats dépensent 5 500 000 francs par an pour envoyer 4 555 enfants dans l'autre monde. Supposez cette somme restée aux mains des producteurs. A 5 000 francs par famille, elle aurait procuré l'aisance à 1 100 familles. Si un plus grand bien-être assurait la survie d'un seul enfant de plus par ménage, cela ferait 1 100 enfants, au lieu de 620. On saisit ici sur le vif le processus de la charité parasitaire. Loin d'accroître le nombre des vivants et des heureux, elle le diminue.

Comment évaluer les dépenses de l'assistance publique, dont un si grand nombre sont, non seulement inutiles, mais même nuisibles? Nous manquons absolument de données. Aussi nous les enregistrons seulement pour mémoire. Mais, très certainement, elles doivent monter à des centaines de millions pour le seul groupe européen.

Toutes les immenses ramifications du parasitisme social proviennent de l'erreur ctésohédonique. Le parasite s'imagine qu'en s'appropriant le fruit du travail d'autrui, il a plus de bénéfice qu'en produisant de la richesse lui-même. Ce n'est pas le cas, comme nous l'avons montré plus haut. Par malheur, l'extrême complexité des phénomènes sociaux obscurcit la vérité. Bien des parasites malfaisants dont l'unique occupation est, en réalité, d'enrayer l'activité sociale, se donnent des airs importants et se croient les bienfaiteurs du genre humain. Comme un grand nombre de véritables producteurs partagent leur illusion, les gaspillages continuent de génération en génération.

CHAPITRE XII

L'ÉTAT CONSIDÉRÉ COMME PROPRIÉTÉ

Les sociétés humaines ont une origine physiologique : la bande, formée par le lien de parenté. Agrandie successivement, elle est devenue le clan, la horde, la tribu puis la cité. La solidarité régnait au sein de ces différents groupes ; donc la symbiose y prenait le dessus. Les relations établies entre les tribus et les cités voisines, auraient formé peu à peu des associations de plus en plus vastes, englobant à la fin tous les groupes de l'humanité. Une symbiose universelle aurait uni l'ensemble des individus composant notre espèce.

Mais le phénomène perturbateur du parasitisme vint empêcher la marche dans cette direction.

Forcément, l'homme a dû commencer par le parasitisme. Avant de savoir produire lui-même, il n'a pu vivre qu'en absorbant les réserves alimentaires accumulées par les plantes et les animaux. Le parasitisme étant la condition même de son existence, l'homme s'est imaginé qu'il était aussi avantageux de le pratiquer à l'égard de ses semblables qu'à l'égard des autres espèces. Trop ignorant, trop borné pour comprendre les avantages de la symbiose entre tous les hommes, il lui sembla que le procédé le plus rapide pour atteindre la richesse consistait à s'emparer du bien du prochain. Dès la plus haute antiquité, l'erreur ctésohédonique régna sans partage.

De bonne heure, il se forma donc des bandes de guerriers pour aller piller les voisins, comme il s'en formait pour aller tuer le gibier. Ces bandes étaient composées d'abord d'un groupe de consanguins (de parents). Plus tard, elles furent organisées par des chefs qui réunissaient sous leurs bannières des aventuriers, sans distinction d'origine ni de culte.

Le chef allait guerroyer avec sa bande. Il soumettait des tribus à son autorité et formait un État, c'est-à-dire qu'il s'appropriait un territoire d'une certaine étendue, avec les hommes qui l'habitaient. Il considérait si bien sa conquête comme une propriété, qu'il la partageait entre ses enfants ou la léguait à des étrangers. Très souvent, l'Etat est donc le domaine d'un chef de bande qui vit en parasite sur un certain ensemble de populations.

Mais les relations établies entre les maîtres et les sujets, produisaient les résultantes les plus diverses. Si le conquérant était trop impitoyable et trop exclusif, le parasitisme prenait le dessus. A la longue, il affaiblissait tant le corps politique que celui-ci se disloquait au premier choc. L'histoire enregistre des milliers d'Etats dont la durée a été des plus éphémères. Si, au contraire, le conquérant ménageait ses sujets, s'il les traitait d'une façon plus ou moins équitable et consentait à se fondre avec eux, la symbiose prenait le dessus. La solidarité s'établissait entre les vainqueurs et les vaincus et ils formaient parfois des sociétés vivaces et puissantes, comme l'Angleterre après la conquête normande [1].

La symbiose ne l'a pas encore entièrement emporté sur le parasitisme dans nos sociétés modernes. Le principe que l'Etat est une propriété, bien qu'affaibli, forme toujours la base du droit public, non seulement dans les monarchies, mais même dans les républiques. Il est universellement admis aux Etats-Unis que les dépouilles appartiennent aux vainqueurs. La fonction publique y est donc considérée comme une source de

(1) Le triomphe définitif de la symbiose est un fait accompli dans cette vaste association de cellules : le corps humain. Ne serait-il pas étrange d'entendre dire que le cœur appartient au foie, à l'estomac ou au poumon, ou bien que tous ces organes appartiennent au cerveau ? De même on ne saurait dire d'aucune cellule de notre corps qu'elle est la chose de sa voisine. Cependant la subordination hiérarchique est très forte dans notre corps. L'organisme biologique est beaucoup plus parfait que l'organisme social. Cela provient de la concurrence. Des millions de formes ancestrales, dont nous sommes issus, ont péri dans une lutte sans pitié, et la plus parfaite, la moins parasitaire, a seule survécu. La même évolution s'accomplira dans les sociétés. Celles que le parasitisme rongera trop périront les premières, celles où la symbiose l'emportera, survivront.

revenu, comme un bénéfice, dans le sens féodal de ce mot. D'autre part, aucun Etat n'admet le droit de sécession. Ainsi les Californiens, par exemple, appartiennent à l'ensemble des citoyens de l'Union américaine, puisqu'ils n'ont pas le droit de se séparer d'eux et de former un groupe politique indépendant. C'est là une forme particulière de la servitude.

Le principe que l'Etat est la propriété de ceux qui le gouvernent a eu les conséquences suivantes : le produit des impôts a été considéré comme devant servir aux jouissances de quelques-uns ; pour administrer dans l'intérêt des gouvernants, on a été amené à s'emparer de tous les pouvoirs. De là la centralisation à outrance et la bureaucratie, puis, chose cent fois plus funeste, l'indifférenciation des fonctions. De même qu'un individu cherche à améliorer son domaine, les chefs d'Etat ont pensé qu'ils devaient travailler directement au bien de leurs sujets ; de là le paternalisme, un des plus terribles obstacles à l'accroissement de la richesse. Enfin, comme tout individu cherche à augmenter son domaine, les chefs d'Etat se sont imaginés que leur bien-être serait proportionnel à l'étendue de leur domination ; de là, l'esprit de conquête qui a couvert notre globe de ruines, de misères et de calamités de toutes sortes.

I

Pour ce qui est de l'appropriation complète du produit des impôts au profit des conquérants, nous la voyons fleurir pendant de longues périodes historiques. Combien l'excessive fiscalité n'a-t-elle pas déjà ruiné d'Etats : l'empire romain, l'empire byzantin et tant d'autres. Presque toutes les sociétés asiatiques sont rongées de nos jours par cette affreuse plaie. En Egypte, avant l'arrivée des Anglais, les neuf dixièmes de ce que gagnaient les malheureux fellahs allaient au trésor du Khédive qui se payait toutes les jouissances imaginables. Ainsi Ismaïl-Pacha dépensa 53 millions de francs pour les fêtes d'inauguration du canal de Suez [1].

(1) Un paysan d'Archangel confie une semence à la terre. L'année suivante il en reçoit trois. Un habitant de la Colombie sème un grain de maïs. Au bout de quelques mois il en récolte trois cents. L'habitant de la zone froide, même quand il connait ce fait, n'éprouve aucun sentiment de révolte. Que

Dans les États européens, cette mise en coupe réglée des populations est un peu plus modérée, mais elle est encore excessive. Peu à peu la fiscalité, comme un polype immense, envahit nos sociétés et menace de les dévorer. D'après les calculs des socialistes allemands, une famille d'ouvriers, dépensant 613 marcs par an, paye 70 marcs sous forme d'impôts indirects, soit 11 p. 100. Si l'on ajoute les impôts directs (pour ceux qui les acquittent), on arrivera forcément à 20 p. 100 du revenu total. Cette moyenne est épouvantable ! Elle est au moins quadruple de ce qu'elle devrait être. L'État est une agence de sécurité. Aucune prime d'assurance n'est avantageuse si elle dépasse 1 p. 100. La sécurité est un bien des plus précieux et il est naturel qu'on fasse de grands sacrifices pour l'obtenir. Mais 5 p. 100 de revenu seraient une rémunération plus que suffisante pour les services de l'État. Tout ce qui lui est abandonné en plus est un pur gaspillage, un tribut payé à des parasites sociaux. Or très souvent l'impôt prend beaucoup plus de 20 p. 100 du revenu. En Italie, l'impôt foncier dépasse 60 p. 100 dans beaucoup de cas. En Autriche, l'impôt immobilier atteint 35 et 40 p. 100. La taxation dans nos sociétés modernes approche du moment fatal où elle diminuera la production. Les gouvernements auront tellement tendu le ressort qu'il se brisera. Il y a eu, dans ces dernières années, une recrudescence très marquée du brigandage dans l'Italie méridionale et en Sardaigne. C'est un des indices les plus certains que la fiscalité a dépassé la limite supportable. L'histoire de tous les peuples montre que, le jour où le parasitisme politique prend une extension trop considérable, le producteur, accablé, renonce à travailler et s'enfuit dans la brousse pour piller les passants. Eh bien, malgré cette fiscalité excessive, les gouvernements ne sont pas encore satisfaits. Après avoir dévoré les ressources actuelles, ils dévorent celles de l'avenir. Nous parlerons ailleurs de la lamentable histoire de nos budgets contemporains [1]. Mais nous

faire ? Telles sont les conditions naturelles de son pays. Quand l'impôt prend au Fellah 90 p. 100 du produit de son travail, cela équivaut pour lui à un champ donnant 10 grains par semence au lieu de 100. S'il croit que cet impôt est « conforme à l'ordre de choses établi par Dieu », il se soumet comme le paysan d'Archangel. Aussi tout l'effort des gouvernements despotiques consiste-t-il à laisser le paysan dans cette erreur.

(1) Voir le chapitre XXI.

devons signaler ici d'autres pertes, provenant de la conception de l'Etat comme propriété.

La bande famélique de parasites, qui se rue sur le bugdet, ne pourra jamais être satisfaite. Il y aura toujours plus de postulants que de places. Quand bien même le malheureux producteur payerait dix fois plus d'impôts qu'aujourd'hui, il ne pourrait pas rassasier tous les appétits. De là la concurrence entre les postulants, de là la nécessité de s'organiser en vue de la conquête du pouvoir. Naturellement, toute organisation demande un outillage et une mise de fonds préalable. On crée l'organisation et on verse les fonds. Nulle part les associations formées en vue de s'emparer des profits du gouvernement, ne sont mieux agencées qu'aux Etats-Unis. Nous ne pouvons pas entrer ici dans des détails ; ils nous mèneraient trop loin [1]. Nous nous contenterons de quelques faits. Dans la grande fédération américaine, le président n'est pas du tout un souverain constitutionnel. Il a un pouvoir immense. S'il ne fait pas tout ce qu'il veut, par contre on ne peut presque rien faire de ce qu'il ne veut pas. L'élection du président est la clef de voûte de l'édifice. Aussi les sacrifices qu'on s'impose pour cet objet, sont très considérables. De riches capitalistes versent des fonds dans la caisse du parti. M. Jay Gould, le célèbre richard, a donné, parfois, jusqu'à 500,000 francs ; d'autres, plus d'un million [2]. D'après les évaluations les plus modérées, l'élection d'un président aux Etats-Unis coûte 2 milliards et demi de francs [3]. Toutes les autres fonctions reviennent aussi à des sommes considérables. Et quand on a obtenu une place, ce n'est pas fini. On veut la conserver. Pour cela, il faut que le parti ne soit pas renversé aux élections suivantes. On doit donc payer encore. De simples facteurs des postes « peuvent être appelés à passer au comité du parti et à remettre, sans aucun contrôle, la moitié de leur traitement... Les compagnies de chemins de fer, les syndicats industriels, les monopoles sont fortement taxés [4] ».

(1) Nous renvoyons le lecteur à l'excellent ouvrage du duc de Noailles : *Cent ans de république aux États-Unis*. Paris, Calman-Lévy, 1886-89.

(2) Voir la *Revue des Deux-Mondes* du 15 octobre 1892, p. 763 et le *Journal des Débats* du 6 octobre 1892.

(3) *Revue des Deux-Mondes, ibid.*, p. 779.

(4) *Journal des Débats*, loc. cit.

Sans doute, dans tous les pays, l'agitation électorale doit coûter de l'argent. Même si les partis étaient seulement divisés par les principes, ils devraient dépenser beaucoup pour leur propagande. En Europe, les frais électoraux ne sont pas si grands qu'aux Etats-Unis. Toutefois les politiciens et les agents les plus divers se font allouer des rémunérations de beaucoup supérieures aux services rendus. Ces aimables parasites dévorent des sommes considérables. Combien ? Voilà ce qui est très difficile à compter. Nous croyons, cependant, qu'en évaluant à un milliard de francs par an ce que coûte la conquête du pouvoir dans le groupe européen, nous serons encore bien au-dessous de la réalité.

II

Pour pouvoir mettre le contribuable en coupe réglée, les gouvernements ont essayé de supprimer toute autonomie locale, toute organisation fédéraliste ; ils ont brisé les résistances et concentré tous les pouvoirs dans les mains de quelques ministres. L'œuvre n'a pas été facile. Elle a exigé plusieurs siècles d'efforts. Elle est complètement terminée aujourd'hui. La centralisation la plus complète enserre des continents entiers. En Russie, pour changer le nom d'une rue, il faut demander l'autorisation au gouvernement central qui siège, parfois, à 4 ou 5000 kilomètres. Pour les plus petits détails de l'administration locale, on doit recourir à Saint-Pétersbourg. Or cela demande au moins six mois, parfois six ans ! Pour obtenir la formation d'une compagnie par actions, il faut l'autorisation du ministre des finances, c'est-à-dire au moins six mois de travail et des dépenses proportionnées à l'importance de l'entreprise.

Quand l'épouvantable machine de la centralisation a été établie dans les grands Etats européens, les gouvernements n'ont pas manqué de sentir leur impuissance presque complète. Alors, pour se faire obéir et pour ne pas se laisser voler d'une façon trop impudente, ils ont été obligés d'organiser une administration aux instances de plus en plus nombreuses. A la centralisation se superpose un mal plus terrible encore, la bureaucratie. Les rouages de la machine administrative sont multipliés à tel point que les sociétés modernes ont presque perdu la faculté de bouger. Aussi languissent-elles dans une stagnation voisine de la léthargie. Des centres qui étaient autrefois de brillants foyers de lumière, sont habités, de nos jours, par des individus hébétés qui n'achètent pas un livre par an.

La paperasserie administrative a pris des proportions vraiment effrayantes. Nous en donnerons deux exemples, l'un tiré de la procédure russe, l'autre de la procédure française.

Voici la série des formalités qui s'accomplissent quand un navire étranger entre dans un port russe :

L'interprète de la douane, le préposé et l'inspecteur des marchandises se rendent à bord. Là ils dressent un acte. D'après la déclaration du capitaine, ils y inscrivent les renseignements généraux sur le navire, le fret dont il est chargé; le nombre des colis, leur poids, le nombre des connaissements, la spécification détaillée de la quantité et de la qualité des provisions et des objets mobiliers se trouvant à bord. Un autre fonctionnaire dresse un second acte pour les articles entreposés à fond de cale, contenant les mêmes données que la déclaration. Ces inscriptions finies, le préposé de la douane et ses deux acolytes visitent le navire et inscrivent le résultat de leur examen dans l'acte de déclaration. Ce document, accompagné des connaissements, est envoyé à l'agence maritime de la douane. Là on les transcrit sur des registres spéciaux, puis dans le journal du bureau et on leur donne un numéro d'ordre. Alors on fait à la douane un rapport signé par le chef de l'agence maritime. Avant d'être expédié, ce rapport est numéroté et inscrit sur un registre spécial; il est accompagné d'un autre registre où se paraphe l'accusé de réception. Mais tout cela n'est que le commencement des opérations. Les documents du bord passent entre les mains de plusieurs fonctionnaires. Ils les soumettent à de nombreuses manipulations qu'il serait trop fastidieux d'énumérer ici. Enfin l'heureux moment a sonné. On ouvre vos caisses, on examine vos marchandises. Cela fait, le préposé inscrit sa conclusion sur la déclaration. Ce document est copié sur un registre spécial de l'inspecteur des docks; il est envoyé ensuite au préposé de service, inscrit sur son registre et transmis à la comptabilité. Là on en fait une copie, on le timbre et on l'envoie au dock où il est enregistré encore une fois. Il repasse alors à la comptabilité pour le calcul des droits. La somme à payer est inscrite sur la déclaration. Alors le propriétaire de la marchandise rédige une espèce de requête qu'il présente au comptable. Celui-ci vérifie le calcul des droits, inscrit la somme dans son livre et passe le document à la caisse. Ici un fonctionnaire l'enregistre encore, et le communique au trésorier. Celui-ci donne l'ordre d'écrire une quittance. Elle est remise avec la déclaration à un garçon receveur ; le propriétaire de la marchandise est appelé et acquitte les droits. La somme reçue est inscrite sur trois registres et marquée dans la déclaration. Alors on délivre un laissez-passer pour la marchandise. Il est vérifié et signé par l'adjoint du comptable et transmis au préposé de service ; celui-ci l'inscrit aussi sur son registre et le renvoie à la comptabilité ! Mais le lecteur nous pardonnera ! Nous sommes à bout ! Il y a encore trois formalités à remplir avant la livraison de la marchandise : nous les passons sous silence.

On dit : rien de plus éloquent que les chiffres ; peut-être faudrait-il dire rien de plus éloquent que les faits. La personne qui aura eu le courage de lire le paragraphe précédent tout entier en aura éprouvé certainement un agacement insurmontable. On peut se représenter quel a été celui de l'auteur qui a dû l'écrire. Mais on peut se figurer surtout le plaisir des infortunés négociants qui, en Russie, ont des marchandises à recevoir de l'étranger !

Cela ne va pas beaucoup mieux en France. On peut en juger par l'échantillon suivant. Nous l'empruntons à la *Revue encyclopédique* de 1892, page 1329 :

« Un arbre est renversé par l'orage sur une route nationale. Le matin, en venant à l'ouvrage, le cantonnier aperçoit le dégât, et l'on pourrait supposer qu'une fois le conducteur des ponts et chaussées averti, il ne reste plus qu'à mettre l'arbre en vente. Il n'en est rien, et voici l'incroyable filière par laquelle doit passer l'affaire avant d'arriver à son dénouement si simple.

« Aussitôt prévenu, le conducteur des ponts et chaussées consulte ses registres pour reconstituer l'état civil de l'arbre. Celui-ci avait été planté en 1879, entre le septième et le huitième hectomètre du kilomètre 47. C'était le troisième arbre à gauche de la route après le septième hectomètre.

« Le conducteur adresse un rapport à l'ingénieur d'arrondissement et copie la lettre sur son livre de correspondance.

« L'ingénieur transmet le papier au commis d'ordre, qui le rend au chef de bureau, après vérification des assertions du conducteur relatives à l'état civil de l'arbre mort.

« L'ingénieur signe un rapport en double expédition, dont une pour l'ingénieur en chef et l'autre pour le préfet du département.

« Le rapport passe dans divers bureaux de la préfecture et le tout aboutit à un arrêté du préfet ordonnant la vente de l'arbre dans les formes réglementaires.

« Un exemplaire de l'arrêté préfectoral est envoyé à l'ingénieur en chef et un autre au directeur des Domaines.

« On peut croire que, cette fois, l'identité de l'arbre mort, ayant été administrativement établie, il ne reste plus qu'à procéder à la vente ordonnée par arrêté préfectoral. Ah ! bien oui ! nous sommes encore loin de compte. Aux termes de l'instruction générale de l'Enregistrement, il ne reste plus à remplir que les formalités suivantes :

« Rédaction d'un inventaire en double expédition.

« Remise aux Domaines constatée par une prise en charge sur l'inventaire.

« Demande d'autorisation de vendre adressée par le receveur intéressé à son directeur.

« Autorisation de vendre accordée par le directeur.

« Demande adressée par le directeur au préfet pour que celui-ci fixe le jour de la vente.

« Arrêté du préfet fixant le jour.

« Transmission de cet arrêté au directeur et au receveur.

« Affiches faites à la main sur papier non timbré.

« (Le projet d'affiche est soumis par le receveur au directeur qui l'approuve.)

« Apposition des affiches.

« Rédaction d'une quittance par l'afficheur.

« Écritures pour porter en dépense les frais d'apposition d'affiche (1 franc environ).

« Lettre du receveur au maire le priant d'assister à la vente.

« Procès-verbal de vente. Ce procès-verbal est rédigé sur timbre. L'adjudicataire paye 5 p. 100 en sus du prix et cette somme est employée à l'acquittement : 1° des frais de publicité ; 2° du timbre du procès-verbal de vente ; 3° de l'enregistrement de la vente.

« Si les 5 p. 100 en sus du prix ne suffisent pas à acquitter les frais en question, la différence donne lieu à un mandat de régularisation.

« Pour en finir avec les paperasses, le procès-verbal de vente est enregistré, consigné sur un sommier spécial, la recette est inscrite sur un troisième registre, avec délivrance d'une quittance à souche, enfin les frais sont passés définitivement en écritures sur un quatrième registre.

« Le dernier mot de cette véridique aventure (car il ne s'agit nullement d'une fantaisie de chroniqueur), c'est que, lorsqu'on voulut procéder à la vente, après avoir soigneusement fait toutes les écritures, jusqu'à la lettre d'invitation pour le maire, on s'aperçut que l'arbre avait disparu. Il n'y avait plus qu'à saisir le parquet et recommencer la paperasserie, mettre en mouvement le garde champêtre, les gendarmes, le commissaire, le substitut. Par crainte du ridicule, on aima mieux étouffer l'affaire que de risquer de révéler au public, dans un procès correctionnel, ce qu'il en coûte pour vendre administrativement en France un arbre d'une valeur de 4 fr. 50 à 5 francs. »

Cette lecture donne de l'écœurement. Que d'efforts inutiles, que de temps gaspillé ! Si c'était seulement pour les fonctionnaires, passe encore. La plupart de ces sinécuristes n'ont rien à faire ; il faut bien qu'ils remplissent leur tonneau des Danaïdes. Mais, hélas ! ils entraînent les malheureux producteurs dans leur épouvantable engrenage. Les tracasseries administratives sont comme multipliées à plaisir. Combien l'auteur n'a-t-il pas vu de malheureux moisir pendant des journées entières dans les antichambres des différentes chancelleries pour obtenir un permis de séjour ! Additionnez ces journées, multipliez-les par le nombre des individus qui les perdent et vous arriverez à un gaspillage de force sociale vraiment effrayant. Nous croyons qu'en évaluant à 10 jours par an le coût de la centralisation administrative en Russie nous serons bien au-dessous de la réalité. D'autres pays souffrent un peu moins de ce mal si cruel et, pour être très modérés, nous porterons les pertes à cinq journées de travail pour le groupe européen. — Soit 2 265 millions de francs. Nous sommes presque honteux de donner un chiffre si bas, car le nombre d'opérations lucratives que la centralisation et la paperasserie administrative empêchent de faire tous les jours est vraiment prodigieux.

III

Un organisme est d'autant plus élevé dans l'échelle des êtres que ses fonctions sont plus différenciées. C'est une vérité élémentaire de la biologie. Confondez le poumon, le foie, l'estomac et le cerveau dans un chaos informe, vous aurez un être dégradé chez lequel ne se produiront jamais la pensée ni le sentiment. Eh bien ! c'est l'idéal des étatistes et des socialistes. Nos sociétés modernes sont des organismes encore très imparfaits [1]. Au point de vue de la différenciation des fonctions, on pourrait à peine les ranger au-dessus des tuniciers. Or, depuis cet embranchement jusqu'à l'*homo sapiens*, combien d'étapes n'a pas franchies l'évolution biologique.

Le « laissez-faire, laissez-passer » des économistes n'est qu'une application partielle de la grande loi générale de la différenciation. D'où vient la supériorité physiologique de l'homme ? De ce que certains organes se sont affranchis à tel point de la domination du cerveau que celui-ci n'a même pas la perception directe de leur existence. Voilà l'idéal vers lequel doivent tendre les sociétés. Réduire tous les jours les attributions de l'Etat, les ramener à une seule, si c'était possible : la justice.

C'est d'autant plus nécessaire que l'impuissance de l'Etat est *absolue* dans beaucoup de cas. Prenons un exemple. Dans la grande fédération américaine, un homme ne peut pas s'occuper des affaires publiques sans que son nom soit traîné dans la fange par les journaux, sans que sa réputation et celle de sa famille ne subissent les plus dégoûtants outrages. Que peut faire l'Etat ? Établir la censure préalable ? Tous les peuples de l'Europe ont été à ce régime et quelques-uns y sont encore. Qu'a-t-il donné ? Toujours un mal supérieur au bien qu'on dési-

(1) Cela vient en partie de ce que les sociétés humaines sont encore relativement récentes.

rait obtenir. D'abord la censure cause un arrêt du développement intellectuel. Or la stagnation mentale est le plus grand danger que puisse courir une société. Il est mille fois supérieur au tort causé aux individus par les injures de la presse. Puis la censure développe les plus basses passions : l'hypocrisie, le mensonge, la délation ; elle démoralise au lieu de régénérer.

Pour combattre les excès de la presse, il n'y a qu'un remède : la *vis medicatrix naturæ* inhérente à tout organisme. Quand les lecteurs sont révoltés par certaines expressions de leur journal, ils cessent de l'acheter. Alors le journal doit disparaître ou modifier son style. C'est l'unique moyen. Les gouvernements sont impuissants ; ils ne peuvent pas décréter la vertu.

L'intervention de l'Etat dans toutes les branches de l'activité sociale, sauf la justice, cause toujours plus de mal que de bien. Il nous suffit de donner, comme exemple, l'instruction publique.

Les socialistes veulent faire de la religion une affaire privée. Mais si quelque chose doit être une affaire privée, c'est bien l'instruction. Elle se répandrait dix fois, cent fois plus vite, si l'Etat cessait de tout contrarier par sa bureaucratie paperassière et bornée [1].

Mais nous sommes rongés jusqu'aux os par les routines médiévales. Il nous semble que si l'Etat nous abandonne, nous sommes perdus ; il nous semble que toutes les calamités vont alors fondre sur nos têtes, que la fin du monde est inévitable. Nous trouvons, dans un ouvrage, paru tout récemment,

(1) Un petit fait entre mille. Une connaissance de l'auteur tient une école de jeunes filles : institution privée sans aucune attache avec le gouvernement. L'auteur proposa à la directrice de faire un cours d'histoire des beaux-arts à ses élèves. D'après les règlements existant en Russie, il faut obtenir l'autorisation du curateur de l'arrondissement scolaire, pour une affaire de cette importance ! On lui adressa une requête. L'autorisation fut refusée, sous prétexte que l'auteur n'avait pas de diplôme de professeur d'histoire des beaux-arts. Notez l'avantage de l'intervention de l'État : 1° Perte de temps pour écrire la requête et donner la réponse. Et combien de millions de requêtes ne faut-il pas présenter tous les ans ? 2° Le cours, n'ayant pas eu lieu, une certaine somme de connaissances qui auraient été répandues dans le public, ne l'a pas été. En Russie, il faut des démarches durant des mois pour obtenir l'autorisation d'ouvrir une école primaire. Et encore sont-elles loin d'être toujours couronnées de succès. Supprimez la funeste intervention de l'État, tous ces obstacles disparaissent. Tout ce temps perdu est économisé.

un passage caractérisant bien cet état d'esprit. « Parmi les particuliers, dit M. Borin-Fournet[1], il y en a de bons et de mauvais. Si les uns s'efforcent de moraliser les esprits, les autres tendent avec non moins d'ardeur à les démoraliser; » par conséquent, conclut ce publiciste, l'Etat doit exercer une surveillance des plus étroites sur l'instruction publique. Nous nous permettrons de poser une question à M. Borin-Fournet. Est-ce qu'il enverrait sa fille dans une école où l'on enseignerait que la galanterie est la plus honorable occupation de la femme? Pourquoi s'imagine-t-il qu'un fonctionnaire routinier et ignorant, dont l'unique souci est de quitter son bureau le plus tôt possible, aura un plus grand soin de la moralité des enfants que leurs propres parents? D'ailleurs, nous voyons depuis de longues années les beaux fruits de la moralisation par l'Etat. Peut-on imaginer des agences de dépravation plus parfaites que nos internats modernes? Nos races européennes doivent avoir un fond de puissance morale vraiment inépuisable, si elles n'ont pas encore été gangrenées jusqu'à la moelle par les écoles de l'Etat. Quant à l'inefficacité de ces écoles au point de vue de l'instruction, elle est patente. Nos diplômes d'examens, sauf de rares exceptions, sont presque toujours des *prix d'ignorance*.

M. Borin-Fournet ne croit pas que l'enseignement libre « puisse suffire à la tâche écrasante qui lui incomberait[2] ». Est-ce que l'approvisionnement quotidien d'une ville comme Londres n'est pas aussi une « tâche écrasante » ? Que l'Etat s'en charge pendant un seul jour, nous verrons comment il s'en tirera ? Nous verrons combien il lui faudra dépenser de millions en fonctionnaires et en paperasses. L'initiative privée se tire de cette tâche colossale à la satisfaction de tous et avec le minimum de frais. Mais, nous le répétons, nous sommes complètement aveuglés par les routines étatistes ; elles nous empêchent de voir des choses aussi évidentes que l'éclat du soleil.

Considérez les progrès réalisés récemment par la navigation à vapeur. En 1846, on faisait 8 milles et demi à l'heure; en 1856, 13; en 1879, 15; enfin, en 1893, 22; dans un avenir

(1) *La société moderne et la question sociale*. Paris, Guillaumin, 1893, p. 76.

(2) *Ibid.*, p. 73.

très rapproché on en fera 30 et cela toujours avec une moindre dépense de charbon. « Mais, dit M. D. Bellet[1], cela serait mal connaître l'esprit de concurrence qui anime les différentes compagnies de navigation, si on croyait qu'elles en resteraient là. » Chaque nouveau steamer, mis en chantier, réalise de nombreux progrès sur ses devanciers. Comparez à ce magnifique élan de l'esprit humain nos méthodes d'instruction : routinières, enfantines, niaises. Non seulement elles ne se perfectionnent pas, mais encore elles semblent plutôt rétrograder. Sans parler des Grecs qui en avaient de meilleures, même en Italie, au xve siècle, un Vittorino da Feltre était supérieur à tous nos pédagogues modernes.

L'Etat ne remplit pas mieux ses autres fonctions. On cite souvent la poste comme un service public bien organisé. C'est une profonde erreur; il est détestable et coûte horriblement cher. Dans presque tous les pays, les employés des postes sont malhonnêtes et grossiers. Le transport d'une lettre d'un bout à l'autre de l'Angleterre revient à un trente-sixième de penny. « En se faisant payer deux centimes et demi le port d'une lettre, une compagnie privée réaliserait encore de beaux bénéfices, » dit M. Frederick Millar [2]. L'Etat se fait payer quatre fois plus cher.

Faut-il parler de travaux publics ? Combien n'a-t-on pas dépensé de milliards pour creuser des canaux sans trafic, des ports où il n'entre jamais de navires, pour établir des chemins de fer incapables de faire leurs frais?

Dans les pays constitutionnels, un grand nombre de travaux publics ont été entrepris pour des besoins électoraux. Dans tous, ils l'ont été, très souvent, pour procurer des bénéfices à MM. les ingénieurs du gouvernement. L'initiative privée s'emparerait de tous les travaux publics qui peuvent rapporter des bénéfices. Même de simples routes peuvent être ramenées dans cette catégorie. Il y a quelques années, une compagnie française a construit une route de Beyrouth à Damas. Elle prélève une taxe sur les passants; ses affaires sont très prospères. Ce qui est possible en Syrie le serait à plus forte raison dans les pays

(1) *Journal des Économistes*, septembre 1893, p. 385.

(2) *A Plea for Liberty*. Londres, Murray, 1891, p. 309.

européens. Mais, si les particuliers s'emparaient des travaux publics, Messieurs les fonctionnaires de l'Etat perdraient le plus clair de leurs bénéfices. Aussi cherchent-ils à contrecarrer de toute façon l'initiative privée. Une commission a été nommée dernièrement, à Saint-Pétersbourg, pour étudier les moyens propres à développer la marine de commerce russe. Elle s'est occupée aussi de l'amélioration des ports et elle a décidé « que les entreprises privées devaient être absolument écartées ». Combien d'individus, en Russie, n'ont pas pu obtenir l'autorisation de construire des chemins de fer et de creuser des ports, même sans demander aucune aide et garantie au gouvernement !

En fait de travaux publics, Messieurs les fonctionnaires causent trois dommages : 1° ils entreprennent des travaux inutiles; 2° ils augmentent dans une immense mesure le prix des travaux utiles; 3° ils empêchent une masse d'entreprises lucratives.

Comment évaluer ces gaspillages en argent ? Pour les travaux inutiles, on sait qu'il faut les chiffrer par milliards. Le fameux plan de M. de Freycinet a trouvé, hélas ! des imitateurs dans toute l'Europe. Quant à la majoration produite par la substitution de l'Etat à l'initiative privée, elle coûte aussi des sommes prodigieuses. Enfin les entraves mises à l'initiative privée, causent un ralentissement énorme du taux d'accroissement de la richesse. Par malheur, il est bien difficile de donner des chiffres. Faute de posséder des données certaines[1] nous nous contenterons d'enregistrer un milliard de francs par an pour toutes ces pertes. La modération de notre chiffre sera appréciée par le lecteur, surtout s'il songe qu'il faut y comprendre les intérêts des capitaux engagés dans les travaux publics inutiles.

C'est ici l'occasion de parler d'un autre gaspillage des deniers publics : les garanties payées aux compagnies de chemin de fer. Dans un pays riche et peuplé comme la France, les lignes vraiment utiles pourraient grandement rémunérer les capitaux. Cela ne fait l'ombre d'un doute pour personne. En Russie, le kilomètre de chemin de fer revient, au maximum, à 100000 francs. Dans ces conditions, il doit pouvoir donner un bénéfice. Les

(1) On pourrait les obtenir, à coup sûr, mais il faudrait une légion de travailleurs.

garanties sont donc absolument superflues. Ce qui le prouve, d'ailleurs, c'est qu'à l'époque de l'établissement des premières lignes, vers 1840, on s'en passait complètement. Elles absorbent, cependant, rien qu'en Russie au delà de 61 millions de francs et en France 116 millions [1]. C'est de l'argent tout simplement confisqué aux contribuables pour l'avantage de certains particuliers. Les garanties ont encore un autre effet des plus funestes. Les compagnies ne se soucient en aucune façon de réduire leurs frais d'exploitation et d'augmenter leur trafic. Aussi ne font-elles presque rien pour satisfaire le public. Que leur importe? L'État payera la différence. L'administration de certaines lignes de chemin de fer est un pillage et un gaspillage organisé [2]. Ici encore on peut compter les pertes par millions.

Il faudrait également ranger sous cette rubrique les subventions accordées aux compagnies de navigation. C'est de l'argent jeté à l'eau.

Pour tenir entre leurs mains toutes les fibres de la vie nationale, les gouvernements ne se sont pas contentés de s'emparer de l'instruction publique, ils se sont aussi immiscés dans les croyances religieuses et dans l'activité mentale des citoyens.

Le nombre des règlements édictés sur la presse, l'imprimerie, le colportage composerait des bibliothèques. Songez à ce qu'il a fallu de temps pour rédiger, discuter et promulguer tout ce grimoire. Puis pour le mettre en application, il faut des légions de fonctionnaires. Que de temps gaspillé, grands dieux! Et si c'était seulement celui des administrateurs, mais c'est aussi celui des administrés. En Russie, pour établir une imprimerie, même pour avoir une machine à écrire, il faut l'autorisation du gouvernement. Songez à la masse de requêtes et de démarches que suppose une réglementation aussi étroite! Et la censure préalable! Souvent, pour publier un livre en Russie, il faut des allées et des venues qui durent cinq à six mois. Un journal,

(1) Les garanties payées aux chemins de fer indiens dépassent déjà 1 175 millions de francs. Voir Pearson, *National Life and Character*, p. 98.

(2) Au Brésil certaines compagnies de chemins de fer sont garanties par l'État. « Elles font circuler un train par semaine entre deux stations désertes et cela suffit pour qu'à la fin de l'année les propriétaires touchent leur dividende dûment servi par le trésor de l'État. » E. Reclus. *Nouv. Géogr. Univ.*, t. XIX, p. 478.

pour donner le compte rendu des séances d'un conseil général, doit soumettre son texte à la revision du gouverneur de la province. Alors il faut le copier en double exemplaire : envoyer l'un à l'imprimerie, l'autre à l'approbation de l'autorité !

Nous n'en finirions pas si nous voulions énumérer toutes les tracasseries auxquelles sont soumis les malheureux contribuables. Ils sont pris dans un filet aux mailles innombrables. A chaque pas se dresse un obstacle. Eh bien ! chacune de ces formalités inutiles est une perte de temps, donc une soustraction à la fortune publique. Mais, non contents de prétendre guider nos esprits, les gouvernements se mêlent aussi de sauver nos âmes. Dernièrement une jeune Israélite se présenta chez l'auteur. Elle le pria d'être son parrain. Elle désirait se faire baptiser pour épouser un chrétien (on sait que les mariages sont prohibés en Russie entre chrétiens et non chrétiens). Il est clair qu'après avoir accompli les cérémonies rituelles qui donnent la qualité de chrétienne, cette jeune femme sera exactement ce qu'elle était auparavant. Il y aura seulement une formalité de remplie, voilà tout. Or, il faudra faire perdre du temps pour cela à quatre personnes : au prêtre, au parrain, à la marraine et à la néophyte. Et ces gaspillages de temps se renouvellent tous les jours. L'immixtion des gouvernements dans la production mentale et dans les croyances religieuses fait perdre des centaines, des milliers de journées de travail tous les ans.

IV

Les hommes se sont fait trois conceptions d'un chef d'Etat : ils l'ont regardé comme un propriétaire, comme un père ou comme un justicier. La troisième est la seule bonne. Malheureusement ce sont les deux premières qui ont dominé jusqu'à nos jours.

Le chef d'Etat n'avait d'abord qu'un unique souci : pressurer le peuple jusqu'à la dernière limite du possible, obtenir le maximum de revenu de ses domaines, tout comme un agriculteur tâche de retirer la plus forte récolte possible de son champ.

Mais, quand les dynasties souveraines duraient un certain nombre de générations, il s'établissait une solidarité entre les maîtres et les sujets. Les souverains commencèrent à considérer leurs peuples comme leurs enfants et le *paternalisme* naquit. Jour à jamais funeste ! D'abord, parce que le paternalisme engendrera le socialisme par une pente irrésistible. L'humanité payera bien cher ce nouveau rejeton de l'erreur etésohédonique. Ensuite, le souverain, se considérant comme le père de ses sujets, se crut obligé de le secourir en toute circonstance. Enfin, les sujets, comptant toujours sur la protection de l'État, cessèrent de compter sur eux-mêmes. Ils perdirent ainsi la vigueur et l'initiative.

L'État se croit obligé de venir maintenant au secours des populations, sitôt qu'il se produit quelque grande calamité sociale. Ainsi la famine désola la région du Volga, en 1891. Le gouvernement prit à sa charge l'entretien d'un million de familles environ. Cela lui coûta 759 millions de francs. « Il aura dépensé pour le pain de chacune d'elles, pendant six ou huit mois, de 350 à 400 roubles, c'est-à-dire cinq ou six fois plus que ne coûte habituellement le grain qu'elle consomme en une année et plus de deux fois la valeur de son budget total annuel [1]. »

Abandonnés à l'initiative des autorités locales, les secours n'auraient certes pas coûté plus de 250 millions de francs. Peut-être moins. C'est donc 500 millions de francs qu'on a gaspillés en pure perte, grâce à l'intervention du gouvernement central. Or qui payera cette somme ? Le peuple russe. On aura donc pris l'argent de Paul pour le donner à Jean. N'avons-nous pas raison de dire qu'en dernière analyse, le paternalisme devient le petit cousin du socialisme ?

A partir du moment où les paysans ont vu que l'État les nourrissait pour rien, ils ont refusé le travail. A un gaspillage funeste des finances s'est ajoutée une démoralisation des populations. Tous les gouvernements, comme celui de la Russie, se croient obligés de secourir les populations en cas de calamités. Une très grande partie de ces secours sont gaspillés en pure perte. Nous pouvons donc inscrire de ce chef deux cent millions de francs par an au chapitre des pertes du groupe européen, sans être taxés d'exagération.

(1) *Journal des économistes*, juillet 1893, p. 70.

Un autre effet désastreux du paternalisme est l'excès de protection à l'égard de l'individu.

Il y a deux ans, un journal d'Odessa imprima l'avis mortuaire d'une personne qui jouissait de la santé la plus parfaite. C'était une plaisanterie sinistre ou une vengeance personnelle. Depuis cette époque, un arrêté a défendu aux journaux d'imprimer des avis mortuaires, sans la présentation d'une attestation de la police constatant le décès. Ce petit fait montre la génèse du paternalisme; il fait voir comment se forme cet amas de mesures vexatoires et incohérentes que sont nos codes modernes. Ainsi, parce qu'un homme a commis, une fois, un acte préjudiciable à un autre, on en infère que ce fait va se répéter tous les jours, bien que l'expérience de nombreuses années démontre juste le contraire. Alors on fait des ordonnances obligeant de nombreux individus, pendant des siècles, à subir des formalités qui font perdre le temps le plus précieux. On ne s'aperçoit pas que cette perte fait dix fois plus de mal à la société qu'un dommage accidentel causé à quelque personne. Punir l'auteur du faux avis mortuaire était logique ; mais rien de plus.

Un autre exemple. Il a pu arriver qu'une chaudière à vapeur éclate dans quelque usine. Alors on a établi en Russie une inspection du gouvernement. Des fonctionnaires institués à cet effet, doivent visiter les générateurs une fois par an et délivrer un certificat sans lequel aucune usine ne peut fonctionner.

A côté de chaque chaudière il y a un ou deux chauffeurs. Dans la pièce à côté, un mécanicien. Si le générateur saute, ces gens sont tués presque infailliblement. Le propriétaire de l'usine subit aussi un dommage considérable : il doit payer des indemnités aux victimes et à leurs héritiers; sa production s'arrête; il doit se munir d'un nouveau générateur. Croire qu'un inspecteur du gouvernement aura plus de souci des chaudières d'une fabrique que les chauffeurs, le mécanicien et le propriétaire, est de la pure démence. En réalité, il y a des explosions avant comme après l'institution des inspecteurs gouvernementaux. Voici à quoi se réduit le travail de ces derniers. Il y en a un par province, et une province russe a en moyenne de 60 à 70 000 kilomètres carrés, deux fois l'étendue de la Belgique. Naturellement l'inspecteur n'a pas le temps de visiter toutes les usines de son arrondissement. Les propriétaires de fabriques apportent un certificat tout libellé; les inspecteurs le signent et empochent une jolie gratification. Il y a des fonctionnaires qui se font ainsi un revenu de 25 à 30 000 francs par an. C'est un mal, à coup sûr, que des individus périssent quelquefois par l'explosion de chaudières mais c'est un mal cent fois supérieur que les peuples soient dévorés par le parasitisme.

Les gouvernements prennent aussi le souci de poinçonner les objets d'or et d'argent. Mais cette opération est loin d'être gratuite et cette prétendue garantie est une nouvelle contribution levée sur le malheureux producteur. Une chose montre combien elle est inutile. Les gouvernements n'inspectent pas les diamants chez les bijoutiers. Cependant nous trouvons moyen de ne pas payer des milliers de francs pour des morceaux de verre.

L'administration publique se croit obligée de nous protéger dans tous nos pas. On nous aime tant qu'on nous étouffe. La sollicitude dont on nous entoure, pose à chaque instant d'innombrables entraves à notre activité. Cela diminue, dans une très forte mesure, la somme de notre bien-être. Pour nous éviter des maux accidentels, on nous accable de maux permanents cent fois plus funestes. Les sociétés modernes sont comme des individus qui auraient mis une armure pour se préserver des piqûres d'une mouche.

L'erreur des gouvernements consiste à croire qu'ils doivent et qu'ils peuvent guérir tous les maux de la société. Ils se font des illusions. Par la nature des choses, leur puissance est des plus limitées, et, neuf fois sur dix, leur médicamentation a pour unique effet d'empirer la condition du malade.

En effet dans le plus grand nombre de cas, les soucis qu'on prend de nous se traduisent, en réalité, par l'apparition d'une nuée de nouveaux fonctionnaires. Or, chacun d'eux, comme nous l'avons montré, est la plupart du temps une nuisance sociale. Ces mesures, soi-disant protectrices, finissent par une nouvelle charge de nombreux millions que le peuple doit payer directement ou indirectement.

Malgré ses excellentes intentions, le paternalisme aboutit, en dernière analyse, à une exploitation des véritables producteurs au profit de quelques parasites. Nul n'a mieux caractérisé le paternalisme que M. Cleveland. Il appelle ce régime le « soutien du peuple par le gouvernement ». Par malheur le gouvernement ne reçoit pas la manne du ciel. Ses revenus proviennent des impôts. Le paternalisme se ramène donc, en dernière analyse, à prendre l'argent de Paul pour le donner à Jean.

Non, mille fois non, l'État n'a pas la charge d'assurer directement le bien-être des citoyens. Et cela pour une raison des plus élémentaires. Pour donner à Paul, l'État doit prendre forcément à Pierre, donc pratiquer la spoliation. Or l'Etat est institué précisément pour faire régner la justice entre les citoyens, pour empêcher les uns de dépouiller les autres. S'il pratique lui-même la spoliation, il cesse de remplir sa fonction, il introduit l'anarchie, de sa propre initiative. L'État doit seulement créer un ordre de choses qui permette à chacun de profiter du fruit de son travail, dans la mesure la plus complète possible. Il doit veiller à ce qu'il n'y ait pas de parasites ni de privilégiés. C'est là tout son devoir. Le gouvernement qui saura se restreindre à cette unique attribution, assurera au peuple une prospérité que nous pouvons difficilement nous représenter aujourd'hui.

Il nous paraît impossible d'évaluer à moins de cinq journées de travail les pertes directes et indirectes[1] du paternalisme; soit pour le groupe européen, au sens étroit, 1 645 millions de francs par an.

Le taux d'accroissement de la richesse atteindra sa plus grande rapidité, le jour où la différenciation des fonctions sera poussée aussi loin que possible. Cela sera le jour où les gouvernements ne s'occuperont pas d'autre chose que d'assurer la sécurité ou, en d'autres termes, le jour où ils n'exerceront que la justice. Pour remplir ce devoir, les six ministères suivants sont indispensables : guerre, marine, affaires étrangères, intérieur, finances et justice. Tous les autres sont inutiles et devraient être supprimés. Cela produirait sur le budget de la France, par exemple, une économie de plus d'un demi-milliard de francs par an[2]. Par ce seul chiffre on peut juger quelle serait l'économie pour le groupe européen tout entier.

(1) Ici, comme ailleurs, nous appelons *pertes indirectes* l'argent que le paternalisme empêche de gagner.

(2) Exactement 400 millions de francs. Les cultes sont rattachés en France au ministère de la justice. Mais on peut négliger la somme qu'ils coûtent au budget parce qu'elle est une simple restitution (et encore très modeste) des revenus de l'Église, confisqués pendant la révolution.

V

L'Etat qui usurpe une masse de fonctions inutiles, où son intervention est funeste ou, pour le moins, inutile, accomplit de la façon la moins satisfaisante sa fonction essentielle : la justice.

En Angleterre, les frais de procédure sont tellement énormes que, la plupart du temps, on préfère subir des dommages plutôt que de s'adresser aux tribunaux. Cela équivaut à l'absence de justice dans un des pays les plus civilisés de la terre. N'est-ce pas une situation vraiment intolérable ? On n'est pas mieux partagé en France. Nous n'en voulons pas de meilleure preuve que ce fait rapporté par M. Tarde. « Il y a quelques années, un cultivateur aisé et honnête de mon voisinage, le sieur D..., plaidait contre un de ses voisins. Il obtint, à la suite d'une enquête sommaire, dans cette affaire qui n'était pas susceptible d'appel, un jugement qui condamnait son adversaire à lui payer 700 francs de dommages et intérêts. Or, dans la rédaction du jugement, un oubli fut commis ; on omit de mentionner que les témoins avaient prêté serment. Notez qu'ils avaient prêté serment au vu et au su de tout le monde ; mais la mention de cette formalité archaïque faisait défaut dans les considérants du jugement. Le perdant, à raison de cette omission requise à peine de nullité, se pourvoit en cassation. La cour casse le jugement et renvoie la cause devant un autre tribunal. En attendant qu'elle fût jugée par celui-ci, l'adversaire du sieur D... le somme d'avoir à payer les frais du procès en cassation, 1 800 francs environ. D... s'étonne et s'indigne. On lui saisit son bien, on l'exproprie, et ses immeubles, qui faisaient vivre toute sa famille, adjugés à vil prix, suffisent à peine à payer lesdits frais. Voilà un homme ruiné pour avoir gagné son procès ; je pourrai même dire pour l'avoir gagné deux fois ; car, après sa ruine, le nouveau tribunal, saisi de l'affaire, a jugé comme le premier. J'ajoute que D..., ahuri par cette aventure, est en train de perdre la tête. Et vraiment il y a de quoi[1]. »

(1) *Journal des Débats* du 27 août 1893. Éd. du matin.

Quand on se trouve en présence d'exemples de ce genre, on comprend combien les socialistes ont raison de demander la gratuité de la justice [1]. Aux Etats-Unis d'Amérique on peut dire que les tribunaux n'existent pour ainsi dire pas, tant ils sont véreux. Nous ne parlons même plus des pays orientaux. On sait ce que sont leurs juges !

Il y a quelque temps, un individu a occupé les terres du comte G... en Podolie. Il n'avait aucune espèce de droit ; cependant le propriétaire légitime a dû faire des démarches qui ont duré plus de deux ans, pour rentrer en possession de ses biens. Si on pouvait seulement calculer ce que le manque de protection efficace du droit de propriété fait perdre de journées de travail aux producteurs, on arriverait à une somme effrayante.

Dernièrement une grève s'est produite dans le pays de Galles. Les mineurs de l'endroit ont tenu un meeting et ils ont enjoint à tous les ouvriers écossais et anglais de quitter le district. Ces malheureux ont dû se conformer à cet ordre, parce que la police n'a rien fait pour empêcher leur exode. Voilà comment la liberté du travail est assurée dans un des pays les plus avancés de l'Europe !

Une manière de protéger la propriété c'est de faire circuler une monnaie de bon aloi. Les gouvernements se sont partout réservé le droit exclusif de frapper monnaie, pour nous assurer ce bienfait. Par malheur, ils en ont abusé aussitôt. Depuis les empereurs de Rome jusqu'à une époque très récente, la falsification des monnaies a été un fait presque constant. Le mal a encore augmenté, dans une immense mesure, lorsqu'on a créé le papier-monnaie. Celui-ci subit une dépréciation qui va de 15 à 250 p. 100, selon les pays. Le papier-monnaie est une des plaies les plus dangereuses des sociétés modernes ; il est un des obstacles les plus puissants à l'accroissement du bien-être des populations. Grâce au bill Sherman qui obligeait le trésor des Etats-Unis à acheter quatre millions et demi d'onces d'argent par mois, une crise épouvantable se déchaîna en 1893. Pendant les neuf premiers mois de cette année, les faillites s'élevèrent au

(1) Mais cela suggère également une autre réflexion : si l'Etat accomplit de cette brillante manière les fonctions les plus simples, comment se comportera-t-il alors qu'il les exercera toutes, comme le veulent les socialistes ?

chiffre de 11 174 avec un passif de 324 millions de dollars, supérieur de 248 millions de dollars (1 289 millions de francs) à celui des faillites de l'année précédente. Toute cette somme doit être mise en entier au compte du bill Sherman, c'est-à-dire du trouble jeté dans la circulation monétaire par l'intervention de l'Etat. Quant aux dommages provenant des fluctuations perpétuelles du papier-monnaie, qui pourra jamais calculer les milliards qu'ils représentent?

Cependant nous avons besoin de chiffres. Soyons modestes. Evaluons seulement à trois jours de travail les pertes subies par les sociétés, par le fait que l'Etat ne remplit pas ses devoirs véritables : protection des personnes et des biens. Nous comprenons les pertes actuelles et les bénéfices non réalisés. Inscrivons donc une nouvelle somme de 1 359 millions pour le groupe européen.

Nous venons de parcourir les nombreuses étapes de l'erreur ctésohédonique. On croit qu'il est plus avantageux de conquérir le territoire d'autrui que de produire la richesse soi-même. Une bande militaire se forme. On s'empare d'un pays. D'abord on met les populations en coupe réglée ; on vit en parasite sur leur travail. Puis, pour mieux exploiter son domaine politique, on y introduit la centralisation. Alors l'Etat oppose les plus grands obstacles à la division du travail social. Il tend à tout concentrer entre ses mains. Enfin, des relations plus intimes s'établissent entre le maître et les sujets et le paternalisme apparait avec son cortège de gaspillages. Cette machine monstrueuse, l'Etat moderne, s'occupe de mille fonctions, mais accomplit très mal la seule dont elle devrait se charger : la justice. Toute cette série de développements de l'erreur ctésohédonique aboutit à une perte annuelle de 7 milliards 700 millions de francs, au plus bas mot.

CHAPITRE XIII

L'ESPRIT DE CONQUÊTE

I

Nous arrivons maintenant à une autre conséquence des plus néfastes de l'erreur ctésohédonique : l'esprit de conquête. Elle produit un gigantesque ensemble de calamités et de souffrances.

Un très grand nombre d'individus considèrent encore les conquêtes d'un œil très favorable. Or, que signifie faire une conquête ? C'est armer une bande de soldats et aller s'emparer d'un territoire. Tant que ces expéditions paraîtront utiles, lucratives, légitimes et même glorieuses, le bien-être de nos sociétés restera à un niveau très bas. Car, malgré tous les euphémismes, ces expéditions militaires n'en restent pas moins un vol et rien de plus.

Les esprits généreux qui parlent de supprimer la guerre, font un grand tort à l'humanité. En se mettant à la poursuite d'une chimère, ils abandonnent la voie qui conduit à des résultats concrets et positifs. Les réalistes traitent les partisans de la paix perpétuelle de rêveurs utopiques et refusent de les suivre sur leur terrain. Les efforts les plus nobles et les plus généreux sont ainsi complètement perdus. La direction de l'opinion publique reste aux empiriques et aux rétrogrades, aux gens à l'esprit étroit, qui se contentent de vivre au jour le jour, sans avoir le courage de regarder en face les problèmes sociaux de notre temps. On n'abolira jamais la guerre de même qu'on n'abolira jamais l'assassinat. Ce n'est pas de ce côté qu'il faut diriger la propagande. Ce qu'il faut combattre, c'est l'esprit de conquête.

Et il faut combattre cette colossale erreur, non pas au nom d'une fraternité vague et insaisissable, mais en faisant appel à l'intérêt égoïste de chaque individu. Il y aura toujours des guerres, parce que l'homme ne sera jamais absolument sain d'esprit. Par moments, la passion, la folie l'emporteront sur la raison. La guerre sera éternelle. Mais l'idée, que la conquête est le moyen le plus rapide d'accroître son bien-être, ne sera pas éternelle, parce qu'elle est complètement fausse.

L'homme agit conformément à ce qui lui paraît être son intérêt. L'idée qu'il s'en fait dépend de ses connaissances. Celles-ci varient tous les jours et l'objectif des désirs (l'intérêt) aussi. Une seule méthode est efficace pour opérer des transformations sociales: modifier les désirs, amener les hommes à avoir un objectif nouveau, différent de l'ancien.

Un grand nombre d'Allemands disent aujourd'hui : « Nous donnerons la dernière goutte de notre sang, mais nous ne rendrons pas l'Alsace-Lorraine. » Pourquoi disent-ils cela ? Parce que la possession des provinces annexées en 1871 leur procure, évidemment, certaines satisfactions réelles ou imaginaires. Si cette annexion leur causait, au contraire, des souffrances intolérables, les Allemands diraient : « Nous donnerons la dernière goutte de notre sang pour nous débarrasser de l'Alsace-Lorraine. » Or si les Allemands (ou tout autre peuple) pouvaient comprendre à quel point l'esprit de conquête diminue la somme de leurs jouissances, ils tiendraient certainement le dernier langage. Les apôtres de la paix perpétuelle font donc fausse route. Leur effort devrait porter sur cet unique objet : démontrer que l'appropriation du territoire du voisin n'augmente en aucune façon le bien-être des hommes. Les pessimistes nous opposent qu'il faudra de longues années pour faire admettre l'inutilité des conquêtes. Eh bien ! l'humanité restera de longues années dans la misère, voilà tout.

Quand viendra le jour où on ne trouvera plus avantageux de s'emparer des territoires du voisin ? Nous n'en savons rien. La seule chose que nous puissions affirmer avec une certitude absolue, c'est que ce jour-là notre prospérité quintuplera ou décuplera[1].

(1) Les pessimistes se trompent d'ailleurs. L'idée que la conquête est funeste, même au vainqueur, est très répandue dans les sociétés modernes,

L'erreur ctésohédonique a produit des conséquences, dont nous devons parler maintenant. De même qu'un particulier s'imagine avoir plus de bien-être avec des propriétés plus vastes, les peuples se sont imaginés que leurs jouissances, seraient en raison directe de l'étendue territoriale de leurs patries. De là une des aberrations les plus folles de l'esprit humain : l'idolâtrie béate des kilomètres carrés. Nombre d'Allemands se figurent encore qu'ils auront une plus grande somme de bonheur si leur pays a 540 419 kilomètres carrés au lieu de 525 910[1]. Il y a peu d'erreurs plus manifestes. Des milliers d'exemples prouvent que le bien-être des citoyens n'est nullement en fonction de l'étendue de l'État. S'il en était ainsi, la Russie serait le pays le plus riche de l'Europe. Or chacun sait que c'est juste le contraire. En Russie, la centralisation est poussée jusqu'à des limites qu'on pourrait presque taxer de ridicules. Pour cette raison, son étendue est un des plus grands obstacles à sa prospérité.

Un exemple fera comprendre combien est absurde l'idolâtrie des kilomètres carrés. La Californie en a 410 000 actuellement[2] et 1 200 000 habitants. Supposons que, dans un siècle ou deux, sa population monte à 40 millions. Pour le bon gouvernement de ces hommes, il sera peut-être utile alors de partager ce pays en plusieurs États. Si les conservateurs de l'époque disent : « Nous donnerons la dernière goutte de notre sang pour conserver l'antique unité de notre pays, » ces gens seront affectés

beaucoup plus répandue qu'on ne le croit. Mais les réflexes sociaux poussent les masses à obéir aveuglément à leurs chefs. Il suffit d'un seul esprit gothique, comme M. de Bismarck, par exemple, pour mettre en branle toute une armée et pour lui faire faire des choses que chaque officier et chaque soldat réprouve certainement en particulier.

(1) La différence est l'étendue de l'Alsace-Lorraine. Les Allemands affirment à tort qu'il s'agit ici d'une question nationale. Le sentiment, qui les guide est l'idolâtrie des kilomètres carrés, la routine. D'abord en Lorraine on parle français et non allemand. Mais il y a plus. Si l'Alsace doit faire partie de l'empire, parce qu'on y parle l'allemand, pourquoi le nord-est de la Suisse et l'archiduché d'Autriche ne doivent-ils pas en faire également partie? Or, on sait que les Prussiens sont complètement opposés à une annexion des provinces allemandes de l'Autriche. La possession de l'Alsace-Lorraine ne tient donc pas à des motifs nationaux, d'autant plus que cette province ne se sent pas allemande.

(2) A peu de chose près, autant que les Iles-Britanniques, la Belgique, la Hollande et la Suisse réunies.

de la folie des kilomètres carrés. Ils seront aussi insensés que les Européens d'aujourd'hui. Les divisions territoriales sont faites pour les hommes, et non les hommes pour les divisions territoriales. Le but que les patriotes éclairés doivent poursuivre, n'est pas qu'une certaine étendue géographique soit affublée d'un seul nom ou de plusieurs, mais que les divisions soient conformes aux aspirations et aux désirs des citoyens. Il faut que ces divisions gênent le moins possible les progrès économiques et intellectuels des sociétés.

Dernièrement les habitants du Rio-Grande ont voulu se détacher du Brésil. Le gouvernement de Rio-Janeiro, affecté comme tous les autres de la folie des kilomètres carrés, n'y a pas consenti. Des hostilités ont éclaté. Supposons que les Rio-Grandiens sortent vainqueurs de cette guerre. Quel en sera le résultat ? Il y aura onze Etats dans l'Amérique du Sud au lieu de dix. Aucun théoricien de la politique moderne ne verra dans cet événement le présage d'une calamité hors ligne. Le nouvel Etat sera reconnu par les autres puissances et les choses iront comme auparavant. Mais si le gouvernement central, respectant les vœux des Rio-Grandiens, avaient consenti à la sécession, sans guerre, les politiciens empiriques de notre temps auraient affirmé que le monde était renversé. Cependant la situation serait exactement la même, au point de vue des divisions territoriales : onze États indépendants au lieu de dix. Il faut donc penser qu'aux yeux des politiques modernes, l'économie d'une guerre, le fait d'épargner des centaines de millions et des milliers de vies humaines doivent diminuer la richesse, tandis que le gaspillage des capitaux et les massacres doivent l'augmenter ! Il est difficile d'être moins logique ou plus insensé.

La grande fédération de l'Amérique du Nord est composée aujourd'hui de 44 États, ayant de 3 240 kilomètres carrés[1] à 688 000 kilomètres[2]. Si demain on y établissait 100 États, ayant chacun 92 000 kilomètres, il ne s'en suivrait pas, nécessairement, un accroissement ou une diminution du bien-être des populations. Les Américains peuvent faire de rapides progrès,

(1) Le Rhode Island (grand comme le Saxe-Weimar).

(2) Le Texas (plus grand que l'empire d'Autriche avec la Bosnie et l'Herzégovine).

partagés en quarante républiques, comme partagés en cent. Leurs progrès peuvent se ralentir dans une combinaison comme dans l'autre. La richesse n'est pas en fonction des divisions politiques. De même l'Europe est partagée aujourd'hui en 24 États indépendants, ayant de 22 kilomètres carrés à 5 millions. Qu'elle se partage demain en cent États, ayant chacun 97 000 kilomètres carrés, elle pourra être plus pauvre aussi bien que plus riche. Tout dépendra de l'organisation intérieure de chacun de ces États et de la nature des relations qui s'établiront entre eux.

Bien peu de personnes comprennent cette vérité. Quand on voit les nations les plus civilisées de l'Europe s'imaginer que leur bonheur dépend de 14 509 kilomètres, de plus ou de moins, on reste vraiment stupéfait devant la persistance des vieilles routines. Le seul désarmement de trois corps d'armée procurera dix fois plus de bénéfices au peuple allemand que la possession de l'Alsace-Lorraine. Bref, tant que subsistera la fausse association entre l'étendue territoriale de l'État et la richesse, les progrès de cette dernière seront bien lents.

Revenons à l'esprit de conquête. Nous avons montré plus haut qu'un grand nombre de choses ne sont pas appropriables. Les territoires étrangers ne le sont pas pour des nations entières. Un chef militaire avec sa truste peut éprouver un accroissement de jouissances par la conquête d'un pays, mais une nation, jamais.

Quand Guillaume de Normandie s'empara de l'Angleterre, il commit un acte non conforme à son intérêt bien entendu. Par la guerre, il détruisit une certaine quantité de richesses et lui et ses barons subirent le contre-coup de la diminution générale de bien-être. Mais ces souffrances étaient bien minimes et difficiles à apprécier. Des considérations sur la nature de la richesse n'étaient pas accessibles, d'ailleurs, aux cerveaux des hommes du XIe siècle. Certes, quand Guillaume et son armée se furent emparés de l'Angleterre, ils éprouvèrent un accroissement de bien-être très évident pour eux. Le roi eut plus de revenu ; chaque soldat normand obtint soit des terres, soit des récompenses en argent. Il devint plus riche après Hastings qu'il ne l'avait été avant.

Mais qu'est-ce que le *peuple* romain gagna, par exemple, à

la conquête du bassin de la Méditerranée? Quatre ou cinq cents grands personnages se partagèrent les terres provinciales, aliénées par l'État, mais quels bénéfices les masses retirèrent-elles des sanglantes campagnes de la République? Les distributions de l'annone : 280 grammes de pain par jour et par tête, donnés à 200 000 personnes, sur les quinze cent mille habitants de la ville éternelle [1]. C'est maigre! Certes les Romains auraient gagné beaucoup plus, en travaillant eux-mêmes, qu'en pillant les autres nations.

Il en est exactement de même de nos jours. En 1871, vingt-huit personnes reçurent de l'empereur Guillaume des donations formant un total de 15 millions de francs. Mais quel bénéfice le *peuple* allemand a-t-il retiré de la conquête de l'Alsace-Lorraine? Aucun. En partageant les 1 450 000 hectares de cette province entre les 6 400 000 familles, qui vivaient en Allemagne à l'époque du traité de Francfort, cela ferait 226 ares pour chacune d'elles. On le voit, ce n'est pas l'opulence. Quant aux cinq milliards extorqués à la France, défalcation faite des frais de la guerre, il est resté 3 896 250 000 francs qui, partagés entre 6 400 000 familles, représentent un gain de 609 francs par famille. A peine de quoi vivre pauvrement pendant quatre mois! Et c'est la guerre la plus lucrative dont l'histoire ait jamais fait mention! Considérez de plus au prix de quels sacrifices ont été obtenus ces 609 francs. En 1870, les dépenses militaires de la confédération de l'Allemagne du Nord et des quatre États du Sud montaient annuellement à 349 milions de francs. Elles dépassent aujourd'hui 795 millions et, l'année prochaine, elles dépasseront 870 millions. C'est donc un accroissement de 521 millions, soit une charge de 60 francs par famille. Comme 609 francs, même à 5 p. 100, ne peuvent rapporter que 30 francs, c'est donc une perte sèche de 30 francs par famille et par an. On le voit, la conquête de l'Alsace-Lorraine eût été une mauvaise spéculation, même si l'on avait distribué l'indemnité française

(1) Voir Fustel de Coulanges. *Les Origines du système féodal*, Paris, Hachette, 1890, p. 90 et Duruy, *Histoire des Romains*, ibid., 1881, t. III, p. 754. On donnait 43 litres de blé par famille et par mois. Cela produisait 42 kilogrammes de pain. En comptant cinq personnes par famille, on obtient le chiffre que nous indiquons. La consommation est actuellement, à Paris, de 400 grammes par tête et par jour.

en parts égales, entre toutes les familles allemandes. Mais, on le sait, il n'en a pas été ainsi. En sorte que les 60 francs de dépense supplémentaire sont payés sans aucune compensation.

On dira peut-être que la conquête de l'Alsace-Lorraine n'a pas été dictée seulement par de sordides considérations économiques. D'autres intérêts, plus purs et plus élevés, font vibrer les cœurs des nations modernes. Mais, nous le demandons, tenir sous le joug des populations réfractaires, est-ce grand, noble et généreux ? Au contraire, c'est l'action la plus basse, la plus vile, la plus dégradante ! Il est difficile de comprendre comment la conquête brutale peut encore provoquer des enthousiasmes. Il faut que les routines et les survivances anciennes aient supprimé en nous toute faculté de réflexion.

Autre supposition. Trois millions de soldats allemands pénètrent en Russie. Ils remportent une victoire complète. Comment pourront-ils s'approprier ce territoire. A la vérité les parts seraient ici plus grandes. La Russie a 2 188 600 000 d'hectares. Mais un tiers, au moins, sont des déserts. Resteraient 1 469 000 000 d'hectares qui, partagés entre les familles allemandes, donneraient 229 hectares pour chacune d'elles. Mais, on se le demande, comment les conquérants prendraient-ils possession de ces terres ? Si chaque famille déléguait seulement un seul de ses membres cela supposerait un exode de huit millions d'hommes, allant s'échelonner de la Vistule à l'Amour. Quel trouble ne jetterait pas, dans les conditions économiques de l'Allemagne, une si grande émigration ? Et d'ailleurs chaque délégué allemand voudrait-il quitter ses foyers, sa famille, ses affaires et ses habitudes pour aller s'installer sur les bords du Volga, en Sibérie, au Caucase ou dans l'Asie centrale ? Il acquerrerait 229 hectares, c'est vrai, mais est-il bien sûr que cela lui rapporterait plus qu'il ne gagne chez lui ? D'autre part, si les Allemands faisaient administrer leur lot par des agents, pris parmi les indigènes, quelles complications, quels ennuis ! Pour s'épargner ces difficultés, les Allemands vendraient sans doute leurs terres. Mais à quel prix pourraient-elles se placer quand 1 469 millions d'hectares seraient offerts d'un seul coup ? Qui les achèterait ? On le voit, il suffit de serrer les faits de plus près (outre une masse de difficultés dont nous n'avons pas parlé) pour comprendre que l'appropriation directe du territoire d'une grande nation moderne par les individus d'une autre, ne rentre pas dans le domaine des choses réalisables.

L'appropriation des biens fonciers est donc une chimère. Quant aux richesses mobilières des particuliers, leur confiscation au profit des conquérants, offre aussi des difficultés insurmontables. Restent les richesses publiques. Peu de pays pourraient payer des indemnités de cinq milliards de francs. Mais même cette somme colossale devient d'une insuffisance ridicule, quand on la partage également entre des millions de preneurs. Tout cela est de la dernière évidence, et pourtant l'esprit de conquête et l'idolâtrie béate des kilomètres carrés sont plus vivaces que jamais dans notre vieille Europe.

II

Voyons maintenant ce que coûte cette aberration insensée. Commençons par les pertes directes.

Un continent entier de notre globe, deux fois grand comme notre continent, ayant 19 800 000 kilomètres carrés et 80 000 000 d'habitants, l'Amérique du Nord, est partagé en trois dominations politiques : le Canada, les Etats-Unis, le Mexique. Comme aucun de ces pays ne convoite le territoire de l'autre, sur ce vaste continent il y a seulement 114 453 soldats et marins, soit un militaire par 700 habitants, tandis qu'il y en a chez nous un par 108. La proportion américaine donnerait pour l'Europe 514 286 hommes. Comme nous n'avons pas d'éléments sauvages à contenir par les armes, la moitié du contingent de l'Amérique du Nord nous suffirait certainement pour maintenir l'ordre intérieur. L'Europe a besoin de 300 000 soldats au plus. Tout le reste est entretenu grâce à l'idolâtrie des kilomètres carrés. Ce reste dépasse 3 300 000 hommes et coûte 4 milliards 508 millions de francs par an. Telle est la perte directe provenant de l'esprit de conquête. C'est un joli denier. Mais c'est encore bien peu de chose en comparaison des pertes indirectes.

D'abord il y a les 3 300 000 hommes qui sont sous les drapeaux. S'ils n'étaient pas soldats et se livraient à des besognes lucratives, en gagnant seulement mille francs par tête, ils pourraient produire 3 milliards 800 millions de francs. Les 4 500 millions absorbés aujourd'hui par les dépenses militaires, rapporteraient bien 5 p. 100, s'ils étaient placés en entreprises agricoles et industrielles. Cela fait encore 225 millions. Les vingt-huit jours des réservistes peuvent bien s'évaluer 200 millions, au plus bas mot. Voilà donc 4 225 000 000 absolument palpables. Mais combien de pertes colossales échappent à toute évaluation! Les capitaux produisent des capitaux. Si 9 milliards étaient économisés tous les ans sur les dépenses militaires et versés dans des entreprises nouvelles, ils produiraient des bénéfices qu'il est absolument impossible d'évaluer.

Pour se rendre un compte exact des maux provenant de l'esprit de conquête, il faut jeter un regard sur le passé.

Nous ne remonterons pas au delà du moyen âge et nous donnerons quelques exemples peu nombreux, pour ne pas abuser de la patience du lecteur.

L'Artois fut saccagé de fond en comble, plus de trente fois, dans le courant du xe siècle. A l'époque des croisades, les petits souverains de l'Europe et même les républiques se croyaient obligés de faire une expédition de pillage tous les printemps [1].

Nulle part la destruction des richesses produite par la guerre, n'a été aussi épouvantable qu'en Espagne. En 1073, les Castillans voulurent prendre Tolède. Avec les engins militaires de l'époque, il était absolument impossible de venir à bout, par une attaque ouverte, d'une place aussi admirablement fortifiée par la nature et par les hommes. Alors le roi de Castille, Alphonse VI, ravagea le pays pendant trois années consécutives. Il détruisit les récoltes, massacra les habitants et le bétail, en un mot, fit le désert autour de l'antique capitale des Wisigoths.

Cette manière de faire la guerre devint systématique chez les Espagnols. Les campagnes de l'Estramadure furent si bien ravagées, qu'elles n'ont pas pu se relever jusqu'à nos jours, *après six siècles!*

« De 1110 à 1815, sur 705 années, il y en a eu 272 de guerre entre la France et l'Angleterre [2]. » Voilà près de quatre-vingts ans que ces deux nations vivent en paix. Cela ne les empêche

(1) Voir sur la Lombardie, Sismondi, *Histoire des républiques italiennes*. Paris, Furne, 1840, t. II, p. 173.

(2) E. de Laveleye. *Les Causes de guerre en Europe*. Paris, Guillaumin, 1873, p. 44.

pas de prospérer. Quelle meilleure preuve que toutes les guerres précédentes étaient inutiles.

Nous ne [illegible]lerons pas des massacres de la guerre de Trente ans qui firen[illegible]r le tiers de la population de l'Allemagne, ni des épouvantables hécatombes de Napoléon Ier. Ces faits sont dans toutes les mémoires.

Essayons une évaluation des pertes causées par l'esprit de conquête, au moins depuis la guerre de Trente ans. Ici encore nous procéderons par analogie. De 1700 à 1815, l'Angleterre a dépensé 175 millions de francs par an pour la guerre [1]. Supposons que les frais des autres grandes puissances : Allemagne (y compris la Prusse), Autriche, Espagne, France et Russie, aient été analogues. Cela ferait (sans compter les petits Etats, comme la Savoie, Venise, etc.) un milliard 50 millions pour l'Europe entière. Comme la guerre ne coûtait pas aussi cher à la Russie ni à la Prusse qu'à l'Angleterre, diminuons ce chiffre d'un quart. Cela fait, pour la période de 1700 à 1815, une dépense annuelle de 787 500 000 francs [2] et une dépense totale de 90 562 500 000 fr. Evaluons les frais des guerres du XVIIe siècle à une somme encore inférieure ; portons-les seulement à 500 millions de francs par an pour toute l'Europe. Cela fait encore 41 000 000 000, soit pour la période entière de 1618 à 1815, 131 562 500 000 francs.

Nous avons des données plus certaines pour le XIXe siècle. Les guerres de Crimée, d'Italie, de Holstein, d'Amérique et de 1866 ont coûté 46 830 000 000 [3]. La guerre de France a coûté 15 milliards, au plus bas mot. Celle de 1877 au moins 4 000 000 000. Ajoutons pour la guerre de l'indépendance de la Grèce, pour les expéditions française et autrichienne en Espagne et à Naples, pour la guerre de Pologne, en 1830, pour la guerre turco-russe de 1828-29, enfin, pour les guerres de 1848, encore trois milliards, ce qui est bien modeste, il faut en convenir. Nous arrivons déjà à un total de 68 830 000 000. Aucune des compétitions extra-euro-

(1) Voir Seely, *Expansion of England*. Londres, Macmillan, 1885, p. 21.

(2) Ce chiffre est très modéré. De 1802 à 1813, la France *seule* a dépensé 498 millions par an. Voir Laroque, *La guerre et les armées permanentes*. Paris, M. Lévy, 1870, p. 203.

(3) Voir P. Leroy-Beaulieu, *Recherches économiques sur les guerres contemporaines*. Paris, Lacroix, 1869, p. 181.

péennes n'est comprise dans ce chiffre : la guerre entre la Russie et la Perse, en 1827, celle de Méhémet-Ali contre les Turcs, la lutte contre les montagnards du Caucase et contre les Arabes de l'Algérie, les campagnes des Anglais dans l'Afghanistan, etc., etc. Sur tout cela nous manquons absolument de chiffres.

Mais, en comptant seulement ceux que nous avons pu obtenir, nous avons, pour la période de 1618 jusqu'à nos jours, 200 392 000 000 de francs. Et ce sont là seulement les pertes *directes* de la guerre ; celles qui ont été défrayées par les budgets des différents Etats européens. Comment calculer les pertes indirectes ? Entre 1618 et 1648, l'Allemagne a perdu six millions d'habitants. La destruction des richesses a été prodigieuse, les ravages épouvantables. Comment les chiffrer en argent? C'est absolument impossible. Il y a certaines dépenses provenant de l'esprit de conquête, qui échappent presque complètement à l'observation. Nous en donnerons seulement deux exemples.

Au moyen âge, l'erreur ctésohédonique sévissait entre les plus proches voisins. Aucune ville ne pouvait offrir quelque sécurité, si elle n'était entourée de fortes murailles. Comme elles exigeaient de grosses dépenses, on ne pouvait pas les rebâtir tous les jours. Pour ce motif, on ménageait la place dans les villes et les rues y étaient très étroites. Plus tard, quand la sécurité s'établit, les murailles furent démolies. De notre temps, les besoins de l'hygiène et du luxe ont poussé à ouvrir de larges voies dans les vieilles villes européennes. Il a fallu acheter des maisons et les démolir pour établir les grandes avenues modernes. Sans l'esprit de conquête, il n'y aurait pas eu de murailles au moyen âge et l'on aurait établi de larges rues dès cette époque, comme on le fait dans les nouvelles villes de la Russie et de l'Amérique. Or, pour percer ses nouvelles avenues, Paris, par exemple, a dû contracter des dettes dont les intérêts annuels montent au moins à 50 ou 60 millions de francs. Cette dépense doit être mise au compte de l'esprit de conquête. Mais personne n'a jamais attribué aux gaspillages militaires, 50 ou 60 millions de francs sur le budget de la ville de Paris. Et combien d'autres villes sont dans le même cas.

Autre exemple. Pendant six siècles, la France et l'Angleterre ont voulu s'enlever des provinces. De là une hostilité permanente entre les deux nations. Plus tard, les circonstances ont changé; mais grâce aux routines inhérentes à l'esprit humain, les vieux ressentiments, désormais sans motif, sont restés. Contrecarrer les progrès de la France était considéré comme un devoir patriotique par des ministres anglais, du genre de lord Palmerston. En 1855, M. de Lesseps forma une compagnie pour percer le canal de Suez. Comme M. de Lesseps était Français, lord Palmerston et le parlement britannique se crurent obligés de faire de l'opposition à son projet. Cette opposition coûta environ 200 millions de francs. Le canal de Suez aurait pu se faire alors pour 200 millions. Par suite des machinations de l'Angleterre, il en a coûté 400. Qui a jamais pensé mettre cette perte au compte de l'esprit de conquête? Elle en provient cependant[1].

Les pertes indirectes de la guerre échappent à toute évaluation. Mais il faut considérer encore un autre point de vue. Celui des profits qu'elles empêchent de faire. Ainsi la guerre de la Sécession américaine a coûté 35 milliards de francs aux trésors des deux confédérations. Mais, sans parler de la destruction des propriétés[2], si l'on considère les bénéfices non réalisés, l'évaluation la plus modérée les porte déjà à 60 milliards de francs[3] pour l'année 1890 et ce chiffre va augmenter tous les ans en progression géométrique.

De plus, il faut prendre nos dettes en considération. La plus grande partie en provient de l'idolâtrie des kilomètres carrés. Cela fait encore une dépense annuelle de 3 224 millions de francs

(1) Signalons-en une encore, à laquelle personne n'a songé jusqu'à présent. L'action la plus avantageuse finit toujours par être admirée, parce que le beau n'est qu'une manifestation du bien. La gloutonnerie est laide parce qu'elle détruit la santé. La richesse a toujours été enviée par les hommes. Longtemps on s'est imaginé qu'on pouvait l'acquérir *plus vite* par la guerre que par le travail. Par conséquent, la conquête paraissant le procédé le plus rapide (donc le plus efficace), a été honorée et le travail paraissant le procédé le plus lent, a été méprisé. De nos jours un grand nombre de descendants des preux du moyen âge conservent les idées de leurs ancêtres et tiennent le travail pour dégradant. Aussi des milliers d'aristocrates ne font-ils rien. Ils restent donc des non-valeurs sociales qui ralentissent par leur inactivité le taux d'accroissement de la richesse.

(2) Sherman, dans sa marche d'Atlanta à Savannah, en a seul détruit pour plus de deux milliards de francs. La famine de coton, produite par la guerre d'Amérique, a fait perdre à la Grande-Bretagne 2,400 millions de francs. Qui a jamais mis cette somme au compte du militarisme?

(3) Voir E. Reclus, *Nouv. Géogr. Univer.*, t. XVI, p. 810.

que nous n'aurions pas à supporter sans l'erreur ctésohédonique[1].

Et nous n'avons pas parlé, jusqu'à présent, d'un autre facteur : les hommes. Les guerres des trois derniers siècles ont fait, au plus bas mot, 30 à 40 millions de victimes. C'est un chiffre bien modéré. Quelques auteurs le portent à 20 millions par siècle. Sans parler des épouvantables souffrances de ces malheureux, ils représentent un capital énorme[2]. Ajoutons, de plus, que ces hommes, s'ils n'avaient pas été massacrés, auraient fait des enfants qui n'existent pas aujourd'hui. Sans les guerres de Napoléon Ier et de Napoléon III l'Europe aurait eu 45 millions d'habitants de plus, qui auraient pu produire 13 500 millions de fr. par an[3].

Après toutes ces considérations, le lecteur admettra, nous l'espérons, que les pertes indirectes des guerres doivent dépasser certainement les pertes directes. Mais, fidèles à notre méthode d'exagérer en moins, nous les estimons à un chiffre égal. On peut donc affirmer que l'esprit de conquête a coûté depuis 1618, au seul groupe européen, la bagatelle de 400 784 millions de francs! Et si l'on remontait plus haut? Si l'on allait jusqu'à l'antiquité? L'imagination se refuse à aligner des chiffres aussi gigantesques.

Et ce n'est pas tout. Il faudrait aussi compter les guerres

(1) Voir la justification de ce chiffre dans nos *Luttes entre les sociétés humaines*, p. 226.

(2) Un demi-million de nègres sont massacrés tous les ans, en Afrique, dans les guerres de tribus qui ont aussi pour cause l'erreur ctésohédonique. Supposons que chacun d'eux eût pu gagner 100 francs par an. Capitalisée à 4 p. 100 cette somme atteint deux milliards de francs.

(3) Voir nos *Luttes*, p. 228. Disons, en passant, que c'est à l'erreur ctésohédonique que nous devons, en partie, notre sauvagerie actuelle. Quand on pense que le moyen le plus rapide de s'enrichir est de s'emparer du territoire du voisin, moins ce territoire a de défenseurs mieux cela vaut. Aussi tous les prétendus génies politiques se font-ils gloire d'avoir tué le plus grand nombre de leurs semblables. César se vantait d'avoir massacré un million et demi de Gaulois. Au moment où ces lignes sont écrites, un épouvantable accident s'est produit à Santander. L'explosion d'un bateau, chargé de dynamite, a tué quelques centaines d'individus. La pitié a été grande pour les victimes. En France on a fait des collectes pour leur venir en aide. Supposez maintenant la France et l'Espagne en guerre. Si on avait fait sauter des milliers d'Espagnols dans une place forte, on aurait chanté des *Te Deum*. Oh! logique humaine!

civiles. Car la conquête du pouvoir, au sein de l'Etat, est accompagnée de massacres qui ne sont parfois en rien inférieurs à ceux des guerres étrangères. Les chefs des légions romaines, qui combattaient pour l'empire, faisaient contre leurs rivaux des campagnes aussi sanglantes et aussi coûteuses que contre les Parthes ou les Germains. La guerre entre Paris et Versailles, en 1871, a occasionné des dépenses très considérables, sans parler des pertes indirectes qui ont été immenses. Par malheur nous manquons absolument de données sur les guerres civiles. Contentons-nous donc de celles que nous avons pu obtenir pour les guerres étrangères. 400 milliards 784 millions absorbés en deux siècles!... Si on veut la solution de la question sociale, à coup sûr, il ne faut pas la chercher ailleurs. Sans ce gaspillage effréné, la terre aurait aujourd'hui dix fois plus de blé, de sucre, de lin, de coton, de viande, de laine etc., etc. Il y aurait sur notre globe dix fois plus de maisons ; elles seraient plus spacieuses, mieux chauffées, mieux ventilées. Un réseau de routes, aux mailles les plus serrées, couvrirait, outre l'Europe occidentale, la Russie, l'Asie, l'Afrique et l'Amérique. Au lieu de 630 000 kilomètres de chemins de fer, nous en aurions peut-être trois ou quatre millions. Bref, si la conquête avait été considérée comme un mal, il y a deux siècles seulement, notre bien-être serait déjà infiniment supérieur à celui que nous possédons actuellement. Mais si l'erreur ctésohédonique avait été comprise par les sociétés civilisées dès l'époque romaine, la face du globe serait bien différente de ce qu'elle est aujourd'hui. Notre planète aurait été complètement appropriée à nos besoins. Les landes auraient été défrichées, les marais desséchés; partout où une goutte de ce précieux liquide qui s'appelle l'eau, aurait pu servir à l'irrigation, elle aurait été affectée à cet usage. Des villes magnifiques, habitées par une population active et laborieuse, se dresseraient dans d'innombrables endroits où ne se trouvent à présent que des ronces et des pierres. Bref, ce que verront les hommes dans trois quatre ou mille ans, nous aurions pu le voir déjà en l'an de grâce 1894.

On ne modifie pas le passé. Nous avons exposé les funestes conséquences de nos erreurs anciennes, simplement pour montrer comment on pourra dans l'avenir assurer notre bien-être.

Tant que l'esprit de conquête sévira parmi les hommes, la misère sera le lot de notre espèce. Nos ancêtres sauvages et barbares ne comprenaient pas ce que nous comprenons. Un Attila, un Témoudjine, et même, de nos jours, un chef des Matébélés sont excusables de s'imaginer que la conquête peut augmenter le bien-être des vainqueurs. Mais un de Moltke, un prince de Bismarck ne le sont plus. Quant aux masses, elles sont encore beaucoup trop imbues de la gloriole militaire. Heureusement elles commencent à ouvrir les yeux.

En résumé, la confusion de la richesse avec la propriété a engendré le plus épouvantable des gaspillages. Les pertes produites par cette erreur, se chiffrent tous les ans par dizaines de milliards. Nous avons essayé de démontrer que les territoires des voisins ne sont pas appropriables par des *peuples* entiers. D'où l'on peut conclure que leur intérêt ne réside pas dans l'étendue de leur domination, mais dans la prospérité générale de toutes les sociétés humaines. La politique dictée par l'intérêt des *masses populaires*, pousserait à la formation d'une vaste alliance entre tous les Etats.

LIVRE III

La fausse Conception de l'Univers

CHAPITRE XIV

L'ILLUSION DE L'IMMOBILITÉ

Nous avons exposé dans les livres précédents les conséquences de deux fausses associations d'idées ; celle qui confond la richesse avec l'or et celle qui la confond avec la propriété. Nous allons aborder maintenant trois autres erreurs très graves créant aussi les plus grands obstacles à l'accroissement de la richesse. Ces erreurs sont de l'ordre philosophique. Cependant leur répercussion sur les phénomènes économiques est si directe et si puissante qu'elles causent un mal peut-être peu inférieur au crysohédonisme et au ctésohédonisme.

Ces trois erreurs nouvelles sont le misonéisme, le conservatisme et l'intolérance. Les deux premières proviennent de la catégorie du temps ; la troisième est produite par l'ignorance des données fondamentales de la psychologie. Ces diverses erreurs combinées avec les erreurs économiques, produisent un des maux les plus funestes de notre temps : l'exclusivisme national. Nous lui consacrerons un chapitre spécial ; puis nous ferons le total des gaspillages dont il a été question dans cette deuxième partie.

I

Le temps semble le plus grand ennemi des humains. De sa faux impitoyable il détruit tout ce qui est beauté, jeunesse, bonheur, existence. Combien d'amants, dans le délire de leur ivresse, lui ont demandé de suspendre son cours inexorable! Combien de femmes, voyant « des ans l'irréparable outrage », l'ont supplié d'arrêter sa marche sans pitié! Mais, hélas! les prières et les supplications n'y font rien. Les heures, les jours, les mois, les années passent et nous entraînent dans le gouffre insondable de la mort et du néant. Et tout ce qui subsiste subit, comme nous, l'action destructrice du temps: les arbres séculaires se dessèchent et périssent, les monuments tombent en poussière, les empires s'écroulent; des régions entières, naguère pleines de vie et de mouvement, se transforment en solitudes mornes et désolées. Quand l'homme contemple les vestiges des civilisations anciennes, une tristesse profonde l'envahit tout entier. Sa propre destinée semble écrite sur ces amas de décombres. N'est-il pas lui-même un être éphémère qui brillera une seconde et s'éteindra pour l'éternité? Aussi vaincre le temps, ne pas subir son pouvoir destructeur, tel est le vœu de toute créature animée.

Le mal est ce qui produit la souffrance. Le bien suprême, la perfection absolue serait l'absence totale de douleur. Or, comme la destruction, la mort, est le pire de tous les maux, pour réaliser la perfection il faut être indestructible, c'est-à-dire éternel. D'autre part, comme toute action du temps se manifeste par un changement, l'être parfait devrait posséder, non seulement l'éternité, mais l'immutabilité.

L'association d'idées entre le parfait et l'immuable est une des erreurs les plus profondément ancrées dans l'esprit humain. Nous venons d'en montrer la génèse. Elle procède d'un anthropomorphisme très grossier. Puisque tout changement produit, à la longue, la destruction du corps humain, le changement doit produire, à la longue, la destruction de l'univers. D'où, comme corollaire: le changement est un mal. Ainsi raisonnent les hommes, oubliant seulement que l'univers et eux sont deux choses entièrement différentes. L'homme est un groupement d'atomes parcourant certaines trajectoires particulières, l'univers est la résultante de tous les mouvements. Les mouvements qui produisent l'individualité de Pierre et de Jean se transforment et nous disons que Pierre et Jean meurent. Mais, pour que l'univers fût détruit, il faudrait la cessation de tout mouvement, ce qui est absurde, parce que matière et mouvement sont une seule et unique chose que nous décomposons seulement par une opération de notre esprit.

Il suffit donc d'une très courte analyse pour comprendre que *changement* et *déchéance* ne sont pas deux termes synonymes. Mais, pendant de longs siècles, cette vérité n'a pas été entrevue par l'humanité. Nous vivons presque exclusivement sur l'association ancienne qui considère l'immuable comme parfait, et cette erreur oppose les plus terribles entraves au développement de notre bien-être.

Quand l'homme conçut l'idée de Dieu, il le revêtit de la qualité qui lui paraissait la plus enviable pour lui-même : l'éternité et, comme conséquence logique, l'immutabilité. Les dieux de l'Olympe sont toujours jeunes. Plus tard, quand on supposa que Dieu avait créé le monde, on pensa que l'œuvre devait naturellement porter l'empreinte de son créateur, et être immuable comme lui.

Cependant l'observation quotidienne démontrait diamétralement le contraire : tout se transforme sans trêve et sans répit. Alors l'idée préconçue rendit l'homme aveugle, il ne voulut pas voir le changement. Ou bien pour échapper aux contradictions, il inventa un antagoniste de Dieu qui, en dépit de lui, produisait toutes les transformations. Le diable devint un grand révolutionnaire, haï précisément parce qu'il voulait modifier l'ordre établi.

Pour trouver des confirmations à son erreur, l'homme s'attacha d'abord à considérer ce qui était immobile et négligea de faire attention à ce qui ne l'était pas. Les étoiles, appelées fixes, gardent toujours les mêmes positions relatives les unes par rapport aux autres. Aussi les « cieux incorruptibles » furent-ils considérés comme l'image même de la perfection divine. A la vérité, le lever et le coucher périodique des astres, les courses de planètes, les comètes et les étoiles filantes semblaient contredire la prétendue immobilité dans le firmament ; mais on y fit peu attention. Après le ciel, on chercha des preuves sur la terre. Dans la plupart des pays, la croûte terrestre subit des changements trop lents pour être observés directement. Là aussi on vit une manifestation de l'ordre de choses établi par Dieu, c'est-à-dire de l'immutabilité.

Les transformations sociales sont de même nature. Nous ne les apercevons pas, parce que notre vie individuelle est trop courte par rapport à celle des organismes sociaux. Ainsi un individu a parlé le français depuis l'enfance jusqu'à la vieillesse. Il s'imagine que le français sera éternel. Actuellement cette langue se parle de Brest à Fribourg en Suisse ; on s'imagine qu'il en sera toujours ainsi.

Ce qui *est* est établi par Dieu. Donc ce qui *est*, *a été* et *sera* toujours. Ainsi raisonnent les hommes. De là à la conclusion : ce qui *est* doit *être*, il n'y a qu'un pas et il a été franchi depuis longtemps. Donc, celui qui cherche à modifier l'état de choses actuel est un fou ou un criminel. Ces raisonnements créèrent le *misonéisme* et le *conservatisme*, c'est-à-dire les pires ennemis du genre humain.

Pour montrer à quel point nous sommes encore imprégnés de la croyance à l'immutabilité, nous nous permettrons de donner deux exemples.

M. Pearson, auteur déjà cité par nous à plusieurs reprises, affirme que les races civilisées sont de moins en moins prolifiques ; les barbares le sont beaucoup plus. Il arrivera donc un jour où ces barbares (les Chinois surtout) nous submergeront et alors notre civilisation périra.

Il y a dans ce raisonnement deux preuves de la croyance à l'immobilité :

1° M. Pearson croit que les Chinois, par exemple, resteront toujours Chinois, donc que la race ne se transformera jamais ;

2° Il s'imagine que les Chinois penseront toujours comme ils pensent aujourd'hui, donc que les idées ne se transformeront jamais.

Or des millions, nous pourrions même dire des milliards de faits, que M. Pearson peut observer à chaque instant autour de lui, démontrent qu'il se trompe. S'il n'était pas complètement aveuglé par la conception antique de l'univers, ces faits deviendraient immédiatement manifestes à ses yeux.

D'abord, il n'y a pas de race immuable. Il faudrait pour cela que les fils fussent exactement semblables à leurs pères. Or, M. Pearson sait bien qu'il n'en est pas ainsi. Chaque enfant a sa physionomie particulière et ne ressemble pas absolument à ses parents. Ces petites variations individuelles, en s'accumulant, produisent des races nouvelles. La transformation morphologique est plus ou moins rapide selon les circonstances. Quand les éléments ethniques hétérogènes se mêlent, les variations s'accélèrent. Les Péruviens modernes appartiennent à trois races à la fois : blanche, rouge et nègre. Mais aucune de ces races ne se montre plus dans ses traits primitifs[1]. On sait que, même sans croisements, le type anglo-saxon se modifie aux États-Unis[2].

Maintenant quant à la prétendue immutabilité mentale des Chinois, elle est une pure chimère. M. Pearson n'a qu'à s'observer lui-même. Est-ce qu'il pense aujourd'hui comme il y a vingt ans ? Et il pourrait faire la même observation sur tous les autres hommes. S'il est une chose instable parmi les instables, c'est la pensée : elle change à tout moment. M. Pearson dit lui-même que les Chinois s'approprient avec une grande facilité nos sciences et nos procédés industriels. C'est précisément ce qui les rend si dangereux, selon lui. On voit dans quelles contradictions tombe M. Pearson. Il affirme que la civilisation occidentale sera détruite parce que les Chinois sont immuables et que, pour cette raison, ils ne s'assimileront jamais à nous. Puis il affirme que la civilisation occidentale périra précisément, parce que les Chinois sont susceptibles de progrès, donc de changement. La première affirmation vient de la conception biblique de l'univers ; la deuxième, diamétralement opposée, de l'observation directe des faits.

Un autre exemple. On sait combien les haines nationales ont pris d'acuité dans ces dernières années. Il y a beaucoup d'Allemands dans les provinces occidentales de la Russie. Quelques-

(1) Voir E. Reclus, *Nouv. Géogr. Univer.*, t. XVIII, p. 555.

(2) Si les races étaient immuables, il n'y aurait jamais eu d'Anglais. Les hommes qui habitaient la Grande-Bretagne à la fin de l'époque miocène étaient morphologiquement bien différents de ceux qui l'habitent aujourd'hui.

uns pensent qu'ils constituent un mal et un danger pour ce pays. M. Issaef, professeur d'économie politique à l'université de Saint-Pétersbourg, proposa dernièrement, dans un article de journal, de racheter toutes les terres appartenant aux Allemands, dans l'empire des Tsars, et de les distribuer à des Russes. Ce projet montre que son auteur est complètement dominé, lui aussi, par la croyance à l'immobilité. Supposons le plan de M. Issaef réalisé. Le 1er janvier 1901 par hypothèse, la dernière propriété allemande a passé aux mains d'un Russe. Mais tous les phénomènes sociaux vont-ils s'arrêter à cette date fatidique? La vie va-t-elle suspendre son cours? Quelques-uns des nouveaux possesseurs feront de mauvaises affaires et voudront vendre leurs terres. L'Allemagne étant plus peuplée que la Russie, il se trouvera plus facilement un acheteur allemand qu'un acheteur russe et l'invasion recommencera. M. Issaef n'a pas pensé à cette circonstance, parce qu'il s'imagine que ce qui sera le 1er janvier 1901 devra durer toujours. La croyance à l'immutabilité dans le passé fait croire à l'immutabilité dans l'avenir. Un très grand nombre d'individus s'imaginent qu'on arrivera un jour à un état définitif et stable qu'il n'y aura plus besoin de modifier. C'est une des plus grossières erreurs de l'esprit humain.

La plupart des hommes actuellement vivants se représentent l'univers à l'état statique. Or l'univers est un ensemble de tourbillons animés de mouvements vertigineux. Beaucoup de choses nous paraissent immobiles, mais en réalité tout se meut avec des vitesses d'une rapidité qui confond l'imagination. Il n'y aura jamais d'arrêt, jamais de trêve. Le changement est l'essence de la nature, par conséquent le changement n'est pas une *déchéance*. Les composés organiques sont plus instables que les composés inorganiques, les groupes sociaux plus instables encore que les groupes biologiques (corps animaux). Plus haut on s'élève sur l'échelle des êtres, plus le mouvement s'accélère. Par conséquent, loin que le mouvement soit une déchéance, on peut dire, au contraire, que la supériorité, la perfection individuelle et sociale, sont en raison inverse de l'immobilité! Ainsi donc, au point de vue social, un *philonéiste* est un individu supérieur au *misonéiste*. Aujourd'hui l'opinion publique est en majorité misonéiste et, à priori, avant tout examen, une idée nouvelle est tenue pour mauvaise. Cet état d'âme est la condition la plus défavorable pour le développement du bien-être. Quand l'humanité aura fait volte-face, quand une idée nouvelle sera tenue, à priori, pour plus vraie qu'une idée ancienne, l'accroissement de la richesse s'opérera avec la rapidité la plus grande possible.

Nous sommes loin d'affirmer que toute idée nouvelle est vraie et que toute idée ancienne est fausse. Nous voulons dire, simplement, que le jour où les hommes n'éprouveront plus de défiance ni d'hostilité à l'égard des idées nouvelles, ils atteindront la plus grande somme de bien-être réalisable sur notre planète.

II

Le cerveau humain ne peut pas conserver le souvenir de toutes les impressions extérieures. Une lutte se produit entre elles. Les plus faibles disparaissent les premières les plus vivaces subsistent plus longtemps, quelquefois toute la vie. Les impressions les plus pénibles et les plus agréables laissent les plus fortes traces dans notre esprit. Mais, plus le temps passe, plus les mille petites circonstances particulières qui ont accompagné nos joies et nos douleurs, s'effacent de notre pensée. Il reste une impression générale simple et une. Le souvenir d'une souffrance est une souffrance atténuée. Aussi tâchons-nous de ne pas nous y arrêter. Par contre, le souvenir d'une jouissance nous fait plaisir et nous nous y arrêtons avec complaisance. Quand nous évoquons un bonheur ancien, il n'est pas accompagné pour nous des mille petits désagréments accessoires d'un bonheur actuel, parce que la mémoire ne les a pas retenus [1]. Donc une jouissance ancienne nous semble plus complète qu'une jouissance actuelle. Ainsi, grâce à la constitution de nos centres nerveux, le passé nous paraît plus brillant, plus beau, plus agréable que le présent. C'est une pure illusion, mais nous ne pouvons pas nous en défaire.

(1) Par exemple on fait une excursion dans un beau pays de montagnes. On admire le paysage, mais on a soif ou bien on est fatigué.

D'autre part, le plus bel âge de la vie est la jeunesse. Quand nous l'avons perdue, nous la regrettons avec la plus profonde amertume. Pour cette raison encore, le passé nous semble plus brillant que le présent, puisque nous étions jeunes alors et que nous ne le sommes plus.

Les phénomènes de notre âme ont été, de nouveau, projetés dans l'univers. Si le mirage du passé paraît plus beau que les tristes réalités du présent dans la vie individuelle, le passé doit être aussi plus beau dans la vie sociale. Alors l'homme se prend à regretter :

. . . le temps où le ciel sur la terre
Marchait et respirait dans un peuple de dieux.

comme dit Alfred de Musset. Pour le poète, la Grèce, à l'aurore de sa civilisation, le moyen âge européen et la Renaissance paraissent des époques infiniment plus belles que celle où il a vécu. La plupart des hommes pensent comme lui : l'expression « le bon vieux temps » en fait foi.

D'autre part, si la jeunesse est le plus bel âge de l'homme, la jeunesse de l'humanité a dû être l'époque la plus heureuse de l'histoire.

Presque tous les peuples de la terre croient à un âge d'or qu'ils placent dans la plus haute antiquité, à l'origine de la société humaine. Pour les Israélites, Adam et Ève ont d'abord habité le paradis terrestre. Mais, comme les misères de la vie actuelle sont bien différentes des splendeurs passées, on a admis que l'homme est déchu de sa perfection première. De là, chez les Israélites, le récit du péché originel. Pendant des milliers d'années, l'homme a cru qu'il tombait de plus en plus dans le vice et l'abjection. Horace dit :

Aetas parentum, pejor avis, tulit
Nos nequiores, mox daturos
Progeniem vitiosiorem [1].

(1) Odes, livre III, 6. Ce n'est pas à dire que les anciens n'aient pas eu la notion de la sauvagerie primitive. Des faits extrêmement nombreux la démontraient d'une façon incontestable. Ils n'ont pas échappé à l'attention des philosophes grecs. Epicure enseignait que les hommes avaient commencé par vivre dans les forêts comme des animaux. Nous trouvons des traces de ses doctrines dans les fameux passages d'Horace (satires, I, 3, 100)

Encore cette fois, nous avons été pris au piège de l'anthropomorphisme. De ce que l'homme est jeune à une époque de sa vie, il ne s'ensuit pas que l'univers a jamais été jeune. L'homme (en tant que groupement spécial, en tant que forme particulière) a un commencement et une fin. Mais il n'en est pas de même de l'univers; il y a mille milliards de siècles, il n'était ni plus jeune ni plus vieux qu'aujourd'hui, parce que le temps n'existe pas en réalité.

Quant à l'humanité, aucune génération vivante ne s'est certainement jamais sentie jeune. A l'époque où un être s'était assez différencié d'une forme ancestrale antérieure pour rassembler plus ou moins à ce que nous sommes aujourd'hui, il avait derrière lui un passé d'une durée pour ainsi dire infinie. La civilisation hellénique, à son aurore, est le résultat d'une évolution de plusieurs centaines de siècles. Les contemporains d'Homère devaient sentir le poids des générations précédentes autant que nous le sentons nous-mêmes; ils devaient se croire les derniers venus parmi les hommes. Ils devaient se représenter leur état social comme définitif aussi bien que nos conservateurs actuels.

Non, l'humanité n'a eu ni âge d'or, ni jeunesse. Nous pouvons hardiment relever la tête. Nous ne sommes pas des avortons vicieux provenant d'ancêtres divins. Horace a tort. Nous sommes meilleurs que nos pères. Vers l'époque miocène, notre ancêtre l'anthropopithèque devait regarder avec dédain les mammifères inférieurs dont il était issu cependant. De même nos aïeux doivent nous inspirer aussi une médiocre admiration. Ces hommes rudes et impitoyables considéraient la conquête brutale, c'est-à-dire le brigandage, comme la plus glorieuse des entreprises humaines. Notre idéal doit être diamétralement opposé.

Le dogme de la déchéance a orienté notre esprit vers le passé. On admire tout ce qui est vieux. Une ruine informe, mais de l'époque romaine, attire plus de visiteurs que les plus beaux édifices bâtis par nos contemporains. Un vers de Virgile, où

et de Lucrèce (*De natura rerum*, livre V, 925 et suivants). Par malheur cette idée ne tomba pas alors dans le domaine public. Elle ne s'incorpora pas dans la religion. Le christianisme fit triompher l'opinion contraire, celle de la perfection primitive suivie de la déchéance.

transperce un sentiment un peu tendre, nous fait pousser des cris d'admiration, tandis que les œuvres de certains poètes actuellement vivants, où il y a cent fois plus de cœur et d'humanité, ne sont pas portées aux nues par les cent voix de la renommée [1]. Combien ne voit-on pas d'hommes, pleins d'admiration devant un Cimabue et un Giotto, qui daignent à peine jeter un regard sur nos tableaux modernes. Il leur semble qu'un peintre du XIIIe siècle doit toujours produire des œuvres plus remarquables qu'un peintre du XIXe.

Si l'homme est déchu, si nos ancêtres valaient mieux que nous, les idées et les institutions de nos ancêtres étaient les bonnes. Il faut donc tâcher de les conserver. L'homme qui veut les modifier, est un malfaiteur, un mauvais citoyen. Toutes nos sympathies, toutes nos admirations doivent être pour celui qui regarde en arrière, et non pour celui qui regarde en avant. Il est admis qu'un gentilhomme doit être rétrograde. Le noble faubourg Saint-Germain s'honore surtout de sa fidélité aux traditions du passé. Il n'est pas bien porté d'être libre-penseur, parce qu'on ne l'était pas du temps de saint Louis ou du temps de Louis XIV [2]. Un aristocrate, adoptant les idées nouvelles, est mal vu.

Pourquoi en est-il ainsi? N'est-ce pas une véritable aberration? N'est-ce pas la plus absurde survivance du dogme du péché originel?

Pendant la dernière guerre, les descendants de l'ancienne aristocratie française ont vaillamment payé de leur personne. Montant à l'assaut des positions ennemies, pour mériter de leurs ancêtres, ils se croyaient obligés de marcher *à la tête* de leurs troupes. Les premiers en avant, ils donnaient l'exemple.

Mais ces mêmes descendants des preux de saint Louis se croient obligés de marcher derrière tous leurs compatriotes, dès qu'il s'agit d'un intérêt d'ordre mental. Ils se croient obligés, pour mériter de leurs ancêtres, d'être plus rétrograde que les derniers

(1) Nous pourrions citer d'innombrables exemples. Contentons-nous d'un seul. M. Coppée a publié il y a quelques années une petite nouvelle intitulée *Henriette*. Il y a là plus de délicatesse de sentiment que dans toute la littérature romaine.

(2) Les journaux, qui s'écrivent pour la bonne compagnie, sont toujours conservateurs.

des manants! Il ne devrait pas en être ainsi. Levant la bannière de la science, comme sur les champs de bataille, il lève le drapeau du régiment, le véritable aristocrate devrait toujours se tenir en tête du progrès. A lui de montrer le chemin, à lui de formuler les réformes les plus utiles pour la prospérité de la patrie!

Si les noms de « progressiste » et même de « radical » sont si mal vus aujourd'hui, c'est que, malheureusement, la tourbe des politiciens de bas étage les a avilis en s'en affublant. Mais la liberté n'en est pas moins une belle chose, parce que des misérables ont établi parfois le pire despotisme en se servant de son nom. De même, les représentants des plus grandes familles peuvent hardiment se proclamer progressistes sans qu'on les confonde jamais avec la tourbe des parasites de bas étage qui font de la politique un métier et un gagne-pain.

Quand le quinquina fut introduit en Europe, il rencontra la plus vive opposition. Les médecins de l'école ancienne, fervents disciples de Galien, condamnèrent ce remède. Ils recommandaient surtout la saignée[1]. M. X... a gagné une fièvre. Il sait que le sulfate de quinine peut la lui couper et que la saignée, au contraire, en affaiblissant son organisme, le rendra moins apte à lutter contre la maladie. Mais, par fidélité pour la médecine de ses ancêtres, pour se montrer digne d'eux, il refuse le sulfate de quinine, se fait saigner cinq ou six fois, et meurt. M. X... aura commis un suicide, car il sait pertinemment que la saignée ne guérit pas de la fièvre.

Telle est l'image du conservatisme. Il est toujours un suicide, sinon total, du moins partiel, parce qu'il produit une diminution de jouissance. M. X. possède une mine d'argent. Il connaît les nouveaux procédés chimiques qui permettent d'extraire 80 p. 100 de métal de son minerai; mais, pour rester fidèle aux traditions de ses pères, pour ne pas démériter de ses aïeux, il emploie les procédés anciens qui donnent seulement 50 p. 100 de métal. Il perd ainsi la différence. Il réduit la somme de ses bénéfices. Il a plus de labeur et moins de plaisir. Il réalise seulement le dixième jour un profit qu'il aurait pu atteindre dès le septième. Donc, à la fin de sa vie, au lieu de posséder une somme de

(1) Le célèbre Guy Patin se la faisait appliquer jusqu'à sept fois par jour pour un simple rhume.

bien-être représentée par le chiffre 100, il en possède une autre, représentée par le chiffre 70. Le misonéiste est au point de vue mental ce que le microcéphale est au point de vue physiologique.

Misonéisme et conservatisme sont synonymes de déchéance. Quand un homme accomplit une action, non parce qu'il la croit bonne, mais parce qu'elle a été accomplie par ses ancêtres, il descend tout simplement dans l'animalité, puisqu'il remplace la raison par l'instinct.

Mais encore ici la confusion des idées de notre temps cause un très grand mal. Danton, Robespierre et Fouquier-Tinville se disaient réformateurs. Nos anarchistes modernes, qui préconisent la dynamite comme unique argument, se proclament aussi progressistes. Tous ces excès ne doivent pas prévaloir contre la vérité. Le progrès reste beau, malgré les horreurs commises en son nom.

La différenciation des fonctions constitue la perfection de l'organisme. Or, dans les sociétés humaines, les fonctions politiques et économiques sont encore confondues. On veut faire partie du gouvernement, pour gagner de l'argent. Pour que les organismes sociaux fussent plus parfaits, il faudrait qu'il n'en fût pas ainsi. Alors des gens, possédant des fortunes indépendantes, se consacreraient spécialement aux affaires de l'Etat. Ces individus composeraient l'élite sociale, l'aristocratie. S'ils méritaient la confiance de leurs concitoyens, on les laisserait gouverner l'Etat. Mais pour mériter cette confiance, deux choses sont indispensables : il faut que leur objectif principal ne soit pas de devenir des parasites sociaux (des privilégiés) et que leur but constant soit l'amélioration, aussi rapide que possible, de l'organisation de l'Etat. En d'autres termes, une aristocratie doit être équitable et progressiste, sinon elle ne peut pas remplir sa véritable fonction. Par malheur, nos aristocraties ont été et sont encore tout juste le contraire. Elles ont des tendances invétérées au parasitisme et elles s'honorent d'être rétrogrades. Naturellement les peuples n'ont aucune confiance en elles. Aussi cherche-t-on partout à extirper, à supprimer les aristocraties. C'est une erreur profonde. De ce qu'un organe remplit mal une fonction, il ne s'ensuit pas que cet organe est inutile. Quand le cerveau d'un homme est malade, il ne s'ensuit pas que son corps sera plus sain si on lui coupe la tête ; il s'ensuit seulement qu'il sera plus sain quand le cerveau sera revenu à l'état normal. Parce que les aristocraties ont mal rempli leurs fonctions, on les a décapitées, et, de nos jours, les sociétés ressemblent à des corps sans têtes. Il n'est pas étonnant qu'elles se portent si mal.

Le misonéisme a perdu les aristocraties, car, si elles avaient toujours été philonéistes, elles auraient accompli, de leur propre gré, les réformes rendues nécessaires par les circonstances historiques. Comme elles auraient rempli leur fonction d'une façon satisfaisante, personne n'aurait songé à leur arracher le gouvernement.

Pour que les sociétés soient saines, pour qu'elles ne montrent pas des symptômes pathologiques, il faut que les plus hautes classes soient en même temps les plus progressistes. L'aristocratie et la bourgeoisie doivent faire volte-face. Au lieu d'avoir les yeux toujours fixés en arrière, au lieu de se consumer en vains regrets, elles devraient regarder en avant. Dans le passé est l'humanité barbare, sauvage, bestiale. L'avenir seul promet le règne de la raison et de la justice. Au lieu de considérer tout changement comme une déchéance, il serait plus vrai d'y voir la rédemption.

CHAPITRE XV

LE MISONÉISME

Tout phénomène de conscience a pour base une discrimination. Pour qu'une jouissance puisse se produire, il faut nécessairement qu'il s'opère un changement dans le milieu ambiant, permettant d'établir une comparaison entre ce qui a été et ce qui est. Par conséquent, sans nouveauté pas de jouissance. Aussi l'amour de la nouveauté est-il inhérent à toute âme humaine. L'immobilité engendre la monotonie; la monotonie, l'ennui; celui-ci produit une souffrance très pénible. On sait combien l'homme fait d'efforts pour lui échapper. Il sacrifie pour cela son repos, son honneur et parfois même sa vie. Le philonéisme et le misonéisme sont des phénomènes simultanés et parallèles. L'homme hait les nouveautés et il les aime en même temps. Comme pour tous les facteurs, l'action bienfaisante ou malfaisante du philonéisme est enfermée dans certaines limites. Un certain degré de chaleur surexcite l'activité des centres nerveux, une trop grande chaleur la supprime. Un travail trop rude produit des troubles organiques, une absence complète d'activité aussi. De même trop peu de changement cause de la souffrance, trop de changement en cause aussi.

La dose de changement, désirée par chaque société, varie dans une mesure extrême. Ainsi, de nos jours, les Yankees d'Amérique forment une société des plus mouvementées ; la Perse, au contraire, est presque immobile. La dose du philonéisme varie aussi, suivant les époques, dans la même société. Les Français en 1788 étaient pleins de rêves de palingénésie. En quelques années ils modifièrent presque toutes leurs institutions jusqu'au calendrier et à l'ère. Un autre fait. De 1694 à 1762, l'orthographe française fut simplifiée dans une très forte mesure. De 1762 à 1878, les changements furent insignifiants. En 1888, les Français répugnaient même à modifier certaines parties de leur code dont l'imperfection est cependant manifeste[1].

La somme de bonheur d'une société dépend de la mesure dans laquelle le philonéisme l'emporte sur le misonéisme. Quand le misonéisme prend le dessus, la régression commence et, dans un délai plus ou moins rapproché ou éloigné, la société meurt. Pourquoi le misonéisme l'emporte-t-il à certains moments ? Pourquoi, par exemple, la société italienne, si éminemment progressiste de 1400 à 1530, commence-t-elle à s'engourdir à partir de cette époque ? On dit que c'est la contre-révolution catholique. Mais, quand on donne cette réponse, on recule seulement la question. Pourquoi la réaction l'a-t-elle emporté ? Pourquoi les Italiens ne sont-ils pas devenus protestants comme les Huguenots du midi de la France ? Nous n'en savons rien. La pathologie sociale n'existe pas encore, et elle seule pourra donner la solution de ce problème obscur.

Quoi qu'il en soit, le misonéisme social est, naturellement, le résultat du misonéisme individuel. Sitôt que, dans un groupe politique, les rétrogrades deviennent plus nombreux que les progressistes, la décadence commence.

Notre époque, comme toutes les autres, présente un mélange de misonéisme et de philonéisme. Nous allons passer en revue, dans ce chapitre, quelques manifestations de l'esprit conservateur, qui opposent de très grands obstacles au rapide accroissement de la richesse. Commençons par la langue.

Les idiomes parlés sont soumis à la grande loi de l'économie du temps. Une tendance universelle pousse à une constante trituration des mots. Plus vite elle s'accomplit, moins une société perd de temps ; donc en définitive, de richesse. Les nations ont le plus grand intérêt à supprimer des syllabes et à simplifier les formes grammaticales. Celles qui accompliront le plus vite ce progrès triompheront dans la lutte pour l'existence.

Comparons le russe à l'anglais. Prenons une phrase usuelle quelconque : par exemple : la femme que j'ai vue. Le Russe

(1) Il nous suffit de citer le code de la procédure criminelle qui est bien vieilli.

dit : *genchtchina kotorouyou ya videl ;* l'Anglais dit : *the woman I saw*. La phrase russe a dix syllabes, la phrase anglaise cinq. L'Anglais fait donc l'économie de cinq syllabes ou, mettons, d'une demi-seconde pour exprimer cette idée. Eh bien! ce modeste petit gain multiplié par les millions de phrases que prononcent tous les jours des millions d'Anglais, fait au bout du compte une somme de journées très nombreuses, qui pourraient s'évaluer en argent. Il est impossible de donner des chiffres, mais certes la somme doit être considérable.

Notons encore que dans la phrase russe le pronom relatif *kotoryi* s'accorde en genre et en nombre avec le substantif. L'esprit a besoin d'un certain temps pour faire cet accord et c'est encore un moment de perdu. Dans la phrase anglaise, le pronom relatif est seulement sous-entendu, c'est déjà une économie. Mais, même s'il était exprimé, il le serait par le mot *whom* qui est invariable ; d'où second bénéfice.

La nation, qui aura la langue la plus brève et la plus simple, prendra, toutes choses égales d'ailleurs, une grande avance sur celles qui auront une langue aux mots polysyllabiques et aux formes grammaticales complexes [1].

Nous le savons, cette proposition pourra paraitre paradoxale. Mais si l'on y réfléchit bien, on verra qu'elle est d'une réalité des plus concrètes. Tout se tient dans la vie sociale. Les progrès économiques proviennent du développement de l'intelligence. Or, celle-ci n'est autre chose que la faculté d'emmagasiner le plus grand nombre d'idées dans le temps le plus court. Si, avec une langue brève, on peut exprimer mille idées en une heure et qu'avec une langue aux mots polysyllabiques, on n'en puisse exprimer que neuf cents, la répercussion de cette perte influe, à la longue, sur le développement de la richesse.

On dira que les peuples ne peuvent pas modifier leur langue à leur fantaisie. Ce n'est pas absolument exact. Dans une société très conservatrice, en idolâtrie devant tout ce qui vient des ancêtres, une modification de la prononciation traditionnelle sera accueillie avec mépris, avec haine et hostilité. La pression de l'opinion obligera donc de s'en tenir aux formes anciennes

(1) Le paradigme du verbe grec ancien peut comporter 1,300 formes. Quel énorme effort de mémoire ne fallait-il pas pour les retenir ! Aussi le grec moderne les a-t-il abandonnées en majeure partie.

lourdes et complexes. Si le philonéisme l'emporte, les formes écourtées, triturées, simplifiées jouiront de la faveur universelle ; elles tomberont plus vite dans le domaine public et la langue se perfectionnera plus rapidement. Or, la tendance au philonéisme dépend de la volonté humaine.

Après la langue, passons à l'écriture. Elle devrait être seulement une transcription aussi exacte et fidèle que possible des sons du langage parlé. A l'origine, il devait en être ainsi. Quand un peuple a noté sa langue pour la première fois, il a fait du phonétisme pur, puisqu'il n'avait aucune raison de faire le contraire. Mais la langue parlée se modifie tous les jours. Par cela même qu'elle s'incorpore dans quelque chose de matériel : le signe, la langue écrite a plus de fixité. Dès que le misonéisme prend le dessus, les peuples considèrent l'orthographe de leurs pères comme une arche sacro-sainte. Ils croient commettre un sacrilège en l'accommodant aux besoins du temps présent. Alors, peu à peu, l'écriture devient de moins en moins phonétique. On arrive enfin aux plus étranges aberrations[1]. Les mêmes lettres se prononcent d'une façon différente, chaque son n'est pas représenté par une lettre identique, et un grand nombre de lettres cessent d'être prononcées. Ces dernières constituent alors un véritable gaspillage. Voyons un peu combien on sacrifie de millions par an en l'honneur de sainte routine.

Sans compter les *e* muets[2] et les *s* du pluriel, quand ils sont exigés par l'euphonie[3], le français contient 13 p. 100 de lettres inutiles. Calculons ce que rapporterait leur suppression.

6 800 journaux paraissent en langue française. On peut prendre en moyenne de 100 000 lettres pour chacun d'eux[4], et une moyenne de 160 numéros par an. Cela donne 108 milliards

(1) Ainsi en anglais la lettre *a* se prononce *a* dans *father*, *e* dans *fate*, *o* dans *all*. *I* se prononce *i* dans *fin*, *aï* dans *fine*, *eu* dans *sir*, etc., etc. Les consonnes dévient aussi : ainsi *ch* se prononce comme *dj* dans *Greenwich*.

(2) Ils sont certainement indispensables, dans des cas très nombreux, pour noter exactement la prononciation du français.

(3) Pour éviter les hiatus comme dans la phrase *les amis*. Ici l'*s* de *les* se prononce en réalité.

(4) Le *Petit Journal* en contient 115 000, le *Figaro* 122 000. Nous comptons les Revues avec les journaux. Or une livraison de la *Revue des Deux-Mondes* contient 516 000 lettres.

de lettres par an. Les 13 p. 100 d'inutiles font 14 milliards 200 millions.

La composition, la correction et les surcharges reviennent à 7 francs environ par dix mille lettres. Cela fait donc une dépense inutile de 9 940 000 francs pour les journaux imprimés en français. Les journaux en langue anglaise sont beaucoup plus nombreux (il y en a 17 000) et plus grands. On peut évaluer au moins à 150 000, en moyenne, le nombre de leurs lettres [1]. Comme le nombre des inutiles est de 12 p. 100, le même calcul donne une perte de 34 millions de francs par an pour les journaux anglais.

Mais le tirage et la composition ne sont pas tout. Les lettres inutiles prennent aussi du papier. En général, 10 000 lettres demandent une quantité de papier qui coûte quatre centièmes de centime. En prenant, en moyenne, un tirage de 4 000 exemplaires par journal [2], cela fera un surcroît de dépense de 78 millions de francs de papier pour les journaux anglais et de 18 millions pour les journaux français. Mais ce n'est pas tout. Le texte de ces journaux a dû être écrit auparavant.

On peut écrire jusqu'à 7 000 lettres par heure. Les 63 milliards de lettres inutiles des journaux français et anglais ont donc exigé 9 millions d'heures, soit 900 000 journées de travail. On ne peut guère évaluer le travail des journalistes à moins de 25 francs par jour, en moyenne. Cela fait encore une dépense de 22 500 000 francs. Soit, en tout, pour les seuls journaux français et anglais, une perte de 163 millions de francs par an.

Passons aux livres. Il s'en est imprimé 5 706 dans le Royaume-Uni en 1891. Nous manquons de chiffres pour les colonies anglaises et les Etats-Unis. Mais il est très vraisemblable qu'il s'imprime au moins 4 294 ouvrages par an dans tous ces pays. Cela fait 10 000 publications. Quelques-unes ont plus d'un volume. Quelques-unes sont imprimés avec un grand luxe. Soyons modeste. Evaluons seulement à 2 000 francs les frais d'impression de chacun de ces ouvrages, l'un dans l'autre. Une économie de 10 p. 100 sur les lettres

(1) Le *Times* en contient 570 000 tous les jours. Le numéro du dimanche du *World* de New-York contient 4 500 000 lettres.

(2) Si l'on songe que le *Petit Journal* tire à plus d'un million d'exemplaires on appréciera combien notre chiffre est modéré.

inutiles donnerait encore deux millions de francs. Comme il s'imprime à peu près 15 000 ouvrages par an en France, l'économie ne doit pas être moindre pour le peuple français [1].

Environ cent millions d'adultes parlent aujourd'hui le français et l'anglais sur notre globe. Si l'on suppose qu'ils emploient seulement un jour par an pour l'écriture [2], une économie de 10 p. 100 obtenue par la suppression des lettres inutiles, représenterait 10 millions de journées de travail. En les estimant, au plus bas mot, à 3 francs, cela ferait déjà une économie de 30 millions de francs.

Ainsi les lettres inutiles coûtent aux Français et aux Anglais 195 millions de francs par an. Si nous ajoutons seulement 30 millions pour les autres nations, qui ont aussi des alphabets imparfaits, nous arrivons à un total 225 millions de francs pour les peuples du groupe européen [3].

Le chemin de fer transsibérien aura 7 556 kilomètres. D'après les devis officiels, il coûtera 910 520 000 francs. Il sera construit en six années. La dépense annuelle sera donc de 152 000 000 de francs. On voit qu'elle pourrait être largement défrayée par les seules économies réalisables par la suppression des lettres inutiles de nos alphabets.

Après les lettres inutiles, passons aux autres imperfections de l'orthographe. Il est à peine nécessaire de nous étendre sur les bizarreries, les inconséquences et les niaiseries de l'orthographe française. Elle est hérissée de difficultés si épineuses que bien peu de *spécialistes* peuvent en venir à bout. Des grammairiens de profession font des fautes. Mais, grâce à l'ad-

(1) Nous ne comptons pas les imprimés de tout genre que nécessite la vie sociale : affiches, circulaires, prospectus, prix courants, etc. Ces imprimés sont innombrables. Ils occupent peut-être autant de typographies que les livres et les journaux.

(2) Il y a des gens qui n'écrivent jamais, mais combien de millions d'individus ont pour métier d'écrire 300 fois par an.

(3) M. March, président de l'association britannique et américaine pour la réforme de l'orthographe évalue ces pertes à 523 millions de francs par an pour les seuls pays de langue anglaise. (Voir le *Journal des Débats* du 7 décembre 1893. Edit. du matin.) On voit que nos évaluations pèchent surtout par leur modération.

Ainsi, en russe, le *tviordvi znak* seul représente 5 p. 100 de l'écriture. — En allemand il y a aussi des lettres inutiles, mais il en reste déjà moins depuis la récente réforme de l'orthographe.

miration béate de l'écriture des ancêtres, savoir mettre cette orthographe surannée passe pour la preuve la plus certaine de la culture intellectuelle.

Tâchons de calculer ce que coûte cette autre manifestation du misonéisme.

D'après les observations des spécialistes, il faut trois ans pour apprendre l'orthographe française [1]. Les enfants de huit à quinze ans forment à peu près 14 p. 100 de la population. Cela fait, pour les pays de langue française, 6 750 000 individus [2]. Sans les difficultés de l'orthographe, ces enfants auraient pu passer trois ans de moins sur les bancs de l'école, en sortir à 14 ans, au lieu de 17, avec la même somme de connaissances. On peut certes évaluer les bénéfices d'un enfant de 14 ans à 300 fr. par an, en moyenne, c'est-à-dire à 900 francs pour trois années, soit, pour 6 750 millions d'enfants, une perte de 6 075 millions par an. C'est là sans doute une somme théorique. Tous les enfants ne vont pas à l'école [3], tous n'y restent pas assez longtemps pour apprendre l'orthographe. Mais si l'instruction moyenne était donnée à tous les enfants français [4], les pertes infligées par l'orthographe, approcheraient certainement du chiffre indiqué plus haut. Mais réduisons le même à la moitié. Evaluons-le à trois milliards ; cela fera encore un joli denier.

Il faut ajouter les pertes des adultes. Nous nous en rapportons au témoignage du lecteur. Combien de fois le doute sur l'orthographe d'un mot ou sur l'accord d'un participe ne s'est-il pas élevé dans son esprit. Alors il a fallu recourir au dictionnaire et à la grammaire. Ce sont quelques minutes de perdues.

(1) Voir Renard. *La Nouvelle orthographe*. Paris, Delagrave, 1893, p. 14. Si imparfaits que soient nos systèmes d'écriture, ils réalisent un progrès incommensurable sur l'écriture idéographique. Un Chinois doit apprendre par cœur la signification de 15 000 signes, avant de pouvoir écrire. Il ne peut guère y parvenir en moins de 25 années d'études.

(2) En comptant les Français de la France et ceux de la Suisse, de la Belgique, du Canada et de l'Algérie on obtient un chiffre de 45 millions d'hommes environ.

(3) Il y a environ 16 p. 100 d'illettrés en France.

(4) On y viendra sans doute tôt ou tard. De plus les pertes iront en augmentant avec l'accroissement de la population. S'il y a 10 millions d'enfants au lieu de 6, la perte montera à 9 milliards.

Additionnons-les. Supposons qu'elles fassent, en moyenne, seulement 5 heures pour chaque Français. Nous obtiendrons, en évaluant même la journée de travail à 3 fr. 55 500 000 francs.

La grammaire anglaise est d'une simplicité admirable. Elle n'exige pour ainsi dire aucune étude; mais l'orthographe des mots anglais est encore plus difficile que celle des mots français. Pour ne pas être taxé d'exagération, portons seulement à un an le temps nécessaire pour apprendre à écrire correctement l'anglais. Cela fera toujours, sur 16 millions d'enfants qui parlent cette langue, 4 800 millions de francs de perte théorique. Ajoutons à cela les pertes des adultes, évaluées à 3 heures par an en moyenne (moins qu'en français à cause de la simplicité de la grammaire), cela nous donne 60 millions de francs.

L'italien, l'allemand et le russe ont une orthographe plus parfaite que le français et l'anglais, mais le grec moderne, par exemple, est hérissé de difficultés formidables.

Au lieu de compter les enfants qui pourraient recevoir l'instruction moyenne[1], prenons ceux qui la reçoivent effectivement. Ils sont encore un million dans le groupe européen. Ils perdent certainement un an et demi pour apprendre l'orthographe. Cela fait 450 millions de francs. Ajoutons les adultes (305 millions d'individus de 16 à 100 ans) et évaluons le gaspillage de temps provenant des subtilités orthographiques à 2 heures par an et par homme. Comptons la journée de travail 2 francs seulement; cela fait 120 millions de francs. Donc, total pour les pertes provenant de nos systèmes défectueux d'écriture, 795 millions de francs par an. Nous avons donné les chiffres les plus modérés. En réalité, ils doivent être beaucoup, beaucoup plus élevés.

Signalons encore une perte provenant de l'orthographe. Nombre de jeunes gens échouent aux examens, à cause des subtilités grammaticales. Quelques-uns sont dévoyés et finissent, de chute en chute, par arriver au bagne. Après avoir commis des délits qui diminuent la prospérité de la communauté, ils tombent encore à la charge de leurs concitoyens. D'autres candidats malheureux restent d'honnêtes gens; mais ils sont obligés de se contenter de carrières moins bien rétribuées,

(1) Celle qui enseigne réellement l'orthographe.

quand des concurrents moins intelligents, mais possédant la mémoire spéciale de l'orthographe, réussissent parfaitement. Tout cela produit de nouvelles pertes pour la société. Pertes considérables, mais très difficiles à évaluer.

Comment calculer aussi la diminution de profits provenant de l'adoration béate de l'écriture des ancêtres ? C'est par là que commence cette chaîne de niaiseries qui fait de notre instruction primaire et moyenne un instrument, non d'intellectualisation, mais d'abrutissement[1].

Notre instruction publique produit des gaspillages plus considérables que tous ceux que nous avons énumérés jusqu'à présent. Ici le misonéisme se donne libre carrière et les routines anciennes semblent indéracinables. La philosophie d'Aristote sert encore de base aux études dans les universités de la Grande-Bretagne. Comparez cette routine invétérée des pédagogues anglais à ce que font, à côté d'eux, leurs collègues les ingénieurs. Est-ce que ceux-ci se servent de la mécanique d'Archimède pour construire les grands transatlantiques, villes flottantes qui parcourent l'océan à raison de 45 kilomètres à l'heure ?

L'instruction moyenne devrait avoir pour but de donner à l'homme une conception aussi exacte que possible de l'univers. Elle devrait ouvrir à notre œil des horizons allant, dans les abîmes de l'espace, jusqu'aux plus lointains amas stellaires. Elle devrait nous faire pénétrer, d'autre part, dans les abîmes du temps; nous montrer l'éternelle énergie, condensant les nébuleuses en étoiles, puis vaporisant les globes refroidis en

(1) La réforme de l'orthographe est en ce moment à l'ordre du jour en France. Le combat est très vif entre ses partisans et ses adversaires. Nous venons de montrer le côté économique de la question. Il n'est rien en comparaison de l'intérêt national. L'espèce la mieux douée l'emporte sur ses rivales, la langue la plus simplement notée l'emporte sur ses concurrentes. La réforme de l'orthographe favorisera grandement l'expansion de la culture française. Il y a ici un intérêt de premier ordre qu'on comprend très mal en France. Mais il y a encore quelque chose de plus important que cela, si c'est possible. La question de l'orthographe est, pour ainsi dire, un thermomètre du philonéisme de la société française. Si les partisans du *statu quo* l'emportent, cela prouvera que le misonéisme triomphe dans ce pays et qu'il commence à rouler sur la pente régressive. Or, quand cette période arrive pour un organisme individuel et social, la décomposition et la mort pointent à l'horizon. Si une civilisation ne gagne pas du terrain, elle en perd, donc tôt ou tard elle doit disparaître de la face du globe.

nébuleuses nouvelles, par suite des chocs produits par l'attraction. Hélas! comme nous sommes loin de ces vastes échappées! Non seulement nos programmes ne nous font pas connaître l'univers, mais c'est à peine s'ils nous donnent une notion superficielle de notre globe dans son état présent et son état passé. Dans beaucoup de pays, la géologie, la paléontologie et l'anthropologie préhistorique sont tenues pour des sciences inutiles et même dangereuses. Aussi nos fils et nos filles, quand ils sortent des lycées et des pensionnats, ont-ils devant les yeux comme des verres qui les rendent myopes ou qui leur font voir faux. Non seulement leur regard a été rendu trop faible, pour contempler l'univers dans son infinie grandeur, mais, de plus, on a tâché de leur distordre l'esprit de toutes les façons par l'éducation classique. On les a fait passer par une série de contradictions les plus étonnantes. Un jour, on leur a dit qu'il faut aimer son prochain comme soi-même; le lendemain, que l'action la plus glorieuse et la plus honorable était de tuer deux ou trois millions d'hommes. Que seront, comme unités sociales, ces cerveaux systématiquement déformés? Les plus tristes éléments qui se puissent imaginer! Ils croiront aux miracles[1]; ils croiront que l'Etat peut tout, qu'il peut décréter la richesse; ils ajouteront confiance aux paroles des charlatans promettant la félicité complète à bref délai. D'autre part, ils s'imagineront posséder la vérité absolue; ils traiteront ceux qui ne pensent pas comme eux, de misérables et de criminels et les persécuteront. Ils seront antisémites et chauvins.

On peut dire que les maux de nos sociétés modernes proviennent, pour une grande part, de nos programmes d'instruction. Si on nous donnait des hommes véritablement imbus de l'esprit scientifique, sachant qu'il n'y a pas d'effets sans cause, la face du monde serait bien différente.

Mais non, notre instruction se complait dans les radotages de vieillards tombés en enfance. Elle est un tissu de niaiseries. Elle néglige tout ce qui est essentiel et s'arrête sur ce qui est accessoire. Le temps consacré aujourd'hui à se pâmer d'admiration devant une ode d'Horace, suffirait à mettre en culture des provinces entières.

(1) L'astrologie compte encore des adeptes aux Etats-Unis.

Ce n'est pas à dire que les langues anciennes ne soient d'aucune utilité. Mais elles servent à peine à un millième des individus qui les étudient aujourd'hui. Ceux qui ont besoin du latin et du grec, pour leurs travaux spéciaux, peuvent les apprendre, comme on apprend le syriaque, le sanscrit ou l'hébreu. Mais ce que tous devraient connaître, ce sont les éléments des sciences fondamentales : astronomie, géologie, biologie, psychologie et sociologie. Elles seules peuvent donner une notion exacte de l'univers.

Nous serions désolés d'être mal compris. Nous sommes loin de condamner les études littéraires. Elles sont le charme de la vie, la fleur de la civilisation. Nous voulons dire, seulement, qu'il faut leur faire une part en harmonie avec les besoins sociaux. Si un pays reste en friche, faute d'agriculteurs, l'étude du latin et du grec ne suffira pas pour le rendre prospère.

Nos programmes d'instruction causent surtout des pertes négatives. Les huit années d'études consacrées à l'instruction moyenne, sont à peine suffisantes pour donner une conception exacte de l'univers. Il n'y a rien à retrancher là-dessus, donc aucune économie à opérer. Mais un jeune homme, imbu de l'esprit scientifique, serait un producteur et un citoyen infiniment supérieur à nos bacheliers ès lettres. Avec des éléments cérébraux plus parfaits, la richesse augmenterait beaucoup plus vite. Notre instruction actuelle est surtout ruineuse par les bénéfices qu'elle nous empêche de réaliser. On peut hardiment les estimer à des dizaines de milliards. Mais, on le comprend, il est absolument impossible de les évaluer en argent. L'imagination du lecteur suppléera au défaut de chiffres. On peut se représenter ce que serait la production sur notre globe, si les classes supérieures et les classes moyennes avaient déjà une éducation scientifique et étaient imbues de l'esprit moderne.

Quant à nos méthodes d'instruction, elles sont peut-être encore inférieures à nos programmes. Rien n'a été fait dans cette branche. La psychologie de l'enfant ne sert encore de base en aucune façon à nos méthodes pédagogiques. Nous ne sommes guère plus avancés que les Romains. Même, si le latin et le grec sont indispensables, on pourrait apprendre ces langues en deux ou trois ans, si on se décidait à les enseigner par des méthodes plus simples et plus naturelles. On pourrait gagner ainsi deux années scolaires. Cela ferait une économie de 600 millions par an pour le groupe européen [1].

On le comprend, il est impossible d'énumérer tous les gaspillages provenant du misonéisme. Ils sont innombrables et de plus tous ne sont pas faciles à découvrir. Aussi nous contenterons-nous d'en citer seulement quelques-uns pour terminer.

En premier lieu, les systèmes imparfaits de poids et de mesures encore en usage dans tant de pays. Pour faire la moindre addition d'une somme de monnaie, un Anglais doit diviser les pennys en schellings et les schellings en livres. Cette opération exige un certain nombre de secondes. Et, comme elle est faite plusieurs fois par jour par des millions d'hommes, le total produit une perte de temps très considérable. La métrologie russe est d'une extrême imperfection. Les poids ont cinq unités : le poud (40 livres), la livre (32 loths), le loth (3 zolotniks) et le zolotnik, divisé lui-même en 96 dolis. Les mesures linéaires sont presque aussi compliquées. Seize verschoks font une archine, trois archines une sagène et cinq cents sagènes une verste [2].

Tout le monde comprend les inconvénients de ces imperfections, mais on répugne à les changer par misonéisme. On ne veut pas renoncer aux vieilles habitudes. Il n'y a pas d'autre raison.

Sur 453 millions d'hommes formant le groupe européen, au sens étroit, 246 ont adopté, désormais, le système métrique [3] ; 207 millions gardent encore une métrologie imparfaite. De ce nombre sont les Anglais et les Américains qui, pour le développement des affaires commerciales, tiennent le premier rang. On peut admettre, sans exagération, que les mesures imparfaites

(1) Voir le calcul donné plus haut, p. 184.

(2) Ces mesures sont si peu commodes que les ingénieurs et les architectes russes les ont remplacées, de leur propre initiative, par une division de la sagène en cent parties. En sorte qu'en Russie, aux archines et aux verschoks s'ajoutent maintenant les centisagènes.

(3) Il est légal dans toute l'Europe latine, en Belgique, en Hollande, en Suisse, en Allemagne, en Autriche-Hongrie, en Suède et en Norvège, en Serbie, en Roumanie, en Grèce, au Mexique, dans le Vénézuéla, au Pérou et dans la République Argentine. Voir un article de M. D. Bellet dans la *Revue scientifique* du 27 mars 1893, p. 657.

font perdre au moins un jour par an à ces populations. En évaluant la journée de travail à 3 francs seulement, cela ferait un gaspillage annuel de 450 millions de francs, chiffre qui doit être de beaucoup inférieur à la réalité. En effet, il faut aussi prendre en considération que la métrologie la plus imparfaite est aussi la plus difficile à enseigner aux enfants, et fait perdre, de ce chef, un temps très considérable.

Mais ce n'est pas tout. Grâce à la multiplicité des poids et des mesures, il faut étudier les systèmes étrangers. Toutes les fois qu'il faut calculer le prix d'un article d'un autre pays, on doit se livrer à des opérations arithmétiques très complexes. Evaluons cette perte à 3 heures par an, en moyenne, pour le groupe européen. Cela fera encore 200 millions [1].

Pour les monnaies, c'est encore pire. Non seulement il faut faire des calculs compliqués, mais, de plus, comme les diverses unités monétaires offrent des fractions irréductibles, on perd des différences toutes les fois qu'on opère un échange effectif. Ainsi la livre sterling vaut exactement 25 fr. 2189. Comment acquitter ces centièmes de centimes? On est obligé de les abandonner. Toute une classe de parasites sociaux (les changeurs) vivent des soustractions qu'ils accomplissent en changeant les monnaies. Avec une monnaie universelle ces pertes auraient pu être évitées. A combien faut-il les évaluer? Prenons un chiffre modeste, 2 francs en moyenne pour chaque habitant du groupe européen (sans compter les mineurs). Cela fait tout

(1) 10 millions de journées de travail à 2 francs. Nous avons exclu 150 millions sur les 450 millions du groupe européen pour les individus âgés de moins de seize ans. L'auteur a eu besoin une fois de comparer la production du pétrole russe à celle du pétrole américain. Il avait des statistiques des deux pays. Mais les Américains comptent par gallons (mesure de capacité), les Russes par pouds (mesure de poids). Comme l'auteur ne savait pas ce que pèse un gallon de pétrole, il lui a été impossible de ramener ses données disparates à un seul dénominateur. Ajoutons que cette diversité de mesure cause de très grandes pertes, en favorisant la fraude. Un agriculteur russe a la plus grande peine à réduire ses pouds de blé et ses roubles en charges françaises et en francs. Alors il n'a pas la possibilité de contrôler les prix que lui offrent les négociants des ports d'exportation. Ceux-ci en profitent. Souvent on voudrait commander un article à l'étranger. On vous envoie un devis en mesures inconnues, marqué de signes cabalistiques incompréhensibles. On s'embrouille, on se perd (surtout dans les mesures anglaises) et on renonce à la commande. Le nombre d'affaires que la diversité des poids et des mesures fait manquer doit être très considérable. C'est encore à inscrire à l'actif du misonéisme. Mais comment évaluer ces pertes?

de même 600 millions de francs par an. C'est compter bien bas. Et encore nous avons omis la perte de temps nécessitée pour calculer les différences des monnaies.

Certains pays croient déchoir de leur dignité en modifiant la métrologie de leurs pères. Combien ils se trompent ! Il n'est pas honorable, il est honteux d'avoir un système de poids et de mesures moins parfait que le voisin. Sans ce misonéisme enfantin, le système métrique serait devenu universel depuis des années. L'Angleterre est particulièrement étonnante sous ce rapport. Comment ! La Serbie a pu opérer cette réforme et l'Angleterre ne le peut pas ? Ainsi les industriels de Manchester, dont le monde entier admire l'outillage technique, les ouvriers anglais, si habiles et si énergiques, cette fière race anglo-saxonne enfin, qui a fondé le plus vaste empire du monde, se considère comme inférieure en intelligence aux pâtres de la Choumadia ! Plus l'activité commerciale est grande dans un pays, plus il est malcommode, dit-on, de changer les poids et les mesures. Sans doute. Mais, d'autre part, il vaut mieux souffrir un inconvénient pendant un an ou deux, que de le souffrir pendant des siècles. Les pertes de temps, occasionnées par une métrologie imparfaite, sont précisément en raison directe de l'importance des opérations industrielles et commerciales.

Passons à une autre source de gaspillage provenant de notre attachement aux institutions de nos ancêtres : le cérémonial.

Le plus grand nombre des cérémonies publiques et privées pratiquées encore par nous ont perdu toute signification. Ainsi l'intronisation du lord maire, à Londres, est accompagnée d'une série d'actes symboliques sans aucune nécessité. Si, après son élection, le lord maire se mettait au travail, sans prononcer une seule phrase, sa besogne n'en souffrirait aucunement. Toutes les cérémonies sont donc du temps perdu. Et combien on en gaspille, grands dieux, dans la vie publique ! Les fonctionnaires, en Russie, passent une bonne partie de leur temps à accomplir des cérémonies assommantes dont ils sont les premiers à reconnaître l'inutilité absolue.

Et dans la vie privée ! C'est par millions qu'on pourrait citer les gaspillages de temps du cérémonial. Par exemple les cartes du jour de l'an. Autrefois on faisait des visites. Cela avait encore quelque sens. On pouvait faire plaisir en félicitant ses amis.

Quand le cercle des relations s'est étendu dans les grandes villes modernes, la visite en personne est devenue impossible. On aurait dû ne rien faire alors. Mais non, on a inventé l'envoi des cartes : envoi aussi désagréable pour ceux qui le font que pour ceux qui le reçoivent.

Puis il y a les formules. Combien elles font perdre de temps ! Ainsi, en Russie, il est d'usage d'écrire sur les enveloppes : Au très hautement né Alexandre Ivanovitch Pétrof. Au lieu de cela un Français met Monsieur Pétrof, tout court. Il fait l'économie de quatre mots toutes les fois qu'il écrit une adresse. Les Russes trouveraient souverainement ridicule d'écrire en français *au très hautement né*, d'autant plus que cette formule s'emploie maintenant pour tout le monde. Mais, dans leur langue, ils continuent à s'en servir parce que leurs ancêtres s'en servaient. Toujours l'aberration du misonéisme. Notre père faisait telle chose, donc cette chose doit être bonne.

Le despotisme du cérémonial est plus sévère que celui des monarques les plus absolus. Bien peu de personnes osent s'y soustraire. Il doit coûter des sommes immenses. Nous pensons être beaucoup en dessous de la réalité en l'évaluant au moins à deux journées de travail par an pour le groupe européen, ce qui donne 600 millions de francs.

Un mot encore pour terminer. La routine invétérée de nos esprits nous fait perdre des sommes colossales par simple absence de réflexion. Nous en signalerons un exemple curieux et tout récent. Manchester est le plus grand centre industriel du monde entier. Le mouvement des marchandises y atteint 21 millions de tonnes. La majeure partie en était embarquée et débarquée à Liverpool. Trois lignes de chemin de fer relient le grand port de la Mersey et la métropole du Lancashire. Mais ces trois lignes se sont syndiquées et elles font payer des prix de transport exorbitants, augmentés encore des frais de débarquement à Liverpool. Ainsi, pour arriver de la cale du navire à la filature, une tonne de coton brut doit payer 16 fr. 57 pour un parcours de 51 kilomètres ! Pour se libérer de cette exploitation si onéreuse, les habitants de Manchester ont résolu de creuser un canal et de faire de leur ville un port de mer. Alors le transport d'une tonne de coton, depuis l'estuaire de la Mersey, ne coûtera plus que 8 fr. 40. Il y aura une économie de 8 fr. 17.

Maintenant, nous le demandons, que feront les chemins de fer et les compagnies des docks de Liverpool, après l'ouverture du canal de Manchester? Sous peine de faillite, ils devront bien abaisser leurs prix au niveau de ceux du canal. Mais pourquoi ne pas le faire plus tôt? Alors le canal eût été inutile et l'Angleterre eût épargné les 378 millions de francs qu'il a coûté[1].

Combien on pourrait citer d'exemples de ce genre. L'entêtement et la routine coûtent des centaines et des centaines de millions tous les ans.

Nous n'avons pas la prétention d'avoir épuisé la liste des gaspillages provenant du misonéisme; nous en passons sans doute, et des meilleurs. Cependant, ceux que nous avons relevés et évalués, tant bien que mal, composent un total déjà très respectable : 3 milliards 245 millions de francs par an.

(1) Voir dans la *Revue des Deux-Mondes* du 15 novembre 1893 un article de M. J. Fleury sur les canaux maritimes.

CHAPITRE XVI

L'INTOLÉRANCE

Le misonéisme trouve sa forteresse la plus inexpugnable dans la religion. Beaucoup de préjugés religieux opposent les plus terribles obstacles à la prospérité des sociétés modernes. Les esprits éclairés et progressistes, voulant les écarter, s'en prennent à la religion elle-même. C'est en vain. Elle défie et défiera toujours leurs efforts. La victoire définitive lui est assurée. La religion étant la source des plus hautes jouissances de l'âme humaine, elle occupe et occupera toujours la première place parmi les institutions sociales. Mais rien n'est stable dans l'univers. La religion se modifie lentement, mais elle se modifie. Il viendra un jour où nos croyances et nos cultes actuels se seront transformés. Les progressistes font fausse route en attaquant la religion en général; ils devraient mener le combat contre certains dogmes particuliers. Ce qu'il faudrait surtout attaquer, ce sont les superstitions et l'intolérance.

Pour ce qui est des superstitions, elles causent des gaspillages prodigieux, mais surtout en empêchant le développement de la richesse.

Chez les Achantis, la crainte des esprits qui flottent dans l'air et dans les vapeurs nocturnes devient une occasion perpétuelle de meurtres[1]. Les anciens Mexicains devaient entreprendre tous les ans des expéditions guerrières, pour se procurer les victimes indispensables au culte de leurs dieux. Ici, on le voit, la religion crée l'anarchie au sein des associations et entre les associations humaines.

(1) E. Reclus, *Nouv. Géogr. Univ.*, t. XII, p. 433.

D'autres idées religieuses sont moins destructives du bonheur de notre espèce, mais elles opposent, tout de même, de grands obstacles au développement du bien-être.

L'Hindou, par exemple, se croit entouré d'une quantité de divinités malfaisantes qu'il faut constamment apaiser. Il est donc obligé de remplir chaque jour une foule d'observances qui lui font perdre un temps infini[1]. Puis il y a les maux directs. Ainsi un militaire hindou, blessé sur un champ de bataille, préfère mourir plutôt que d'accepter des secours venant de mains impures. Certaines religions hindoues considèrent un voyage par mer comme un péché; les fidèles doivent se priver de ce plaisir et de l'instruction que leur procurerait un tour en Europe. Avec de pareilles idées, on le comprend, le bien-être se développe très lentement aux Indes Orientales.

Nos religions européennes sont plus élevées, mais combien elles contiennent encore de préjugés enfantins !

Pour un croyant, l'univers est régi par la volonté capricieuse de Dieu. S'il en est ainsi, il n'y a pas de lois de la nature. Il n'y a donc pas lieu de les rechercher ni d'y adapter sa conduite. Il n'y a pas de science; donc on ne peut tracer aucune ligne de conduite à l'homme, on ne peut rédiger aucun programme de réformes sociales. Alors il faut vivre, au jour le jour, sans se soucier du lendemain. Cette conception est la plus anti-économique qui se puisse imaginer. Si elle venait à triompher, la misère et la barbarie la plus primitive en seraient les conséquences immédiates.

Nous croyons inutile de répéter des faits très connus, de montrer comment les idées chrétiennes, en combattant le prêt à intérêt, ont retardé le développement de la richesse en Europe. Ce qui est passé est passé. Par malheur, le socialisme chrétien, secte nouvelle, qui paraît faire des progrès, promet de nouvelles attaques contre les principes rationnels de l'économie politique, qui auront pour conséquence un ralentissement du taux d'accroissement de la richesse.

Il faut enregistrer au chapitre des pertes produites par la religion le nombre excessif des jours fériés. La Russie seule perd de ce chef au moins 2 milliards 500 millions de francs par

(1) Voir Strachey. *L'Inde*, trad. Harmand. Paris, 1892, p. 209.

an. Si nous ajoutons 500 millions pour les autres pays, cela fait un total de 3 milliards au plus bas mot.

Après la superstition, est l'intolérance qui détruit une masse incalculable de bonheur humain. Elle provient, comme on sait, de l'oubli des données élémentaires de la psychologie.

Il ne peut pas y avoir de corrélation absolue entre le monde externe et sa représentation interne dans nos centres nerveux, parce que toute image est déformée par l'ensemble des conditions de notre organisme. Donc, toute vérité conçue par l'homme, est relative. Faute de songer à ce fait, on croit posséder la vérité absolue. De là la conclusion : ceux qui ne pensent pas comme moi sont des imposteurs, des scélérats, des misérables qu'il faut punir.

Une seconde erreur, cause de l'intolérance, est celle-ci : un phénomène psychologique ne peut être conditionné complètement par un phénomène physiologique. La division du travail est poussée très loin dans le corps humain. Chaque organe a acquis une dose d'indépendance qu'on ne peut plus détruire sans causer la mort. Le cerveau, par exemple, n'a pas d'action complète sur l'estomac qui, à son tour, ne peut pas imposer entièrement ses volontés au cerveau. Or aucun des inquisiteurs, passés et présents, ne prend ce fait en considération. Ils s'imaginent qu'en agissant sur le corps par des tortures, des tourments ou des privations, ils peuvent opérer un changement dans les idées. Cela n'arrive jamais. Un homme peut dire qu'il croit à telle ou telle chose, quand il y trouve un intérêt, mais il ne s'ensuit en aucune façon que telle soit, en effet, sa croyance. Puisqu'on est impuissant à saisir le for intérieur, à quoi bon les tourments physiques? Hélas! jusqu'à la veille du XXe siècle, on n'a pas pu comprendre cette idée si simple.

L'intolérance avait perdu beaucoup de terrain depuis 1815. Elle renaît de nos jours sous le nom d'antisémitisme. L'Allemagne, l'Autriche, mais surtout la Russie, sont rongées par cette gangrène.

Il est à peine nécessaire de parler ici des mesures prises récemment en Russie contre les malheureux Israélites. Elles sont dans toutes les mémoires. Chaque jour on invente de nouvelles tracasseries. C'est comme une manie maladive. Hélas! la série de vexations et de tourments infligés à ces malheureux est d'autant plus cruelle qu'elle est inutile. On ne peut pas apercevoir le but vers lequel on tend en Russie. Est-ce de forcer les Israélites à émigrer ? Mais on sait que l'excédent des naissances compense les pertes de l'émigration. Et d'ailleurs, si grand que soit le désir des Israélites de quitter une terre si inhospitalière, on sait qu'ils sont incapables d'émigrer, faute de ressources. Pour que six millions d'hommes puissent se transporter dans l'Amérique du Sud, il faut plusieurs milliards de francs. Où ces malheureux les prendront-ils, quand le plus grand nombre d'entre eux sont dans la plus atroce misère ?

Les souffrances des Israélites sont dignes de compassion. Mais il faut aussi songer un peu à nous autres chrétiens. Or, malheureusement, personne ne considère la question à ce point de vue.

Tout d'abord l'antisémitisme introduit dans nos sociétés un levain de haine et de bassesse qui portera les fruits les plus amers. Les antisémites sont toujours à surexciter les appétits, à crier : Sus aux Juifs ! Prenez garde ! Ce jeu est des plus dangereux. L'appétit vient en mangeant. Après avoir pillé le Juif, la foule se jettera sur vous. Vous l'aurez façonnée à votre image, vous lui aurez montré le chemin ; vous n'aurez plus le droit de vous plaindre. Mais nous, chrétiens véritables, qui ne sommes pas antisémites, pourquoi devrons-nous être entraînés dans la débâcle ?

Par malheur, les gouvernements ne pensent jamais à la répercussion de leurs mesures sur l'ensemble de la population. Quand ils veulent favoriser un individu ou une classe, ils ne songent jamais à ceux qui devront payer ces privilèges. C'est beau de vouloir que M. X s'enrichisse, en faisant de l'industrie. Mais les bénéfices pour entrer dans sa poche devront sortir de celles de ses concitoyens. La majeure partie de ceux-ci sont de pauvres diables qui parviennent à peine à joindre les deux bouts, ou qui, fort souvent, sont à deux doigts de la plus noire misère. Est-il juste que ces malheureux subissent de nouvelles privations pour enrichir M. X ? Par malheur, nous le répétons, les gouvernements ne songent jamais à cela. Ils ont en vue de favoriser l'industrie de M. X. Ils oublient de penser sur quelles misères est édifiée sa prospérité.

De même, quand les gouvernements veulent persécuter un

individu ou une classe, ils ne font jamais attention au contre-coup de leurs mesures sur l'ensemble du pays.

Nous citerons un exemple curieux. Les Israélites n'ont pas le droit d'habiter le vieux Kief. Ils sont confinés dans les nouveaux quartiers de cette ville. Aussi les appartements y sont-ils de 50 p. 100 plus chers. Un M. Ivanof, moscovite et orthodoxe pur sang, a une maison dans le vieux Kief. Il en retire 1 000 francs de revenu. Sans la restriction de l'habitat des Israélites, il en retirerait 1 200 ou 1 300. Ainsi, sous prétexte de le protéger contre les Israélites, on retire à M. Ivanof le tiers ou le quart de son revenu.

Voilà un exemple frappant des résultats inévitables de toute intolérance. Les persécutés souffrent, sans doute, mais les persécuteurs sont également frappés, et, comme ils sont les plus nombreux, le mal est plus grand pour eux. Un Israélite disait à l'auteur : « J'ai des épargnes ; je bâtirais volontiers une maison, elle me rapporterait plus que mes valeurs mobilières ; mais aujourd'hui je suis ici (il s'agissait d'une ville de Russie), demain on m'obligera de partir [1], je ne pourrai pas emporter ma maison ; aussi je ne bâtis pas. » Sans doute l'individu, qui tenait ce discours, souffrait d'avoir moins de revenu ; mais la Russie n'en souffrait-elle pas aussi ? S'il avait bâti, des terrassiers, des maçons, des charpentiers, des couvreurs auraient réalisé des bénéfices qu'ils ne réalisent pas maintenant et tous ces individus peuvent être de purs orthodoxes, pour lesquels le gouvernement montre une tendresse toute spéciale. N'est-ce pas une singulière manière de les favoriser, que de diminuer leurs gains ? Et puis, quand il y a beaucoup de maisons dans un pays, les loyers ne sont pas chers. N'est-ce pas un avantage pour les orthodoxes comme pour les dissidents ?

Autre fait. Les journaux russes publiaient dernièrement la nouvelle suivante : « On projette au ministère des finances de défendre aux Israélites l'exercice de certaines branches de l'industrie, même dans les limites de leur résidence [2]. » Sous le

(1) D'après la loi, les Israélites ne peuvent habiter en Russie que dans les provinces qui ont appartenu autrefois à la Pologne et dans quelques autres gouvernements méridionaux. C'est ce qu'on appelle la *limite de résidence*. On comprend que le gouvernement modifie cette limite à son gré. De là l'insécurité des Israélites.

(2) Il leur a été interdit, entre autres, de posséder dorénavant des actions de fabriques de sucre.

coup d'une pareille menace, que feront les Israélites? L'industrie et le commerce sont encore les seules occupations qui leur soient permises sans restriction. Un Israélite projetait peut-être d'établir une filature de coton ou une fonderie de machines. Mais est-il sûr que ces deux branches de l'industrie ne lui seront pas interdites demain? Aussi n'entreprend-il rien. Il ne s'enrichit pas, sans doute. Mais si personne n'entreprend rien, la stagnation se met dans les affaires et le pays reste pauvre. Nul ne songe à cette répercussion. On a l'intention de faire du mal aux Israélites et ce sont les chrétiens qu'on frappe.

On pourrait citer des milliers de faits de ce genre. A quoi bon fatiguer le lecteur? La conclusion se dégage toute nette, même de ceux que nous avons cités. L'intolérance produit des gaspillages immenses Elle réduit peut-être de 50 p. 100 la production des pays où elle sévit avec une forte intensité. Elle a déjà réduit l'Espagne et l'Italie à la misère[1].

La Russie aura son tour, si elle ne change pas sa politique, si elle n'ouvre pas les yeux et ne comprend pas son intérêt véritable.

Il est impossible, bien entendu, d'évaluer en argent les pertes provenant de l'intolérance. Des milliers de chrétiens, aujourd'hui dans la plus noire misère, vivraient dans le bien-être sans cette funeste aberration. Par malheur, cette phrase vague est tout ce qu'on peut dire. La seule chose certaine, c'est que la perte est énorme.

(1) La contre-réaction catholique, grâce aux entraves de tous genres qu'elle créa en Italie, tua, par exemple, l'industrie florentine, si florissante au XVe siècle.

CHAPITRE XVII

L'EXCLUSIVISME

Après l'intolérance, un des plus grands obstacles à l'accroissement de la richesse vient de l'exclusivisme national. Il sévit depuis quelques années avec une extrême intensité et semble encore aller en augmentant. Ce phénomène a pour sources principales le misonéisme, le crysohédonisme et le ctésohédonisme.

Quand l'esprit conservateur l'emporte dans une société, elle se replie sur elle-même. Le respect de la tradition tue toute originalité individuelle. On considère comme mauvais de ne pas marcher exactement sur les traces des ancêtres, de faire autre chose et autrement qu'eux. Alors les professions et les métiers deviennent héréditaires ; bientôt ils se transforment en castes. L'individu y est alors enfermé. Les peines les plus sévères l'empêchent parfois d'en sortir. Les procédés industriels, les arts, les idées scientifiques, les genres littéraires s'immobilisent dans des formes conventionnelles. L'invention devient un péché, parfois un crime. Le costume, lui-même, est réglé par la coutume et ne varie plus pendant des siècles. Dans une société où le misonéisme triomphe sur toute la ligne, un étranger est bientôt considéré avec un dégoût qui dégénère parfois en haine et en hostilité déclarée. L'étranger, tout d'abord, a un costume différent de la masse des indigènes. Il se détache de ceux qui portent des vêtements traditionnels. Cela seul en fait une espèce de révolutionnaire. Puis cet étranger a une langue, une religion, des idées, des mœurs, des habitudes, des manières différentes de l'ensemble de la population. Sa présence jette donc un trouble profond dans un milieu où le misonéisme est la passion dominante. Comme l'étranger cause une souffrance, on cherche à s'en débarrasser de toutes les façons, soit en le chassant, soit en le tuant. En septembre 1893, les habitants de la province de Chan-Si ont adressé une pétition à l'empereur de Chine pour lui demander l'expulsion et l'extermination des barbares étrangers. Les Européens ne sont pas autorisés à séjourner dans l'intérieur du Japon. Jusqu'à nos jours, aucun voyageur n'a pu pénétrer à Lhassa, la ville sacrée des bouddhistes. Un Anglais a fait récemment une nouvelle tentative aussi vaine que les précédentes.

Le misonéisme fait considérer l'étranger comme un être malfaisant, haïssable, donc comme un ennemi. En réalité, il n'en est pas ainsi. Un étranger n'est ni un bienfaiteur, ni un malfaiteur en tant qu'étranger. Individuellement il peut faire du bien comme du mal. Ravachol aurait pu commettre des crimes aux États-Unis et faire du tort aux Américains. Mais cela serait venu de ce qu'il était un assassin et non de ce qu'il était un étranger. Si un Allemand apporte des connaissances utiles en Russie, sa présence peut être bienfaisante; s'il apporte des idées anti-sociales, elle peut être malfaisante. Mais dans les deux cas la nationalité n'est rien, l'individu est tout. Cette idée qu'un étranger est un être funeste, à priori, ne soutient pas un seul moment l'examen.

Cependant, presque tous les hommes en sont imbus, les Européens comme tous les autres.

Des émeutes ont éclaté dernièrement en France contre des des ouvriers belges et italiens. On leur reprochait de faire baisser les salaires? Mais si des compatriotes avaient fait baisser les salaires? On aurait accepté ce fait comme un mal inévitable ; on s'y serait soumis, sans murmurer, comme on se soumet a une sécheresse ou à un ouragan. Une baisse provenant du fait des étrangers est considérée comme un mal intolérable ; une baisse provenant des compatriotes, est considérée comme un fait naturel. Preuve que, même dans les pays les plus civilisés de l'Occident, l'étranger est encore regardé individuellement comme un ennemi. Cependant les sociétés européennes étant moins misonéistes que les sociétés orientales, sont aussi moins exclusives.

Elles le sont encore beaucoup trop, malheureusement.

Passons en revue quelques-unes des manifestations de l'exclusivisme national.

Dans les pays de suffrage universel, où la puissance appartient aux classes populaires, on commence déjà à prendre des mesures pour augmenter artificiellement le prix de la main-d'œuvre. De même que les industriels cherchent à écarter les produits étrangers, les ouvriers cherchent à écarter les travailleurs. Aux États-Unis les immigrants ne paraissent plus des hôtes très désirés. On fait des règlements contre eux. Une loi, du 3 mars 1893, stipule : « Les émigrants sont enregistrés par groupes de trente au plus sur des listes ou manifestes qui devront être certifiés par devant le consul des États-Unis au port de départ et de telle façon que celui-ci, avant le départ du navire, puisse avoir fait un examen personnel de chacun des passagers [1], » afin de constater qu'ils sont sains d'esprit et de corps, sans quoi l'autorisation de débarquer en Amérique ne leur sera pas donnée. Cette législation est d'une extrême élasticité. En réalité, il suffit maintenant d'une circulaire ministérielle pour arrêter l'immigration aux Etats-Unis. En effet, tout individu peut être considéré comme ne jouissant pas d'une santé parfaite. Mais la législation contre les Européens n'est rien à côté des mesures prises contre les Chinois. Par l'acte Geary, du 5 mai 1892, tous les ouvriers de cette nation *peuvent être expulsés* des États-Unis !

La cause de cette mesure barbare est nettement formulée par les ouvriers californiens. « Nous sommes ici non pour travailler, mais pour gagner de l'argent [2] ! » Le grand crime des Chinois est de se contenter d'un salaire infime pour exécuter des travaux dangereux et pénibles.

Étrange contradiction de la nature humaine ! Au commencement de ce siècle, Charles Fourier, un des pères du socialisme, rêvait l'avènement d'une période paradisiaque, où le travail cesserait d'être pénible et deviendrait un plaisir. Il ne pouvait pas contester qu'il resterait toujours dans la société des besognes dégoûtantes et désagréables. Il disait qu'elles seraient accomplies, à tour de rôle, par des martyrs qui se dévoueraient pour

(1) Voir la *Revue scientifique* du 10 juin 1893, p. 734.

(2) *Journal des Économistes*, août 1893.

le bien social. Aujourd'hui ces martyrs, sont tout trouvés : ce sont les Chinois. Mais, ce qui était considéré comme un dévouement admirable par Fournier, est considéré comme la plus odieuse des scélératesses par les Californiens de notre temps, toujours à cause de l'erreur chrysohédonique. Non, les Chinois ne font aucun tort aux Californiens en travaillant à bon marché. Au contraire, sans les Chinois, le chemin de fer du Pacifique, par exemple, n'aurait pas pu se faire. Or, calculez seulement ce que cette ligne a rapporté de bénéfices directs et indirects à la Californie. Plus il y aura de travailleurs et moins ils demanderont de rémunération, plus vite la Californie sera adaptée aux besoins de ses habitants. Loin d'être une nuisance, l'arrivée des Chinois est un grand avantage. « A Paris et dans les grandes villes de France toutes sortes de métiers, considérés comme avilissants, sont remplis par des hommes de nationalité ou d'origine étrangère : Belges, Allemands, Italiens[1]. » Les ouvriers français dédaignent certains travaux rudes et désagréables, comme les démolitions par exemple. Mais la société ne peut pas se passer de ces besognes pénibles. Pour que les ouvriers français puissent accaparer les branches les plus aristocratiques du travail, ils doivent s'appuyer, de toute nécessité, sur une base démocratique. Pour se hisser au troisième ou au quatrième échelon de la hiérarchie, il faut que les deux ou les trois prémiers soient occupés par quelqu'un. Loin donc que les Belges, les Italiens et les Allemands diminuent les profits des Français, ils les augmentent au contraire. Les repousser, c'est agir d'une façon diamétralement opposée au véritable intérêt.

C'est une profonde erreur de s'imaginer que l'arrivée des étrangers doit diminuer le salaire des indigènes. Nul ne force les Anglo-Saxons de l'Australie et de la Californie à rester de simples manœuvres. Grâce aux Chinois, ils peuvent devenir contremaîtres, intendants, propriétaires, et gagner plus d'argent qu'auparavant. Leurs revenus s'appelleront alors émoluments, fermages ou rentes. On a tort d'identifier le salaire avec le travail manuel. Cette confusion cause beaucoup de gaspillages économiques. Les Chinois ne font pas baisser les fermages. Or, le

(1) P. Leroy-Beaulieu. *Économiste français* du 2 septembre 1893, p. 290.

nom ne fait rien à la chose. Qu'importe à un Américain sous quelle appellation il reçoit un plus gros revenu? L'important c'est le revenu. Les Américains reprochent aux Chinois de ne pas s'assimiler aux populations indigènes. Dans ce cas, les Chinois formeraient une exception dans l'univers entier. Tout ce qui existe subit la loi du changement. Seuls, les Chinois ne changeraient pas!

Comment un miracle aussi exceptionnel serait-il possible? Mais il ne l'est pas. Les Chinois changent, et assez vite même, dès qu'ils sont soumis aux influences d'un milieu nouveau. Ceux qui sont allés au Pérou, par exemple, ont abandonné leur costume national; ils ont épousé des femmes indigènes. « De nombreuses familles sino-péruviennes se sont constituées et la fusion ethnique s'accomplit entre les races de l'ancien et du nouveau monde [1]. » A coup sûr, les Célestes ont des défauts et des vices. Les quartiers chinois de San-Francisco ne sont pas précisément des modèles d'hygiène et d'élégance, mais certains quartiers de Londres, non plus.

La plupart des reproches qu'on fait aux Chinois sont grandement exagérés. En réalité, ce qui les fait haïr, c'est une combinaison de misonéisme et de chrysohédonisme. De même que les habitants de Chan-si, figés dans des habitudes séculaires, éprouvent de la répulsion à voir un homme vêtu à l'européenne, nous éprouvons de la répulsion à voir un homme vêtu à la chinoise et portant une queue. Un singe donne des signes d'une extrême frayeur en voyant un caméléon. C'est un genre de sentiment analogue qui nous pousse à haïr les Chinois. Nous éprouvons une horreur puérile en présence de gens différents de nous. Cette simple sensation supprime toute réflexion. Avec un peu d'effort, on pourrait surmonter cet enfantillage. Mais nous ne voulons pas l'accomplir.

A l'autre extrémité du groupe européen, même exclusivisme farouche qu'en Californie. Les malheureux Israélites sont ici les souffre-douleur. On leur reproche cependant autre chose qu'aux Chinois. « Les Israélites, dit-on en Russie, ont extraor-

(1) E. Reclus. *Nouv. Géogr. Univer.*, t. XVIII, p. 556. L'auteur ajoute ce trait curieux : « Naguère les femmes péruviennes manifestaient de la répulsion pour les Chinois; maintenant, au contraire, elles apprécient fort leur douceur, leur équité et leurs vertus de famille. »

dinairement affiné leur esprit, grâce aux persécutions qu'ils ont subies depuis tant de siècles. Étant plus intelligents que les populations russes, ils les exploitent à outrance. Pour éviter ce malheur, nous tâchons de les confiner dans une limite infranchissable, nous leur défendons de se répandre dans tout l'empire, nous leur défendons d'exercer certains métiers et nous sommes heureux de les voir s'en aller le plus possible. »

Dans tout ce raisonnement il y a une erreur capitale. Si l'exploitation des imbéciles par les plus intelligents est un mal, alors il faut persécuter tous les intelligents, de quelque race et de quelque religion qu'ils soient. Un Israélite fait de l'usure ; il prend 100 p. 100 d'intérêt annuel à un chrétien. On proclame que c'est un mal. Mais, si un Russe orthodoxe commet cette action, devient-elle bienfaisante ou, au moins, innocente ?

Cet argument seul suffit à démontrer que les méfaits économiques, attribués aux Israélites, proviennent de la même source que les méfaits attribués aux Chinois. Les Juifs ont d'abord été exécrés parce qu'ils avaient crucifié Jésus-Christ. Quand, avec les progrès de la libre-pensée en Europe, ce grief a cessé d'exercer une forte action, on aurait dû ne plus faire aucune distinction entre Juifs et chrétiens. Mais la routine, le traditionnalisme l'ont emporté sur la logique. Tel libre-penseur, qui ne croit ni à Dieu, ni au diable, continue à haïr les Israélites, par habitude. Alors, pour motiver un sentiment aussi absurde, on met en avant des prétextes économiques.

Oui, il y a des Juifs qui sont dangereux et malfaisants, mais il y a des Anglais, des Français, des Américains et des Russes qui le sont aussi. Il faut poursuivre les coquins et les malfaiteurs juifs tout comme on poursuit les coquins et les malfaiteurs russes, par le gendarme et par le tribunal, et non par des mesures d'exception et par les plus cruelles persécutions.

D'ailleurs l'exclusivisme ne s'exerce pas seulement à l'égard des Israélites en Russie. Les Allemands commencent à avoir leur tour. Une commission a été nommée par le gouvernement russe pour reviser la législation sur les étrangers. La *Gazette de Moscou* constate que près de 120 000 Allemands se fixent chaque année en Russie. Elle pousse un cri d'alarme patriotique. Elle demande ce qui va arriver !

Les mesures d'exclusivisme les plus révoltantes se multiplient partout en Europe. En Roumanie on vient de défendre aux étrangers de posséder des propriétés foncières[1]. La noblesse du gouvernement d'Ekatérinoslaf pétitionne pour qu'il soit interdit aux Allemands d'acquérir, à l'avenir, des terres dans cette province. On défend aux Chinois d'exercer le commerce en Sibérie orientale. A partir de 1893, les étrangers ne pourront plus posséder d'actions des fabriques de sucre en Russie. En avril de la même année, on a expulsé de Lodz 150 ouvriers étrangers qui n'ont pas justifié d'une connaissance suffisante des langues russe et polonaise ! Nous n'en finirions plus si nous voulions énumérer les mesures d'exception qui se multiplient tous les jours en Russie, aux Etats-Unis et en Australie. L'Amérique aux Américains, la Russie aux Russes, l'Allemagne aux Allemands ! Des cris de ce genre retentissent maintenant aux quatre coins du globe. Il semble que l'Europe civilisée soit devenue une autre Chine.

Considérons maintenant les résultats économiques de ce régime barbare.

Commençons par l'Amérique. On se plaint en Californie que les Chinois, garçons de ferme, se contentent de 15 dollars par mois au lieu de 30[2]. Mais le propriétaire du sol, qui économise la différence, n'est-il pas aussi un Californien ? De quel droit ses compatriotes prétendent-ils l'empêcher de s'enrichir ? Obliger un individu à dépenser 100 dollars, pour faire faire un tra-

(1) Tandis que les Turcs viennent de l'autoriser, une nation chrétienne, les Roumains, viennent de le défendre !

(2) On dit que les Chinois ne changent pas. Mais un individu gagnant 20 centimes par jour en Chine, peut-il ne pas subir une transformation quand, en Californie, il gagne 2 fr. 50 ? Des deux choses l'une : ou il dépensera cet argent, alors il vivra mieux, ou il l'économisera et deviendra capitaliste. Les Chinois savent parfaitement faire valoir leurs épargnes. Or quand on possède 10 ou 15 000 dollars, on ne peut pas rester le même homme que lorsqu'on était un manœuvre famélique vivant au jour le jour avec quelques poignées de riz. Le changement dans les conditions économiques entraîne forcément un changement dans les idées et dans les mœurs. Le reproche d'immobilité est fait aussi aux nègres. Cependant ceux d'entre eux qui sont arrivés à la fortune, ont aussi fait preuve de capacités mentales remarquables. On cite le cas d'un esclave de la Louisiane qui est parvenu à acquérir de grandes richesses. Il est allé s'instruire à Paris et possède maintenant une des plus belles bibliothèques de classiques français, espagnols et italiens de l'Amérique. Avouez que ce nègre ne peut pas être considéré comme un animal à face humaine.

vail dont les Chinois se chargeraient volontiers pour 50, n'est-ce pas tout simplement lui confisquer 50 dollars? On reproche aux Chinois de bien cultiver la terre. Singulier motif de haine, n'est-ce pas ? C'est le contraire qui aurait dû exciter l'animadversion publique. « Avec 109 ares de terre de qualité médiocre, un Chinois trouve moyen de vivre, de payer un fermage de 386 francs par an, d'entretenir un journalier et de mettre de l'argent de côté[1]. » Mais un homme pareil aurait dû être traité de bienfaiteur public ! Avec des agriculteurs de ce genre, la Californie aurait pu nourrir 80 millions d'habitants. Demandez aux propriétaires américains s'il ne leur est pas agréable de recevoir un fermage de 386 francs par an [2] ? Obliger un Californien à louer sa terre à raison de 50 dollars à un Yankee, plutôt qu'à raison de 75 à un Chinois, n'est-ce pas purement et simplement lui confisquer la différence?

Enfin, dernière considération, les produits agricoles du Chinois vont augmenter les approvisionnements des marchés et faire baisser les prix. Or toute famille n'a-t-elle pas un avantage incontestable à dépenser cinq francs par jour pour ses denrées alimentaires plutôt que dix ?

Passons en Europe. On expulse les ouvriers étrangers des fabriques de Lodz, sous prétexte qu'ils *ne savent pas le russe !* Mais les propriétaires de ces fabriques ? A coup sûr, si les ouvriers indigènes étaient plus capables et s'ils travaillaient à meilleur compte, jamais les industriels n'auraient pris des étrangers. On va donc causer des pertes aux manufacturiers; donc, en dernière analyse, appauvrir la Russie. On défend aux Chinois de faire le commerce en Sibérie. Mais les individus qu'ils auraient approvisionnés ? On n'y pense pas. Ceux-ci seront obligés, ou de se priver d'une foule d'objets utiles, ou de les payer plus cher à des compatriotes, ce qui les obligera à se priver d'autres objets moins indispensables, mais qui auraient augmenté leur confort. La noblesse d'Ekatérinoslaf a demandé qu'il soit défendu aux Allemands d'acquérir des biens fonciers. Supposons que le gouvernement russe ait exaucé ce vœu. Un beau jour, un Russe

(1) *Journal des Économistes*, août 1893, p. 185.

(2) Les meilleures terres données en ferme rapportent à peine 25 à 50 francs par hectare en Russie.

a besoin de vendre une propriété. Un compatriote lui offre 10000 francs ; un Allemand lui en aurait bien offert 15000, mais la loi défend à celui-ci d'acheter des terres. Cette loi n'est-elle pas une pure confiscation de la différence au détriment du Russe?

Il ne peut pas y avoir de médaille sans revers. Il ne peut pas y avoir de voleur sans volé. L'exclusivisme a pour but de créer des privilèges en faveur des nationaux. Mais, par la nature des choses, pour donner un privilège à X il faut, forcément, exercer une spoliation à l'égard de Z. Qu'est-ce qu'un privilège? Le droit accordé par l'Etat, à un individu ou à une catégorie d'individus, de confisquer une partie du produit du travail de leurs compatriotes. X cultive du blé, Z fabrique des tôles de fer. Au prix du marché universel, 1 kilogramme de fer vaut aujourd'hui 2 kilogrammes de blé. Si l'échange s'opère dans ces proportions, la transaction est conforme à la justice. L'Etat intervient. Il dit : J'ordonne à X de donner 3 kilogrammes de blé pour 1 kilogramme de fer[1] ; Z devient un privilégié, mais par cela même X, un persécuté. Alors la transaction cesse d'être conforme à la justice.

Tcheng dit à Brown : « Je consens à vous labourer trois hectares pour un dollar. » L'Etat intervient et dit : « Je défends à Brown de faire labourer son champ par Tcheng, je lui ordonne de le faire labourer par Jones, au prix de trois dollars. » Ici Jones devient un privilégié, mais par cela même, Brown, un persécuté. Bref, *tout exclusivisme est un vol commis au détriment d'un compatriote.* C'est une violation flagrante de la justice, c'est l'organisation systématique de la spoliation, donc l'anarchie décrétée par le législateur, c'est-à-dire par celui même qui doit garantir les droits de propriété.

Voilà donc à quoi se ramènent les fameuses devises du pseudo-patriotisme : la Russie aux Russes, la France aux Français, à une spoliation pure et simple. Il y a quelques années, pour complaire aux industriels de Moscou, on a défendu le transit à travers le Caucase. On a sacrifié ainsi les intérêts de six millions d'hommes aux appétits égoïstes de quelques individus.

(1) L'Etat ne s'exprime jamais de cette façon, mais il atteint ce but en frappant le fer étranger d'un droit de douane.

Depuis la plus haute antiquité, on s'est imaginé que le privilège était le procédé le plus rapide pour arriver à la fortune. O gens plus aveugles que des taupes! O grands enfants incorrigibles! Mais d'abord, quand les privilèges deviennent trop nombreux, leurs bénéfices s'évanouissent. Puis comment ne voit-on pas que l'on perd d'un côté ce qu'on gagne de l'autre? Jones aura trois dollars pour labourer un champ, au lieu d'un dollar, mais il payera aussi son pain plus cher. Le réseau inextricable des privilèges entassés les uns sur les autres par l'exclusivisme national, n'aboutit, en définitive, qu'à ralentir l'activité sociale, c'est-à-dire à diminuer le taux d'accroissement de la richesse. Or, par cela même, la somme de bien-être de chaque membre de la société est amoindrie. L'exclusivisme devient ainsi une espèce de suicide national.

Sous l'ancien régime, le privilège s'exerçait ouvertement au sein de l'État au détriment de la majorité des citoyens. Une classe accaparait la part léonine des profits du gouvernement. On a aboli tout cela. Mais un autre genre d'aristocratie collective et internationale tend à se substituer, maintenant, à l'aristocratie intérieure. Les peuples européens de race blanche prétendent disputer aux autres la place qui leur revient au banquet de la nature. Ainsi les Chinois sont expulsés de l'Australie et de l'Amérique. Cette conduite est aussi absurde que celle de l'aristocratie française, sous l'ancien régime. Elle finira peut-être d'une façon encore plus épouvantable. Pour éviter un nouveau quatre-vingt-treize sur une vaste échelle, les nations européennes devraient faire une nuit internationale du 4 août.

Voyons maintenant ce que coûte l'exclusivisme. Il y a d'abord les dépenses directes. Pour exclure X et Z, il faut pouvoir constater qu'ils sont étrangers. Cette constatation demande une masse énorme de documents de tous genres et, pour les enregistrer et les contrôler, une foule de fonctionnaires. Pour avoir le droit de faire le commerce en Russie, un Israélite étranger doit se munir de l'autorisation de trois ministres. Les démarches durent au moins un an. C'est du temps perdu par les pétitionnaires, mais aussi par les fonctionnaires impériaux. Il faut examiner chaque requête et statuer s'il y a lieu d'y faire droit. En Russie, grâce à l'exclusivisme, qui fait rage depuis ces dernières années, il faut exhiber à chaque instant ses actes d'identité. Une des causes qui empêche la suppression des passeports, est, précisément, la crainte de l'envahissement des étrangers. Calculez ce que ces formalités font perdre de temps aux malheureux contribuables. Elles font de la Russie un corps exsangue. Elles ralentissent les pulsations de la vie sociale, dans une mesure des plus sensibles. Il faut avoir vécu au milieu de cet océan de paperasses, pour en comprendre toute l'horreur.

On peut hardiment affirmer que les formalités nécessaires pour appliquer l'exclusivisme national enlèvent au peuple russe au moins quatre jours de travail par an [1]. Les autres pays de l'Europe sont moins rongés que la Russie par la plaie de l'exclusivisme, cependant il y sévit encore avec trop d'intensité. Prenons néanmoins une moyenne très faible pour l'ensemble du groupe européen. Evaluons les pertes de l'exclusivisme à une journée de travail. Cela représente tout de même 330 millions de francs par an.

Mais les pertes directes de l'exclusivisme ne sont qu'une goutte d'eau dans l'océan, en comparaison des pertes indirectes.

Les nations européennes sont presque toutes comme des chiens assis sur des tas de foin. Elles les gardent avec un soin aussi jaloux que borné, parce que des richesses non exploitées ont juste autant de valeur que si elles se trouvaient dans Jupiter ou dans la Lune. L'exclusivisme national laisse en friche des *continents entiers*. Comme cette funeste erreur sévit surtout chez les nations asiatiques qui sont les plus nombreuses de la terre, elle produit le plus épouvantable des gaspillages. Quand on songe que tout le commerce international du Céleste Empire ne monte même pas à 4 francs par tête de Chinois, tandis qu'il est de 863 francs par tête de Belge [2]. La situation de la Chine serait bien différente si elle ne pratiquait pas un exclusivisme aussi féroce.

La démonstration des conséquences néfastes de l'exclusivisme

(1) Sans doute les Russes, sous les yeux desquels tomberont ces lignes, souriront en lisant ce chiffre, tant ils le trouveront modéré.

(2) Si la Chine faisait un commerce proportionnel à celui de la France, il monterait à 87 milliards de francs. Or il atteint à peine 1 372 millions, importations et exportations comprises.

national a été faite sur une échelle dont l'étendue ne laisse rien à désirer. L'Espagne a pratiqué cette politique pendant trois siècles, dans ses colonies. En Amérique « tout commerce avec l'étranger était puni par la confiscation des biens et la peine capitale[1] ». On ne peut vraiment pas demander davantage ! Il est difficile d'imaginer une mesure plus radicale. Eh bien ! voyons les fruits de cette intelligente politique. Vers l'époque de la guerre de l'Indépendance, l'Amérique espagnole était un désert presque vide d'habitants et la misère des rares populations qui l'occupaient, était extrême. Si l'Espagne avait ouvert ces territoires à tout venant, si elle avait pratiqué la politique la plus large et la plus tolérante, ces pays seraient devenus riches et prospères et les revenus du roi d'Espagne eussent été plus grands. Cela démontre une fois de plus qu'on ne doit pas considérer l'Etat comme une ferme ou une propriété. Pour avoir voulu réserver l'Amérique à quelques familles privilégiées, on a causé la ruine de la nation espagnole. On dit souvent que l'expérimentation est impossible dans le domaine des sciences sociales. Ce n'est peut-être pas tout à fait exact. L'Amérique nous fournit, dans ce cas, comme une expérimentation des bienfaits de l'exclusivisme, prolongée pendant trois siècles. Il est difficile de la demander plus complète et plus probante.

Les pertes indirectes de l'exclusivisme doivent se chiffrer par dizaines de milliards, pour l'humanité. Par malheur, nous manquons absolument de base d'appréciation pour les évaluer. A la fin de notre course à travers les gaspillages, le lecteur nous permettra de nous lancer un peu dans l'arbitraire. Nous lui demandons la permission d'évaluer *grosso modo* à 10 milliards de francs, par an, les gaspillages provenant de l'intolérance religieuse et de l'exclusivisme. Nous savons que ce chiffre est absolument hypothétique. Aussi le donnons-nous comme tel. Cependant un instinct secret nous avertit (comme nos lecteurs, nous l'espérons) qu'il est surtout exagéré par sa modicité.

(1) E. Reclus. *Nouv. Géogr. Univer.*, t. XVIII, p. 57.

CHAPITRE XVIII

LE TOTAL

I

Additionnons maintenant les chiffres produits dans les chapitres précédents. Nous obtiendrons le total des gaspillages des sociétés modernes.

ERREUR CRYSOHÉDONIQUE

		Millions de fr.	
Les grèves.			500
Le protectionnisme.	Primes.	50	
—	Garde des frontières.	130	
—	Détérioration des marchandises. . .	40	
—	Frais de timbre. . .	2	
—	Droits protecteurs. .	7.512	
—	Pertes indirectes du protectionnisme .	2.270	10.004

ERREUR CTÉSOHÉDONIQUE

Le vol et le dol.			10.760
Le parasitisme social.	Pensions.	1.000	
—	Sinécures	3.726	
—	Budgets occultes . .	2.130	6.856
	A reporter . . .		28.120

	Report . . .		28.120
Le ctésohédonisme politique.	Conquête du pouvoir.	1.000	
—	Travaux publics inutiles.	1.000	
—	Garanties aux chemins de fer . . .	200	
—	Centralisation . . .	2.265	
—	Indifférenciation des fonctions.	678	
—	Paternalisme. . . .	1.845	
—	Insuffisance de sécurité	1.359	8.347
L'esprit de conquête.	Pertes directes (état de guerre). . . .	4.508	
—	Pertes indirectes . .	4.225	8.733

FAUSSE CONCEPTION DE L'UNIVERS

Le misonéisme.	Orthographe	795	
—	Métrologie.	650	
—	Monnaie	600	
—	Cérémonial	600	2.645
Intolérance.	Jours fériés inutiles. .	3.000	
—	Pertes indirectes . .	5.000	8.000
Exclusivisme national.	Pertes directes . . .	330	
—	Pertes indirectes. . .	5.000	5.330
	Total général.		61.175

Avant d'aller plus loin, quelques considérations sur cette somme colossale. Comme le lecteur a pu s'en convaincre, nos chiffres pèchent surtout par excès de modération. Ainsi nous avons évalué à 225 millions seulement les pertes provenant des lettres inutiles de nos alphabets européens. M. March les évalue à 523 millions de francs, pour les seuls pays de langue anglaise [1].

D'autre part, nous sommes loin d'avoir compté tous les gaspillages. Un grand nombre, sans doute, ont échappé à notre

(1) Voir p. 183.

attention[1]. De plus, dans la très grande majorité des cas, nous avons calculé les pertes pour le groupe européen seul, c'est-à-dire pour 459 millions d'hommes sur 1 480 millions. A coup sûr, les gaspillages sont infiniment plus nombreux dans les sociétés barbares que dans les nôtres. Citons un seul exemple. Il faut trois ans pour apprendre notre orthographe, mais il en faut au moins vingt-cinq au Chinois pour apprendre la sienne. Or les Chinois sont 400 millions. Calculez ce qu'une économie de vingt-deux ans de travail, pour la seule écriture, rapporterait à ce pays. Si la Chine est restée, jusqu'à présent, dans un état enfantin, elle le doit, dans une très forte mesure, à son système si imparfait d'écriture. La guerre dévore sans doute des sommes immenses en Europe, mais dans l'Afrique centrale, elle dépeuple les régions les plus fertiles. Malheureusement, comme nous manquons de base d'appréciation, il a fallu renoncer à donner des chiffres pour les nations extra-européennes.

Notez encore la modération de notre point de départ. Nous avons calculé que, sur 1 480 millions d'hommes, 538 millions seulement seraient aptes à fournir une journée de travail quotidien. Pour le groupe européen nous avons pris également 164 millions sur 459 millions d'hommes. Près du tiers ! C'est bien peu. Mais nous avons voulu gagner le lecteur par l'excès de notre modération.

En considérant tout ce qui précède, on voit que nos chiffres devraient être sensiblement majorés si l'on considérait l'humanité entière. *Peut-être faudrait-il les doubler.*

Mais nous nous en tiendrons à notre total de 60 milliards et nous ne parlerons que du groupe européen.

Il convient, en premier lieu, de déduire de ce chiffre les 10 760 millions du vol et du dol. Voici pourquoi :

Ni l'opinion publique ni aucun gouvernement européen ne considèrent le vol et le dol comme des actes avantageux à la société. Partout, au contraire, ils sont tenus pour criminels. Les gouvernements font tout ce qu'ils peuvent pour les extirper, les prévenir et les punir. Si le vol et le dol subsistent dans nos socié-

(1) Ainsi, par exemple, une épouvantable crise économique, provoquée en grande partie par le bill Sherman, a éclaté aux Etats-Unis en 1893. Comme conséquence, 800 000 ouvriers ont été privés de travail. Cela fait encore une perte d'un milliard et demi de francs au plus bas mot.

tés, cela tient à l'imperfection de la nature humaine. On peut espérer que les attentats contre la propriété iront en décroissant. Deux causes y pousseront : une meilleure organisation de la sûreté publique, d'une part, un accroissement de l'instinct de sociabilité, de l'autre. Mais ces causes agiront d'une façon extrêmement lente. Jamais l'on ne supprimera complètement le vol et le dol. Pendant de longs siècles encore nous devrons supporter les pertes qu'ils produisent. Il serait désirable que les hommes fussent des anges, mais ils n'en ont pas. Il serait désirable aussi qu'ils eussent des ailes, mais ils n'en ont pas.

Les erreurs que nous combattons dans ce livre, ne sont ni dans le cas du vol ni dans celui du dol. De très honnêtes gens s'imaginent, de bonne foi, que le système protecteur peut enrichir les sociétés. La centralisa on, la manie des kilomètres carrés, l'orthographe de nos pères, etc., ont des partisans très convaincus. Le vol en avait autrefois. Il était tenu pour honorable. Il s'agit donc d'amener l'opinion publique à considérer le protectionnisme, le parasitisme, le paternalisme, l'esprit de conquête, l'intolérance, l'exclusivisme et le misonéisme du même œil qu'elle considère aujourd'hui le vol et le dol. Il s'agit de faire admettre que ces erreurs sont funestes, qu'elles sont la source de notre misère et de nos maux.

Déduisons donc le vol et le dol. Il nous reste un gaspillage annuel de 50 milliards, au plus bas mot. Il est difficile de se représenter ce que signifie cette somme gigantesque ! Il faut s'en approcher par approximations. Les dettes des États européens montent actuellement à près de 200 milliards. Elles pourraient être *toutes* amorties, en quatre ans, si nous savions économiser ce que nos erreurs nous font perdre aujourd'hui ! Le transsibérien coûtera un milliard de francs environ. On le construirait cinquante fois avec ce que nous gaspillons tous les ans. Avec cet argent on couvrirait l'Asie et l'Afrique d'un immense réseau de chemins de fer qui vivifieraient ces vastes continents.

Partagés entre les 90 millions de familles du groupe européen, ces 50 milliards leur rapporteraient 555 francs à chacune. La somme paraît modeste, mais il faut considérer que le revenu moyen d'une famille française est évaluée à 1 000 francs à peine. Cela ferait donc un accroissement de 50 p. 100. C'est déjà très sensible. Un individu qui a 5 000 francs de revenu, acquerra une somme de jouissances très enviable, s'il peut les porter à 7 500 francs. Considérez, d'ailleurs, que ce revenu moyen de 1 000 francs est celui d'une des nations les plus riches de la terre. En Russie, en Espagne, en Italie, le chiffre est de beaucoup inférieur [1]. Pour un grand nombre de pays européens, un revenu supplémentaire de 555 francs doublerait certainement l'avoir des familles. Dans ce cas, il serait ressenti comme un bienfait très appréciable.

Or nous avons pris comme idéal, un revenu de 5 000 francs par famille. Même en supprimant nos gaspillages, il semble que nous serions bien loin du compte. Mais il semble seulement.

Tout d'abord il faut considérer que nos évaluations sont trop modestes. Nous avons calculé les gaspillages trop bas. Si nous pouvions nous débarrasser de nos erreurs, nous réaliserions un bénéfice plus considérable. Mais cela n'est rien. La chose importante est celle-ci : les 50 milliards économisés ne resteraient pas improductifs. Chaque année, ils contribueraient à créer des richesses nouvelles. On sait avec quelle rapidité s'accroissent les capitaux placés à intérêts composés. Une opération de ce genre aurait lieu dans ce cas. Songez ce que seraient l'Asie et l'Afrique, l'Amérique méridionale et l'Australie, si l'on avait appliqué, depuis vingt ou trente ans, cinquante milliards au perfectionnement de leur outillage industriel et social. Elles auraient pu avoir un réseau de chemins de fer aussi serré que celui de l'Europe ; elles auraient pu verser sur les marchés des quantités prodigieuses de produits alimentaires et exiger, en retour, des quantités prodigieuses de produits manufacturés [2]. La richesse irait en s'accroissant et, avec un taux d'accélération plus rapide, l'idéal désiré (5 000 francs par famille) serait peut-être atteint par les hommes de notre génération.

Economisez 50 milliards par an et bientôt il n'y aura plus sur la terre une lande déserte, un marais pestilentiel. Les gisements minéraux les plus abondants qui attendent les travailleurs,

(1) Voir plus bas, p. 382, le chiffre donné par M. Mulhall.

(2) D'après les évaluations les plus récentes, le commerce de l'Afrique Équatoriale monte à 326 millions de francs (voir *Revue scientifique* du 9 décembre 1893, p. 766), soit à 2 fr. 40 par tête d'Africain. Le commerce de la Belgique est de 863 francs par tête, celui de l'Angleterre 488 et celui de la France 203.

seront exploités ; des forêts inaccessibles seront mises en coupes réglées. Le blé, le vin, les plantes alimentaires, le fer, la houille seront apportés sur les marchés en quantités décuples ou centuples ; nos marines marchandes deviendront insuffisantes, nos chemins de fer n'auront plus assez de wagons. Bref, la vie et l'activité se répandront dans des régions entières où quelques sauvages se guettent aujourd'hui pour se massacrer comme des bêtes fauves.

Comme nous l'avons dit au commencement de ce livre, notre misère provient de ce que nous gaspillons trop et produisons trop peu. Ce second phénomène est une fonction du premier. Economisez 50 milliards par an, et, immédiatement, la production augmentera. Des capitaux plus nombreux versés dans la circulation, chercheront un placement. Ils exerceront l'esprit d'entreprise. Les pays neufs qui restent en friche, recevront un nouvel apport d'émigrants. Bref, l'adaptation de la planète aux besoins des hommes, qui se fait maintenant d'une façon lente, se fera d'une façon rapide. On rapprochera le jour qui réalisera le niveau de confort constituant actuellement l'idéal de nos aspirations.

II

Nous avons évalué nos gaspillages en argent. C'était pour nous donner un moyen d'appréciation commode et facile. Mais, en réalité, toutes nos erreurs se traduisent en souffrance et en douleur. Combien de malheureux doivent payer le pain huit sous, quand il en vaut réellement cinq. Et si la faim gronde dans la famille, s'il faut nourrir cinq ou six enfants, cette différence est appréciable. Combien de misérables souffrent du froid, en Russie, parce que le charbon est majoré de 60 p. 100 par les droits de douane ! Calculez les phtisies, les maladies de tout genre qu'engendrent ces privations.

Le paysan doit se contenter de laisser pénétrer dans sa demeure quelques faibles rayons de lumière par une toute petite fenêtre, parce que les vitres sont taxées par le tarif à 122 p. 100 de leur valeur [1]. Il doit couvrir sa cabane de chaume et non de

(1) Nous donnons les chiffres du tarif actuellement en vigueur en Russie.

tôle de fer et l'exposer à de fréquents incendies, parce que la tôle est taxée à 100 p. 100. Des millions d'individus doivent se passer d'avoir un tapis sous leurs pieds, un lit commode pour reposer leur corps[1], un piano pour charmer la vie de famille, parce que ces objets sont taxés à 70 et 100 p. 100 de leur valeur. Et pourquoi toutes ces souffrances, pourquoi toutes ces privations? Afin que Messieurs les industriels protégés, qui souvent sont des millionnaires, puissent encore augmenter le nombre de leurs millions.

Voyez ces malheureux solliciteurs passant des heures et des heures à la porte des bureaux de l'administration. En Russie, les petites gens doivent perdre jusqu'à trois et quatre jours par an pour obtenir une carte d'identité. Tout cela pour maintenir une centralisation tracassière et inutile.

Et le fisc impitoyable? Il prend parfois 40, 50, 60 pour cent de notre revenu. Combien de terres sont vendues chaque année pour le recouvrement des impôts[2]! Combien de familles jetées sur le pavé, combien de malheureux abandonnant leur demeure pour devenir des vagabonds. Et quand enfin la patience est à bout, quand le peuple se précipite sur les agents du fisc et se livre à des violences, alors arrivent les soldats; l'état de siège est proclamé; un tribunal militaire juge les rebelles, ils sont condamnés et passés par les armes. Puis on augmente encore les impôts.

Après le fisc, le recrutement. Il faut avoir assisté à un appel de conscrits pour comprendre ce qu'il comporte de cruelles souffrances. Le jeune homme plonge sa main dans l'urne fatale. Quelle angoisse. Va-t-il tirer un bon numéro? Hélas!... non voilà qu'il n'est pas exempt[3]. Alors le désespoir se peint sur sa

(1) En Russie un sommier élastique est un objet de luxe possédé par bien peu de personnes.

(2) En Sicile « lorsqu'on a dépecé les biens de mainmorte, les paysans en ont acheté des parcelles. Aujourd'hui ces petites propriétés se vendent, se réunissent et vont former des *latifundia*. Pourquoi? Parce que l'impôt foncier ne peut pas être payé, que dans une année les percepteurs ont fait vendre en Sicile plus de 13 000 propriétés dont les taxes n'avaient pu être acquittées ». *Journal des Débats* du 17 janvier 1894. Edit. du matin.

(3) L'auteur parle de ce qui passe en Russie, où les exemptions sont nombreuses, grâce à l'importance du contingent annuel qui ne peut pas être incorporé tout entier dans l'armée active.

figure. Les parents qui l'ont accompagné, sa malheureuse mère, poussent des cris de douleur. L'auteur a entendu des jeunes gens se réjouir de ce qu'ils avaient une poitrine peu développée, parce qu'ils espéraient ainsi échapper à la conscription. Voilà où nous en sommes réduits ! Des hommes se croient heureux parce qu'ils sont malades et mal constitués !

Puis vient la guerre ! Alors les massacres horribles, hideux, sans frein, sans pitié. Une seule bataille fauche en quelques heures cent mille jeunes gens beaux, pleins d'avenir, la fleur d'une génération. Une marche d'armée détruit en quelques jours ce qu'ont produit cinquante années de travail acharné et persévérant. Encore une fois le rocher est au bas de la colline et la misérable humanité, nouveau Sisyphe, va enfanter des prodiges de labeur, de génie, de dévouement et de persévérance pour lui faire remonter sa pente.

Et tout cela pour payer un tribut à l'idolâtrie béate des kilomètres carrés !

Voyez ces pauvres enfants pâles et maladifs. Au lieu de la joie qui aurait dû se peindre sur leurs jeunes fronts, voyez-les soucieux, tristes, rongés par l'insomnie et les névralgies. Quelques-uns perdent la joie pour le reste de leur vie et deviennent sombres, haineux et misanthropes. D'autres perdent la santé. Ils sont les victimes désignées de la première épidémie qui sévira dans leur pays. Quelques-uns iront mourir avant le temps, à l'hôpital. D'autres se marieront et procréeront une nouvelle génération d'être languissants et étiolés. Hélas ! les suicides se produisent aussi parfois parmi ces pauvres collégiens à la fleur de l'âge.

Pourquoi soumet-on ces malheureux enfants à ces tortures ? Quel crime ont-ils commis ? Aucun. Hélas ! ce sont les innocentes victimes des chinoiseries de notre écriture, des bizarreries de nos syntaxes ; ce sont les martyres du grec et du latin. Et toutes ces souffrances, pour mettre « l'orthographe de nos pères » et pour conserver leurs programmes d'instruction ! Comme si les larmes d'un enfant n'avaient pas mille fois plus d'importance que les traditions de cent générations d'ancêtres couchés dans le tombeau.

Concluons. Nos erreurs et nos gaspillages, après avoir diminué la somme de nos jouissances matérielles et mentales, après avoir traversé le domaine de la culture intellectuelle, de la vie civile et de l'activité économique, plongent dans le domaine de la biologie. Ils attaquent la vitalité même de notre espèce. On l'a dit avec raison, où naît un pain naît un homme. Sans doute, la natalité n'augmente pas toujours avec la richesse. Cependant, d'une façon générale, elle est bien conditionnée par elle. Un pays qui a peu de subsistances a aussi peu d'habitants. Deux cent quarante individus se pressent sur chaque kilomètre carré de la vallée du Nil. A côté, le Sahara est complètement désert. Que le manque de subsistances vienne de l'infertilité du sol ou des folies de l'humanité le résultat est exactement le même. Les cinquante milliards gaspillés tous les ans, empêchent des millions d'hommes de naître sur notre globe. Ils le dépeuplent encore pour une autre raison. Si la natalité n'est pas en fonction constante de la richesse, la mortalité l'est certainement. Dans les pays pauvres, 50 enfants sur 100 meurent en bas âge, faute de soins. La mortalité oscille entre 33 et 19 p. 1000 dans les pays européens. Pendant qu'elle est faible chez les riches, elle est terrible chez les pauvres. Vienne une épidémie, comme le choléra, c'est parmi ceux qui ont le moins de bien-être qu'elle cause les plus grands ravages.

Aussi, quand arrive le néfaste cortège du protectionnisme, du parasitisme, du paternalisme, du misonéisme, de l'intolérance et de l'exclusivisme, il tarit non seulement les sources de notre prospérité et de notre bonheur, mais encore les sources mêmes de notre vie !

Les gaspillages sont aussi à considérer au point de vue exclusif du temps. L'humanité peut fournir environ 160 milliards de journées de travail par an. Si celles-ci étaient toutes employées à des œuvres productives, l'adaptation de la planète à nos besoins se ferait avec le maximum possible de rapidité. Par malheur, ce n'est pas le cas. On risque peut-être peu de se tromper en disant que nous perdons un jour sur quatre à essayer de nous spolier les uns les autres, à nous défendre contre ces tentatives de spoliations et à accomplir mille chinoiseries complètement inutiles. Le quart de notre labeur s'en va ainsi en pure perte et l'adaptation de la planète à nos besoins s'accomplit avec une plus grande lenteur.

III

Les fonctions sociales sont intimement liées les unes aux autres. Les conditions économiques d'un pays réagissent sur sa structure politique. Les idées modifient les méthodes de travail et ont un contre-coup sur la richesse. Celle-ci transforme, à son tour, les connaissances et les aspirations des hommes et, ainsi de suite.

Après avoir parlé des conséquences économiques des erreurs de l'esprit humain, examinons leurs conséquences politiques.

Commençons par le protectionnisme.

La fatale illusion qui fait prendre la richesse pour une chose, et non pour un *état de choses*, a les influences les plus désastreuses sur l'organisation de nos sociétés modernes.

Une bonne récolte a eu lieu en France, par exemple. Aussitôt on demande une élévation des droits de douane sur les blés. Vienne la famine, l'année suivante, on les supprime. Mais pour appliquer l'une et l'autre mesure, il faut mettre en branle la lourde machine gouvernementale : le ministère, les commissions, 300 sénateurs, 584 députés ! Et ces gens sont loin d'être d'accord entre eux. Avouez que la besogne n'est pas facile. Vouloir régler constamment la production économique d'un grand pays, et cela au moyen d'un appareil législatif si compliqué, c'est courir au-devant de déceptions inévitables et des ruines les plus certaines.

Ajoutez les maux produits par les fluctuations continuelles des tarifs. On revise actuellement le bill Mac Kinley aux États-Unis. Le commerce et l'industrie se trouvent dans la plus grande gêne. « On veut sortir au plus tôt des incertitudes actuelles qui empêchent de conclure aucun contrat [1]. »

Quant à faire un tarif immuable, c'est la chimère des chimères. La Russie est un pays autocratique. Il semblerait que la fixité devrait y être plus grande qu'ailleurs puisqu'il n'y a pas de luttes de partis. Eh bien ! les tarifs n'y ont pas la vie plus longue que dans les pays constitutionnels. Celui de 1891, rédigé

(1) *Journal des Débats* du 13 janvier 1894.

avec un grand et pompeux appareil de délégués de l'industrie et du commerce, s'en va déjà en lambeaux. En réalité, les tarifs de douane sont modifiés tous les jours[1].

Un seul tarif pourrait être immuable, celui qui serait libellé comme suit : *Article unique* : Tous les produits étrangers entrent en franchise absolue. En d'autres termes, un tarif pourrait être immuable seulement s'il n'existait pas.

Quels que soient les tarifs présents ou futurs, ils ne satisferont jamais tout le monde. Par chaque article on désavantagera les uns dans la mesure où l'on avantagera les autres. Tant que les gouvernements réglementeront la production, il y aura des spoliateurs et des spoliés. Bien entendu, ces derniers seront mécontents ; ils se sentiront victimes d'une injustice ; ils éprouveront la haine la plus légitime à l'égard de ceux qui les exploitent. La société se divisera en deux camps : les voleurs et les volés. S'il arrive que ces derniers se trouvent concentrés dans une région déterminée, la désaffection poussera au séparatisme. C'est ce qui arrive en ce moment en Italie. Les Siciliens sont complètement sacrifiés aux intérêts égoïstes des Lombards et des Piémontais. Sans les soldats et les cours martiales, qui sait si la Sicile n'aurait pas proclamé son indépendance ? Les sociétés modernes considèrent l'extension territoriale comme le plus grand de tous les biens. On sait avec quelle passion et quelle démence elles tiennent aux kilomètres carrés. Eh bien ! par le système protecteur on tend à détruire ces unités nationales qu'on prend, d'autre part, tant de peine à édifier.

Il y a plus. Non seulement on détruit l'unité nationale, mais on crée les haines de classe plus dangereuses que les désaffections régionales. Grâce au nouveau droit de sept francs par hectolitre de blé, voté dernièrement par les chambres, l'ouvrier français va payer son pain 60 et 70 p. 100 plus cher que l'ouvrier belge et cela pour avantager 142 000 gros propriétaires. Quelle haine cette mesure ne va-t-elle pas mettre dans

(1) Une autre folie consiste à croire qu'on peut rédiger un tarif raisonné et scientifique ! Certes, de toutes les aberrations humaines, celle-ci est une des plus colossales ! Un célèbre chimiste russe, M. Mendeleief, a donné dans cette impasse avec une naïveté digne d'un meilleur sort. Un tarif immuable ne serait possible que si l'humanité était immuable. Or l'esprit humain change toutes les minutes. On le voit, Messieurs les tarificateurs scientifiques nagent en plein délire.

les cœurs ! Et il faut reconnaître hautement qu'elle sera des plus justifiées. Quelle propagande pour le socialisme et l'anarchisme[1] !

Il n'y a qu'un seul moyen d'établir la paix sociale, c'est de pratiquer la justice. Un seul tarif pourrait être juste, celui qui serait libellé comme il suit : *Article unique :* Tous les produits étrangers entrent en franchise de douane.

Le système protecteur est une spoliation mutuelle des citoyens les uns par les autres ; il est incompatible avec l'égalité devant la loi, la liberté et la justice. C'est un ferment de dissolution de la société, un microbe destructeur du droit de propriété ; il ronge donc la base même de l'ordre juridique au sein de l'État[2]. On

(1) On dirait que ce droit de sept francs est une réponse des chambres françaises à l'attentat de Vaillant. Il suffit de réfléchir un seul moment pour comprendre qu'une majoration de 60 p. 100 sur le prix du pain causera la mort de bien plus de personnes que n'en tueront jamais les bombes anarchistes.

(2) Nous assistons de nos jours à des spectacles vraiment étranges. Un pays qui a beaucoup de charbon, de fer, de machines, peut avoir une industrie avancée. La production crée la richesse et un pays riche peut entretenir une armée plus nombreuse et mieux organisée qu'un pays pauvre. D'autre part, le bon marché des produits alimentaires est la base même du bien-être des populations. De nos jours, l'Allemagne et la Russie sont armées jusqu'aux dents. On craint à chaque instant l'explosion des hostilités. Étant donné cet état de choses, ne serait-il pas rationnel de vouloir affaiblir économiquement son ennemi pour l'affaiblir politiquement ? Le plus grand intérêt des Allemands est que les Russes aient peu de fer, de charbon et de machines. Le plus grand intérêt des Russes est que les Allemands payent leur pain le plus cher possible. Le moyen le plus simple pour produire ces funestes résultats est un tarif très élevé. Eh bien que voyons-nous ? Pendant les négociations du traité de commerce, l'Allemagne a demandé des réductions sur les métaux, les machines et la houille ; elle a donc fait les plus grands efforts en vue du bien de la Russie, tandis que la Russie a fait de même en vue du bien de l'Allemagne. Chacun de ces gouvernements défendait ainsi les intérêts non pas de son peuple mais d'un peuple étranger. N'est-ce pas la plus singulière interversion de rôles qui se puisse imaginer ? Cela montre, soit dit en passant, combien les intérêts des nations sont solidaires, quoi qu'en disent messieurs les conservateurs partisans des massacres sans fin. Mais comment s'étonner d'ailleurs de ces contradictions ? Le protectionnisme, partant d'une base absolument fausse, doit aboutir à des inconséquences et à des absurdités.

Signalons-en encore une. Actuellement la Russie produit plus de blé qu'elle n'en consomme ; aussi cet article entre-t-il en franchise. Mais si ce n'était pas le cas, si la Russie devait importer du blé, celui-ci serait taxé immédiatement. Ainsi le jour où un pays a besoin de blé étranger, il l'empêche d'entrer ! Si l'on veut un comble d'absurdité, il nous semble qu'on pourra difficilement en trouver un meilleur.

voit donc que l'erreur crysohédonique exerce une influence désastreuse dans le domaine politique.

L'État a pour origine la bande de pillage. L'envahisseur se contenta d'abord de faire des razzias, puis il se fixa à demeure sur un territoire afin de percevoir les impôts à son profit. Mais la conquête a pour but la richesse. C'est donc une entreprise faite en vue du lucre.

Dans les États modernes, même les plus civilisés, la fonction politique ne s'est pas encore différenciée de la fonction économique [1]. On cherche à s'emparer du pouvoir pour les bénéfices qu'il procure. Il en est ainsi dans les républiques comme dans les monarchies, On l'a dit avec raison, la France appartient à cinquante mille politiciens. Ils tiennent aussi le premier rang aux États-Unis où cette carrière est des plus lucratives.

Toute l'organisation des États modernes est faite en vue de procurer des bénéfices à quelques dizaines de milliers d'individus. De là la centralisation à outrance, la main mise sur toutes les fonctions sociales, l'union de l'Église et de l'État, la confiscation de l'instruction publique au profit du gouvernement, afin de façonner l'esprit des générations nouvelles dans une direction conforme aux intérêts des gouvernants. De là, comme dit le comte Tolstoï, une hypnotisation systématique des masses populaires au moyen d'un ensemble d'institutions cérémonielles et autres.

Nous avons essayé de montrer tout ce que ce système cause de gaspillages, de pertes de temps, de ruines et de souffrances. Mais comment calculer aussi ce qu'il cause de haines? Gênés dans les mouvements quotidiens e leur vie, soumis à des entraves vexatoires, exploités de mille façons, les unes plus désagréables que les autres, les peuples se sont habitués à voir dans leurs gouvernements l'obstacle principal qui s'oppose à leur bonheur. Tant qu'ils étaient ignorants, ils considéraient leur infortune

(1) Sauf peut-être en Angleterre, grâce aux lords. Ceux-ci n'ont pas besoin des profits directs du gouvernement. Ils sont généralement riches et leurs fortunes sont inaliénables. Cette différenciation est un inestimable bonheur pour l'Angleterre. Les lords pourraient rendre les services les plus précieux à leur patrie. Par malheur ils ont l'esprit si étroit et si conservateur, que le peuple anglais, trouvant en eux un obstacle à ses progrès, aspire à détruire leurs prérogatives.

comme conforme à la nature des choses. Mais depuis qu'ils voient un peu plus clair dans ces affaires, ils supportent les charges dont on les accable, avec une impatience toujours croissante. De là le socialisme, l'anarchisme et tant d'autres sectes les unes plus violentes que les autres. De là le trouble de nos sociétés; de là ces explosions de haine sauvage qui jettent l'épouvante parmi les honnêtes gens.

L'État s'est constitué par la conquête et, jusqu'à ce jour, elle continue à être le but de l'activité politique dans l'humanité.

Voyez un lion. Que fait-il pour se nourrir? Il se met à l'affût, il guette sa proie. Dès qu'il trouve le moyen de la saisir, il se jette dessus et la dévore.

Telle est l'image de la politique internationale. Les diplomates guettent leur proie, c'est-à-dire le territoire du voisin. Dès qu'ils trouvent une conjoncture de circonstances qui leur permet de la saisir, ils se jettent dessus et s'en emparent. On appelle « génies » politiques, grands hommes d'État, ceux qui montrent le plus d'habileté dans les pratiques de ce genre, ceux qui savent le mieux profiter de l'occasion favorable, ou, même, la faire naître au besoin.

Les nations européennes sont comme des monstres toujours prêts à se jeter les uns sur les autres pour se dévorer. L'erreur ctésohédonique triomphe sur toute la ligne. On s'imagine qu'on sera d'autant plus prospère qu'on se sera emparé de plus de territoires voisins.

La conquête étant le but poursuivi par chaque unité politique, le désir de la spoliation violente et sa légitimité même forment la base des relations internationales. De là des défiances indéracinables, des malentendus qu'il semble impossible de dissiper, de là enfin une hostilité politique apparente ou sourde qui, hélas! n'est que trop justifiée.

En un mot, nos erreurs créent l'anarchie et la discorde entre citoyens au sein de l'État et entre États au sein de l'humanité.

Mais quand nous aurons remplacé notre fausse conception de la richesse par une conception vraie, quand nous comprendrons qu'elle est une adaptation de la planète à nos besoins, et par conséquent non pas une chose mais un *état de choses*, nos institutions se modifieront radicalement. Nous considérerons la spoliation exercée à l'égard du voisin, comme une atteinte portée à nos propres intérêts. Nous considérerons tout producteur comme un allié, non comme un ennemi. Peu nous importera la couleur de sa peau, sa langue, sa religion, sa patrie politique : du moment qu'il travaillera à l'aménagement plus parfait de la planète, il sera notre bienfaiteur, et nous n'aurons aucune raison de vouloir le spolier, sous prétexte qu'il est étranger.

TROISIÈME PARTIE

MOYENS D'ACCROITRE LA RICHESSE

CHAPITRE XIX

LES PALLIATIFS

Personne n'a encore essayé, à notre connaissance, de chiffrer les pertes, occasionnées par les erreurs humaines. Mais les souffrances qu'elles engendrent, frappent les yeux des plus aveuglés. Jamais, plus que de nos jours, elles n'ont préoccupé l'opinion publique. Les progrès si rapides du socialisme viennent de la conscience des vices de nos institutions actuelles. Et le socialisme menace de tout envahir. Il faut bien reconnaître et avouer que tous les grands esprits de notre époque, tous les penseurs véritablement éclairés qui osent regarder en avant sont plus ou moins imbus d'idées socialistes. Plus de joyeux optimistes parmi nous. Au contraire, un mécontentement universel, de sombres préoccupations. Peu de personnes sont satisfaites de la situation présente. C'est déjà un immense progrès. Par malheur, si tout le monde comprend la nécessité d'apporter des remèdes aux souffrances des classes populaires, ceux qu'on propose sont encore vagues, informes, confus, obscurs ou tout simplement chimériques.

La misère est le mal le plus évident des sociétés humaines. Aussi, depuis de longs siècles, a-t-on cherché à y porter remède et le procédé qui a paru le plus efficace, a été la charité. Allant à l'encontre des opinions les plus généralement reçues, nous affirmons que la charité est un palliatif des plus médiocres.

Elle a le même défaut que le partage égal des fortunes, préconisée par quelques collectivistes : la somme à partager est trop petite. Si tous les hommes possédant un revenu supérieur à 10 000 francs, mûs par l'amour du prochain, voulaient donner leur fortune aux pauvres, la part de ces derniers augmenterait de 10 p. 100 à peine. Cela serait la même misère. Peu importe que le revenu de Z lui soit enlevé par force (comme le proposent les socialistes les plus violents) ou qu'il l'abandonne de gré. La prospérité sociale n'en sera pas plus grande. Le vice fondamental de la charité, c'est qu'elle ne produit pas de richesse. Elle la distribue seulement d'une façon différente. Or, si nous sommes si pauvres, c'est parce que nous produisons trop peu. La charité peut faire beaucoup dans des cas individuels, mais elle ne résoudra jamais la question sociale. Il faudrait augmenter de 500 p. 100 la moyenne des revenus, pour atténuer la misère. Or cette richesse ne peut pas être distribuée aux indigents, par la simple raison qu'elle n'existe pas encore.

Secourir les pauvres est très bien. Mais ce qui vaudrait mieux, serait de ne pas en créer, en empêchant des millions d'hommes d'accroître leur bien-être, ou, en d'autres termes, en ne les précipitant pas dans la misère. De nos jours, on commence d'abord par extorquer des milliards aux malheureux peuples, puis on leur restitue quelques miettes sous forme d'aumônes ou d'institutions de bienfaisance. Un richissime industriel américain, M. Carnegie, a même essayé de démontrer les bienfaits du protectionnisme par ce singulier argument : il y a avantage à procurer de gros bénéfices à l'industriel, pour que celui-ci puisse doter d'institutions profitables la classe ouvrière. Etrange politique, en vérité ! Mais sans les spoliations de tout genre qui se commettent aujourd'hui, des milliers et des milliers d'hommes ne seraient jamais entrés dans les hospices des pauvres. En décembre 1893, M. Carnegie a donné 400 000 dollars aux indigents de Pittsburg. Les journaux du monde entier ont parlé de cette généreuse et magnifique charité. Or cette somme représente peut-être la centième partie de ce que M. Carnegie a extorqué aux malheureux consommateurs américains, grâce aux droits de douane. La fortune de ce maître de forges est évaluée à 250 millions de francs, dont une grosse part doit provenir du tarif protecteur. Seulement comme la munificence de cet industriel s'exerce d'un seul coup, elle appelle l'attention des foules, tandis que ses extorsions s'opèrent par petits acomptes quotidiens, incorporés dans le prix de la marchandise. Elles échappent ainsi aux regards. C'est grâce à cet adroit artifice que l'inique spoliation, qualifiée de système protecteur, peut se maintenir. Quand un paysan marchande une pelle, lui dit-on : cette pelle vaut 2 francs, plus 1 franc pour l'industriel protégé, total 3 francs? On se garde bien de parler ainsi. On lui dit simplement : Cette pelle, 3 francs. Le pauvre diable croit que c'est la valeur réelle de l'objet et paye sans murmurer. Si on s'exprimait de la première manière, le protectionnisme ne durerait pas un seul jour. Le peuple le balayerait d'un seul coup de sa terrible colère.

On se préoccupe aujourd'hui, avec une tendresse extrême, de protéger les enfants dans les manufactures. On a mille fois raison. Mais on ne songe pas aux millions d'enfants que l'excessive fiscalité emporte prématurément dans la tombe ou que condamnent les maladies chroniques. Quarante-deux enfants sur cent meurent en Russie, avant d'avoir atteint leur sixième année. Si le gouvernement russe, en se déchargeant d'une masse de fonctions qu'il exerce, demandait 1 250 millions de francs aux contribuables, au lieu des 2 500 millions qu'il leur prend aujourd'hui, la moitié de ces enfants aurait certainement survécu. En un mot, il existe une charité beaucoup plus large que notre charité actuelle. Elle consiste à ne pas dépouiller son prochain, à lui laisser la totalité du produit de son travail. De même la fraternité devrait consister, non pas dans l'abandon de ses droits légitimes, mais dans le respect des droits d'autrui.

La charité peut être privée ou publique. Rien de plus respectable que la première. Elle est une des belles qualités de l'homme. Compatir aux souffrances de ses semblables et chercher à les atténuer, est le plus noble, le plus généreux des sentiments. Dans beaucoup de cas la charité privée est d'une efficacité considérable. On tend la main à l'individu tombé dans l'infortune, on lui permet de se relever. S'il y a certaines souffrances incurables, hélas ! on peut au moins les adoucir. Nous comprenons aussi sous le nom de charité privée, des institutions fondées par des dons volontaires, mais administrés par des institutions publiques. Dans ces dernières années, la charité privée a enfanté des merveilles. Elle est loin d'avoir encore accompli l'œuvre qui lui est dévolue, mais elle s'y consacre avec les plus louables efforts.

Une très fausse opinion sur la charité a été répandue dans le monde par le christianisme. Jésus a dit : Vends ton bien et donne-le aux pauvres. Mais si tout le monde suivait ce conseil ; si Jean donnait tout son bien à Paul et Paul tout son bien à Jean, la situation ne serait-elle pas la même ? La somme de richesses ne serait pas plus grande. Or, si l'on veut qu'il n'y ait pas de misère, il faut vouloir, en bonne logique, que la somme de bien-être soit aussi grande que possible. Ce qu'il faut donc poursuivre avant tout n'est pas que Jean donne son bien à Paul ou Paul à Jean, mais que les deux puissent atteindre le maximum de confort.

Une autre erreur du christianisme est de regarder la charité comme un moyen de gagner le ciel Supposez une société où tout le monde soit à son aise. Personne n'aura besoin de secourir ses semblables. Personne ne pourrait donc gagner le ciel par ce moyen. L'obligation de faire la charité est un mal social. Il aurait mille fois mieux valu que personne n'eût jamais besoin de porter secours aux autres. C'est l'idéal vers lequel nous devrions tendre. La misère est une calamité. Avec la conception chrétienne, elle semble devenir quelque chose qu'il faut entretenir avec soin, afin de donner aux bonnes âmes la possibilité de gagner le paradis, en exerçant la charité. La vraie conception de la charité n'est pas dans le christianisme, elle est dans l'économie politique. La charité, en effet, est une assurance mutuelle. Le bien-être de mon voisin contribue à augmenter mon propre bien-être. Je dois donc faire des sacrifices pour que mon semblable ne tombe pas dans la misère par pure intérêt égoïste. Ce sacrifice est un placement des plus avantageux.

Il faut reconnaître aussi que souvent on abuse de la charité. Bien des institutions qui se couvrent de ce nom respecté, ne sont autre chose, comme nous l'avons déjà montré, que des prétextes à sinécures et à parasitisme.

La charité privée est grande, belle et sainte ; mais la charité exercée par l'Etat est tout simplement un vol. L'Etat ne peut pas avoir pour mission d'assurer le bien-être des individus. Et cela pour la plus simple de toutes les raisons : l'Etat ne produit pas de richesse. Son revenu provient seulement des versements des contribuables. L'unique mission de l'Etat est de maintenir l'ordre social : d'empêcher Jean de dépouiller Paul. Mais quand, sous prétexte de charité, l'Etat prend l'argent de Paul pour le donner à Jean, il devient tout simplement spoliateur, donc, au lieu de la justice, il pratique l'iniquité. Une autre chose montre combien la charité, exercée par l'Etat, est funeste. Elle coûte toujours plus aux contribuables qu'elle ne rapporte aux malheureux. L'Etat, pour distribuer un million de secours effectifs, doit en dépenser au moins deux en frais d'administration. Il gaspille donc la différence. Loin d'augmenter le bien-être général, il le diminue. Jean obtient 1 franc, mais Paul en perd 3. Total : 2 francs de perdus pour la fortune publique.

Un autre moyen de combattre la misère a été cherché dans les institutions de prévoyance : caisses d'épargne, sociétés coopératives de consommation et de production, assurances contre les accidents, l'incendie, la mort. Toutes ces institutions, *tant qu'elles sont fondées et gérées* par l'initiative privée, sont des plus efficaces. Aussi n'en parlons-nous pas ici [1]. Elles ne sont pas des palliatifs, mais des remèdes. Si elles sont exercées par l'Etat, elles rentrent non seulement dans la catégorie des palliatifs, mais encore dans celles des poisons les plus dangereux. Si jamais les classes populaires sont persuadées que l'Etat doit pourvoir au bien-être individuel de chaque citoyen, c'en sera fait de la prospérité sociale et du bonheur de l'humanité. Dès que l'Etat sera devenu le pourvoyeur général, chaque famille, loin de pouvoir obtenir jamais 5 000 francs de revenu, en moyenne, en obtiendra certainement moins de 200. La richesse, loin de se décupler au-dessus du taux actuel, tombera à un taux quatre ou cinq fois inférieur.

L'assurance des ouvriers contre les accidents a déjà été tentée en Allemagne. En 1886, l'Etat a distribué 1 711 699 marcs d'indemnités qui ont coûté 2 324 299 marcs de frais d'administration. Donc, on a pris 2 300 000 marcs à certains contribuables pour en distribuer 1 711 000 à certains autres. L'Allemagne s'est appauvrie de la différence. L'expérience est décisive. Dès que l'Etat

(1) Voir plus loin, chapitre XXIV.

se mêle d'assurer le bonheur des individus, la richesse générale diminue. Il en sera toujours ainsi. Ajoutez à cela que les bienfaits de l'Etat sont d'une parcimonie vraiment ridicule. D'après la loi allemande sur les assurances contre la vieillesse, « l'ouvrier aurait droit, à partir de soixante-dix ans, à une pension variant de 90 à 210 francs par an[1] ». De 22 à 60 centimes par jour, c'est-à-dire le prix de deux kilogrammes de pain. Avouez que cela ne représente pas le bien-être des classes populaires.

On le voit : la charité publique et privée et les institutions gouvernementales de prévoyance sont de simples palliatifs. Elles ne suppriment pas la misère.

Nous devons ajouter encore, les prédications morales non plus. Certes les vices des hommes contribuent dans une très forte mesure à diminuer leur bien-être. Quelqu'un a dit récemment que la question sociale était une question morale. Nous avons énuméré plus haut toute une série de gaspillages. Nous n'avons pas parlé de l'alcoolisme. Il fait cependant une brèche terrible dans le budget des familles européennes. C'est que, selon nous, les prédications morales ont une efficacité très limitée. L'homme agit conformément à ce qu'il croit être son intérêt. Les intérêts collectifs d'un groupe, d'une classe, d'une nation peuvent seuls provoquer aussi une action collective. L'appel au cœur peut être efficace quand il s'agit d'un individu isolé, mais le pouvoir de cet individu est très faible. Pour produire des transformations sociales, il faut des passions communes. Or celles-ci ne peuvent être provoquées que par des intérêts généraux. Ceux qui veulent donc améliorer l'état de choses actuel doivent tâcher d'ouvrir les yeux des masses populaires et de les animer d'aspirations nouvelles.

L'alcoolisme est la meilleure preuve de l'inefficacité des prédications morales. Boire n'est rien, le tout est de ne pas s'enivrer. Les hommes les plus ordonnés peuvent avaler des quantités considérables de spiritueux. Pris à temps voulu et à petites doses, ils entretiennent la santé. Mais quand l'homme du peuple va se griser dans les cabarets, c'est que les jouissances éprouvées de ce fait, l'emportent chez lui sur toute autre considération. Cette

(1) P. Leroy-Beaulieu. *L'Etat moderne et ses fonctions.* Paris, Guillaumin, 1890, p. 378.

volition est victorieuse dans ses centres nerveux. Pour qu'il cesse de se griser, il faut lui donner une autre passion plus forte : celle du bien-être, par exemple. Alors il fera des économies pour augmenter son confort, parce que le désir de ce confort sera en lui la volition victorieuse. L'ivrognerie ne peut pas se combattre par des mesures directes. Elle diminue quand les circonstances sociales se modifient. Dans un pays froid et humide, peu avancé en civilisation, le cabaret est la seule jouissance de millions d'individus. Ils n'en connaissent pas d'autre. Dès que le milieu social se modifie, dès que l'homme du peuple voit la possibilité d'améliorer sa situation matérielle, il a le désir de le faire ; il continue à boire, mais ne se livre plus à l'ivrognerie.

En résumé, la charité privée et publique, les institutions de prévoyance gouvernementales et les prédications morales ne pourront pas augmenter la richesse des sociétés. Donc elles sont des palliatifs toujours, des poisons quelquefois, jamais des remèdes. Elles ne feront pas avancer la solution de la question sociale d'un seul pas.

La véritable charité consiste dans des efforts faits pour accroître la production. Des populations faméliques s'entassent dans quelques régions de l'Europe occidentale, aux Indes et en Chine. D'autre part, des pays d'une fertilité merveilleuse sont vides d'habitants, en Afrique, en Australie et en Amérique [1]. Il faudrait organiser des sociétés philanthropiques pour transporter les hommes des pays où la population surabonde, dans ceux où elle est rare. Ces sociétés feraient des avances de fonds aux émigrants, pour leur permettre de se déplacer ; elles lotiraient les terres, fourniraient les frais de premier établissement et assureraient la sécurité.

On a déjà pratiqué ces transplantations, d'abord sous la forme de la traite, puis sous celle des engagements « volontaires » des coolies. Mais, dans les deux cas, les émigrants ont été soumis aux plus cruelles tortures. Les entreprises de colonisation établies sur des principes philanthropiques, devraient précisément avoir pour but d'épargner ces souffrances aux émigrants. Mais,

(1) Dans la partie septentrionale de la République Argentine, il se trouve une étendue d'au moins un million de kilomètres carrés, « où une population de cent millions d'hommes serait encore peu de chose eu égard aux ressources de la contrée ». E. Reclus. *Nouv. Géogr. Univ.*, t. XIX, p. 756.

dans tous les cas, les hommes généreux qui fonderaient ces entreprises, devraient en retirer un bénéfice raisonnable. Elles devraient avoir une base exclusivement économique. Autrement elles seront nuisibles. En effet, même si X donne son argent, de plein gré, à l'émigrant Z, ce dernier n'en devient pas moins un parasite qui ralentit le taux d'accroissement de la richesse. La philanthropie de l'entrepreneur X à l'égard de l'émigrant Z doit se manifester seulement par la sollicitude, les bons procédés, bref par la sympathie.

Avec les entreprises de colonisation conçues sur une base économique, on peut faire d'une pierre trois coups : l'entrepreneur gagne, le colon prospère, les hommes restés dans la mère-patrie, ayant à fournir l'outillage des nouveaux établissements, voient aussi accroître la demande de travail, c'est-à-dire diminuer la misère.

Telle devrait être la charité *active*, la seule bienfaisante et efficace. Elle devrait tendre à l'équilibration économique.

CHAPITRE XX

LE REMÈDE

I

Pour atténuer les souffrances des classes populaires, le seul moyen efficace, l'unique remède vraiment souverain est la fédération du groupe européen.

Nous entendons la réponse : utopie ! C'est un vieux refrain, auquel nous sommes habitués. Mais les sarcasmes et les sentiments de pitié dont on voudra nous gratifier, ne nous touchent guère.

Nous posons nettement et catégoriquement le dilemme : ou anarchie internationale et misère, ou fédération et bien-être. Il n'y a pas d'autre alternative. Tant pis pour les aveugles qui ne veulent pas voir la lumière. Souhaitons qu'on n'ouvre pas les yeux trop tard, quand il n'en sera plus temps.

Il faut enfin se décider à regarder les choses comme elles sont ; il faut comprendre ce qui, pour nous, est évident comme la lumière du soleil : la question sociale n'est ni une question morale, ni même, en majeure partie, une question économique, c'est avant tout et surtout une question internationale.

Depuis l'origine de la vie, les espèces ont lutté les unes contre les autres pour se procurer les subsistances. Il en a été de même des groupes humains, dans la sauvagerie primitive. Alors les hordes faisaient la guerre pour manger les prisonniers ou pour acquérir un territoire offrant plus de ressources alimentaires. Les guerres économiques sont un prolongement des luttes alimentaires. Elles ont pour but de procurer une plus grande somme de bien-être. De nos jours, les déshérités de la veille lèvent la tête et demandent aussi leur part au banquet. La question sociale est, si l'on nous permet cette expression un peu brutale, une question d'estomac.

Mais voilà qui, pour nous, est de la dernière évidence : aussi longtemps que les hommes emploieront la majeure partie de leur activité à se dépouiller les uns les autres, leurs estomacs seront vides. Les richesses abonderont seulement quand toute l'activité sera tournée, non vers la spoliation, mais vers la production. Or, voyez ce qui se passe aujourd'hui dans nos sociétés. Dans quel sens sont dirigés les efforts d'un très grand nombre de citoyens : vers le privilège et le monopole. Les gros propriétaires et les industriels parviennent à se faire protéger par des tarifs douaniers. Combien il faut de travail et de fatigues pour faire réussir un tarif comme celui de M. Méline, combien d'autres pour essayer de le faire avorter ! Il y a deux ans, toute la France a été tenue en haleine par cette grave question. Or qu'est-ce qu'un tarif protecteur? Un moyen de spolier ses semblables. Inutile de parler de la conquête du pouvoir. On sait combien est âpre et coûteuse la lutte qu'elle soulève. Et quel est le but? Au vainqueur les dépouilles, les places, les pensions, les grasses sinécures, en un mot le parasitisme le plus éhonté. Puis vient la centralisation. Comptez d'une part les montagnes de paperasses et les entraves sans nombre inventées par les gouvernements, comptez de l'autre les gigantesques efforts accomplis par les citoyens pour se libérer de cet épouvantable pression qui les empêche de vivre et de respirer. Et tout cela pour donner la possibilité à quelques individus de mettre en coupe réglée des territoires comprenant des millions de kilomètres carrés. Vient enfin l'esprit de conquête. Alors quel prodigieux efforts, d'une part pour agrandir le domaine de l'exploitation politique, de l'autre pour résister à ces tentatives d'agrandissement.

On le voit, l'activité d'une très grande partie des individus, composant nos sociétés, a pour but de spolier leurs semblables; l'activité de tous a pour but de se défendre, dans la mesure du possible, contre cette spoliation [1].

(1) Le temps consacré à cette triste besogne ne peut pas l'être à la production de la richesse. Aussi la moitié du globe reste en friche. Nous n'en tirons pas le dixième des ressources qu'il pourrait nous fournir.

Eh bien! tant qu'il en sera ainsi, la richesse sera médiocre sur le globe et neuf hommes sur dix y auront toujours faim.

Actuellement les spoliations à l'intérieur de l'Etat font plus de mal que les conquêtes de l'ennemi. Mais ces spoliations intérieures sont précisément rendues possibles par l'anarchie internationale.

L'organisation de tout être dépend du milieu dans lequel il vit. Que demain la fédération du groupe européen soit établie, que la sécurité internationale devienne complète, les institutions internes des Etats subiront des transformations radicales.

Le militarisme et le despotisme se prêtent un appui mutuel. Les gouvernements prétendent ne pas pouvoir désarmer à cause de l'insécurité internationale. Les militaires jouent le principal rôle dans l'État. Ils accaparent une très grande partie des sucs nourriciers de l'organisme social. Naturellement, ils ne consentent pas à abandonner leurs revenus. Alors on se sert des mêmes soldats qui devraient défendre la patrie contre les ennemis extérieurs, pour réprimer toute tentative de modifier l'état de choses actuel.

Les peuples, à leur tour, comprennent bien qu'ils doivent résister aux agressions du dehors, et ils se résignent à supporter les charges accablantes du militarisme.

Les gouvernements cherchent à faire croire que les attaques sont imminentes. Aussi évitent-ils avec soin aucune démarche qui puisse mener à une entente internationale. Nous l'affirmons cependant sans aucune crainte : avec un peu de bonne volonté, avec quelques concessions, une entente mutuelle serait parfaitement possible. Dans aucun cas, l'opposition ne viendrait des peuples, car la préoccupation quotidienne de l'immense majorité des habitants de l'Europe n'est pas de casser la tête du voisin, mais de s'assurer la plus grande somme de jouissances matérielles et morales.

Le militarisme est entretenu aujourd'hui dans nos sociétés par l'égoïsme étroit et aveugle d'une caste assez peu nombreuse. Mais les routines et les traditions de longs siècles d'anarchie internationale donnent à cette caste un prestige et une puissance hors de toute proportion avec son importance numérique.

Le militarisme se fonde sur les réflexes sociaux. Quand une

action a été accomplie un nombre très considérable de fois, elle devient automatique, instinctive. Pendant des siècles, le danger des invasions étrangères a été perpétuel. Le besoin de défendre l'Etat est devenu instinctif. Aujourd'hui les circonstances sont toutes différentes. La barbarie est complètement domptée. Les razzias des peuples asiatiques ne sont plus qu'un souvenir du passé. Quand les Européens voudront désarmer, rien ne les empêchera de le faire. Ils pourraient s'assurer une immense prospérité par la fédération. Autrefois les armements augmentaient la sécurité. Maintenant ils la diminuent parce qu'ils empêchent l'entente. Mais les réflexes sociaux sont tout-puissants. Les actions, devenues automatiques, ne peuvent être modifiées que par un exercice persévérant. Autrefois on mettait tout son espoir dans les soldats, on continue les mêmes errements par routine et par défaut de réflexion.

Disons d'abord ce que nous entendons par la fédération européenne. Il ne s'agit pas de monarchie universelle, de diminution de l'autonomie nationale, de centralisation quelconque. Il s'agit seulement d'établir en Europe ce qui existe depuis cent ans en Amérique.

Quels résultats peut-on espérer ? Il est facile de démontrer qu'avec la fédération, le plus grand nombre des spoliations internes devront forcément disparaître.

Commençons par le protectionnisme.

Après de nombreux efforts, la Prusse était parvenue à organiser l'union douanière des Etats allemands. « Enfin le 1er janvier de l'année 1834, dit M. Treitschke, arriva le jour fortuné qui annonçait aux populations un avenir meilleur. Sur les routes de l'Allemagne de longues files de charrettes, pesamment chargées, attendaient aux frontières devant les bureaux des douanes. Une foule bruyante et pleine d'allégresse les entourait. Au dernier coup de cloche, sonnant la fin de l'année précédente, les barrières furent levées. Les chevaux se mirent en marche au milieu des acclamations des assistants et des joyeux coups de fouet des voituriers. On poussa en avant, pénétrant dans un pays désormais libre de toute entrave [1]. » Oh ! quand viendra la même heure fortunée pour l'Europe entière ? La suppression des

(1) Cité par Weber, *Weltgeschichte*, t. XV, p. 207.

douanes entre la Russie et l'Allemagne, ou entre l'Italie et la France, sera aussi profitable à ces pays que l'a été cette suppression entre la Bavière et la Prusse. Pourquoi n'a-t-elle pas lieu ? Parce qu'aucun lien politique n'unit les Etats européens. Dès que ce lien s'établit, les barrières de douane sont supprimées. Il n'y a pas de douane entre l'Etat de New-York et la Pensylvanie, il y en a entre l'Etat de New-York et le Canada, parce que ce dernier pays fait partie de l'Empire Britannique. Que le Canada s'annexe à la grande république américaine et, immédiatement, on supprimera la barrière.

Dans la question des douanes, les intérêts économiques se subordonnent toujours aux questions politiques. Ainsi l'Autriche prétend devoir se préserver aujourd'hui de la concurrence allemande par des tarifs très élevés. Mais, de 1849 à 1853, cette même Autriche fit les plus grands efforts pour entrer dans le Zollverein, c'est-à-dire pour établir le libre-échange *absolu* avec l'Allemagne. La Prusse fit échouer cette tentative, mais uniquement aussi pour des motifs politiques. Quand, en 1879, M. de Bismark établit des droits protecteurs, il n'avait qu'une seule chose en vue : se procurer des ressources pour augmenter les armements de l'empire. Les intérêts économiques de son pays étaient le cadet de ses soucis. Les autres nations, par esprit d'imitation, on suivi le prétendu « génie » et la réaction insensée du protectionnisme que nous traversons en ce moment, s'en est suivie.

Si donc le groupe européen devenait une fédération, on pourrait supprimer les douanes entre les différents Etats. Alors la spoliation en grand, qui se pratique aujourd'hui sous le nom de protectionnisme, disparaîtrait d'elle-même. La transformation du milieu international influerait donc d'une façon des plus sensibles sur la distribution de la richesse à l'intérieur des Etats. Immédiatement les classes populaires seraient déchargées d'un des plus lourds fardeaux sous lequel elles succombent aujourd'hui [1].

(1) On dira peut-être que le revenu des douanes est indispensable pour l'équilibre des budgets. Mais leur suppression complète augmentera la production dans une mesure si immense, que le fisc trouvera le même revenu dans les impôts de consommation, dans ceux de succession, etc. D'ailleurs, dans notre idée, la fédération européenne serait accompagnée d'un désarmement général. La perte subie sur les douanes serait compensée par la diminution du budget de la guerre.

La centralisation est aussi un produit de l'anarchie internationale.

Quand les Etats européens, comme l'Espagne, la France, l'Angleterre et l'Autriche, se sont formés au XVe et au XVIe siècles, ils ont donné, pour ainsi dire, l'échelle générale. Les sociétés qui n'ont pas su se grouper en unités aussi vastes, sont tombées à la discrétion des grandes puissances. L'Italie et l'Allemagne, où l'esprit particulariste l'a emporté, n'ont pas su, jusqu'à des temps très récents, se concentrer. Aussi ont-elles servi de champ de bataille aux grandes puissances et les droits de ces deux nations ont été violés de la façon la plus inique. La leçon a été bonne. L'Italie et l'Allemagne se sont unies et ont formé de grands Etats. Grâce aux formidables armements de notre époque, on peut dire que la sécurité d'une nation comprenant moins de 30 à 40 millions d'hommes est des plus précaires. Les petits Etats modernes ne subsistent que par la tolérance et les rivalités des grands.

De plus, comme le danger de la conquête était terrible, les nations ont senti l'absolue nécessité d'avoir un pouvoir fort et obéi sans aucune hésitation. Les peuples qui n'ont pas su l'établir (comme la Pologne), ont vu démembrer leur territoire.

L'échelle sur laquelle ont été construits les Etats modernes, et la nécessité d'un pouvoir central, obéi sans aucune hésitation, ont créé notre épouvantable centralisation. Nul ne contestera les charges qu'elle impose. Nul ne contestera qu'elle est un des plus grands obstacles à l'accroissement du bien-être et de la richesse. Eh bien ! si l'anarchie internationale a créé ces maux si intolérables, il faut comprendre enfin que la fédération seule pourra les guérir.

Le processus social est analogue au processus biologique. Quelques animaux de l'époque secondaire et tertiaire ont essayé de se défendre par une taille gigantesque (l'Atlantosaure avait 35 mètres de long), et par des carapaces d'une grosseur qui rappelle les cuirasses de nos navires de guerre ainsi que nos gigantesques canons de cent tonnes. Eh bien ! tous les animaux ainsi outillés, ont succombé sous les coups d'espèces relativement plus faibles, mais vivant en société. La sécurité (donc la survivance) a été obtenue, non pas par l'outillage biologique individuel, mais par l'association. Si l'homme veut vaincre complètement les autres espèces animales et végétales, les soumettre à son empire, s'il veut que le globe terrestre lui donne vraiment toutes les ressources qu'il peut fournir, il doit faire aujourd'hui en grand ce que ses ancêtres ont fait en petit. Notre prépondérance sur les autres espèces vivantes provient de ce que des individus humains se sont groupés autrefois en hordes et en tribus. Si nous voulons nous subordonner entièrement le milieu physique, c'est-à-dire sortir de la misère, il faut que nos sociétés politiques s'unissent dans une vaste fédération.

Il y a une profonde analogie entre les animaux gigantesques de l'époque tertiaire, le dinocéras, le mégathérium, le ptérigotus, et nos Etats modernes. Les uns et les autres sont également lourds, informes, stupides. Quand on regarde les images de ces animaux, on voit d'emblée que le développement de leur cerveau était minime, que leurs extrémités, peu agiles, devaient obéir avec peine aux commandements des centres nerveux, que la vie de ces êtres grossiers devait être lente, monotone, presque végétative. C'est exactement ce que nous voyons dans les grands Etats modernes. La centralisation détruit tout. Des régions entières vivent dans le plus sombre marasme. En Russie, en dehors de Saint-Pétersbourg et de Moscou (deux villes sur 22 millions de kilomètres carrés), on ne trouve même pas une bibliothèque publique contenant les ouvrages les plus indispensables à la culture intellectuelle.

Or, dès que la sécurité internationale sera plus grande, dès que la fédération sera établie, les hommes briseront ces moules informes. Ils se grouperont selon leurs affinités véritables. Nos grands *Etats-mastodontes* se disloqueront par la décentralisation. Il s'en formera de plus petits, mais possédant la vie et le mouvement le plus intense et cet ardent amour du progrès, que la centralisation étouffe maintenant d'une façon systématique.

La sécurité internationale pourra seule pousser la concurrence politique au degré d'acuité nécessaire pour se préserver du parasitisme et du paternalisme. Aujourd'hui, quand un peuple est rongé par la fiscalité, au point d'en être presque exsangue, il se décide difficilement à la sécession. D'abord, pour l'obtenir, il doit combattre. D'autre part, en se détachant du groupe de sa nationalité, il court des dangers beaucoup trop grands. Un petit Etat risque d'être dévoré par les gros et, de nos jours, la domination de l'étranger met en question les intérêts fondamentaux des sociétés humaines : le droit de propriété, la liberté religieuse, civile et politique. Il suffit de penser au.. souffrances endurées par les Polonais en Russie et par les Alsaciens en Allemagne, pour comprendre ce qu'une nation perd en passant sous le joug d'une autre. Mais supposez une fédération européenne, il n'en sera plus ainsi. Les plus petits Etats jouiront d'une sécurité complète. Alors le droit de sécession sera pratiqué sur une grande échelle. Les gouvernements seront tenus en bride. Pour conserver leur territoire, ils seront obligés de bien gouverner.

Les ingénieurs et les fabricants ont enfanté des merveilles. En moins de 68 ans, ils ont réalisé une économie de 500 p. 100 sur les prix des cotonnades[1]. Pendant ce temps, les frais des gouvernements en Europe ont augmenté, au contraire, de 400 p. 100[2]. Pourquoi ces résultats diamétralement opposés ? Est-ce à dire que, par un miracle incompréhensible, tous les hommes politiques sont plus stupides que les industriels ? Nullement. La cause en est très simple. Les industriels sont soumis à la concurrence, les gouvernements ne le sont presque pas. Avec la fédération et le droit de sécession, la concurrence politique deviendra aussi forte que la concurrence économique et produira les mêmes résultats. La fédération diminuera le parasitisme et le paternalisme autant que la concurrence a diminué les gaspillages de la production industrielle.

La fédération emportera aussi l'intolérance et l'exclusivisme.

Quand les nations européennes se seront unies en un seul groupe politique, l'égalité des droits s'établira entre les individus qui les composent. Aujourd'hui un Sicilien, qui va s'établir au Piémont, jouit exactement des mêmes prérogatives dans l'une province que dans l'autre. Quand la fédération européenne se sera constituée, un Andalous fixé en Ukraine, et un Moscovite, fixé à Grenade, seront dans le même cas. L'Europe comprenant

(1) En 1820, un mille de cotonnade coûtait 95 livres en Angleterre. Aujourd'hui, il n'en coûte plus que 19. Voir Mulhall. *Dictionnary of Statistics*, p. 159.

(2) *Ibidem*, p. 257. L'ensemble des fonctionnaires coûtait 206 millions de francs en France, en 1876 ; en 1892, il coûtait 417 millions !

un grand nombre de races, de langues et de religions, devra les respecter toutes dans la même mesure. Alors toutes ces chinoiseries enfantines, mais si funestes, hélas! comme la limite de résidence des Israélites en Russie, comme les restrictions légales frappant les non-conformistes, les hérétiques, les allogènes et les étrangers, devront forcément disparaître. Un Russe sera indigène en Espagne, au point de vue légal, comme un New-Yorkais l'est en Californie. Avec la fédération du groupe européen, l'exclusivisme et l'intolérance se dissiperont, comme se dissipent les ténèbres quand apparaît le soleil.

C'est l'âpre lutte pour l'existence qui a perfectionné les espèces animales. Toutes celles qui étaient le moins bien organisées ont dû périr. Or la perfection de l'organisme consiste dans une différenciation des fonctions poussée toujours plus loin.

Nos sociétés modernes sont des êtres informes, précisément parce que la différenciation des fonctions y est encore très faible. Les gouvernements, loin de se restreindre au seul exercice de la justice, se croient obligés de s'occuper de la production et de la distribution de la richesse (protectionnisme), des idées et des sentiments, et même du salut des âmes. Aussi longtemps qu'il en sera ainsi, les sociétés humaines seront des organismes informes, à vie toute végétative. Si l'on veut que la richesse s'accroisse avec rapidité, que le globe terrestre soit mis tout entier en exploitation dans le plus bref délai, il faut que l'Etat réduise ses fonctions à une seule : la justice. Alors l'intensité vitale décuplera dans nos sociétés.

Il est aisé de comprendre que la fédération contribuera, dans une immense mesure, à la différenciation des fonctions sociales. Supprimez les droits de douane, et l'Etat cesse de s'occuper de la production et de la distribution des richesses. Faites que l'Anglais, l'Espagnol et le Russe jouissent des mêmes droits dans toute l'étendue du territoire fédéral, vous enlevez toute raison d'être à l'exclusivisme et à l'intolérance, c'est-à-dire que vous mettez l'Etat dans l'impossibilité de s'occuper des fonctions intellectuelles et religieuses. Aujourd'hui, par exemple, les Russes veulent russifier les Polonais. De là un amas de mesures législatives et administratives, réglant l'instruction publique. Mais si les Polonais jouissent des mêmes droits que les Russes, ces mesures deviennent absolument inutiles. Ainsi, grâce à la fédération, l'instruction devient affaire privée et la différenciation des fonctions sociales fait un nouveau progrès.

En résumé, une seule chose pourra tirer nos sociétés de la misère : la fédération. C'est le remède souverain.

Voudra-t-on l'appliquer? Les conservateurs répondent que non, sous prétexte qu'elle est une utopie. Alors, à notre tour, nous dirons aux conservateurs : Vous ne voulez pas du seul remède qui puisse nous guérir. Eh bien alors! nous périrons. Les catastrophes suivront les catastrophes, les ruines s'amoncelleront sur les ruines. Les haines internationales multiplieront les massacres, les haines de classe feront couler le sang dans nos rues. Alors, ou bien l'espèce humaine devra disparaître de la face du globe, ou bien elle réagira contre le mal. Réagira, veut dire comprendra enfin la vérité. Le jour où cela sera, on fondera la fédération. Car, nous le répétons, il n'y a pas d'autre alternative : l'alliance et le bien-être ou l'anarchie et la misère.

Quand comprendra-t-on cette vérité ? C'est ce qu'il est impossible de dire. Qui la comprendra le premier? A cela nous pouvons répondre hardiment : les classes populaires.

Encore un mot à MM. les conservateurs. Ils sont aussi ignorants du passé qu'ils sont aveuglés sur l'avenir. Eh bien ! voici ce que nous enseigne l'histoire. La société est antérieure à l'humanité. Notre ancêtre l'anthropopithèque vivait déjà en petites bandes comme les singes actuels. Les différents groupes se livraient des combats féroces. Mais si le massacre était la règle dans les rapports extérieurs, il n'était pas pratiqué à l'intérieur. Il a toujours existé parmi les hommes, dès la plus haute antiquité, un groupe, si petit qu'il fût : horde, clan ou tribu, entre les membres duquel n'étaient admis ni le vol ni l'assassinat ; bref, un groupe où la solidarité l'emportait sur l'antagonisme. Les recherches des sociologues modernes ont mis ce fait hors de toute contestation[1]. Or, ce que les hommes ont considéré comme le groupe social, a constamment varié. Successivement ce fut la bande, la horde, la tribu, la cité,

(1) D'ailleurs, on aurait même pu déterminer, à priori, qu'il n'a pas pu en être autrement. En effet, si les membres d'une même horde s'étaient déchirés comme des bêtes féroces, aucune horde n'aurait pu subsister. Voir à ce sujet un excellent travail de M. Mario Morasso, *La Evoluzione del Diritto*, Turin, 189[illegible], et un article de M. M. Kovalevski dans la *Revue internationale de Sociologie* de février 1894.

l'Etat, la nationalité. Les limites des groupes n'existent pas dans la nature, c'est nous qui les plaçons où il nous plait. Ces limites s'étendent en raison directe de notre horizon mental. Or, depuis l'époque quaternaire, notre horizon mental s'est toujours agrandi. S'il venait à se rétrécir, l'humanité commencerait à rouler sur la pente régressive qui la ramènerait à l'animalité. Mais malgré toutes les misères de nos sociétés modernes, nous ne voyons pas la science humaine restreindre le cercle de ses recherches ; nous la voyons, au contraire, l'élargir de plus en plus. Or si la science continue à faire des progrès, notre horizon mental continuera à s'étendre. On dépassera les limites de la nationalité, comme on a dépassé successivement celles de la horde, de la cité et de l'Etat.

L'esprit obtus des conservateurs ne peut pas concevoir, aujourd'hui, la possibilité et la nécessité d'une fédération européenne. Mais tous nos conservateurs actuels seront morts dans trente ou, au plus, dans quarante ans. D'autres hommes viendront, qui auront des idées différentes des nôtres, comme nous avons des idées différentes de celles de nos ancêtres.

Maintenant, une autre généralisation plus vaste encore. Deux phénomènes simultanés et parallèles se produisent en biologie : la symbiose et le parasitisme. Toute cellule tâche de vivre au détriment de ses voisines. Quand le parasitisme l'emporte dans un corps vivant, il dépérit et meurt ; quand c'est la symbiose (c'est-à-dire un échange équitable de services), le corps prospère et vit longtemps.

La même loi règle les rapports sociaux. Si les nations continuent à considérer le brigandage international comme la plus avantageuse des politiques, le parasitisme sera dominant. Les sociétés seront accablées des maux les plus cruels ; elles végéteront. Si l'on comprend, au contraire, que l'idolâtrie des kilomètres carrés est une folie, la symbiose prendra le dessus. L'humanité formera un seul groupe, uni pour le combat contre les autres espèces animales et contre les conditions défavorables du milieu physique. Alors la richesse et la prospérité atteindront leur point culminant sur la terre et nos souffrances seront réduites au minimum. MM. les conservateurs se trompent grossièrement s'ils croient pouvoir empêcher l'idée de la solidarité de faire son chemin dans le monde. Malgré tous les obstacles, elle arrivera un jour à la conscience de l'humanité. Alors, comme un torrent qui emporte ses digues, elle écrasera, elle pulvérisera les honteux égoïsmes et les stupides aveuglements qui essayeront d'arrêter son flot tout-puissant.

II

On traite la fédération européenne d'utopie. Mais d'abord examinons ce qu'on entend par ce mot.

Il signifie, en premier lieu, un idéal absolument irréalisable, parce qu'il est contraire à la nature des choses. Supposer, par exemple, que nous puissions nous transporter un jour sur les autres planètes est une utopie. La loi de la pesanteur s'y oppose. Supposer que tous les hommes deviendront parfaits est une utopie. Les cas pathologiques se produiront toujours parmi eux ; donc ils ne seront jamais parfaits.

Dans un sens plus restreint, on appelle utopie la réalisation d'un état de choses, sinon impossible, du moins très difficile. Ainsi on dit qu'il est utopique de songer à entrer en communication avec les habitants de Mars. Sans doute, à l'heure actuelle nous ne possédons pas la connaissance des phénomènes naturels qui puissent rendre cette communication possible. Mais sommes-nous en droit d'affirmer qu'il en sera toujours ainsi? Peut-être découvrirons-nous un jour des forces inconnues qui nous permettront d'établir des relations avec les planètes voisines. Peut-être ne les découvrirons-nous pas. Sur cette question on ne peut se prononcer maintenant, ni par l'affirmative, ni par la négative. Communiquer avec les habitants de Mars est aujourd'hui une utopie. Nous ne savons pas ce qui sera demain [1]. L'idée de parler avec un individu aux antipodes eût été traitée d'utopie il y a à peine vingt ans. Cependant, grâce au téléphone, cette conversation rentre aujourd'hui dans le domaine des choses difficiles, mais possibles.

(1) Auguste Comte n'était, certes, pas le premier venu. Il affirmait cependant que les étoiles resteraient éternellement des points mathématiques pour l'humanité et que jamais nous ne pourrions rien savoir sur leur constitution chimique. Or, presque à l'époque même où il exprimait cette opinion, Frauenhofer découvrait l'analyse spectrale.

Mais on n'est pas en droit de qualifier du nom d'utopie des choses parfaitement réalisables et par des moyens connus.

Ainsi personne ne traite d'utopie la civilisation de l'Afrique. Cette œuvre est voulue aujourd'hui par les nations européennes. Elle est commencée sur plusieurs points. Les Anglais, les Français, les Allemands, les Belges se sont partagé la tâche. Les chemins de fer de pénétration se construisent. Quand ils seront terminés, elle ira beaucoup plus vite. Cependant la civilisation de l'Afrique est une œuvre difficile. Il s'agit d'inculquer à 170 millions de barbares ou de sauvages une masse énorme d'idées nouvelles. Or, s'il faut beaucoup de peine pour faire pénétrer des idées nouvelles parmi les peuples civilisés, il en faut encore plus pour les faire pénétrer parmi des sauvages.

Cependant on est sûr que cela se fera. Personne n'en doute ; on sait que c'est inévitable. Les optimistes pensent seulement qu'il faudra un siècle, les pessimistes qu'il en faudra dix. Mais il n'y a divergence que sur le temps nécessaire pour accomplir cette œuvre.

La civilisation de l'Afrique est donc considérée comme rentrant dans le domaine des faits positifs. Personne ne traite les hommes qui travaillent à cette entreprise, d'idéalistes, de songe-creux et d'optimistes incorrigibles. On a même l'expérience du passé. Au XVIe siècle, l'Amérique du Nord se trouvait dans la même situation par rapport à l'Europe. De l'Atlantique au Pacifique s'étendaient des régions inconnues et impénétrables, peuplées de sauvages. Aujourd'hui ce territoire est occupé par les Anglo-Saxons, et les États-Unis sont un foyer des plus brillants, d'activité économique et intellectuelle.

Si donc la civilisation de l'Afrique n'est pas traitée d'utopie, pourquoi la fédération européenne est-elle qualifiée de ce nom ?

La tâche est exactement la même. Dans les deux cas, il s'agit d'inculquer certaines idées nouvelles à un certain nombre d'hommes. Et, chose curieuse, la même idée. Que faut-il en effet pour civiliser l'Afrique ? Faire admettre à 170 millions d'individus qu'il n'est pas *conforme à leur intérêt* de se massacrer comme des animaux féroces et de massacrer les blancs qui viennent s'établir parmi eux.

Que faut-il pour établir la fédération européenne ? Faire admettre à 367 millions d'hommes qu'il n'est pas *conforme à leur intérêt* de se massacrer comme des animaux féroces pour quelques milliers de kilomètres carrés.

De quel droit vient-on affirmer qu'une pareille idée ne tombera *jamais* dans le domaine public, qu'elle n'entrera *jamais* dans la conscience de nos sociétés ?

Une condition serait indispensable pour que la fédération européenne fût une utopie, dans le véritable sens de ce mot : l'immutabilité de l'univers. Or, c'est la plus folle des illusions qui ait jamais hanté un cerveau humain. L'univers est un ensemble de tourbillons vertigineux. Il n'y a pas un atome immobile. Matière et mouvement sont deux termes synonymes et, précisément, la matière du cerveau est à l'état le plus instable qui soit dans la nature. Tout se transforme dans l'univers, mais, au fur et à mesure qu'on passe de la matière inorganique à la matière organique, tout se transforme avec une vitesse de plus en plus grande. Un bloc de granit reste immuable pendant des siècles, une plante change tous les jours ; la pensée humaine, toutes les minutes.

Non seulement la fédération européenne n'est pas dans le domaine de l'utopie, non seulement elle est dans celui des choses parfaitement faisables, mais nous dirons plus, elle est considérablement plus facile que la civilisation de l'Afrique, dont personne ne doute et dont l'accomplissement, plus ou moins prochain, n'est l'objet d'aucun sarcasme de la part des conservateurs, des routiniers, des pessimistes et des beaux esprits.

Pour établir la fédération européenne, il faudrait modifier, avons-nous dit, l'opinion de 367 millions d'hommes. C'est une manière de parler. En réalité, il suffirait d'un nombre infiniment plus petit. Il s'agirait de modifier l'opinion des classes dirigeantes. Combien d'individus les composent ? Il est difficile de le dire. Mais, dans tous les cas, ils ne dépassent pas 10 p. 100 de la population totale ; donc, au plus, 36 700 000 hommes. Est-ce une tâche impossible d'inculquer une idée nouvelle à un pareil nombre d'individus ? Certes non. Notons, avant toute chose, que la fédération européenne, loin de porter atteinte aux intérêts de ces personnes, leur assurerait, au contraire, d'immenses avantages.

Mais, dira-t-on, les classes supérieures sont aveugles, routinières, misonéistes. Hélas ! ce n'est que trop vrai. Peut-on affirmer, cependant, qu'elles ne comprendront *jamais* leur intérêt? Il faudrait pour cela qu'elles fussent immuables, c'est-à-dire qu'elles constituassent une exception unique dans l'univers.

Il suffit, d'ailleurs, de jeter le coup d'œil le plus superficiel sur l'histoire, pour s'apercevoir que les conservateurs changent, eux aussi. Si un homme osait demander maintenant en Russie des institutions correspondant au programme des *conservateurs* français, il serait, pour le moins, envoyé au fin fond de la Sibérie. Cependant le programme d'un conservateur russe de 1894, aurait été traité de radical par un boyard de la cour du tsar Alexis[1]. Les conservateurs français avaient les idées de leurs collègues russes actuels, vers les environs de l'année 1675. Or ils ont fait beaucoup de chemin depuis. On le voit, l'immobilité ne se retrouve pas plus dans le camp des conservateurs que dans aucun autre.

D'ailleurs, même aujourd'hui, beaucoup de personnes, dans les classes dirigeantes, ne sont plus affectées de la folie de kilomètres carrés. Les nombreuses ligues de la paix, fondées dans ces dernières années en Europe et en Amérique, en sont la preuve. Combien y a-t-il d'hommes qui trouvent déjà l'esprit de conquête contraire à leurs intérêts? C'est ce qu'il est impossible de dire. Cependant il doit y en avoir beaucoup. En Allemagne, les socialistes et les progressistes sont de ce nombre. Ils ont réuni 2 886 000 voix aux dernières élections du Reichstag, ce qui fait 17 300 000 hommes avec leurs familles. En ajoutant les Alsaciens et les Danois, on arrive à près de 19 millions d'individus qui, en Allemagne, seraient plutôt pour la fédération. C'est plus du tiers des habitants de l'empire germanique.

Nous n'avons aucune donnée positive pour évaluer le nombre des adversaires de l'anarchie internationale, dans les autres pays. Tout porte à croire cependant qu'ils ne sont pas moins nombreux qu'en Allemagne. L'Angleterre, certainement, est moins belliqueuse que la Prusse.

Évidemment les partisans de la fédération ne forment pas encore la majorité. Est-il possible de produire une évolution mentale qui la leur donnerait? Certes; et, encore ici, le passé

(1) Il régna de 1645 à 1676.

nous est garant de l'avenir. Les idées libérales gagnent toujours du terrain à la longue. Les périodes de réaction constituent des temps d'arrêt qui ne peuvent pas empêcher la marche en avant. Sans doute, l'empereur Guillaume II, le cousin du bon Dieu des Hohenzollern, est trop infatué de sa personne, il est beaucoup trop plongé dans les idées gothiques, pour qu'on puisse espérer sa conversion à des vues plus raisonnables[1]. Mais Guillaume II pourra vivre, au plus, encore trente ou quarante ans.

Dans tous les cas, il faudra moins d'efforts pour faire passer la majorité dans le camp des partisans de la fédération, que pour civiliser l'Afrique. Dans l'Europe occidentale, le nombre des illettrés ne dépasse pas 10 p. 100. Quand un homme sait lire, il est plus accessible aux idées nouvelles, puisqu'il peut en prendre connaissance par les livres, les brochures et les journaux. Les 19 000 publications périodiques de notre continent font, certes, une propagande plus active parmi les Européens, qu'on ne peut la faire parmi les sauvages de l'Afrique.

Quinze ou vingt millions d'hommes consentent maintenant à servir sous les drapeaux. La plus grande partie d'entre eux le font, évidemment, parce qu'ils le croient indispensable. Le jour où ces hommes seront convaincus du contraire, ils ne consentiront plus à se faire soldats. Ce n'est pas alors quelques milliers de hobereaux faméliques, à qui la guerre *semble* offrir des profits immédiats, qui pourront les y contraindre.

On dit encore que la civilisation de l'Afrique se fera parce que tel est l'intérêt des nations les plus puissantes de notre globe. On dit qu'elle se fera, non pas par la persuasion, mais par la force.

Eh bien ! tel sera aussi probablemennt le cas de la fédération européenne. Elle se fera parce qu'elle sera dans l'intérêt des forts. Or, la force est dans le nombre. Dix millions d'hommes peuvent développer 60 millions de kilogrammètres par seconde, mille hommes, seulement 6 000. La prépondérance est donc dans le premier camp. Mais la force brutale est bien peu de chose en ce monde. Depuis les temps les plus anciens, les masses ignorantes se sont soumises à d'infimes minorités. A Athènes,

(1) Et encore, qui sait ? M. Gladstone n'a-t-il pas commencé par être un conservateur ultra ?

400 000 esclaves obéissaient à 20 000 citoyens. A Rome, la proportion des maîtres était encore plus faible. De nos jours, de vastes empires se soumettent à la volonté de quelques milliers d'individus. Les masses populaires ont la force brutale; mais non la force mentale qui dirige les affaires humaines. Mais, de nos jours, rien ne fait prévoir que les classes inférieures cesseront de s'instruire de plus en plus. Dans certains pays, 90 p. 100 des hommes de notre génération savent déjà lire et écrire. Il n'est pas probable que la proportion sera renversée pour la génération suivante. Au contraire, l'instruction fera des progrès, même là où elle est encore arriérée à notre époque.

Si donc les masses s'instruisent inévitablement, elles acquerront, tout aussi inévitablement, la force mentale qui assurera leur victoire définitive. Alors elles imposeront la fédération parce qu'elle sera conforme à leurs intérêts, comme les nations européennes imposent la civilisation aux sauvages africains.

Mais, nous le répétons, la suppression de l'anarchie internationale pourrait avoir lieu beaucoup avant le jour où elle serait imposée par les classes populaires. Il suffirait qu'elle fût *voulue* par les classes dirigeantes.

Le jour où il en sera ainsi, la fédération européenne sera la chose la plus facile du monde. Quelques délégués se réuniront dans une capitale et ils rédigeront un pacte fédéral qui sera appliqué par les différents gouvernements.

Ce pacte ne sera pas parfait, comme toute œuvre humaine, mais les Etats-Unis d'Europe seront fondés. Alors chacun de nous, débarrassé du cauchemar de la spoliation mutuelle, jouira enfin, pour la première fois depuis l'origine du monde, du fruit de son travail, dans sa plénitude complète.

La dépense nécessaire pour faire la fédération européenne, ne dépassera certainement pas 100 000 francs. Elle ne coûtera pas la vie à un seul homme. Il n'en est pas de même de la civilisation de l'Afrique, qui demandera des centaines de millions et, hélas, d'innombrables victimes.

Nous voyons le sourire se dessiner sur les lèvres du lecteur. Nous le prions de se souvenir de notre expression : « *le jour où l'on voudra* ». Mais quand viendra-t-il? Nous n'en savons rien. Une chose est seulement certaine : lorsque ce jour aura lui, la foudre ne tombera pas du ciel et aucun monstre ne sortira des flots de l'océan pour empêcher les hommes de mettre fin à l'anarchie.

Dans les sociétés et dans l'individu, la série des actes psychiques est la même : sensation, perception, conscience, volonté, passion.

Les sociétés contemporaines éprouvent des souffrances insupportables (sensation) ; elles commencent à comprendre la cause de leur mal (perception); quelques individus voient déjà qu'elle est dans la spoliation, devenue la base fondamentale du droit international; ils comprennent que le remède est dans la fédération. Cette idée va se répandre dans les masses. Elle deviendra consciente. Au bout d'un certain nombre d'années, elle passera à l'état de volition, puis elle finira par rallier la majorité. Alors elle deviendra une passion populaire et alors malheur à qui lui résistera !

Encore un mot. La fédération n'a absolument rien à voir avec la vertu et la bonté. Elle se fera, non pas le jour, où nous serons doux comme des colombes et où nous nous aimerons comme des frères, mais le jour où nous la trouverons conforme à nos intérêts.

CHAPITRE XXI

L'EUROPE DEPUIS 1789

Nous avons montré dans le chapitre précédent que la fédération est le seul moyen de sortir de notre misère. Voyons maintenant ce qui a été fait dans cette direction depuis la fin de l'ancien régime.

Il y a à peu près cent ans la situation de l'Europe était déplorable. L'édifice du moyen âge, vermoulu et lézardé, craquait de toutes parts. Les armements étaient formidables pour les ressources de l'époque. Des diplomates, pleins de rouerie, de finesse et de ruse, épiaient chaque occasion favorable pour tomber sur le voisin et lui arracher une province. Ce brigandage perpétuel passait pour le comble de la sagesse. Parce que Frédéric II avait su voler une province à l'Autriche et une autre à la Pologne, on le qualifiait de « grand ». La sécurité internationale était donc assez médiocre.

A l'intérieur des grands Etats, la situation était encore plus lamentable. Le parasitisme social avait atteint des limites extrêmes. Une aristocratie désœuvrée et brouillonne vivait au détriment du peuple, lui arrachait les quatre cinquièmes du fruit de son travail et le réduisait parfois à manger de l'herbe. La fiscalité la plus absurde était arrivée à ses fins ; elle paralysait tout mouvement; elle arrêtait, dans une immense mesure. l'essor de la richesse. Les champs les plus fertiles restaient en friche, parce que le cultivateur était frappé d'impôts trop accablants.

Malgré les charges les plus lourdes pesant sur les populations, les finances des Etats européens étaient peu prospères. En Espagne, la cour n'avait pas de quoi payer ses domestiques :

en Autriche, la détresse était extrême ; en Russie, on avait dévoré les ressources de l'avenir par les assignats. En France, après avoir usé de mille expédients, il fallut s'avouer vaincu et convoquer les États Généraux pour demander des subsides à la nation. Bref, la situation financière de presque tous les pays était des plus critiques.

L'opinion publique avait conscience des vices de l'organisation sociale. Voltaire prédisait une catastrophe prochaine. Il regrettait d'être trop vieux pour pouvoir y assister. Louis XV la prévoyait aussi, mais il disait : « cela durera aussi longtemps que moi ».

L'ancien régime avait conduit l'Europe dans une impasse. Son insuffisance était évidente pour les plus aveugles.

Alors la *vis medicatrix naturæ* exerça son action. Une nouvelle classe se mit en avant. Elle prétendit pouvoir guérir ces maux intolérables ; elle affirma qu'elle allait sauver la société.

En France, le tiers état devint souverain, après 1792. Dans les autres pays de l'Europe, les dynasties et les aristocraties conservèrent le pouvoir, mais la classe moyenne exerça aussi une influence assez considérable, en sorte que le XIXe siècle peut être regardé, à bon droit, comme le règne de la bourgeoisie.

Essayons de dégager les résultats de son gouvernement.

Commençons par les finances.

Aujourd'hui, comme à la veille de 1789, les budgets de presque tous les États européens sont dans la situation la plus déplorable. La Grèce, la Turquie, le Portugal ne payent plus intégralement les coupons de leur dette. Les finances de l'Espagne sont dans un état des plus précaires. En Italie, le déficit est de 177 millions. En Allemagne, le budget de l'Empire a doublé en vingt ans (674 millions de marcs en 1874 contre 1 336 en 1893-4). Malgré cela, il manque 100 millions de francs pour faire face aux nouvelles dépenses militaires. En France, selon M. Paul Leroy-Beaulieu, qui s'y connaît, le déficit réel est de 200 millions. En Prusse, il monte à 70 millions. En Russie, le ministre des finances accuse un reliquat de 63 millions de roubles sur l'exercice financier de 1892 ; mais, en même temps, il augmente les impôts, ce qui est une contradiction incompréhensible. Il vient d'introduire l'impôt mobilier et de porter l'accise sur le sucre à 30 centimes par kilogramme. Même aux États-Unis d'Amérique, le déficit atteint 145 millions de francs. Bref, un siècle après 1789, la situation financière est exactement la même : la « hideuse banqueroute » est menaçante. L'Espagne et l'Italie sont à la veille de l'accomplir et tous les autres États y *passeront infailliblement*, s'ils continuent leurs armements insensés. Et non seulement nous avons dévoré les ressources actuelles, mais encore celles de l'avenir. Les dettes des États de l'Europe ont décuplé depuis 96 ans[1]. Depuis 1870, elles s'accroissent annuellement de 2 950 millions de francs et l'on ne voit pas trop qu'on ait envie de s'arrêter, puisque les déficits annuels des seules cinq grandes puissances dépassent 500 millions de francs par an.

On le voit donc, pour ce qui est des finances, la bourgeoisie n'a pas tenu ses promesses. Sa gestion des deniers public a été aussi mauvaise, sinon pire, que celle de l'ancien régime.

Quant aux gaspillages et au parasitisme, celui de nos pères était véritablement un jeu d'enfant. La cour de Louis XVI coûtait 36 millions de livres par an au peuple français. Cela paraissait excessif. L'année même de la fondation de la République, la commune de Paris absorba, à elle seule, 1 400 millions. Il est difficile de comparer les budgets de 1788 à ceux de 1893, mais la comparaison peut se faire à des dates plus rapprochées. Selon M. Mulhall,[2] les revenus des budgets européens montaient à 3 750 000 000 de francs en 1810 et à 17 670 000 000 en 1889. Ils ont plus que quintuplé en moins de soixante-quinze ans. Songez ce que cela représente d'extorsions. Après les désastres inouïs de 1871, la France a dû chercher 600 millions de ressources nouvelles. Alors on a fait flèche de tout bois. On a établi quantité de petites taxes, comme par exemple le timbre sur les factures, l'impôt sur les allumettes, etc. En Russie, il n'y a eu aucune invasion et cependant tous ces impôts y ont été aussi introduits. L'ingéniosité des financiers est vraiment extrême. On taxe tout. En France, par l'impôt des portes et des fenêtres, on taxe la lumière. Encore un peu, on nous fera payer l'air que nous respirons.

Quand un ressort est trop tendu, il se brise. C'est ce qui arrive aussi pour les sociétés humaines. Quand la fiscalité devient par

(1) Voir Mulhall, *Diction. of Statistics*, p. 260.

(2) *Ibid.*, p. 257.

trop excessive, elle dévore les nations. Les contribuables, acculés aux dernières limites de la misère, se révoltent. Des émeutes éclatent de tous côtés, comme cela se voit maintenant en Sicile et dans le midi de l'Italie. Ces troubles produisent une grande destruction de richesses. Quand l'agriculture cesse d'être productive, à cause de la taxe foncière, le paysan se sauve dans la brousse et devient brigand. Alors la misère augmente encore davantage, parce que l'insécurité du pays empêche le travail productif. Des régions d'une fécondité admirable sont réduites à l'état de déserts par l'extrême fiscalité. Même, dans un pays aussi riche que la France, il y a des fermes qu'on ne peut pas louer pour le montant de l'impôt.

Encore quelques années d'armements insensés, et tous les grands États d'Europe en seront au même point que l'Italie [1]. Cela n'arrête personne ; on demande 100 millions d'impôts nouveaux au peuple allemand !

Sur ce point encore, la bourgeoisie n'a pas tenu ses promesses. Un siècle après la révolution, les peuples sont aussi accablés que sous l'ancien régime. Le gaspillage est peut-être plus grand et le parasitisme pèse d'un poids aussi lourd sur nos épaules que sur celles de nos aïeux.

Comme compensation à des charges si écrasantes, avons-nous obtenu au moins un peu plus de sécurité internationale ? Hélas non. C'est même juste le contraire.

Vers 1788, un certain tassement s'était opéré dans la carte de l'Europe. On approchait d'un état de choses qui s'était déjà présenté, en Italie, dans la deuxième moitié du xve siècle. Les combattants, se voyant de force égale, perdaient l'espoir de détruire leurs rivaux. Les Visconti de Milan avaient rêvé un moment de devenir rois d'Italie, mais leur tentative s'était brisée contre la résistance des autres États. Au xve siècle, tous les potentats italiens avaient renoncé à des plans aussi ambitieux. Venise, Milan, Florence, le pape et le roi de Naples étaient des puissances irréductibles. Laurent le Magnifique comprit que

(1) « Les impôts actuels en Italie, dit le comte Jacini, *sont uniques au monde*. Ils ont le caractère d'une véritable spoliation. Aux États-Unis 95 p. 100 des produits du sol appartiennent au producteur. En Italie le fisc prend de 30 à 70 p. 100 selon les régions. » (Cité par le *Journal des Débats* du 21 décembre 1893, édition du matin.)

l'antagonisme de ces cinq États devait produire une certaine stabilité et assurer la paix de la péninsule.

Telle était, à peu près, la situation de l'Europe, vers 1788. L'Espagne, la maison d'Autriche, la France avaient rêvé, tour à tour, la monarchie universelle. Mais ces rêves s'étaient brisés contre la résistance des autres États. On renonça donc à l'espoir de faire des acquisitions territoriales par trop considérables. Après les guerres les plus longues et les plus sanglantes, on revenait au *statu quo ante bellum* (comme après la guerre de Sept ans). Arracher une petite province au voisin était le comble des rêves de la diplomatie[1]. Les souverains de l'Europe avaient fini par constituer comme une corporation. Ils se traitaient de frères et de cousins et, sous ces noms hypocrites, il y avait peut-être une petite teinte de vérité. La ruine complète d'une des grandes dynasties historiques de l'Europe aurait été considérée comme une calamité par les dynasties rivales. Une certaine camaraderie s'était établie entre les rois. La politesse était la règle des relations internationales et, il faut bien le reconnaître, la politesse ne va jamais sans une dose de bienveillance. La politique était vieillotte, timide, mais certes les peuples n'avaient pas à se plaindre de ces « défauts ».

Voilà qu'au milieu de ces gens bien élevés et cérémonieux apparaissent les grands sabreurs de la bourgeoisie : les Hoche, les Murat et surtout Bonaparte. D'un seul coup, ils renversent l'édifice séculaire des bienséances et des bonnes manières internationales. Ils poussent d'abord la guerre à fond. En 1805, après Ulm, l'Autriche demande la paix. Mais Napoléon ne veut traiter qu'à Vienne[2]. Puis, quand les ennemis sont à terre, ce ne sont plus de petites provinces, ce sont des royaumes entiers qu'on leur enlève. Aussi les haines deviennent-elles féroces. Les Français en ont ressenti les effets en 1813, 1814 et 1815.

Ainsi le règne de la bourgeoisie débuta par des bouleverse-

(1) Il faut toujours excepter la Pologne. Mais ce pays, n'ayant pas de dynastie, n'entrait pour ainsi dire pas dans la grande famille des souverainetés européennes.

(2) Disons, en passant, que cette satisfaction d'orgueil personnel coûta la vie à 30 ou 40 000 hommes qui furent tués dans différentes rencontres sur les bords du Danube. Naturellement les seules victimes ne furent pas des Autrichiens. Il périt aussi beaucoup de Français.

ments épouvantables, par un débordement d'appétits effrénés, par des abus de force et des brutalités dont la vieille Europe commençait à perdre l'habitude. Les Français firent malheureusement école. M. de Bismarck s'appropria les procédés de Napoléon. Lui aussi, dans chaque circonstance, portait la main à la garde de son épée et disait : Voici la loi et les prophètes.

Comme la force prime le droit, quatre millions de soldats sont aujourd'hui prêts à se ruer les uns sur les autres, munis des engins de destruction les plus épouvantables que le génie humain ait inventés.

Encore ici, l'œuvre de la bourgeoisie a abouti à un échec complet. Nous n'avons pas autant de sécurité internationale qu'en 1788 ; même, nous en avons infiniment moins.

Mais si le présent est bien sombre, que dire de l'avenir ? Hélas ! il est tout simplement effrayant.

Les conservateurs affirment qu'une prochaine guerre est inévitable. Ils en calculent d'avance les frais. Sans compter les hécatombes humaines (dont ces messieurs font très peu de cas), ils estiment que la dépense montera à 30 milliards de francs. Les dettes de l'Europe augmenteront d'un tiers. Il faudra demander aux peuples un milliard d'impôts nouveaux.

Nous avons montré que les limites de la taxation sont déjà presque atteintes aujourd'hui. Après une grande guerre continentale qui aura mise aux prises 10 à 12 millions d'hommes, les forces productives de notre continent auront diminué dans une mesure énorme. Et c'est alors qu'on viendra nous demander un milliard d'impôts nouveaux. Grands dieux ! que sera donc alors la fiscalité ? On frémit rien que d'y penser. Ainsi, après tous les avantages que la bourgeoisie nous a donnés depuis un siècle, voilà l'avenir qu'elle nous prépare !

Et pourquoi toutes ces calamités passées, présentes et futures ? Pour payer un tribut à l'idolâtrie béate des kilomètres carrés !

Pour éviter tout équivoque, on nous permettra une petite parenthèse. Ce que nous disons de la folie des conquêtes ne s'adresse pas *pour le moment* à la France. Le désir de reprendre l'Alsace-Lorraine n'a rien de commun avec l'idolâtrie des kilomètres carrés. Dans cette circonstance, la France défend seulement ses droits, et, disons-le hautement, les droits de la justice et de la liberté. Qu'on fasse voter les Alsaciens-Lorrains avec toutes les garanties désirables pour obtenir un vote sincère. S'ils se déclarent pour l'Allemagne, la question sera jugée. Si, après cela, la France ne renonce pas à ces provinces, c'est qu'elle sera atteinte, elle aussi, de la folie des kilomètres carrés. Alors elle méritera la réprobation des hommes de progrès, à l'égal de la Prusse, de l'Autriche et de la Russie.

Nous reprenons maintenant le fil de notre argumentation. Le temps où les peuples civilisés pouvaient être traités comme un vil troupeau de bêtes est passé à jamais. Aujourd'hui l'instruction est si répandue[1] que les peuples ont pris conscience de leur individualité. Ils ne se considèrent plus comme la chose de leur souverain. Les annexions violentes ne peuvent plus réussir.

Par malheur, les aristocrates et les bourgeois ne veulent pas voir ce fait dont l'évidence crève pour ainsi dire les yeux. Leur aveuglement confine de bien près à la démence.

M. Schaeffle (un sociologue, cependant, hélas!), après avoir calculé lui-même que la guerre future coûtera trente milliards de francs, arrive à la conclusion suivante : « L'Allemagne doit se résigner à de nouveaux sacrifices, augmenter les effectifs et les cadres, voter le projet de loi de M. de Caprivi, faire des préparatifs inouïs pour que nul n'ose l'attaquer[2]. »

N'avions-nous pas raison de dire que c'est de la pure folie. Ainsi la violence brutale commise à l'égard de 1 500 000 Alsaciens-Lorrains, oblige de maintenir quatre millions de soldats sous les armes. Le funeste esprit de conquête nous ruine ; il tarit les sources de notre bonheur et de notre prospérité. La cause du mal est là et pas ailleurs. C'est clair, net, évident pour tout le monde. Il semblerait si logique de conclure : il faut guérir cette plaie, il faut laisser les Alsaciens-Lorrains libres de disposer de leur destinée ; il faut mettre fin à la brutalité et au militarisme. Nullement. Un savant, un sociologue conclut : il faut continuer à violer les droits des hommes, il faut prolonger le règne du despotisme, il faut doubler le nombre des régiments, fondre des milliers de nouveaux canons, accabler les peuples de nou-

(1) En Alsace-Lorraine les illettrés ne font pas le dixième de la population.
(2) *Journal des Débats* du 6 avril 1893, édition du matin.

veaux impôts! Tel serait un médecin disant à un malade: un cancer horrible ronge votre corps, vous dépérissez à vue d'œil, eh bien! inoculez-vous un second cancer. Si telle est la logique de l'aristocratie et de la bourgeoisie, il faut avouer que ces deux classes méritent la haine et la réprobation de tout homme de cœur, de tout esprit qui ose regarder l'avenir, de toute intelligence qui n'est pas embourbée jusqu'au cou dans les survivances de la barbarie.

L'empereur Guillaume II a visité Metz en 1893. Selon ses habitudes, il s'est cru obligé de prononcer un discours. Il contient entre autres la phrase suivante: « L'éclatant enthousiasme, les visages sympathiques, les paroles de joie émue qui m'ont accueilli, me font un devoir de vous remercier du fond du cœur. » L'homme est un animal dur et cruel. L'histoire est pleine, hélas! des récits les plus atroces. Bien des fois les vaincus ont été exterminés jusqu'au dernier. Mais on nous avait épargné, au moins, jusqu'à ce jour, les railleries hypocrites mêlées à la brutalité. On avait opprimé les faibles sans se moquer d'eux. Le discours de l'empereur Guillaume, à Metz, dépasse les bornes des banalités conventionnelles, de cette eau bénite des cours qu'on se croit obligé de distribuer dans les circonstances officielles. Il est difficile d'outrager plus complètement la vérité, de porter un plus violent défi aux plus simples convenances. Mais si l'empereur Guillaume II est sincère, s'il voit les choses comme il les dit, il faut avouer que son aveuglement atteint des limites stupéfiantes.

Résumons-nous. Depuis cent ans, certains pays de l'Europe sont gouvernés par la bourgeoisie, d'autres par l'aristocratie soutenue par la bourgeoisie. Qu'est-ce qu'ont fait ces deux classes? A l'intérieur de l'Etat, nous voyons les finances dilapidées de la façon la plus déplorable, et les nations marchant à grands pas vers l'insolvabilité. Le parasitisme est plus fort que sous l'ancien régime, les peuples sont plus accablés d'impôts. La situation internationale est aussi plus mauvaise qu'au siècle dernier : le militarisme plus pesant. En 1740, il y avait en Europe, sur pied de paix, un soldat sur 107 habitants, maintenant il y en a un sur 108. Mais, tandis que sous l'ancien régime le pied de paix était à peine doublé en cas d'hostilités, il est quadruplé aujourd'hui. Malgré cela, la sécurité n'est pas plus grande, puisqu'une guerre, plus formidable que toutes les précédentes, reste suspendue sur nos têtes comme une épée de Damoclès.

Enfin l'état moral de nos sociétés est certainement pire que sous l'ancien régime. Que sont devenus les rêves de palingénésie dont on se berçait vers 1789 ? Que sont devenus ces élans généreux qui ont pu faire une nuit du 4 Août? Les haines les plus profondes sont soigneusement entretenues entre les nations européennes. L'exclusivisme le plus rogue semble le comble de la sagesse. Le présent est des plus sombres. L'avenir immédiat s'annonce si ténébreux, que bien des esprits se prennent à douter du progrès et tombent dans le pessimisme le plus désespéré. Ainsi, après cent ans, le gouvernement de l'aristocratie et de la bourgeoisie finit, au point de vue matériel, comme au point de vue moral, par une banqueroute presque complète.

CHAPITRE XXII

VÉRITÉS ET ERREURS DU SOCIALISME

I

Ainsi l'aristocratie et la bourgeoisie ont failli à leur mission. Elles n'ont pas réformé les vices de la société. Cent ans après 1789, notre situation est à peine meilleure. De grands progrès ont été réalisés, sans doute, mais nous les devons beaucoup plus aux perfectionnements techniques et aux découvertes de la science qu'aux législateurs des sociétés. Ceux-ci, loin d'avoir avancé, ont même reculé parfois. Le tarif de M. Méline est moins libéral que celui du marquis de Vergennes [1].

Comme à la fin de l'ancien régime, la *vis medicatrix naturæ* fait surgir maintenant des entrailles populaires un parti nouveau qui prétend, lui aussi, supprimer les vices de nos sociétés et nous débarrasser de nos souffrances. On l'a qualifié tour à tour de « quatrième état », de « nouvelles couches », de parti socialiste.

Qui sont ces hommes ? Sortent-ils vraiment de la classe inférieure ? Pas tous. De même que le *marquis* de Mirabeau est devenu le chef du tiers état, en 1789, nous trouvons des bourgeois parmi les socialistes contemporains. Les ouvriers des villes forment plutôt le gros de l'armée ; les chefs se recrutent aussi dans les couches supérieures, et possèdent, parfois, une haute culture intellectuelle. M. Liebknecht, par exemple, est bien plus instruit que M. de Bismarck, dont le bagage scienti-

(1) Ce ministre négocia, comme on sait, le traité de commerce de 1786 entre la France et l'Angleterre.

tique est des plus médiocres. A vrai dire, les socialistes sont moins une classe qu'un groupe politique à idées très avancées. Ils se confondent insensiblement avec les radicaux, les collectivistes, les communistes et les partis encore plus extrêmes.

Le parti socialiste commence à s'affirmer dans tous les pays de l'Europe occidentale, mais c'est en Allemagne seulement qu'il est parvenu, jusqu'à présent, à se donner une organisation complète. Aussi, dans ce chapitre, ce sont surtout les socialistes allemands que nous aurons en vue.

Examinons maintenant ce que proposent les socialistes, pour guérir les maux dont nous souffrons. Comme l'anarchie internationale est la principale source de nos misères, c'est par elle que nous commencerons.

Sous ce rapport, les déclarations des socialistes sont d'une netteté qui ne laisse rien à désirer. Ils se prononcent sur les relations internationales en toute occasion favorable.

Le programme des socialistes allemands, élaboré à Erfurt, en octobre 1891, contient les articles suivants : « Remplacement de l'armée permanente par la garde nationale ; la décision de la paix et de la guerre est réservée au peuple ; les conflits internationaux sont résolus par l'arbitrage. » Voici, d'autre part, les propositions présentées au congrès socialiste de Zurich, en août 1893 : « 1° La guerre est abolie ; 2° dans tous les pays annexés depuis moins de cinquante ans, les populations sont invitées à dire à quelle nationalité elles veulent appartenir ; 3° les parlements d'Europe désignent pour trois ans un délégué par chaque million d'habitants pour constituer le tribunal arbitral international ; 4° ce tribunal s'occupe du désarmement, des plébiscites sur la question de nationalité, des différends entre les peuples [1]. » On le voit, les socialistes proposent la vraie et la seule solution : la fédération européenne.

Pour ce qui est de l'Alsace-Lorraine, nœud central de la poli-

(1) On sait que les députés hollandais ont soumis au congrès de Zurich la proposition suivante : « En cas de déclaration de guerre, les socialistes répondent par une grève universelle ». Le congrès ne l'a pas approuvé. (14 nations se sont prononcées contre et 4 pour). Mais c'est déjà fort honorable d'avoir fait une proposition de ce genre. Cela serait un remède souverain. Si personne ne consentait à faire la guerre, il n'y aurait plus de conquête, plus de brigandage international. Les socialistes de Zurich s'accordent avec le comte Tolstoï.

tique actuelle. M. Engel, l'ami de Karl Marx, interviewé récemment, a dit : « Dans dix ans les socialistes auront la majorité au Reichstag et la direction des affaires. Ils feront alors voter les Alsaciens-Lorrains et la question sera résolue sans un coup de fusil. » M. Liebknecht s'est exprimé dans le même sens. Il a toujours soutenu que la conquête de l'Alsace avait été un crime. « Retenez bien ceci, a-t-il dit en mai 1893, à un Alsacien : « l'Allemagne militaire vous a conquis; l'Allemagne socialiste « vous délivrera. » Enfin M. Bebel a demandé en février 1893, l'établissement de tribunaux pour régler les conflits internationaux. « Il faut que l'Allemagne montre à l'Europe qu'elle sait aussi se remuer pour la paix, » a-t-il dit ce jour-là (1).

On le voit encore ici, les socialistes proposent la seule chose raisonnable : se conformer aux vœux des populations, traiter les hommes comme des hommes, et non comme un vil troupeau de bêtes.

Les socialistes se sont placés depuis quelques années sur le terrain de l'internationalisme. Ils disent que l'ouvrier français, par exemple, est solidaire de l'ouvrier allemand, mais que tous les deux sont hostiles aux capitalistes, qu'ils soient compatriotes ou étrangers. Bref, au groupement par nationalités, ils prétendent substituer le groupement par classes. Ils voient l'ennemi au dedans, non au dehors. Ils proclament que l'Europe est une et se disent « sans patrie ».

Ces idées ont provoqué la plus vive opposition dans le camp des bourgeois. Les « sans patrie » ont soulevé l'indignation la plus profonde, presque le dégoût parmi les conservateurs routiniers et vieillots.

Eh bien ! nous qui sommes pour les nationalités jusqu'à la moelle de nos os, nous applaudissons de toutes nos forces aux aspirations des « sans patrie ». Nous y voyons la seule espérance d'un avenir meilleur pour l'humanité. MM. Bebel et Liebknecht ne pourront pas amener du jour au lendemain cinquante millions d'Allemands à parler l'anglais ou le français. Ils ne

(1) On sait la réponse du comte Caprivi : « Nous verserons la dernière goutte de notre sang, mais nous n'abandonnerons pas l'Alsace-Lorraine, parce qu'elle est allemande. » La logique de ces esprits gothiques est vraiment étrange! Si les Alsaciens ne veulent pas être Allemands, c'est qu'eux-mêmes ne se considèrent pas comme tels. L'Alsacien devient un animal d'une espèce particulière, un Allemand, sans le savoir et sans le vouloir.

supprimeront donc pas la nationalité[1]. Mais, parce qu'on parle des langues différentes, faut-il se massacrer comme des animaux féroces? Eh bien! l'agitation de MM. Bebel, Liebknecht et de leurs émules dans tous les pays, fera enfin comprendre aux peuples que ces tueries ne sont pas du tout indispensables.

Les socialistes français s'exprimaient comme il suit dans un de leurs récents manifestes : « La patrie française n'est pas organisée contre les différentes provinces. Au contraire, elle les arrachait à un antagonisme caduc pour rendre leur vie plus large et plus libre, pour les solidariser. De même, la patrie humaine que réclame l'état social de la production, de l'échange et de la science, ne s'opère pas et ne peut pas s'opérer aux dépens des nations, mais à leur bénéfice et pour leur développement supérieur. »

Les intérêts des groupes européens sont désormais entièrement solidaires. Pour satisfaire des besoins nouveaux, il faut des institutions nouvelles. Les classes supérieures auraient dû les établir depuis longtemps. Hélas! elles font juste le contraire. Elles poussent à la haine et à la division. Les ouvriers, eux, cherchent à propager la solidarité internationale. Seuls ils comprennent nos intérêts véritables. Peu nous importe quels sont nos alliés. Nous nous mettons du côté de ceux qui veulent diminuer les souffrances, et qui nous font entrevoir un meilleur avenir international.

Au fond, l'indignation contre les « sans patrie » provient, en France, de l'Alsace-Lorraine. Par cette conquête brutale, les droits d'une grande nation ont été violés de la façon la plus inique. Tant qu'il leur restera un souffle de vie, les Français devront revendiquer la justice. L'erreur de la bourgeoisie est uniquement de croire que la guerre seule peut résoudre cette question. On ne voit pas une chose élémentaire, cependant. Si les principes socialistes parviennent à triompher, si le *peuple* allemand se sent un jour solidaire du *peuple* français, la question de l'Alsace-Lorraine sera réglée immédiatement par un plébiscite.

L'internationalisme ouvrier sonnera le glas funèbre de l'idolâtrie des kilomètres carrés.

(1) Une chose curieuse, qui montre combien c'est vrai, c'est qu'aux congrès socialistes internationaux on vote par *nations*.

Louis XIV écrivait au maréchal de Villars : « S'agrandir est la plus digne et la plus *agréable* occupation d'un souverain[1]. » Les aristocrates et les bourgeois suivent les vieux errements ; ils croient que le bonheur est en raison directe de l'étendue du territoire et que l'unique préoccupation des citoyens doit être de conquérir des provinces sur leurs voisins.

Heureusement les socialistes vont se charger bientôt de tirer les classes supérieures de cette illusion.

Il n'y a pas que les frontières au monde. Il y a aussi des millions d'hommes qui ne mangent jamais à leur faim. Les routines invétérées qui caractérisent les classes supérieures, l'illusion de l'immobilité qui les domine, leur font croire que l'idolâtrie des kilomètres carrés sera éternelle.

L'humanité porte constamment à son ordre du jour des questions nouvelles. Les souverains considéraient l'agrandissement comme la plus *agréable* des occupations. Aussi longtemps que les rois étaient tout et les peuples rien, l'idolâtrie des kilomètres carrés était compréhensible. Mais avec le mouvement démocratique qui entraine les sociétés modernes, d'autres questions passeront au premier plan. Un jour il sera aussi impossible de remuer les passions populaires sur la question des frontières, qu'il serait impossible de les remuer aujourd'hui pour la croisade.

L'aristocratie et la bourgeoisie sont aveugles. Elles ne parviennent pas à comprendre que l'internationalisme, c'est la fédération européenne, c'est le salut.

Non seulement on ne cesse pas d'être patriote, en devenant internationaliste, mais on ne peut être patriote, dans le sens véritable de ce mot, qu'en devenant internationaliste. La fédération européenne assurera le bonheur de toutes les nations. Ceux qui travaillent contre le fédéralisme, travaillent en définitive, contre leur propre patrie. Parce qu'on est Lillois ou Tourangeau, cela n'empêche pas d'être Français. Au contraire, on ne peut l'être véritablement qu'en mettant les intérêts de la patrie au-dessus de ceux de sa ville.

Les conservateurs embourbés dans les traditions du grand roi, ne peuvent nous faire entrevoir dans l'avenir que des massacres

(1) Cité par M. Vaccaro. Voir *Le basi del Diritto e dello Stato*. Turin, Bocca, 1893, p. 127.

suivis de massacres encore, comme il y en a eu tant, hélas! depuis des siècles.

Ce qu'ils ne parviennent pas à comprendre, c'est que la compétition des frontières est un pur enfantillage. Les sociétés humaines auront à s'occuper bientôt de questions d'une toute autre gravité. Les intrigues des diplomates vieillots, travaillant sans cesse à s'arracher des provinces, feront l'effet des anciennes querelles de préséance qui nous font sourire de pitié aujourd'hui, mais qui ont fait verser tant de sang autrefois.

Pline se plaignait de la scélératesse des esclaves de son temps. Il disait qu'on risquait chaque jour d'être assassiné par eux, même si l'on était un maître clément et doux. Ce cas était bien rare. Dans l'antiquité, les esclaves étaient traités avec une barbarie épouvantable. Aussi, quand ils perdaient patience, ils se vengeaient sur leurs maîtres ou se révoltaient. Cependant il n'est venu à la pensée d'aucun Romain que s'il n'y avait pas de maîtres (donc pas d'esclaves) la vengeance n'aurait pas eu lieu de s'exercer. On ne se représentait pas alors une société sans esclavage, et, si quelque novateur hardi en avait proposé l'abolition, les conservateurs de l'époque lui auraient dit : « On peut déplorer l'esclavage, mais il est conforme à la nature des choses. Si nous cessions de le pratiquer à l'égard des autres, les autres, immédiatement, s'empresseraient de le pratiquer à notre égard à nous. Le mal ne disparaîtrait pas. Seulement, grâce à notre mansuétude, nous serions les victimes au lieu d'être les bourreaux, voilà tout. » Eh bien! l'événement a donné tort aux conservateurs romains. La société est parfaitement possible sans esclavage, et les nations qui l'ont aboli, n'ont pas perdu ellesmême la liberté.

Comme les Romains, nos conservateurs ne peuvent pas se représenter un monde où l'esclavage collectif (la conquête violente) ne serait plus pratiqué. Ils déplorent la guerre, mais ils disent qu'elle est conforme à la nature des choses. « Si nous déposons les armes, si nous n'essayons pas de nous emparer des provinces de nos voisins, ces voisins s'empareront de notre pays et nous soumettront à leur domination. »

Les conservateurs de notre époque se trompent grossièrement, comme les conservateurs de l'époque de Pline. L'esclavage collectif sera supprimé comme l'a été déjà l'esclavage individuel, et l'honneur de cet immense bienfait reviendra probablement aux socialistes.

A cheval entre les questions internationales et les questions intérieures, est la douane. Les socialistes allemands se sont aussi prononcés là-dessus. D'emblée ils ont donné la seule solution rationnelle et logique. Au congrès d'Erfurt on a voté la *suppression complète* des droits de douane et l'union douanière de l'Europe. Encore ici, même phénomène. Pendant que les classes aristocratiques sont embourbées jusqu'au cou dans l'erreur crysohédonique, pendant qu'elles soutiennent le parasitisme industriel et agricole, les socialistes se lèvent et proclament : que chacun achète ce qu'il lui plait et où il lui plait. Comment ne pas reconnaître que sur ce point les socialistes sont de cent coudées plus haut que les classes supérieures ? Seuls ils voient la vérité et osent la dire. Seuls ils ont le courage de proclamer que prendre l'argent des pauvres pour le donner aux riches est une injustice flagrante et qu'il faut y mettre un terme le plus tôt possible, en établissant le libre-échange absolu.

D'autres réformes, proposées par le congrès d'Erfurt, sont parmi les plus désirables : rétablissement de la femme dans une situation égale à celle de l'homme [1], gratuité de la justice, indemnité aux personnes injustement condamnées, suppression des impôts indirects, etc. Quelques-unes de ces réformes (la dernière surtout) ne sont pas faciles à accomplir. Mais nul ne contestera

(1) La sujétion de la femme est un legs, une survivance de la sauvagerie. Soutenir que la femme est toujours moins intelligente que l'homme, est un pur paradoxe. Sans doute, il y en a dont l'intelligence est des plus médiocres. Mais il y a aussi des hommes dans le même cas. On peut établir un cens pour les fonctions politiques, mais il ne doit pas être basé sur le sexe. Les conservateurs disent que la femme doit rester à la maison pour soigner les enfants. C'est fort bien. Nous estimons même qu'une famille ayant cinq mille francs de revenu, jouira d'un bien-être supérieur si la femme soigne le ménage, plutôt que si elle gagne trois autres mille francs au dehors. Le jour où la femme jouira de l'égalité la plus complète, beaucoup de familles trouveront cette division du travail plus conforme à leur intérêt (comme elles le trouvent aujourd'hui) et la pratiqueront. Mais il y a des femmes qui préfèrent le célibat, comme beaucoup d'hommes aujourd'hui. De quel droit leur ferme-t-on, dans ce cas, l'accès de la plupart des carrières libérales ? Quant aux droits politiques, nous ne voyons pas pourquoi une femme devra mal soigner ses enfants, parce qu'elle ira voter deux ou trois fois par an.

qu'elles seraient bienfaisantes dans une immense mesure. Certes, tout esprit vraiment libéral y applaudirait des deux mains.

Un petit exemple montrera combien les simples ouvriers sont plus avancés que les classes supérieures. Au congrès de *trade-unions* de Belfast, en août 1893, on a voté une motion pour demander l'introduction du système métrique en Angleterre. Voilà une réforme qui devrait être accomplie depuis cent ans. Eh bien! elle n'est pas demandée par les lords, l'élite de la société anglaise, mais par de simples ouvriers. Les lords devraient se voiler la face!

Enfin, un des articles du programme d'Erfurt porte la séparation de l'Église et de l'État. Encore ici, les socialistes marchent en tête du progrès. Seuls ils indiquent la vraie voie : la différenciation des fonctions qui mène au perfectionnement de l'organisme. Supposez l'État complètement indifférent en matière de religion. Combien de souffrances atroces seraient épargnées aux hommes actuellement vivants. Les malheureux Israélites traqués aujourd'hui en Russie d'une façon si inhumaine, respireraient enfin! Les gaspillages épouvantables, produits par l'intolérance, cesseraient. Les hommes se sentiraient vraiment solidaires et combattraient tous ensemble contre le pire des fléaux : la misère.

II

Jusqu'à présent, les socialistes sont dans la vérité ; mais, si nous passons à leur programme économique, nous les verrons tomber dans les erreurs les plus complètes.

Disons d'abord que, dans le programme d'Erfurt, sur trente-huit articles, un seul est purement économique : celui qui concerne la monopolisation de toutes les assurances ouvrières par l'État. Dans ce programme, il n'est question ni de la suppression de la propriété privée, ni de la nationalisation du sol, des mines et des instruments de travail, ni de la confiscation des capitaux, ni du travail collectif sous la surveillance de l'État, ni de la répartition des bénéfices au moyen de bons, etc., etc.

Depuis Saint-Simon et Fourier, jusqu'à nos jours, les plans de réorganisation sociale ont été innombrables. Nous avons maintenant les écoles communistes, collectivistes et anarchistes. Toutes ces sectes sont loin d'être d'accord entre elles. Elles se traitent mutuellement de « bourgeoises » et de « réactionnaires ». Le parti socialiste allemand n'est pas solidaire des sectes plus avancées, comme les conservateurs modernes ne sont solidaires des idées émises par Hobbes dans son *Léviathan*. En stricte équité, un parti ne peut être tenu responsable que de son programme officiel. On n'a pas le droit de le condamner et de le persécuter pour les élucubrations des premiers venus. Cependant, comme nous l'avons dit dans notre avant-propos, tous les partis qui tiennent du socialisme dans une mesure quelconque, sont presque d'accord sur ce point : les maux de la société viennent de la production capitalistique, qui a pour conséquence inévitable une répartition injuste des produits du travail. Nous examinerons cette question dans le chapitre suivant. Ici nous présenterons des objections contre le socialisme, à d'autres points de vue.

Considérons d'abord la production de la richesse. Tout ce volume a eu pour but de démontrer qu'elle est actuellement insuffisante. Or, il est évident, que l'application complète du système socialiste la diminuera encore. M. E. Richter l'a démontré dans une brochure dont le retentissement a été très grand en Allemagne [1]. Il prouve d'une façon irréfutable que la nationalisation du travail diminuera de quatre ou cinq fois la production actuelle. Or comme il faut, au contraire, au moins, la quintupler pour nous procurer une aisance suffisante, cela seul est la condamnation, sans appel, du socialisme. Cela suffit à démontrer qu'il sera incapable de tenir ses promesses et d'accroître la somme de bonheur de l'humanité. Mais nous traiterons plus loin ce sujet. (Voir le chapitre suivant.)

Passons en revue quelques autres erreurs du socialisme. Un de ses principaux dadas est le prétendu antagonisme du capital et du travail.

Pour que cet antagonisme fût une réalité concrète et non pas seulement une phrase à effet, il faudrait nous dire d'abord où

(1) Elle a été traduite en français sous le titre de : *Où mène le socialisme*. Paris, Le Soudier, 1892.

commence le capitaliste. Quand un paysan a dix quintaux de blé dans sa grange, qu'il se réserve de vendre à la première occasion favorable, est-il capitaliste? Quand un ouvrier a un livret à la caisse d'épargne, quand il a acheté une obligation de chemin de fer, ou une action de mine, est-il capitaliste? Comment établir une division qui n'existe pas en réalité. A chaque moment, on peut devenir capitaliste ou cesser de l'être. On le devient en achetant une obligation, on cesse de l'être en la vendant; on le devient en versant quelques sous à la caisse d'épargne, on cesse de l'être en les retirant. D'un autre côté, le vêtement qu'un homme porte sur le dos peut être aussi considéré, si l'on veut, comme un capital. Chaque homme est capitaliste dans une certaine mesure, trop faible encore, hélas! pour l'immense majorité d'entre eux.

Les socialistes vont-il faire une loi pour défendre l'épargne sous toutes ses formes? Et, même s'ils la font, peuvent-ils se bercer du doux espoir qu'elle sera obéie un seul moment? Ils pourront supprimer la circulation des titres et les valeurs, fermer les bourses où ils se négocient, interdire également les dépôts en compte courant dans les banques; mais alors reparaitra l'antique bas de laine avec sa réserve de monnaie métallique, et celle-ci sera si bien cachée que les inquisiteurs les plus brutaux ne sauront pas la découvrir.

Les socialistes semblent ignorer que la capitalisation est un fait non seulement économique, mais biologique. La graisse qui se forme dans le corps d'un homme, est analogue au capital. C'est une réserve servant à nourrir les tissus en cas de disette.

Un homme fabrique un article et le vend. Il peut immédiatement transformer son bénéfice en jouissance. Mais il peut aussi le réserver pour un temps à venir. Il fait ainsi une provision de jouissance en expectative ou, en d'autres termes, il accumule de l'énergie potentielle. Il capitalise. Le même fait se reproduit dans les centres nerveux. Les images externes « sont emmagasinées dans l'esprit; elles peuvent, à un moment donné, revenir à la conscience et reparaitre, évoquées par une sensation ou une volonté[1] ». L'intelligence est donc, en dernière analyse, une accumulation d'images ou, en d'autres termes, une capitalisation. Si les choses se passaient dans le cerveau, selon les théories socialistes, il n'aurait qu'une idée à la fois : celle qui serait consciente à chaque moment donné ; toutes les autres devraient être détruites. Nous devrions réédifier à chaque instant l'édifice entier de nos connaissances. C'est dire que nous en aurions un nombre extrêmement restreint.

Le processus économique est la continuation directe du processus biologique. L'homme accumule des réserves alimentaires, comme les cellules de notre corps accumulent de la graisse. L'homme se fait un vêtement, comme les cellules construisent la peau.

La capitalisation est donc un phénomène de l'ordre naturel. Les socialistes ne pourront pas plus la supprimer qu'ils ne pourront supprimer l'affinité chimique ou la capillarité. Il ne faut pas désirer que tout le monde soit prolétaire [2], mais que tout le monde soit aussi grand capitaliste que possible. Voilà l'idéal qu'il faudrait poursuivre.

Une autre aberration des socialistes est de vouloir supprimer la concurrence.

Mais d'abord pourquoi veut-on la supprimer? Sous prétexte qu'elle amène la surproduction. Peut-on imaginer une erreur plus colossale ? Quand l'immense majorité des habitants de notre planète ne parviennent jamais à apaiser les tourments de leur faim, on vient parler de surproduction ! En réalité, s'il y a des marchandises qui ne trouvent pas d'acheteurs, c'est parce que ceux qui auraient désiré les acquérir, n'ont pas assez produit pour fournir une contre-valeur. Essayez de les distribuer gratuitement et vous verrez si elles resteront longtemps en magasin [3]. Mais, en admettant même que la concurrence soit funeste, comment la supprimer? Pour y arriver il faut réglementer la production. Un homme sera chargé de calculer combien il faut de blé, de seigle, de sucre, de cotonnades et de machines, à un moment donné. Quel cerveau sera assez puissant pour faire un pareil calcul ? Et, quand bien même il serait possible, quelle

(1) C. Richet, *Essai de psychologie générale*, p. 146. Paris, F. Alcan.

(2) C'est-à-dire, en définitive, aussi mal outillé que possible pour combattre les conditions défavorables du milieu.

(3) Nous parlons en général. Pour certains articles particuliers, les industriels peuvent mal calculer les demandes de leurs clients et fabriquer un objet en quantité supérieure aux besoins du marché.

nuée de fonctionnaires seraient indispensables pour contrôler la production de chaque travailleur!

Mais il y a plus : la concurrence internationale. Pour la supprimer entièrement, il faudrait sur tout le globe *un seul chef* qui réglât la production. Mais qui nommera ce chef? S'il est élu, il y aura des compétitions entre différents candidats. La concurrence reparaîtra donc sous la forme politique.

Si ce chef est héréditaire, il faudra une monarchie de droit divin, s'étendant sur le globe entier. Il faudra que l'autorité de ce monarque ne soit pas contestée un seul moment [1]. De plus ce monarque, pour régler la production d'une façon satisfaisante, devra posséder l'omniscience et l'infaillibilité.

On le voit, il suffit de se représenter seulement, d'une façon concrete, comment on pourrait supprimer la concurrence, pour comprendre que c'est la plus folle des chimères.

Comme la capitalisation, la concurrence est d'ailleurs un phénomène naturel. Elle se produit entre les atomes d'un même corps, entre les astres, entre les cellules d'un organisme, entre les idées et les volitions du cerveau, entre les espèces animales et végétales, enfin, entre les individus, au sein des nations, et entre les nations, au sein de l'humanité. La concurrence est un des aspects particuliers de la lutte pour l'existence, ce par quoi l'énergie de la matière se manifeste à nous. Vouloir la supprimer, c'est ne vouloir rien moins que supprimer le mouvement dans l'univers!

Ces quelques observations seraient suffisantes, à elles seules, pour démontrer que le socialisme ne soutient pas la critique. Sans parler de différents essais de production collectiviste, qui ont tous échoué, dès que les socialistes sont sommés de présenter des plans pratiques de rénovation sociale, ils tombent dans les divagations les plus nuageuses. Dernièrement, au Reischtag allemand, M. Bebel a été vivement pressé de formuler des projets positifs. Il s'est tiré d'affaire en répondant : « Vous ne me comprendriez pas! » Il faut bien le dire, c'est un pur escamotage.

Ajoutons, de plus, que la contradiction est flagrante entre les

(1) Car si elle l'était, il se formerait des partis, donc concurrence politique, sous un nouvel aspect.

principes politiques et les principes économiques des socialistes. Ils veulent, par exemple, la séparation de l'Église et de l'État, donc une différenciation de fonctions. Ils n'ont pas tort. Mais sitôt qu'ils passent dans le domaine économique, ils veulent que l'État assume la production et la répartition des richesses. Ils cherchent donc à ramener l'organisme social à une condition chaotique et informe où l'indifférenciation des fonctions est complète. Ils veulent supprimer les résultats acquis par une évolution de plusieurs centaines de milliers d'années. Mais, pas plus que les fleuves, les êtres vivants ne remontent à leur origine. Impossible de forcer le poumon d'un homme de digérer les aliments et son estomac de respirer l'air. Chez les polypes hydraires toutes les fonctions s'accomplissent par une seule cavité ventrale. Mais, une fois la différenciation opérée, le brusque retour en arrière est impossible.

III

Le socialisme est donc un tissu de contradictions et de chimères. Il provient de l'ignorance la plus entière des lois fondamentales de la nature. Est-ce une raison suffisante pour croire que le socialisme ne triomphera pas ? Hélas, non. L'idée la plus vraie l'emporte à la longue, mais ne l'emporte pas toujours à un moment donné. Le triomphe peut appartenir à celle qui est la plus fausse, mais qui *paraît* vraie à un plus grand nombre d'individus. Un seul exemple. Les astronomes grecs, Aristarque de Samos en tête, avaient compris que la terre tourne autour du soleil. Ils avaient entrevu la véritable structure de notre système sidéral. Cependant leurs idées ne triomphèrent pas d'abord. Le système de Ptolémée l'emporta et se maintint jusqu'au XVIe siècle.

L'humanité passera peut-être par l'épreuve du socialisme. Nous sommes attirés dans ce gouffre par une force qui paraît irrésistible. Même les Anglais semblent devoir tomber dans cette funeste erreur. Le vigoureux individualisme, qui caractérisait autrefois cette admirable nation, perd du terrain. Au congrès des Trade-Unions de Belfast, en 1893, on a voté l'établissement d'un système de pensions pour les ouvriers, *servies par l'Etat*. Déjà le parlement lui-même, verse tout doucement dans le socialisme. Où s'arrêtera-t-il ?

Nous ne parlons plus des colonies anglaises, comme l'Australie. Elles pratiquent le socialisme en grand. L'épouvantable crise financière qu'on vient de traverser à Melbourne aurait dû ouvrir les yeux. Il est à craindre qu'il n'en soit rien.

Sans doute le socialisme ne sera pas introduit d'un seul coup. Il se glissera, peu à peu, subrepticement, dans nos législations. Très souvent il revêtira le masque trompeur de la philanthropie. Cette méthode est précisément la plus dangereuse. Si l'on faisait, d'un seul coup, la nationalisation de tous les instruments de production, ce système paraîtrait si insupportable que nous trouverions, de suite, le courage du désespoir, pour nous en débarrasser à tout prix. Mais si les sociétés sont prises insensiblement dans les embûches du socialisme, il leur faudra ensuite beaucoup de temps pour mesurer la profondeur de l'abîme dans lequel elles seront descendues.

Il faut reconnaître, d'ailleurs, que les souverains, les aristocraties et les bourgeoisies ont grandement préparé le terrain aux socialistes. Le protectionnisme, la parasitisme, le paternalisme et le socialisme sont bien un peu cousins. Du moment que l'Etat, dans notre régime actuel, se croit obligé d'enrichir X et Z, il pratique la spoliation qui ressemble beaucoup au socialisme. L'Etat prend maintenant l'argent de B pour le donner à C. La brèche est ouverte aux autres revendications et nous ne voyons pas pourquoi celles des ouvriers seraient moins légitimes que celles des gros propriétaires ou des grands industriels.

Nous souhaitons être mauvais prophète, mais, nous le répétons, l'épreuve du socialisme nous paraît bien difficile à éviter.

Les aristocraties et les bourgoisies se sont attribué les privilèges les plus scandaleux. Elles vivent au détriment des classes populaires ; elles mettent les ressources de l'Etat en coupe réglée. Eh bien ! les ouvriers veulent aussi vivre maintenant en parasites sur leurs concitoyens. Si, voyant le danger qui les menace, la bourgeoisie et l'aristocratie venaient à résipiscence, si elles disaient : « Nous allons pratiquer le régime des mains nettes ; plus de spoliations, chacun vivra du fruit de son travail et non de celui des autres, » le mouvement socialiste pourrait être encore enrayé. Par malheur, nous ne voyons rien de pareil. Au contraire la recrudescence récente du protectionnisme a encore augmenté la spoliation des pauvres au profit des riches. Le peuple reçoit là de beaux exemples. Peut-on lui en vouloir de suivre ses maîtres?

Le socialisme pourra donc l'emporter. Mais, bien entendu son triomphe sera de courte durée. Cela sera un état horrible, absolument contre nature. Il causera les souffrances les plus cruelles. Les régimes des Néron, des Robespierre et des Caligula seront des paradis en comparaison du bagne socialiste [1].

On peut imaginer ce que ce régime soulèvera de résistances formidables, quand il sera pratiqué en entier et quand on en aura goûté tous les fruits. Nous avons vu les Vendéens faire une des guerres les plus acharnées et les plus héroïques que connaisse l'histoire, pour garder leur roi. Songez aux sacrifices auxquels se résoudront les hommes et aux batailles qu'ils consentiront à livrer, quand ils devront défendre la liberté de leurs mouvements de toutes les minutes, l'inviolabilité de leur foyer domestique, les liens et les affections de la famille, c'est-à-dire les choses qui font l'essence et la trame dernière de notre bonheur et de notre joie.

Par malheur, l'expérience directe semble seule efficace pour les hommes. Il faut sentir sur sa propre personne les effets d'un régime intolérable, pour le prendre en haine et pour acquérir la volonté passionnée de le renverser. Très souvent, hélas! les indications de la science ne servent à rien. Quand les

(1) Quand Caligula avait besoin d'argent, il confisquait tout simplement la fortune de quelque riche citoyen romain. Ce régime passe à bon droit pour l'un des plus cruels despotismes dont l'histoire fasse mention. Il est flétri depuis des siècles par tout ce que l'humanité a eu de moralistes. Mais si l'on vient dire à un entrepreneur : « Grâce à votre génie inventif, à votre persévérance et votre activité, vous avez gagné 33 p. 100 sur votre capital. Comme le taux de l'intérêt est aujourd'hui de 3 p. 100, nous allons vous enlever tout le surplus pour le distribuer à vos ouvriers. » En quoi ce régime sera-t-il différent de celui de Caligula? Confisquer au profit de l'empereur ou au profit des prolétaires, n'est-ce pas pratiquer dans les deux cas la spoliation la plus inique? Qui abandonnera sans résistance le produit de son travail? Jamais une société ne pourra s'organiser sur la base du vol permanent, puisque le but même de la société est la protection des personnes et des biens.

ouvriers auront senti la misère causée par le socialisme, ils en seront dégoûtés, mais pas avant peut-être.

D'ailleurs le quatrième Etat, s'il triomphe, se trouvera en présence de revendications du cinquième, puis du sixième, et ainsi de suite. Enfin viendront les nations faméliques de l'Asie : les Chinois et les Hindous. Ils réclameront aussi leur place au banquet du parasitisme, et on devra la leur accorder, car ils auront le nombre, c'est-à-dire la force pour eux.

Le monde ira ainsi jusqu'au moment où les institutions sociales s'appuieront sur une base inébranlable : chacun doit vivre du produit de son travail et non de celui des autres, plus de parasitisme, plus de spoliation, justice pour tous [1].

Combien de temps durera (s'il parvient à s'établir) le régime socialiste ? C'est ce qu'il est impossible de dire. Les classes populaires, après s'être emparées du gouvernement, voudront-elles l'imposer par la force et l'étendre par la guerre ? C'est le secret de l'avenir. Mais, dans ce dernier cas, la vieille Europe présentera un décor nouveau. L'antagonisme des maisons souveraines (comme celui des Bourbons et des Habsbourg qui a fait verser des torrents de sang), la fameuse question d'Orient, feront l'effet de véritables fossiles. Alors on verra l'alliance des Etats socialistes contre les Etats où régnera encore le régime individualiste. Le monde a déjà vu d'ailleurs des circonstances analogues. Les cités grecques se sont fait longtemps des guerres politiques. Il s'agissait de conquérir des territoires. Mais, vers le IIe siècle avant l'ère chrétienne, la question des frontières n'intéressait plus les Hellènes. Les luttes portaient sur le régime interne des cités. Elles étaient entre l'aristocratie et la démocratie (autres noms pour indiquer le parasitisme et le socialisme). Les villes démocratiques s'alliaient entre elles pour combattre les villes aristocratiques. Ce spectacle pourra se renouveler en Europe.

Au temps de la Ligue, on a vu des huguenots français alliés avec des Anglais et des Allemands, contre d'autres Français alliés aux Espagnols. L'idée que des hommes sont solidaires, parce qu'ils parlent la même langue, est assez récente dans le monde. Au XVIe siècle, la solidarité provenant de la religion,

(1) Voir la page 115.

l'emportait sur celle de la nationalité. Aujourd'hui la nationalité prime tout. Mais nous ne sommes pas en droit d'affirmer qu'il en sera toujours ainsi. Il ne faut pas considérer nos aspirations actuelles comme éternelles [1].

Une chose est certaine, c'est que si les socialistes n'ont pas d'autre remède que la spoliation pour résoudre le problème de la misère, ils sont bien naïfs. Cette politique est vieille comme le monde. La spoliation a été pratiquée des millions et des millions de fois. Tuer ou menacer de tuer, pour s'emparer du bien d'autrui, est une recette des plus connues : c'est tout bonnement le *bellum omnium contra omnes* ou, pour l'appeler de son vrai nom, l'anarchie sauvage. Mais, hélas! cette recette n'a jamais diminué la misère. Elle l'a toujours augmentée.

IV

Résumons-nous. Le socialisme moderne contient un programme politique et un programme économique.

Le premier est digne de tous les éloges et de toutes les sympathies. Aussi triomphera-t-il infailliblement. Par la suppression des droits de douane, les socialistes abattront une des positions les plus formidables du parasitisme. Or, comme l'a dit M. Pasteur, le parasitisme est un des plus grands dangers qui menacent les êtres vivants. C'est aussi un des maux les plus terribles des sociétés.

Par l'internationalisme, les socialistes sapent tous les jours l'idole sanglante des kilomètres carrés ; ils démolissent ce funeste esprit de conquête, source de nos plus grandes souffrances. Les congrès socialistes, déjà périodiques, sont comme un embryon de parlement européen.

Quant au programme économique du socialisme, il est contraire aux lois de la nature, donc irréalisable pour une durée plus ou moins prolongée. Il échouera piteusement.

(1) Cela montre, encore une fois, que la question de l'ordre du jour des préoccupations sociales se modifie constamment.

Les socialistes[1] seraient bien sages s'ils voulaient se contenter de travailler à la réalisation de leur seul programme politique. Il est très avancé et nos classes dirigeantes sont embourbées jusqu'au cou dans les traditions routinières et les préjugés gothiques. Il faudra donc un travail dur, persévérant, infatigable pour réaliser le programme d'Erfurt. A chaque jour suffit sa peine, surtout quand il s'agit de soulever des montagnes de traditionalisme.

C'est ce que les socialistes allemands semblent avoir compris. Ils laissent le programme économique dans l'ombre. Cependant ils ne l'abandonnent pas. Ils savent parfaitement qu'il est utopique, mais c'est précisément ce qui en fait le prix. Les tableaux idylliques de bonheur universel qu'ils font miroiter aux yeux des intelligences peu développées, poussent les hommes à l'action. Ils entraînent les masses qu'il est difficile de faire marcher, parfois, vers un but réalisable mais modeste.

Les socialistes, d'ailleurs, agissent comme le christianisme et le mahométisme ont agi autrefois. Ces religions ont entraîné les foules en promettant des félicités futures dans le ciel. Ce qui distingue seulement les socialistes, c'est qu'ils promettent des félicités futures aussi (car aucun homme actuellement vivant n'espère les obtenir pour son compte), mais sur la terre.

La conduite des libéraux à l'égard des socialistes est la moins politique qui se puisse imaginer. Il n'y a pas un homme vraiment éclairé qui (sauf de légères réserves) ne puisse signer des deux mains le programme d'Erfurt. Sa réalisation décuplerait certainement la somme de notre bien-être. Pendant une longue partie de leur route, les libéraux et les socialistes ont à faire le même chemin. Ils devraient s'entendre jusqu'alors, s'aider, se soutenir, s'appuyer, quitte à se séparer, plus tard, à la bifurcation. A lieu de cela, libéraux et socialistes passent leur temps à se dresser des embûches, à se créer des entraves. Naturellement les uns et les autres ralentissent leur marche et éloignent le moment où le but désiré pourra être atteint. Les rétrogrades en profitent; leur régime suranné s'éternise et avec lui nos souffrances.

(1) Ici nous entendons surtout ceux de l'Allemagne.

Il y a dans le programme des socialistes un mélange extraordinaire d'erreurs et de vérités. Aussi les sentiments du public sont-ils très partagés à leur égard. Ils excitent l'inimitié la plus féroce et en même temps la plus ardente sympathie.

Mettons en regard de quelques agissements des classes supérieures les projets correspondants des socialistes.

« La guerre, dit M. de Moltke, est conforme à l'ordre de choses établi par Dieu. » Ainsi le brigandage international, érigé en principe, les massacres les plus épouvantables sur les champs de bataille, l'odieux militarisme qui dévore nos sociétés, les milliards gaspillés qui plongent des millions d'hommes dans la plus noire misère, les haines insensées entre nations si bien faites pour se comprendre, tout cela est divin ! Et c'est un feld-maréchal, un homme, placé dans une des plus hautes situations sociales, qui vient prononcer cet abominable blasphème !

Au lieu de cela, que disent les socialistes? Abolition des armées permanentes, arbitrage international, liberté pour chaque groupe humain de disposer de ses destinées politiques. Est-il étonnant après cela que tout homme ayant un peu de générosité dans l'âme, tout homme capable de ressentir un peu de pitié pour ses semblables, tout homme que la culture a rendu doux et affectueux, se détourne avec dégoût du rude feld-maréchal et aille aux socialistes?

Au moment où ces lignes sont écrites, des diplomates réunis à Berlin sont en train de négocier un traité de commerce entre la Russie et l'Allemagne. Voilà plus de trois mois qu'ils sont à batailler autour de chaque article. On dit que les Russes ont fini par obtenir un droit de trois marks par quintal de blé, et les Allemands une diminution de 20 p. 100 sur les fers et l'exemption des charbons. Ainsi il a fallu de longues et opiniâtres négociations pour obtenir du voisin ce que celui-ci aurait dû établir depuis longtemps de sa propre initiative pour le bien-être de son pays. Taxer le pain et le charbon, n'est-ce pas causer les maux les plus cruels aux populations?

Les diplomates de Berlin font l'effet de vieillards tombés en enfance, ou de petits garçons passant leur temps à s'occuper de puérilités. Ils font sourire de pitié ! Mais, hélas ! quand on songe à la somme de douleurs humaines que produisent les abominables tarifs actuels, on se sent, au contraire, le cœur serré d'angoisse au spectacle de ces négociations.

Au lieu de cela que proposent les socialistes ? L'abolition complète de toutes les douanes. A la bonne heure, voilà des hommes ! Voilà des créatures logiques et raisonnables et non des mandarins aveugles, momifiés par la routine. Est-il étonnant après cela que tous les cœurs s'envolent vers le socialisme ?

Voyez les cruelles souffrances des Israélites en Russie. Ces malheureux sont arrachés tous les jours à leurs foyers sous prétexte qu'ils ont dépassé les limites de résidence ; ils sont soumis aux restrictions les plus arbitraires, ils sont exploités de la façon la plus éhontée par les agents de l'administration. Voyez dans les autres pays toutes les basses passions soulevées par l'antisémitisme.

Au lieu de tout cela, le congrès des socialistes allemands, à Cologne, en 1893, a flétri l'antisémitisme et le programme d'Erfurt proclame la tolérance absolue, parce que la religion est affaire privée.

Est-il étonnant après cela que tous les cœurs se sentent attirés vers le socialisme ?

Enfin, quand l'Europe est devenue une mine de dynamite que toute étincelle pourra faire sauter, quand douze millions d'hommes sont prêts à se ruer les uns sur les autres pour quelque accident de frontières, quand les hautes classes tâchent d'attiser et d'entretenir les haines internationales, les socialistes viennent proclamer que les intérêts des peuples sont solidaires.

Est-il étonnant après cela que tous les cœurs aillent à eux ?

Les socialistes promettent d'améliorer le sort des classes déshéritées. Dans tous les cas c'est leur but. Les classes supérieures veulent seulement conserver les routines, les privilèges et les injustices. Agrariens et protectionnistes revendiquent le droit de spolier leurs compatriotes. Qui, parmi ces gens, se soucie du bien public ? Cette seule différence donne un avantage immense aux socialistes. Tous les hommes au cœur généreux, à l'âme haute et tendre, capables de compatir aux souffrances des malheureux et des déshérités, émus par les privations et les douleurs d'un si grand nombre de nos frères, tous ces hommes sont portés vers le socialisme. Un grand nombre d'entre eux connaissent mal ses doctrines, ils ne savent pas quelles en seront les conséquences. Mais ils savent que les socialistes prennent en mains les intérêts du misérable troupeau des faibles et des muets, et cela leur suffit.

Nous devons le dire hautement, à l'honneur de la nature humaine : une vaste pitié commence à s'emparer de notre génération. Nous éprouvons un insurmontable dégoût, une horreur toujours croissante contre les injustices gratuites, les tortures inutiles, les violences brutales, les massacres sans pitié. Ces sentiments si dignes d'éloges, qu'on est heureux de constater chez un si grand nombre d'hommes de notre temps, servent les socialistes mieux que la propagande la plus active de leurs doctrines et de leurs théories.

Aussi éprouvons-nous tous une extrême condescendance à leur égard. Public et gouvernements semblent comme désarmés devant eux. Même, quand les ouvriers commettent les actions les plus abominables, on n'ose pas les condamner, on use de mansuétude à leur égard. De même que les aristocrates, en 1789, accueillaient avec faveur les plans de palingénésie les plus frivoles, nous prêtons une oreille favorable aux projets socialistes les plus chimériques et les plus injustes. D'où vient cette sympathie secrète ? Nous le répétons, du programme politique des socialistes. Tout le monde comprend qu'il serait bienfaisant, tout le monde voit qu'il décuplerait la somme de notre bien-être. On prend alors leur programme économique par-dessus le marché, bien qu'on le trouve utopique et même funeste.

Comment faire pour échapper au programme économique des socialistes ? Nous ne voyons qu'un moyen : exécuter leur programme politique.

L'heure est grave. Le temps des remèdes de bonne femme est passé à jamais. Si les classes supérieures n'ouvrent pas les yeux, si elles ne comprennent pas qu'il faut mettre un terme au parasitisme et à l'esprit de conquête, si elles ne prennent pas l'initiative de la fédération européenne, les socialistes feront tout cela contre elles. Les événements suivront la même marche que pendant la révolution française. Quand les socialistes seront parvenus à dompter les résistances des classes supérieures, quand ils seront devenus les maîtres, en vertu de la force acquise, ils voudront aussi appliquer leur programme économique. Pour éviter les souffrances et les ruines dont il nous menace, nous ne pouvons faire qu'une seule chose, nous le répétons encore une fois, au risque de le redire à satiété : la fédération.

Nous n'avons presque pas parlé dans ce chapitre des sectes révolutionnaires : collectivistes, communistes et anarchistes théoriques ou pratiques. Ceux qui se servent de l'assassinat, n'édifieront jamais rien avec ce procédé. La société opposera toujours contre les assassins les remèdes qu'elle leur a appliqués depuis la plus haute antiquité : la peine de mort ou les galères, selon la législation des différents pays. Evidemment toute violence ne fera que renforcer la réaction, jamais elle ne transformera nos institutions actuelles.

Les réformes ne s'opèrent que par des partis politiques organisés, formés en gros bataillons et travaillant avec persévérance pendant de longues années. Peu d'hommes ont le désir de devenir des assassins. Les fanatiques ultra seront toujours une faible minorité. Les crimes politiques se sont pratiqués de tout temps et sous tous les régimes. Comme les crimes de droit commun, on ne pourra jamais les supprimer entièrement. Mais il n'y a pas lieu de s'en effrayer outre mesure. Ces criminels, pas plus que leurs prédécesseurs, ne détruiront la société. Pour détruire la France, il faudrait tuer 38 millions d'hommes. Si l'on n'y parvient pas par nos batailles, où l'on met en œuvre tout ce que le génie humain a pu découvrir d'engins de destruction, les anarchistes n'y parviendront certainement pas avec leurs bombes.

Ceux d'entre eux qui répudient la dynamite pourront, certes, se constituer en parti politique. Mais les anarchistes théoriciens sont encore peu nombreux. On ne peut pas encore prévoir leur direction future. Le socialisme est, dans une forte mesure, une protestation contre le parasitisme; l'anarchisme, une protestation contre l'étatisme outré qui paralyse les mouvements de nos sociétés. Nous sommes beaucoup trop gouvernés. Les anarchistes veulent que nous ne le soyons plus du tout. Ils vont trop loin. Ils oublient que, presque toujours, la vérité est à mi-chemin entre les extrêmes.

Encore un mot pour finir. Quand on voit les plus grands noms de l'aristocratie allemande combattre avec tant d'acharnement pour renchérir le pain du peuple (peut-on imaginer quelque chose de plus odieux que d'affamer ses propres compatriotes?), quand on les voit entretenir le plus abject militarisme, pour procurer des places d'officiers à leurs cadets, quand on voit massacrer des centaines de milliers d'hommes sur les champs de bataille pour obtenir un titre ou une dotation, quels sentiments peut-on éprouver à l'égard de personnes qui tiennent cette conduite, sinon la haine la plus profonde? Aussi longtemps que les classes supérieures pratiqueront ce genre de politique, le peuple se détournera d'elles avec horreur. Il les considérera toujours comme des ennemis ; et, tant que cette manière de voir régnera dans les masses (et il faut reconnaître qu'elle est bien justifiée aujourd'hui), les socialistes feront des progrès, si calamiteux et si insensé que soit leur programme économique.

« Il faut que l'Allemagne se remue un peu pour la paix, » disait M. Bebel. Nous dirons, à notre tour, il faut enfin que les hautes classes se remuent un peu pour le bien-être des masses populaires. Il est temps qu'on nous délivre des entraves épouvantables de la bureaucratie, qu'on désarme les régiments et qu'on mette un terme à cette impitoyable fiscalité qui menace de tarir bientôt les sources même de notre vie.

CHAPITRE XXIII

LA PRODUCTION CAPITALISTIQUE

I

Nous sommes entièrement d'accord sur un point avec les socialistes : les classes populaires sont exploitées de la façon la plus excessive et la plus inique. Ce sont elles qui payent la majeure partie des cinquante milliards de nos gaspillages. Le but de l'auteur, en écrivant ce livre, était de montrer précisément la grandeur de la spoliation. Mais d'où vient celle-ci ? Est-elle vraiment une nécessité inhérente à la production capitalistique ? C'est ce qu'il convient d'examiner avec le plus grand soin.

On viendra me dire : « Voulez-vous donner votre argent pour que M. X, industriel protégé, gagne quatre millions par an au lieu de deux ; voulez-vous le donner pour que M. Z, fonctionnaire, reçoive 50 000 francs d'appointements au lieu de 20 000 ? Voulez-vous le donner, enfin, pour procurer une grasse sinécure à M. Y ? » — Je dirai non, mille fois non[1]. Que faut-il faire pour prendre mon argent en faveur de ces trois individus ? Il faut le gendarme, il faut la force. Mais pourquoi les hommes s'y

(1) On dira, peut-être, que la réponse serait la même pour tous les impôts. Oui, mais cela ne durerait pas longtemps. On vient me demander de l'argent pour paver ma rue. Je refuse. Ce travail n'est pas fait. Bientôt j'éprouve des souffrances ; je comprends que je puis m'en débarrasser en donnant ma cotisation pour paver ma rue, et je le fais de bon gré. Il en est de même pour plusieurs services de l'État ? Si chacun avait à défendre sa sécurité pour son propre compte, elle lui coûterait très cher ; chacun s'apercevrait bien vite qu'il est plus économique de payer la police de l'État. Mais *jamais* je ne trouverai avantage à donner mon argent à l'industriel protégé ou au sinécuriste, parce que jamais cela ne me procurera de bénéfice indirect.

soumettent-ils? Ici est le nœud de la question. C'est ce point qu'il faut mettre en lumière d'une façon complète.

Supposez un pays sans voleurs et sans assassins, où la sécurité serait absolue. Ce pays n'aurait pas de gendarmes [1] et il ne viendrait à l'idée de personne d'en établir.

Dans un pays sans gendarmes, si l'on était venu dire à un citoyen : Donnez 100 francs pour enrichir votre voisin, et s'il avait répondu : Je ne veux pas ; on n'aurait eu aucun moyen de l'y contraindre, puisqu'il n'y aurait aucune force publique. Le percepteur n'aurait donc pu prendre que ce qu'on lui aurait donné de plein gré pour assurer la marche des services de l'Etat. Dans ce cas, la spoliation eût été absolument impossible.

Par malheur, il y a des voleurs et des assassins et le gendarme devient indispensable. Alors, quand on vient me demander mon argent pour entretenir la police et les tribunaux, je comprends que je dois le donner, sous peine d'être tué ou volé. Un réflexe social s'établit à la longue. L'impôt coercitif paraît conforme à l'ordre des choses. Quand le gendarme vient aussi me demander mon argent pour un individu beaucoup plus riche que moi, je dois le donner également, bien que contre mon gré. En un mot, la spoliation publique est une conséquence de l'assassinat et du vol, c'est-à-dire des spoliations exercées entre particuliers.

De même que le milieu ambiant a façonné l'organisme animal, le milieu international a façonné la structure de nos sociétés. De temps immémorial on a fait des conquêtes. Elles avaient pour but de spolier, dans une mesure quelconque, un certain ensemble de populations. Au bout de quelques siècles, la spoliation à outrance a semblé conforme à la nature des choses. Depuis l'antiquité le ryot indien, par exemple, a été obligé d'abandonner à l'Etat les neuf dixièmes de son revenu. Il a fini par croire qu'il doit en être ainsi et, fort probablement, il ne se représente pas un pays où il en soit autrement.

Sans la guerre, il ne serait jamais formé de ces États-Léviathans dont les finances sont des abimes sans fond. L'humanité aurait été une fédération de communes. Chaque citoyen aurait pu y contrôler ctement l'emploi des impôts. Alors on aurait

(1) Ce n'est pas absolument un rêve. Une colonie galloise sur les bords du Chubut, dans la République Argentine, n'a pas un seul agent de police. Voir E. Reclus, *Nouv. Géogr. Univ.*, t. XIX, p. 751.

vite établi la distinction entre ce qui sert aux services publics et ce qui va dans les poches des parasites.

C'est à cause de l'insécurité internationale qu'il y a avantage à faire partie d'une grande agglomération politique. C'est la guerre qui a fait sentir le besoin des gouvernements forts, car si le pouvoir central n'est pas obéi ponctuellement, la défaite est inévitable. Le réflexe de l'obéissance passive vient de l'anarchie internationale. Conquête et despotisme sont deux termes corrélatifs, comme liberté et sécurité. Un peuple libre est celui qui paye seulement les impôts consentis de plein gré. Si la conquête n'établissait pas la servitude, elle ne donnerait pas la faculté de spolier le vaincu. Elle serait alors sans profit, et par conséquent, ne serait pas pratiquée. D'autre part, sans les conquêtes, la sécurité internationale serait entière. Alors tout peuple mal gouverné se serait retiré du groupe politique, et de cette façon il aurait mis fin à la spoliation.

Les phénomènes sociaux exercent constamment des effets les uns sur les autres. Ils sont profondément enchevêtrés ensemble et forment le plus inextricable des réseaux. Le protectionnisme, la centralisation, l'étatisme, l'exclusivisme et l'intolérance sont le produit des conditions du milieu international, qui est purement anarchique jusqu'à nos jours. Ces différents facteurs ont pour résultante la spoliation dont les classes populaires se plaignent à bon droit. Pline a déjà affirmé que *latifundia perdidere Italiam*. Nous voyons les latifundia se reformer sous nos yeux en Sicile. Mais ce n'est point par des causes économiques. Treize mille parcelles de terre appartenant à des paysans, y ont été vendues en une année, pour le recouvrement des impôts. Elles n'ont pas pu être acquises par d'autres paysans aussi dénués de ressources que les évincés. Les riches les ont achetées et en ont constitué de vastes domaines [1]. Mais la cause initiale de ce fait n'est pas la fortune des capitalistes, ce sont les exigences du fisc. C'est donc un phénomène de l'ordre *politique* qui produit la concentration de plusieurs propriétés en une seule, et non un phénomène de l'ordre économique. Mais les socialistes ne voient pas cela ou ne veulent pas le voir.

(1) Ce phénomène doit se produire toutes les fois que la fiscalité atteint une certaine limite. Si l'impôt dépasse le revenu de la terre, elle doit rester en friche ou former de vastes domaines.

Toute leur haine est pour l'individu qui a acheté le champ du paysan, tandis qu'elle aurait dû se tourner contre les gouvernements qui les ont fait vendre [1].

La spoliation est toujours un phénomène de l'ordre politique et nullement de l'ordre économique. Et il ne peut pas en être autrement. La chose est facile à démontrer.

Jean travaille et accumule des épargnes. Il devient capitaliste. Un beau matin, Pierre vient lui enlever ses économies par la violence. Pendant que Pierre se livre au brigandage, il lui est absolument impossible de produire en même temps des capitaux. S'il fait le brigandage toute sa vie, il n'en produira jamais, puisque son métier est, précisément, de prendre ceux des autres. On appelle phénomène économique *une certaine quantité d'énergie dépensée en vue de produire une adaptation plus complète de la planète aux besoins de l'homme.* Le brigandage n'est donc pas un phénomène de l'ordre économique, mais politique. D'où l'on peut conclure, qu'en essence, capitalisation et spoliation sont deux termes opposés et contraires, comme vide et plein, comme chaud et froid. L'un implique nécessairement la négation de l'autre. Quand un capitaliste devient aussi un spoliateur (ce qui arrive très souvent, par malheur!), il se transforme en Janus bifrons. Il emploie une partie de son temps à produire la richesse (donc à accélérer la formation des capitaux) et une autre à prendre celle du voisin (donc à ralentir la formation des capitaux).

Tâchons d'isoler le phénomène de la production, pour bien le comprendre. Pour cela, il faut le débarrasser de toutes les influences perturbatrices qui l'obscurcissent aujourd'hui. Il faut supposer une sécurité internationale complète, la fédération universelle, donc l'absence de toute spoliation.

C'est en se plaçant sur ce terrain, qu'on peut examiner sérieusement si la production capitalistique est un mal par elle-même et si l'on peut la remplacer par autre chose.

Mais, encore ici, il faut établir un point d'une très grande

(1) Ici encore la cause dernière est l'insécurité internationale. Car les gros impôts sont perçus pour entretenir de grosses armées. Si l'on réfléchit bien, on verra que la violence vient toujours, en dernière analyse, de l'extérieur du groupe, puisque précisément le groupement s'opère à partir du moment où des rapports juridiques s'établissent entre un certain nombre d'individus.

importance : tout ce qui a pour résultat de ralentir la production de la richesse doit être condamné d'avance. En effet, comme nous l'avons montré, le revenu de chaque famille humaine devrait être au moins de 5000 francs, pour assurer un minimum de bien-être tolérable. Nous sommes, hélas! encore bien loin de ce chiffre. Par conséquent, tout ralentissement de la production éloignera le jour où nous jouirons du confort nécessaire, donc il diminuera les jouissances ou augmentera les souffrances.

Mais, même si le revenu minimum de 5000 francs était atteint, la jouissance ne serait possible que par son accroissement. Nous avons montré (chap. II) que toute jouissance provient d'une discrimination. Or, si nous ne voyons pas aujourd'hui un degré de prospérité plus considérable qu'hier, nous ne pouvons pas ressentir d'impressions agréables, donc nous souffrons. D'où la conclusion inéluctable que tout ce qui diminue le taux d'accroissement de la richesse doit être absolument condamné, dès qu'on se place sur le terrain économique.

Examinons maintenant le mécanisme naturel de la production. Il vient à l'idée de Pierre que telle entreprise peut être lucrative, par exemple l'établissement d'une scierie mécanique. Si Pierre possède déjà les capitaux nécessaires pour acquérir son outillage, il l'achète avec son propre argent, sinon, il l'emprunte. Puis Pierre cherche des ouvriers et se met à l'œuvre. Au bout d'un certain temps, cette scierie donne des bénéfices ou des pertes. L'idée, l'outil et le moteur animé sont trois éléments inévitables de toute production. Sitôt que l'un d'eux disparaît, elle devient impossible. Sans une idée, on ne fait rien, sans outils, non plus. Enfin les outils ne sont d'aucune utilité, s'il n'y a pas d'hommes pour les manier. Les socialistes ne contesteront pas tout cela. C'est élémentaire.

Aucune production n'est possible non plus sans une certaine avance, sous forme de produits alimentaires. Or cette avance est un capital. L'homme, avant de produire lui-même, a vécu sur les ressources que lui offraient d'autres espèces végétales et animales. Celles-ci avaient amassé des réserves qu'il put mettre à profit ; elles avaient formé les premiers capitaux de l'humanité.

Dans l'organisation actuelle, l'entrepreneur rémunère ses compagnons de travail en leur payant un salaire fixe.

Les socialistes prétendent que ce système est mauvais. Si donc on le supprimait, voici ce qui se produirait.

Quand Pierre aurait conçu une idée et quand il se serait procuré les outils, il devrait se mettre en quête de compagnons de travail consentant à s'associer à lui, pour courir les risques de l'entreprise. N'est-il pas évident que cette nécessité lui ferait perdre un temps considérable? Il devrait persuader des milliers d'hommes, souvent peu éclairés, et surtout peu au courant des découvertes de la science. Par conséquent, toute entreprise fondée par une société coopérative de production, demandera plus de temps pour sa mise en train qu'une entreprise privée. Donc il se formera moins d'entreprises dans un temps donné, donc le taux d'accroissement de la richesse sera ralenti. Cela seul est la condamnation du socialisme.

De plus, nous avons supposé que Pierre avait déjà ses outils, c'est-à-dire son capital. Mais si la production capitalistique était supprimée, Pierre n'aurait pas pu l'avoir. Pour se procurer des outils, il devrait aller les demander à des agents de l'autorité! Il faudrait aussi les convaincre que son entreprise est bonne. Seconde perte de temps. Enfin l'entreprise ne donnera pas de bénéfices (si elle en donne en général) dès le premier jour; il faudra attendre six mois ou quelquefois davantage. Pendant ce temps, de quoi se nourriront les travailleurs? Il faut donc qu'ils aient, eux aussi, un capital sous forme de réserves alimentaires. S'ils n'en ont pas, ils devront le demander à l'État et convaincre les fonctionnaires que l'entreprise, dans laquelle ils s'engagent, sera rémunératrice. Cela exigera de nouvelles démarches, de nouveaux pourparlers, bref de nouvelles pertes de temps.

Que des ouvriers s'associent pour exploiter une branche quelconque de production, rien de mieux[1]. Quand bien même toutes les entreprises aujourd'hui existantes pourraient être mises à ce régime, nous n'y verrions pas d'inconvénient. Mais si des entreprises nouvelles ne naissent pas tous les jours, la jouis-

(1) Cela se pratique déjà. L'ouvrier qui achète une action de l'usine où il travaille, devient, dans une certaine mesure, propriétaire de cette usine. Il entre dans une société coopérative de production.

sance est impossible pour les hommes, puisque la somme d'adaptation de la planète à nos besoins ne changerait plus. Or par entreprisé nouvelle, il faut entendre trois choses : d'abord l'application de certaines connaissances scientifiques qu'on n'avait pas auparavant. Le téléphone rentrait dans cette définition, il y a une vingtaine d'années. Le navire aérien y rentrera peut-être demain. Ensuite il faut entendre aussi, par entreprise nouvelle, l'application de l'idée la plus ordinaire. Un homme défriche une lande à côté de son champ. C'est une entreprise nouvelle. Enfin, par entreprise nouvelle, il faut entendre une troisième chose également très importante : une économie de temps. Une presse à la main produit 600 exemplaires à l'heure. Une machine rotative de Marinoni 60 000. Le remplacement de la première par la seconde est une entreprise nouvelle.

Or, tout ce qui mettra des obstacles à l'esprit d'invention aura les conséquences les plus funestes pour l'humanité. L'abondance des produits constituant le bien-être, moins vite ils se multiplieront moins vite aussi augmentera la richesse.

Soit la richesse actuelle égale à 1 000. Avec la production capitalistique mettons qu'elle atteindra 2 000 en une année. Avec la production socialistique qui sera plus lente, elle ne pourra atteindre que 1 300 ou 1 500. Donc la somme de jouissances de l'humanité sera diminuée. C'est la condamnation du socialisme.

Mais, disent les socialistes, il nous importe peu que la richesse progresse vite ou lentement. Ce qui nous importe, c'est qu'elle soit autrement distribuée.

Toutes les classes tiennent le même discours. Voyez ce ministre routinier et rétrograde. Il dit : « Il m'importe peu que mon pays avance vite, il m'importe peu qu'il soit distancé par les autres. Pourvu que j'aie de gros émoluments et des profits directs et indirects pour moi et mes amis, le reste m'est indifférent. » Ce langage est odieux et funeste, quand il est tenu par un ministre, pourquoi pense-t-on qu'il doit être bienfaisant quand il est tenu par les ouvriers? En réalité, l'accroissement rapide de la richesse a plus d'importance pour les pauvres que pour les riches. Tout individu qui gagne 5 000 francs aujourd'hui, a pour ainsi dire déjà atteint le but idéal que nous indiquons dans ce livre. S'il ne va pas plus loin, ses souffrances seront médiocres. Mais, si l'on empêche les pauvres d'y arriver le plus vite possible, on leur fait un tort d'autant plus grand que leur revenu est plus modeste [1].

Après avoir parlé des entreprises nouvelles, occupons-nous de celles qui existent actuellement. Les socialistes prétendent que leur exploitation par le système capitalistique (c'est-à-dire individuel) est néfaste, qu'il faut lui substituer le système collectiviste.

Voyons.

On parle de nationaliser les chemins de fer, les mines ou toute autre entreprise. Mais il faut être logique. Si la nationalisation est bonne, il faut l'appliquer à l'ensemble des propriétés individuelles. Examinons cette combinaison.

Prenons la France pour exemple. Selon M. A. de Foville, sa fortune entière peut être évaluée à 200 milliards [2]. Deux procédés s'offrent à nous pour la « nationalisation » : 1° la confiscation pure; 2° le rachat.

En quoi le premier procédé s'écarte-t-il de ceux des Attila et des Tamerlan? Eux aussi s'emparaient d'un pays et spoliaient tous ses habitants. La spoliation socialiste serait un colossal brigandage, et rien de plus. Mais nous ne nous arrêterons pas à cette combinaison. D'abord elle est inexécutable. Chacun opposerait la force à la force pour défendre son bien. Cela serait donc la plus épouvantable des guerres civiles. De plus, nombre de socialistes répudient les moyens violents.

Reste le rachat. Il est clair que le jour où l'on voudra emprunter 200 milliards pour nationaliser la propriété française, le taux de l'intérêt sera supérieur à celui que nous avons maintenant. Il dépassera 10 p. 100 sans aucun doute, peut-être même 15. Mais abondons dans le sens des socialistes. Admettons qu'il sera de 6. Cet emprunt de 200 milliards coûtera donc 12 milliards d'intérêts annuels. Qui payera cette somme?

(1) Ainsi les chemins de fer ont beaucoup plus d'importance pour les pauvres que pour les riches. Lord Byron a pu se donner la jouissance de parcourir toute l'Europe au commencement de ce siècle, parce qu'il avait une grande fortune. Mais, tant qu'on voyageait dans sa propre voiture, un pauvre ne pouvait pas se donner le plaisir de visiter des pays un peu lointains.

(2) *La France économique*. Paris, Colin, 1890, p. 521.

De nouveau le peuple français. Toute cette opération se ramène donc à un simple calcul arithmétique. Si, après la « nationalisation » de la France, le sol de ce pays rapporte 12 milliards de plus, l'opération est bonne; s'il rapporte la même chose, elle est inutile; s'il rapporte moins, elle se solde en perte, c'est-à-dire par une diminution de jouissance. On estime aujourd'hui le revenu total de la France à 25 milliards de francs[1]. Ce pays rapportera-t-il 37 ou 38 milliards, quand il sera « nationalisé »? Oui, si l'accroissement de la richesse était uniquement en fonction de la répartition du capital. Or, ce n'est pas le cas. L'accroissement de la richesse est en fonction du temps. Un homme produisait auparavant 5 hectolitres de blé en travaillant un an, il en produit ensuite 10; alors la richesse augmente. Ou (ce qui revient au même) dix hommes produisaient 50 hectolitres et ensuite cinq hommes suffisent à cette besogne; il y a également accroissement de la richesse. Mais tout cela n'a aucune connexion directe avec la manière dont 38 millions de Français se partageront le capital national. Par cela seul que l'outillage agricole et industriel deviendra la propriété indivise du peuple entier, il est clair que la production n'augmentera pas nécessairement. Les Français continueront à percevoir 25 milliards. Mais ils devront en déduire aussitôt 12 pour payer les intérêts du capital de la nationalisation. On le voit, même en supposant les circonstances les plus favorables, la moyenne du revenu de chaque Français n'augmentera pas.

Mais il est clair que les choses ne se passeront pas ainsi. D'abord les dépenses administratives nécessaires pour opérer la nationalisation, absorberont des sommes considérables[2], dont il faudra aussi payer les intérêts. Puis il est évident que l'exploitation par l'Etat coûtera plus cher que l'exploitation par les particuliers. Il en a été ainsi depuis les temps les plus reculés; il en sera toujours ainsi. D'abord, parce que le fonctionnaire ne sent pas l'aiguillon de l'intérêt, ensuite parce qu'il ne possède

(1) Foville, *ibid.*, p. 509.

(2) Songez seulement un peu à ce que coûte le cadastre d'un grand pays. Pour opérer la nationalisation, il faudra évaluer des millions de propriétés. Cela demandera des dépenses effrayantes.

pas la liberté d'initiative, enfin pour une troisième raison que nous allons indiquer.

Il y a aujourd'hui des socialistes dans nos sociétés capitalistiques. Demain, dans les sociétés collectivistes, il y aura évidemment des individualistes. Ils seront peut-être une minorité, mais ils existeront tout de même. Jamais tous les hommes ne penseront la même chose. De plus, le système individualiste a la science pour lui, et il faut avouer que ce n'est pas une force à dédaigner. Il y aura donc des partis dans la société collectiviste. Comme dans la nôtre, ces partis lutteront entre eux avec des alternances de victoire et de défaite. On dit que l'administration de la France est désorganisée par l'ingérence des députés. Or, que veut dire « désorganisée » ? Cela signifie que l'administration française rend de mauvais services et coûte très cher[1]. Eh bien ! cette même ingérence aura lieu dans l'État collectiviste. Mais comme ses fonctions seront beaucoup plus nombreuses, le mal sera plus grand. Supposer que les hommes deviendront des perfections absolues, parce qu'on aura seulement décrété la production collectiviste, est la plus folle de toutes les chimères. C'est tout simplement la foi au miracle.

Aujourd'hui le fonctionnaire français a deux préoccupations : son chef hiérarchique et le député de son département. S'il n'en avait qu'une seule, sa besogne irait beaucoup plus vite. Cela saute aux yeux. Quand les économistes demandent de restreindre les attributions de l'État dans la mesure du possible, c'est pour économiser le temps. En effet, qui n'est pas distrait par des préoccupations politiques produit davantage.

Mais le fonctionnaire de l'État collectiviste ne pourra pas se soustraire aux préoccupations politiques. Donc, par la nature des choses, le sol de la France, une fois nationalisé, ne produira pas ce qu'il produit aujourd'hui. La nationalisation se soldera donc inévitablement en déficit. Au lieu de 25 milliards de revenu, les Français n'en auront alors que 12 ou 15, et encore ! Leur bien-être sera donc moindre qu'avec la production capitalistique.

Ce qui trompe les socialistes, c'est que, de nos jours, la spoliation enrichit effectivement certaines personnes. Mais c'est jus-

(1) On comprend que nous prenons simplement la France comme exemple. Nous ne voulons dire, en aucune façon, que son administration soit plus mauvaise que celle des autres pays.

tement parce qu'elles sont peu nombreuses. Une compagnie de chemins de fer fait de mauvaises affaires. Elle obtient une garantie de l'État. Alors mille ou deux mille actionnaires qui percevaient auparavant 1 p. 100 de dividende, en perçoivent désormais cinq ou six. Le malheureux contribuable est spolié, mais quelques individus éprouvent un accroissement de bien-être. Les choses changent d'aspect, quand il s'agit de faire bénéficier la nation entière. Que chaque Français donne un franc par an à M. X, celui-ci devient milliardaire. Mais que les Français échangent un franc entre eux, ils n'en seront ni plus pauvres ni plus riches. Les socialistes voient que la spoliation profite à quelques-uns, ils en concluent qu'elle serait également avantageuse si elle était généralisée. C'est une profonde illusion.

II

Examinons maintenant si la production capitalistique a pour conséquence inévitable une injuste répartition des bénéfices. Les socialistes affirment, en effet, que l'injustice est inhérente à ce système.

Mais d'abord comment établir ce qui constitue la juste rémunération d'un travail ? Quelle autorité indiquera le chiffre pour chaque cas particulier ? Et d'ailleurs, quand bien même le gouvernement aurait cette compétence, sera-t-il obéi ? Depuis Dioclétien jusqu'à nos jours, l'État a commis mille fois la folie de vouloir régler le prix des denrées et des services au moyen de la loi. A quoi cela a-t-il servi ? Le vent a emporté tout ce fatras. L'expérience de tant de siècles n'est-elle pas encore décisive ? Tous les futurs édits réglementant les prix, resteront lettre morte comme les anciens.

Pour établir la *juste* rémunération de chaque service, il faudrait posséder l'omniscience. C'est donc une chimère. Prenons un exemple : le livre qui est en ce moment sous les yeux du lecteur. S'il s'en vend seulement 500 exemplaires, les frais d'impression ne seront même pas couverts et l'auteur n'aura aucune rémunération matérielle de son travail. Mais s'il se vend un million d'exemplaires, l'auteur réalisera une grosse fortune. Or à quel moment finit la *juste* rémunération du travail de l'auteur. Commence-t-il à devenir un voleur après avoir touché le bénéfice du dix millième exemplaire ou du cent millième ? Mais pourquoi pas du cinq millième ? Qui pourra indiquer le chiffre ? Si l'auteur gagne un million, aura-t-il commis un vol ? Mais s'il gagne cinq cent mille francs, non ? Qui pourra jamais fixer la limite ?

La véritable solution est ailleurs. Si l'auteur vend un million d'exemplaires, c'est qu'un million d'hommes trouvent utile ou agréable de se payer son volume. Mais si un gouvernement quelconque envoyait d'office un million d'exemplaires à un million de personnes avec ordre de l'acquérir, le bénéfice réalisé par l'auteur, serait une contribution prise sur ses concitoyens, donc une injustice. La justice cesse à partir du moment où la violence et la coercition entrent en jeu.

Certains fabricants de sucre, en Russie, gagnent jusqu'à 60 p. 100, grâce au tarif douanier. Comment réalisent-ils ce bénéfice ? Par l'appui du gendarme qui force le contribuable à payer le sucre au double de sa valeur. Ce bénéfice n'est donc pas la rémunération d'un travail, mais un butin. Que les ouvriers de ce fabricant viennent lui dire : « Vous avez pris un tribut sur nos compatriotes; partageons. » On n'aurait aucune objection à faire. Mais supposons la suppression de toute violence, c'est-à-dire le libre échange absolu, la scène change entièrement. Le sucre se vend partout au prix du marché universel. La concurrence ramène les bénéfices du fabricant de sucre au niveau du taux moyen de l'intérêt; il cesse donc de prendre un butin et reçoit la *juste* rémunération de son travail.

Un industriel achète les membres d'un parlement et se fait accorder des droits prohibitifs[1]. Il devient un malfaiteur public. Sans doute les capitalistes profitent souvent de leurs richesses, pour commettre cette action criminelle. Alors le spoliateur et le capitaliste font une seule et même personne. Ils méritent très légitimement la haine des classes exploitées. Mais il faut bien comprendre que, dans ce cas, ils font du mal en tant que *parasites* et *spoliateurs*, mais nullement en tant que capitalistes. Encore ici, comme c'est le gendarme qui assure leur

(1) On dit qu'en ce moment quelques richissimes manufacturiers américains ont l'intention d'acheter les sénateurs pour empêcher l'abolition du bill Mac Kinley.

privilège, nous sommes en présence d'un fait politique et non économique.

Au point de vue strictement économique, un capitaliste est un individu qui produit de la richesse, fait des épargnes et les fait fructifier ou bien fait fructifier les épargnes de ses ancêtres. Mais si un individu s'occupe de spolier ses voisins, il ne peut pas, *dans le même temps*, s'occuper de produire de la richesse. Par conséquent, il cesse d'être un capitaliste, pendant tout le temps qu'il s'occupe de spoliation.

La juste répartition des bénéfices se réalisera naturellement quand les causes perturbatrices, provenant des facteurs politiques, seront éliminées, quand l'Etat ne se mêlera plus de réglementer la production.

Que verrons-nous alors ? Un certain nombre d'entreprises seront exploitées par des sociétés coopératives de production. Un certain nombre d'autres (surtout les nouvelles) resteront capitalistiques avec des salariés[1]. Comment se réglera la rémunération de ces derniers ? Eh bien ! il faut l'affirmer, malgré tous les socialistes du monde, elle se réglera par l'offre et la demande.

Soit X, fabricant de drap. La concurrence a réduit ses bénéfices aux taux moyen du loyer des capitaux[2]. Mû par un sentiment de bienveillance à l'égard de ses ouvriers, il les paye plus cher que Z, autre fabricant de drap. Quelle sera le résultat de sa conduite ? Il sera ruiné et devra fermer son usine. Allons plus loin : tous les industriels, d'un commun accord, majorent les salaires de 100 p. 100. Qu'arrivera-t-il ? Simplement ceci : les ouvriers perdront, comme consommateurs, le surplus du bénéfice qu'ils auront empoché comme salariés. Leur bien-être ne s'accroîtra donc pas.

Malgré tous les sophismes dont on embrouille cette question, le *juste* prix d'une denrée est celui qui est établi par la concurrence universelle; la *juste* rémunération du travail est le

(1) Nous entendons par ce mot non seulement les simples ouvriers, mais encore tout le personnel : ingénieurs, contremaîtres, buralistes, etc.

(2) Sans doute quelques entreprises nouvelles, conçues d'une façon très habile, pourront donner un revenu supérieur pendant quelque temps. Mais, vraiment, la société ne devrait pas lésiner là-dessus. On ne saurait trop récompenser l'esprit d'invention. Malheur aux sociétés où il est faible. Elles sont condamnées à une décadence irrémédiable.

taux moyen des salaires du globe entier. La justice, comme nous l'avons montré dans notre première partie, est l'équilibre économique.

On voit donc que la production capitalistique n'empêche pas la juste répartition des bénéfices du travail. L'essence de l'injustice n'est pas dans le capitalisme, mais dans la spoliation violente provenant des facteurs politiques.

Mais les ouvriers ne veulent pas entendre parler de la loi de l'offre et de la demande. Ils disent qu'à l'économie politique *orthodoxe* il faut substituer une économie politique nouvelle. Ils oublient seulement, comme le dit si bien M. Vilfredo Pareto, qu'il n'y a pas de science orthodoxe ou hétérodoxe. Il y a seulement une science vraie et une science fausse. Quand les économistes actuels se trompent, il faut simplement redresser leurs erreurs. La passion aveugle les socialistes. Parce que certains capitalistes sont, hélas ! des spoliateurs de la plus belle eau, on déduit que la production capitalistique est *nécessairement* spoliatrice. On affirme que l'ouvrier reçoit des miettes, on demande pour lui le pain tout entier. Supposons leurs vœux accomplis. On leur fait cadeau (on voit que nous allons loin) de toutes les entreprises agricoles et industrielles. Que vont faire les ouvriers ? Tout d'abord que feront-ils de celles qui donnent actuellement des pertes ? Ils les supprimeront, à coup sûr. Mais alors un grand nombre de salariés, qu'elles nourrissent aujourd'hui, vont être jetés sur le pavé. Et puis même les entreprises lucratives, que vont-elles devenir ? Nous sommes toujours et inévitablement ramenés à la question de la production. Si une fois nationalisé, le sol de la France donne, par exemple, 150 millions d'hectolitres de blé au lieu de 100, il y a accroissement de bien-être ; sinon, non. Il en est de même de toutes les autres exploitations. Là est le fin fond de la chose. Mais les ouvriers ne songent pas à tout cela. Ils disent que les bourgeois ont exploité le peuple et qu'à son tour le peuple doit exploiter les bourgeois. Or que veut dire exploiter ? Cela veut dire se faire attribuer une rémunération supérieure à la moyenne générale, c'est-à-dire, en d'autres termes, devenir parasite. Mais ici les socialistes tombent dans une contradiction complète. Comment, ils affirment que tous les maux viennent de la spoliation et c'est sur cette même spoliation qu'ils comptent pour les guérir ? Répétons les paroles du ministre concussionnaire : « Je cause, il est vrai, du mal direct et indirect à mon pays, mais que m'importe, puisque j'ai plus de bien-être personnel. » Quand les ouvriers veulent pressurer les bourgeois ils disent également : « Que nous importe de vivre en parasites, pourvu que nous vivions bien. » Par malheur, ils se trompent de la façon la plus grossière. C'est surtout pour les masses populaires que le revenu minimum a une importance de premier ordre. Que ce revenu soit de 1000 ou de 5000 francs, M. de Rothschild s'en soucie peu. Mais les milliardaires ne sont pas cent sur le globe entier tandis que les familles ouvrières se comptent par dizaines de millions, si l'on y comprend les agriculteurs. Que M. de Rothschild ait vingt millions de revenu ou cinquante, le train de sa maison ne changera guère. Mais si, grâce au parasitisme des ouvriers, la moyenne des revenus des masses populaires baisse seulement de 1000 à 800 francs, les privations les plus cruelles frapperont un nombre immense de familles. Ce qu'il faut bien comprendre c'est ceci : le corps social sera aussi malade (c'est-à-dire les souffrances seront aussi grandes) quand le compagnon X sera un parasite que quand le duc Z le sera. Ce qu'il faudrait, pour la santé du corps social (c'est-à-dire pour ramener la souffrance au minimum), c'est qu'il n'y ait plus de parasites du tout, ni en haut, ni en bas. Or, il n'y en aura plus quand il n'y aura plus de violence et il n'y aura plus de violence quand la fédération unira tous les peuples de la terre.

CHAPITRE XXIV

LA RÉPARTITION DES RICHESSES ET LA DIMINUTION DE LA MISÈRE

I

La fédération est le véritable remède aux maux de nos sociétés. Il est aisé de comprendre qu'elle ne portera aucune atteinte aux intérêts des classes supérieures. Au contraire, elle augmentera leur richesse dans une mesure immense. Les propriétaires terriens en profiteront surtout. Leurs domaines acquerront une plus-value très forte. Par malheur, les routines des classes supérieures sont si invétérées, leur aveuglement est si incommensurable, qu'elles résisteront probablement pendant fort longtemps à l'établissement de l'ordre de choses le plus conforme à leurs intérêts véritables. Pour se réserver des avantages très minimes, mais immédiats, elles s'opposent aux réformes et renoncent à des avantages infiniment plus grands. Elles pratiquent, sur la plus vaste échelle, la politique qui consiste à lâcher la proie pour l'ombre ; politique d'autant plus inexcusable que l'expérience du passé a démontré son absurdité [1]. La

(1) « Un baron du moyen âge, dit M. Giovanni Lerda, devait s'armer de pied en cap et se munir d'une escorte dès qu'il entreprenait la moindre excursion. Il devait soigneusement éviter les châteaux de ses ennemis, loger dans de mauvaises auberges. Bref, sa vie offrait des jouissances assez médiocres. Aujourd'hui le dernier des prolétaires jouit de la sécurité la plus complète. Il va où bon lui semble, sans faire le moindre préparatif. S'il habite un grand centre urbain, il a à sa disposition gratuite des jardins, des parcs, des musées, des bibliothèques ; pour une somme modique il va au théâtre et se procure une masse d'objets qui autrefois coûtaient excessivement cher. Si l'on avait dit alors à ce baron qu'il viendrait un jour où l'on irait en trente heures de Paris à Rome, commodément établi dans un wagon-lit,

fédération se fera par conséquent, non par les classes supérieures qui en profiteront le plus, mais contre elles.

Le jour où elle serait réalisée, quel incommensurable progrès! M. Mulhall évalue à 5 milliards de francs, en moyenne, les capitaux engagés tous les ans, sur notre globe, dans des entreprises nouvelles. Si l'on y plaçait seulement dix milliards, sur les cinquante que nous coûte aujourd'hui l'anarchie internationale, quel immense demande de travail cela produirait! Des centaines de milliers de malheureux, dans toutes les classes de la société, cherchent de l'occupation sans pouvoir en trouver. Parfois, pour une place, il y a jusqu'à deux mille postulants. En ce moment, 800 000 ouvriers sont sans travail aux États-Unis. Versez sur le marché dix ou quinze milliards de plus qu'aujourd'hui et immédiatement des entreprises nouvelles vont surgir de toutes parts. Abaissez les barrières de douane, traitez l'étranger en compatriote, assurez-lui une sécurité et une liberté complètes, et la moitié du globe, qui reste en friche jusqu'à nos jours, va produire d'abondantes richesses. En Russie [1], en Asie, en Afrique, presque tout est encore à faire. Non seulement les ressources naturelles les plus précieuses n'y sont pas mises en exploitation, mais elles n'y sont même pas connues. En Russie, on découvre tous les jours ici de la houille, là du cuivre, plus loin du pétrole ou même de l'or. Le limon fécondant des capitaux viendrait rendre partout la demande du travail supérieure

sans escorte, sans armes; qu'on enverrait une lettre de Turin à Syracuse pour 10 centimes; que tous les vilains porteraient une chemise, qu'ils sauraient presque tous lire et écrire, qu'il n'y aurait plus de suzerains, de châteaux, d'investitures et que le monde ne s'en porterait pas plus mal, notre baron aurait commencé par pousser un grand éclat de rire et puis, qui sait, peut-être aurait-il fait pendre cet impudent rêveur. » (*Critica sociale* du 16 mai 1893, p. 152.) On ne saurait mieux dire. La sécurité internationale du groupe européen est aussi avantageuse que la sécurité au sein de l'État. Malheureusement les classes supérieures ne veulent pas le comprendre. M. Lerda, lui non plus, n'attend rien de leur profonde cécité. Cependant, comme il le dit très bien, le baron du moyen âge était plus excusable que nos barons modernes, parce qu'il était infiniment plus ignorant. Eh bien! de même que les petites souverainetés italiennes se sont fédérées en un seul royaume, les États européens se donneront un jour certaines institutions communes. Le même processus se renouvellera sur une plus grande échelle.

(1) Il n'y a peut-être pas plus de 20 villes de cet empire qui soient éclairées au gaz! Des centaines pourraient l'être maintenant à l'électricité. De ce seul chef, combien d'entreprises productives!

à l'offre. Une grande partie des misères humaines pourrait disparaître rien que par ce fait.

Mais pour que l'esprit d'entreprise puisse atteindre son point culminant d'intensité, pour qu'il puisse accomplir son œuvre merveilleuse, il faut, avant toute chose, la garantie complète de la propriété.

Sans voler ses semblables par des privilèges d'aucune sorte, un individu a accumulé honnêtement une grande fortune. Alors on vient lui dire que, sous prétexte d'égalité, on va lui confisquer les trois quarts de ses richesses. Une confiscation est une peine. Elle est appliquée aujourd'hui contre les individus qui ont commis des délits. On punira donc un homme parce qu'il s'est enrichi. Dans ce cas, l'adaptation de la planète aux besoins de notre espèce sera regardée comme une action criminelle. N'est-il pas évident qu'un point de vue de ce genre ralentira cette adaptation (ou en d'autres termes augmentera la misère). Et puis, quand un homme aura été puni pour avoir vécu par ses propres efforts, il aimera mieux, sans doute, passer dans le camp des parasites et vivre par les efforts d'autrui. Mais quand tous deviendront parasites, qui sera le producteur véritable qui les nourrira ?

Une expérience plusieurs fois séculaire et renouvelée mille et mille fois, montre que toute société où la propriété n'est pas respectée, tombe immédiatement dans la décadence la plus profonde.

Ce n'est pas à dire, cependant, que les formes actuelles de la propriété ne pourront pas être modifiées et améliorées. La possession de la terre, entre autres, est une question d'une difficulté et d'une complexité à nulle autre pareille. Un voyageur passe dans l'intérieur de l'Afrique. Il plante un pieu avec le drapeau de son pays. Est-ce à dire que jusqu'à la fin des siècles cette région doit appartenir exclusivement à ses compatriotes ? Des spéculateurs accaparent des terres vierges au Dacota ou ailleurs. Est-ce à dire que, s'il leur plaisait (à eux et à leurs descendants), de les tenir en friche pendant des générations, leur droit serait intangible. La terre doit être appropriée, sans doute ; sans cela elle ne sera jamais bien cultivée. Mais, en toute circonstances, l'abus est possible. La terre est une propriété d'un genre spécial. Elle doit être accompagnée, dans une mesure quelconque, par la mise en valeur effective. Ce sont là des matières extrêmement délicates. Peut-être ne comportent-elles pas de solution absolue et systématique. Elles doivent varier selon les circonstances. Nous n'avons pas la prétention de les examiner ici. Nous voulons montrer seulement que nos idées actuelles sur la propriété ne sont pas immuables. Elles se transforment aussi pour s'adapter à des circonstances nouvelles.

Mais le fondement inébranlable sur lequel s'élèvera toujours la prospérité sociale est, celui-ci : à chacun le produit complet de son travail. Sitôt que cette condition n'est pas remplie, la propriété cesse d'être respectée et la désorganisation commence.

II

La première chose à faire est donc d'assurer la production la plus grande possible. Car, si le trésor à distribuer est trop petit, peu importent les parts. Quand on aura supprimé tous les obstacles qui empêchent aujourd'hui l'accroissement de la richesse, la question de sa répartition passera au premier plan.

Une remarque avant toute chose. Les ouvriers ont tort de penser que leurs souffrances proviennent de la dureté et de la scélératesse des capitalistes. La bonté n'a rien à voir dans les grandes questions économiques qui ont le globe entier pour théâtre. Un chef d'usine, voulant le bien de ses ouvriers, leur distribue des salaires plus élevés. Ses voisins ne l'imitent pas. L'industriel est ruiné ; il doit fermer sa fabrique.

Le prétendu antagonisme entre le capital et le travail est une phrase à effet dont les socialistes usent le plus en ce moment. Il ira rejoindre un jour, au pays des vieilles lunes, la fameuse loi d'airain dont on a fait tant de bruit depuis Lassalle. Des faits innombrables en ont démontré la fausseté. Alors les socialistes ont bien été obligés de la jeter par-dessus bord, parce qu'elle devenait compromettante.

Il en sera de même de l'antagonisme entre le capital et le travail. C'est un pur fantôme sans aucune réalité. Au contraire, s'il est au monde deux choses solidaires, ce sont bien le capital et le travail. D'abord l'un procède de l'autre. Aucune réserve n'est possible sans effort, donc aucun capital ne peut se former sans travail. Puis l'un n'a aucune valeur sans l'autre. Un individu a accumulé des fonds dans sa caisse. S'il ne trouve pas à les placer, c'est-à-dire s'il ne trouve pas d'individus qui les fassent valoir par le travail, à quoi peuvent-ils lui servir ? D'un autre côté, il est absolument impossible d'entreprendre la moindre exploitation sans une mise de fonds préalable, c'est-à-dire sans capital.

En réalité, l'antagonisme n'est pas entre le capital et le travail, mais entre le vendeur et l'acheteur. L'ouvrier a de la force musculaire et mentale à placer, l'entrepreneur qui en a besoin, offre, en échange, une certaine quantité de produits (par l'intermédiaire de l'argent).

Comme dans tout marché, chacun des intéressés veut donner le moins possible et obtenir le plus possible. Un antagonisme invétéré, fatal, inévitable, a existé de tout temps et existera toujours entre les vendeurs et les acheteurs. Parce qu'un individu veut obtenir le prix le plus élevé possible pour l'article que je désire lui acheter, est-ce une raison d'éprouver de l'hostilité à son égard ? La société ne s'est jamais divisée en deux camps ennemis : les vendeurs et les acheteurs. Nous ne voyons pas pourquoi elle doit se diviser en deux armées prêtes à en venir aux mains : les ouvriers et les entrepreneurs. On dira peut-être que chacun de nous est, tour à tour (et plusieurs fois par jour), vendeur et acheteur, en sorte que les deux camps se confondent, tandis qu'on n'est pas, tour à tour, ouvrier et entrepreneur. Ce n'est pas absolument vrai. D'abord le dernier des manœuvres peut ouvrir un atelier et prendre des salariés. Cela se fait tous les jours. Mais, de plus, il faut considérer que chaque ouvrier vend son travail, mais achète aussi celui des autres, d'une façon indirecte, puisqu'il y a une certaine somme de travail manuel incorporé dans les objets qu'il consomme.

Si l'ouvrier hait l'employeur parce que celui-ci lui donne un petit salaire, pourquoi l'employeur ne haïrait-il pas l'ouvrier quand il lui en paye un grand ?

On dira encore que l'ouvrier est obligé de vendre son travail. S'il ne le fait pas, il tombe dans la misère. Mais l'entrepreneur est aussi obligé quelquefois de vendre ses produits, sous peine de ruine. L'employeur, disent encore les socialistes, peut attendre, parce qu'il a des réserves. Très bien, mais ces réserves viennent de ce qu'il a économisé lui-même, ou de ce que son père a économisé. Rien n'empêche l'ouvrier de faire des épargnes.

Enfin, dernier argument : le capital du riche est mal acquis; il l'est généralement par la violence. Mais alors il faut s'en prendre au brigandage et non au capital. Car si la fortune a été acquise honnêtement, toutes les objections tombent. Or, il faut bien avouer que dans nos sociétés il y a aussi des richesses bien acquises.

Les classes inférieures sont spoliées aujourd'hui de la façon la plus dure. C'est par suite du brigandage international universel et du parasitisme interne. Certains hommes emploient la force brutale pour confisquer le produit du travail d'autrui. Là est le mal qu'il faut détruire. Il faut mettre un terme, le plus tôt possible, à ces exactions, mais non établir un prétendu antagonisme entre le capital et le travail, qui est un pur fantôme, une funeste aberration de l'esprit humain.

Quelle part doit légitimement revenir au travail manuel dans la répartition des bénéfices ? Redoutable et, ajoutons-nous, insoluble problème. Comment donner un chiffre ? 100 p. 100, disent les ouvriers. Mais ils savent bien que c'est une chimère, puisqu'il faut déduire les risques, les pertes, les assurances, la rémunération du directeur de l'entreprise, qu'il soit un des compagnons ou un bourgeois. La proportion est impossible à indiquer. Elle doit être réglée, pour chaque cas spécial, par des conventions particulières.

Cela ne veut pas dire que l'ordre de choses actuel soit toujours équitable. Tout le monde le comprend. Aussi de nombreuses tentatives ont été faites dans ces derniers temps pour arriver à une répartition conforme à la justice : les salaires proportionnels aux prix de vente, les parts de bénéfice distribuées de la manière la plus diverse, enfin les organisations savantes et compliquées comme celles des Magasins du Bon Marché à Paris[1]. Ces tentatives sont assez récentes. Avec le temps, les procédés s'amélioreront. L'expérience fera un triage. L'avenir est là. Des combinaisons impossibles à prévoir aujourd'hui, se montre-

(1) Voir V. Böhmert. *La participation aux bénéfices*, traduction Trombert. Paris, Guillaumin, 1888.

ront peut-être plus efficaces que celles pratiquées de nos jours. Alors elles deviendront habituelles et finiront par s'introduire dans les mœurs.

La substitution, aussi large que possible, de la production coopérative au salariat est désirable. A une condition cependant : qu'elle s'accomplisse par le libre consentement des parties intéressées, sans aucune violence et sans l'intervention de l'Etat. Car, à partir du moment où la force publique interviendra, on tombera de nouveau dans la spoliation. Or, c'est ce qu'on fait hélas ! de tous côtés. M. Goblet n'a-t-il pas présenté dernièrement un projet de loi proposant la nationalisation des mines, sous prétexte que les concessionnaires actuels en avaient joui assez longtemps ! C'est bel et bien la confiscation pure.

D'autre part, on demande constamment des subventions à l'Etat pour l'établissement des sociétés de production coopérative. Or, en quoi ces subventions diffèrent-elles de celles qu'on accorde aujourd'hui aux sociétés de capitalistes (chemins de fer, compagnies de navigation, etc.) contre lesquelles les socialistes protestent avec tant de raison.

Il est difficile de prédire comment se modifiera le salariat moderne. Une seule chose est absolument sûre : toute intervention de l'Etat dans la question de la répartition des bénéfices sera désastreuse et funeste à l'ordre social. Si le législateur dit : Jean recevra tant et Paul tant ; ou Paul ou Jean sera lésé. Car si Paul et Jean pouvaient s'entendre eux-mêmes[1], ils n'auraient pas besoin de recourir à l'Etat. La partie qui se croira lésée subira donc une injustice. Elle souffrira. Elle voudra saisir la première occasion pour se débarrasser de ses entraves. L'hostilité sera entre les classes et la paix sociale impossible. Ainsi, par son intervention, l'Etat aura envenimé les plaies au lieu de les guérir.

L'équité veut que les gens possédant le minimum d'aptitudes et de facultés mentales, possèdent aussi le minimum de confort[2]. Peu de personnes contestent cette proposition. On la pousse même jusqu'au bout. On trouve injuste que des gens, sans rien

(1) C'est-à-dire s'ils pouvaient arriver à un arrangement qui leur parût *juste* à tous les deux.

(2) Bien entendu, ce minimum s'élève constamment avec le progrès de la richesse générale.

faire, vivent dans le luxe et l'opulence, simplement parce qu'ils ont reçu un héritage de leurs parents. L'héritage est encore un de ces phénomènes naturels contre lesquels les socialistes s'escriment en vain. Chaque homme aimera ses enfants plus que des étrangers et il fera tout pour leur assurer le bien-être dont il jouit lui-même. Quelles que soient les lois sur les successions, ou bien elles seront éludées, ou bien la production de la richesse diminuera dans une mesure immense.

Si chaque individu, en venant au monde, trouvait cent mille francs d'héritage, les socialistes pourraient-ils y voir un mal ? Si oui, alors il faut affirmer que la richesse est funeste et tâcher de la détruire. Or les socialistes disent juste le contraire. Ils soutiennent, avec raison, que la misère est funeste. Il en est de l'héritage comme du capital. Loin de le supprimer, il faudrait désirer, au contraire, que tout le monde en eût. Mais les socialistes trouvent injuste que M. X reçoive 5 millions de francs de son père et M. Z zéro. Fort bien, mais alors il faudrait établir un chiffre minimum, au delà duquel tout le reste serait confisqué. Or nous défions qu'on puisse jamais établir ce chiffre. Le *standard of comfort* varie dans les sociétés humaines. Ce qui est le strict nécessaire d'aujourd'hui ne le sera plus demain.

Nous ne voulons pas même parler des difficultés insurmontables que soulèverait la confiscation des héritages. Voyez d'ici les scènes déchirantes : les employés du fisc se présentant dans les demeures pour enlever le mobilier, les bibelots, les valeurs et l'argent ! Un pareil régime ne pourrait pas durer un an. Il succomberait immédiatement sous la réprobation générale.

Pour ce qui est des gens fortunés, possédant la richesse sans l'avoir produite, ils peuvent parfaitement ne pas être des désœuvrés. Il n'y a pas que la production économique dans la société. Il y a aussi la production des idées et des sentiments. C'est un avantage aujourd'hui pour les Français, que leur langue soit répandue sur le globe entier. Eh bien ! les marquis de l'Œil-de-bœuf y ont contribué dans une certaine mesure. En créant des mœurs, des manières et des plaisirs qui ont été imités dans toute l'Europe, ils ont travaillé à l'expansion de la culture et de la langue française. Nous ne pouvons pas nous étendre ici sur ce sujet. Nous l'avons traité dans un autre ouvrage[1].

Sans doute les riches peuvent ne pas accomplir leurs fonctions véritables, ils peuvent tomber dans le désordre et le dérèglement et devenir ces êtres dégradés qu'on appelle des viveurs, véritable lie de l'humanité. Mais comment la loi interviendrait-elle pour confisquer le bien de ces individus? A quel moment un homme est-il devenu un viveur? C'est un terrain très dangereux et qui prêterait singulièrement à l'arbitraire. La loi est ici impuissante. C'est à la *vis medicatrix naturæ*, incorporée dans l'opinion publique, qu'il appartient d'agir en pareil cas. Quand elle traitera le viveur avec un mépris encore plus grand que la courtisane[2], ce type, maintenant en honneur, tombera dans le discrédit et sera éliminé peu à peu.

Dans tous les cas, aussi longtemps que le riche désœuvré vit du revenu de ses ancêtres et non du revenu des autres, il peut être considéré comme une non-valeur sociale, mais non comme un parasite.

III

La tendance a une moindre inégalité des conditions est une conséquence de la loi universelle de l'équilibre. Cette tendance s'observe déjà maintenant[3]. Mais vienne la fédération européenne, sa marche s'accélérera dans une mesure immense. Montrons d'abord, par un exemple, comment cette égalité tend à s'établir.

On sait que les Indes ont été envahies un très grand nombre de fois par des conquérants étrangers. Les uns se contentaient de prendre des tributs, et de rentrer chez eux, les autres s'y établissaient à demeure. Alors ils spoliaient complètement l'agriculteur. Ils lui prenaient la totalité des produits de sa

(1) Voir sur les fonctions de l'Elite sociale notre *Politique internationale*, p. 34 et suivantes.

(2) Celle-ci au moins donne quelque plaisir à ceux qui la payent, mais le viveur, lui, gaspille complètement les forces sociales.

(3) Voir le travail de M. P. Leroy-Beaulieu sur la répartition des richesses.

récolte, sauf ce qui était indispensable pour l'empêcher de mourir de faim (tel est aussi le régime des Fellahs égyptiens depuis les Pharaons).

Cet état de choses comporte le maximum possible d'inégalité, puisque le peuple conquis travaille et n'a rien et que le conquérant ne travaille pas et possède tout. Mais le peuple hindou est si dégradé que, depuis des milliers d'années, il subit cette exploitation sans protester [1]. Il semblerait donc qu'elle devrait durer toujours. Car si les opprimés ne se révoltent pas, les oppresseurs, certes, ne prendront pas l'initiative d'alléger leur fardeau. Eh bien ! ce régime est en train de disparaître. Et pourquoi ? Parce que tel a été l'intérêt des forts. Quand les Anglais ont conquis l'Inde, ils n'ont pas essayé de s'y établir en propriétaires fonciers [2] ni de confisquer les terres de leurs nouveaux sujets. Le climat de l'Inde ne leur convenait pas. Ils se sont contentés de faire le commerce. Actuellement ils y vendent, entre autres choses, 2 150 millions de mètres de cotonnades par an. Si l'anarchie et les guerres intestines qui désolaient l'Inde aux XVIIe et XVIIIe siècles, reparaissaient, les Anglais perdraient un grand nombre de consommateurs. Ils gardent donc l'Inde et y maintiennent la *pax britannica*, pour les besoins de leur industrie. Grâce à la domination britannique, de profondes transformations s'opèrent parmi les Hindous. La presse indigène commence à acquérir une importance de plus en plus considérable, l'instruction se répand. Pour peu que cette domination dure encore deux ou trois siècles, les agriculteurs hindous (malheureux qui se sont laissés tondre depuis des milliers d'années sans protestation) s'apercevront qu'ils sont des hommes et qu'ils ont des droits [3].

On le voit : l'intérêt des *forts* pousse à établir la sécurité. La sécurité augmente la production ; la production crée les capitaux plus abondants ; alors, par une conséquence inévitable, le taux de l'intérêt diminue. Le capitaliste a moins de revenu ; il

(1) L'empereur Baber a conquis l'Inde avec 12 000 hommes. Quelle meilleure preuve de la faiblesse incurable de cette société.

(2) Il y a à peine 100 000 Anglais aux Indes, les soldats compris.

(3) Disons, de plus, que dès maintenant les Anglais ont sensiblement réduit l'impôt foncier dans leurs possessions immédiates.

cherche à créer de nouvelles entreprises pour en avoir davantage, la demande du travail croît et les salaires s'élèvent.

Voyez ce que serait le globe entier, le jour où il formerait un seul groupe politique. Avec l'économie produite par la fédération, le taux de l'intérêt tomberait certainement à 1 p. 100.

Ajoutons, de plus, que l'équilibre des marchés est en raison directe de la sécurité. Aujourd'hui on risque sa vie à vouloir pénétrer dans certaines régions de l'Afrique et les produits y sont chers. Avec des communications faciles et sûres, cela ne serait plus.

D'autre part, l'équilibration des prix tendra à établir une répartition de bénéfices de plus en plus égale entre les différentes nations de la terre.

Aujourd'hui la spoliation établit la plus grande inégalité. Certaines fabriques de sucre, en Russie, ont donné de si gros dividendes, en 1893, qu'on a eu honte de les accuser dans les bilans. Ces bénéfices dépassaient 60 et 70 p. 100, dans certains cas. Supposez la fédération et la suppression complète des droits de douane qu'elle aura pour corollaire; immédiatement ces bénéfices scandaleux cessent. Les Russes achètent leur sucre au prix du marché universel, et l'inégalité sociale diminue.

Les antagonismes nationaux et les mesures, qui en sont la conséquence (passeports, expulsion des étrangers, intolérance, etc.), empêchent également l'égalisation des salaires. En 1893, il y a eu une magnifique récolte en Russie. Mais, comme ce pays est très faiblement peuplé, dès que les bras sont devenus nécessaires, le prix de la main-d'œuvre a augmenté dans une mesure très forte. Un simple ouvrier se payait jusqu'à cinq francs [1]. Pendant ce temps, des milliers d'hommes en Saxe, et en Silésie, devaient se contenter des salaires les plus infimes. Avec la fédération, tous les obstacles, qui s'opposent aux immigrations des ouvriers, seront levés. Une plus égale répartition des salaires assurera partout une plus grande somme de bien-être.

(1) Ajoutez, de plus, qu'en beaucoup d'endroits les récoltes n'ont pas pu être rentrées. Des blés, non fauchés, enterrés sous la neige, ont été perdus. De même, une partie de la betterave a pourri, faute d'avoir pu être portée en temps voulu aux fabriques de sucre. Nombre de propriétaires ont été ruinés dans plusieurs provinces.

IV

La mise de fonds, nécessaire pour se donner un confort suffisant est, relativement, très considérable. Il faut une demeure saine, des meubles, des ustensiles de ménage, des vêtements, etc. Quand on n'a pas reçu tous ces biens par héritage, il faut travailler dur, pendant de longues années, pour les acquérir. Un très grand nombre d'individus ne pourraient donc les posséder que dans leur vieillesse. Heureusement, le capital permet d'anticiper sur l'avenir. En payant un intérêt et un amortissement, pendant un certain nombre d'années, on peut entrer en possession immédiate de tout ce qui est nécessaire pour se mettre en ménage. On a inauguré dans beaucoup de pays des entreprises de maisons ouvrières. Quelques-unes ont prospéré. Celles, qui sont dues, en Belgique, à l'initiative de M. C. de Næyer sont du nombre. Elles perçoivent 3 p. 100, comme intérêt du capital et 4 p. 100, comme amortissement[1]. Dans ces conditions, on devient propriétaire au bout dix-huit ans.

Supposez la fédération établie, c'est-à-dire la spoliation mutuelle réduite au minimum; les quatre résultats suivants se produiront :

1° Le taux de l'intérêt sera à 1 ou 2 p. 100.

2° La maison de l'ouvrier, au lieu de coûter 6 000 francs, n'en coûtera plus que 5 000 (car les charges qui accablent maintenant la production sont comprises dans ce prix de 6 000).

3° L'ouvrier, au lieu d'abandonner un cinquième ou un quart

(1) Voir E. Gillon. *La lutte pour le bien-être.* Paris, Librairie universelle, 1889, p. 295. La société française des habitations à bon marché, présidée par M. Cheysson, construit des maisons très convenables, coûtant six mille francs. L'ouvrier en devient propriétaire, moyennant une prime annuelle de 501 fr. 60, payables pendant vingt ans. L'intérêt du capital est compté à 4 p. 100 et l'amortissement à 3,36. Avec un intérêt de 2 p. 100, le temps nécessaire pour devenir propriétaire serait encore abrégé. L'ouvrier peut mourir avant d'être entré en possession de l'immeuble. Sa famille peut se trouver alors dans une situation difficile. Les compagnies d'assurances obvient encore à cet inconvénient, au moyen d'une prime annuelle de 60 francs. On le voit, « l'infâme capital » vient constamment en aide aux classes populaires.

de son revenu, à l'Etat sous forme d'impôts directs et indirects, ne lui en abandonnera plus qu'un vingtième. Il aura donc plus d'épargnes.

4° Cinquante milliards de capitaux, gaspillés aujourd'hui, pourront être employés à de nouvelles entreprises. La demande de travail sera plus grande, et les salaires plus élevés.

Par le jeu combiné de ces quatre facteurs, l'ouvrier, au lieu de devenir propriétaire en dix-huit ans, pourrait le devenir en dix ou en sept. Ou bien, au lieu de payer 100 francs pendant dix-huit ans, il ne devrait en payer que cinquante ou quarante.

Des institutions de ce genre, multipliées et perfectionnées, pourront beaucoup contribuer à augmenter le bien-être des classes ouvrières[1].

Les miracles ne sont, malheureusement, pas de ce monde. Il est difficile d'espérer, que, du jour au lendemain, tous les hommes pourront acquérir les réserves nécessaires pour subvenir à leurs besoins en cas de maladie, d'accident ou de chômage. Pendant de longues années il y aura encore un grand nombre d'hommes dont l'unique ressource consistera dans le travail de leurs deux mains. Encore ici l'infâme capital peut venir en aide aux déshérités, par l'organisation de l'assurance. Si la misère peut jamais être atténuée sur notre globe, c'est, nous le croyons, surtout par cette combinaison. L'assurance est encore à ses débuts. C'est une institution faible et chancelante. Mais elle a un immense avenir. A proprement parler, elle constitue un secours mutuel absolument dépouillé de toute exploitation parasitique. Ma maison brûle aujourd'hui. Mon voisin me donne une faible part de son revenu pour la rebâtir. Si pareil malheur le frappe, je viendrai à son secours. De même pour la grêle, les épizooties, etc. Enfin l'assurance s'étend à la vie de l'homme. Tous les individus ne subissent pas en même temps des accidents. Ceux qui sont prospères peuvent,

(1) Ajoutons aussi le perfectionnement de l'outillage. Un des grands maux de nos sociétés modernes, ce sont les taudis où s'entassent les classes pauvres, dans les grandes villes industrielles. L'ouvrier ne peut pas se loger mieux, parce qu'il doit être à proximité de l'atelier où il travaille. Avec le tramway électrique ou le vélocipède capable de faire désormais cinquante kilomètres à l'heure, les travailleurs gagneront du temps, et ils pourront se loger à la campagne dans des conditions infiniment plus avantageuses que dans les centres urbains.

à un moment donné, avec une dépense parfois très minime, venir au secours de leurs semblables frappés par le malheur.

Enfin, par les assurances en cas de mort et les caisses de retraite pour la vieillesse, on organise l'épargne d'une façon automatique.

Supposez qu'elles puissent fonctionner sur une échelle embrassant le globe entier. Supposez de plus que, grâce à la sécurité, la production augmente et le taux de l'intérêt tombe à 1 ou 2 p. 100. Alors la prime d'assurance serait réduite à un chiffre des plus modestes. En effet, le jour où il y aurait famine en Russie, il pourrait y avoir une grande abondance dans la République Argentine, au Natal ou en Australie. Pourvu que l'Etat ne mette pas sa lourde main sur cette institution admirable, pourvu qu'il ne vienne pas en fausser l'économie et en tarir tous les bienfaits, l'assurance est, nous le répétons, le remède le plus efficace contre la misère. Si elle pouvait s'étendre sur toute la terre, les hommes deviendraient vraiment frères. L'humanité formerait un vaste groupe mutualiste[1].

Par malheur, il y a encore l'imprévoyance et le vice. Si faible que pourrait être la prime, avec l'assurance universelle, toujours est-il qu'elle devrait être payée. Car l'individu qui cesserait de la payer tomberait aussitôt à la charge de ses semblables, et deviendrait un parasite. Or un grand nombre d'hommes sont imprévoyants. Dès que la maladie, les accidents ou les insuccès les accablent, ils font appel à la charité, ou la charité va les chercher elle-même. Pour subvenir aux besoins de ces malheureux, nos sociétés ont créé un vaste ensemble d'institutions de tout genre. Elles ont beaucoup fait pour atténuer les souffrances, mais elles n'ont pas extirpé le paupérisme. Qui sait si, encore ici, la solution n'est pas dans l'assurance. L'homme pourrait s'assurer non seulement contre l'infortune qui le frappe lui-même, mais contre les charges qui lui incombent pour secourir l'infortune des autres. Les communes urbaines et rurales pour-

(1) Un exemple, pour montrer quelles merveilles peut accomplir l'esprit d'association. Il y a à Munich une compagnie d'assurance mutuelle contre l'incendie. Non seulement ses plus anciens membres ne payent aucune prime, mais ils reçoivent au contraire un léger dividende provenant des revenus des anciennes réserves statutaires. Ainsi, il se produit ici ce fait singulier que, non seulement on a sa maison assurée sans rien débourser, mais qu'on a même un revenu parce qu'elle l'est.

raient s'assurer contre leurs pauvres. Des compagnies organiseraient des hospices, des hôpitaux, des asiles. Aussitôt qu'un individu tomberait à la charge d'une communauté assurée contre la misère, il serait envoyé dans l'institution de la compagnie. On pourrait supprimer, de cette façon, l'assistance publique. Je sais que notre remède paraîtra barbare à un grand nombre de lecteurs. Nos habitudes et nos routines traditionnelles nous font croire que, dans un hôpital à la charge des contribuables, un malheureux doit être bien soigné, parce que le personnel de l'hôpital n'a aucun intérêt pécuniaire dans l'affaire. Eh bien ! c'est là une très grande erreur. La plupart des institutions de charité des villes et des Etats sont tenues de la façon la plus déplorable, précisément parce que le personnel n'a aucun intérêt direct dans l'entreprise[1]. Supposez, au contraire, un hôpital appartenant à une compagnie, où les primes seront payées par les communes en raison inverse de la mortalité. Immédiatement tout changera. L'intérêt du personnel poussera à bien soigner les malades[2].

D'autre part, il n'y a aucun recours aujourd'hui contre les institutions communales et gouvernementales. Mais si un hôpital appartenait à une compagnie, un malade, mal soigné trouverait ce recours devant les tribunaux. Enfin la concurrence n'exerce aucun de ces effets bienfaisants dans les institutions de charité entretenues aux frais des contribuables. Si elles appartenaient à des sociétés privées, les établissements les mieux organisés, jouiraient de la faveur du public, donne-

(1) Nous excluons, bien entendu, toutes les œuvres fondées par l'initiative individuelle. L'amour du prochain s'y montre sous son aspect le plus admirable et produit, parfois, des résultats qu'on serait presque tenté d'appeler merveilleux.

(2) De nos jours, par exemple, le secours contre l'incendie est fait par les municipalités. Il coûte terriblement cher et il est détestable. En Russie les pompiers commettent souvent plus de dégâts que l'incendie. On les craint plus que le feu, soit dit sans aucun jeu de mots. Ajoutez qu'ils font main basse sur tout ce qui tombe à leur portée. De plus, les propriétaires doivent leur donner des gratifications, s'ils ont sauvé quelques parties des édifices. La place de chef des pompiers est très lucrative en Russie. Pourquoi ces abus et ces imperfections ? Mais justement parce que les pompiers municipaux n'ont aucun intérêt de préserver les immeubles. Mettez le service des pompes à incendie à la charge des compagnies d'assurance, il n'en sera plus de même.

raient plus de revenus et feraient disparaître les moins bien organisés.

Songez un peu à l'épouvantable gaspillage qui se commet dans nos institutions officielles de charité. Si l'on pouvait économiser une partie de cet argent, il y aurait beaucoup moins de pauvres dans le monde. Dans les hospices municipaux, combien de places sont données par protection à des gens parfaitement capables de travailler ? Dès que des sociétés privées se chargeraient de les entretenir, cet abus se heurterait contre l'intérêt privé de personnes en chair et en os qui lutteraient pour défendre leur fortune. Enfin, combien de soi-disant infirmes pourraient produire des travaux modestes mais utiles. Encore ici l'intérêt privé réaliserait des bénéfices et mettrait fin aux gaspillages.

Depuis que le monde existe, c'est l'intérêt privé qui a enfanté toutes les merveilles de l'esprit humain, c'est lui qui a réalisé tous les progrès de la civilisation. Nous pensons qu'il serait aussi efficace dans la charité que dans toutes les autres branches.

A première vue, ces idées peuvent sembler un peu dures. Mais si l'on y réfléchit bien, on verra qu'elles sont dictées, non par le mépris des souffrances de nos semblables, mais justement par la considération diamétralement opposée.

Après l'imprévoyance et le malheur immérité, une autre source de la misère est le vice. Cette source, hélas ! ne sera jamais tarie, parce que les hommes ne deviendront jamais parfaits. Un grand nombre de personnes ne veulent pas travailler. Elles préfèrent vivre en parasites, sur le travail des autres. Ces individus sont des malfaiteurs et méritent d'être punis. Il ne s'agit pas, bien entendu, d'exercer la moindre cruauté à leur égard, mais il faut leur appliquer, d'une façon générale, une mesure qui s'applique maintenant dans des cas particuliers. Dans nos pénitenciers modernes les mieux organisés, le travail est obligatoire pour tous les détenus. Ceux qui ne veulent pas travailler sont enfermés dans une cellule spéciale, éclairée par une petite lucarne. Ils ont une planche pour lit et du pain sec pour toute nourriture. A chacun selon ses œuvres. Ceux qui ne veulent rien faire doivent se contenter du minimum de bien-être [1].

(1) Il y a quelques années nous visitions le pénitencier de Louvain. On nous montra la cellule des récalcitrants. Le directeur de l'établissement nous

C'est justice. Nul ne doit restreindre la liberté d'un homme tant qu'il vit de ses propres ressources, mais, sitôt qu'il veut vivre au détriment des autres, il porte atteinte à leurs intérêts et ces autres ont le droit de se défendre. Alors ils peuvent obliger le délinquant à travailler par force, s'il ne le veut pas de gré.

V

C'est d'une répartition satisfaisante des richesses qu'on attend la *solution* de la question sociale. N'est-ce pas là la plus décevante des illusions ? La question sociale est à jamais insoluble. Un simple coup d'œil jeté sur les phénomènes biologiques suffit pour le démontrer.

Comme on l'a vu, la symbiose et le parasitisme sont deux faits simultanés et parallèles. Aucun organisme supérieur n'aurait pu se former sans le parasitisme. Ainsi le cerveau est mieux nourri que les autres organes. Il vit donc, dans une certaine mesure[1], au détriment de ces derniers. D'une façon plus générale encore, les animaux vivent en parasites sur les plantes, les carnivores sur les herbivores.

Il en est de même dans la société humaine. Si toutes les fortunes étaient réduites au minimum que comportent les conditions actuelles (600 francs de revenu en moyenne au plus [2]), notre civilisation serait encore à un niveau bien bas.

affirma que personne n'y avait séjourné plus de trois jours. Au bout de ce temps, le détenu déclarait consentir à travailler. Alors il était mis au régime commun qui comporte une cellule claire et bien aérée, quelques meubles, un lit avec un matelat et une nourriture fort substantielle.

(1) Toute différenciation des fonctions a pour corollaire leur hiérarchie. Or cela peut être considéré comme constituant un parasitisme partiel, puisqu'un organe reçoit plus de sucs nourriciers et un autre moins. Ce dernier est donc plus ou moins sacrifié. Sans parasitisme, pas d'organisation supérieure. Mais avec trop de parasitisme non plus. Comme dans tous les autres cas analogues, le maximum d'intensité vitale est enfermé dans certaines limites.

(2) Selon M. Mulhall (*Dictionnary of Statistics*, p. 589), la fortune moyenne de chaque membre du groupe européen monte à 144 livres sterling. En multipliant ce chiffre par 5,5, on a 792 livres par famille. A 6 p. 100 cela ferait 1 188 francs de revenu par famille. Mais si l'on prend en

Certaines fonctions sociales ont plus d'importance que d'autres et, par la force des choses, elles doivent être mieux rétribuées. Comment déterminer la *juste* rétribution qui leur revient? Il est impossible de l'établir sur des principes généraux. Elle se règle, chaque fois, par les conditions particulières du lieu et du moment.

Mais évidemment jamais un homme ne sera content de la rémunération obtenue pour son travail, comme du prix obtenu pour sa marchandise. Chacun voudra avoir des émoluments supérieurs, s'il rend des services, et un prix supérieur, s'il vend des produits.

La solution de la question sociale se fera le jour où chacun sera content de son revenu, c'est-à-dire jamais.

Une seule chose est certaine : quand tout homme pourra aller, venir et se fixer où bon lui semble sans être molesté (ce qui équivaut à une fédération de l'humanité), la répartition de la richesse se fera de la façon la plus équitable qu'il soit possible d'imaginer, puisque aucun groupe social ne vivra en parasite sur une autre. C'est tout ce qu'on peut souhaiter et tout ce qu'on peut espérer ici-bas. Le reste est illusion et chimère !

Une répartition aussi égale que possible des biens de ce monde est extrêmement désirable. Mais elle se fera *beaucoup plus vite* par l'absolu respect de la propriété, que par la spoliation [1].

L'humanité a besoin de 65 milliards de kilogrammes de sucre ; elle en produit à peine 6 milliards. Toutes les autres denrées sont à l'avenant. La moyenne des revenus des habitants de notre globe est de 600 francs par famille ; il en faudrait au moins 5 000. La production actuelle devrait donc décupler pour que la misère fût atténuée dans une mesure tolérable. Ce résultat est-il possible ? Notre planète peut-elle offrir ces ressources ? Nous cédons la parole à M. Bourdeau ; il va nous répondre.

considération les Hindous et les Chinois, dont la misère est horrible, et les populations de l'Afrique, il faudra certainement diminuer ce chiffre de moitié. Les calculs de M. Mulhall se rapprochent assez de ceux de M. Gide. Voir plus haut p. 261.

(1) La sécurité augmente la production ; ce fait rend les capitaux plus abondants, et le taux de l'intérêt baisse, la tendance à l'égalité s'accroît. La spoliation produit le résultat contraire. En effet, si un despote enlève à ses sujets les neuf dixièmes du produit de leur travail, la plus grande inégalité s'établit dans la répartition des richesses.

« La surface habitable du globe ne devra pas se partager toujours entre la culture et la sauvagerie. Il nous la faut tout entière et, avec le temps, nous l'aurons. Sans doute nous sommes encore loin du but ; en Europe, même les peuples les plus avancés n'ont guère mis en rapport que la moitié de leur territoire, et, pour l'ensemble du continent, la proportion ne s'élève pas au quart. A considérer le monde entier, l'œuvre paraît à peine ébauchée. « On peut évaluer à 1 milliard 200 millions d'hectares, soit environ à la dixième partie de la superficie des continents, l'ensemble des espaces qui sont cultivés par les mains des hommes et partagés en champs aux contours réguliers. Il est vrai que la plus grande partie de cette vaste étendue est plutôt exploitée par une sorte de pillage que mise sérieusement en culture, » dit M. E. Reclus. Notre domaine agricole est donc susceptible de s'étendre et de s'améliorer dans une mesure presque indéfinie. La terre ne manque pas à nos convoitises et, mieux cultivée, elle pourrait nourrir *dix fois plus* d'habitants qu'elle n'en compte aujourd'hui. On peut rêver et même espérer un état futur où toute la surface cultivable du globe présenterait l'aspect de la ferme la mieux tenue, aucune plante inutile ne pouvant y pousser en fraude, et toutes les forces de la nature s'épuisant à produire les ressources dont nous vivons[1]. »

Ce que M. Bourdeau dit du règne végétal s'applique aussi aux ressources minérales de notre globe. Elles sont à peine entamées.

On le voit donc, quand les hommes, au lieu d'employer la plus grande partie de leur activité à se spolier les uns les autres, voudront mettre sérieusement en exploitation le magnifique domaine qui leur est échu, ils pourront vaincre la misère et se trouver à l'abri du besoin.

(1) *Conquête du monde végétal*. Paris, F. Alcan, 1893, p. 314.

CHAPITRE XXV

PROGRÈS ET DÉCADENCE DES NATIONS

I

Ce travail avait pour but d'exposer pourquoi nous sommes pauvres et par quels moyens vraiment efficaces nous pourrons combattre notre misère actuelle. Nous avons montré que le mal gît dans la spoliation mutuelle ou, en d'autres termes, dans la prédominance du parasitisme sur la symbiose. Quand donc, par la fédération de l'humanité, les causes perturbatrices, affectant la production et la distribution de la richesse, seront réduites à exercer une action aussi faible que possible, la répartition des profits s'effectuera d'elle-même, de la façon la plus équitable qui se puisse obtenir ici-bas.

Notre tâche est donc terminée.

On nous permettra, cependant, d'ajouter quelques considérations sous forme d'appendice. Sans se rattacher directement à notre sujet, elles l'éclairent et le complètent.

Le but poursuivi par toute créature humaine est la jouissance. Or celle-ci provient de l'équilibre entre le monde externe et notre moi interne. Si tout l'univers pouvait exercer une action sur nos centres nerveux, nous aurions l'omniscience et la félicité absolue. Cet équilibre parfait est irréalisable, mais toutes les fois que notre horizon mental s'élargit, nous nous en approchons un peu plus et ce rapprochement est une jouissance. Par contre, quand notre horizon se restreint, nous éprouvons de la souffrance. D'où l'on peut inférer que la jouissance est toujours accompagnée d'une extension de l'être, c'est-à-dire de sa croissance.

C'est ce que nous observons, en effet, dans la vie individuelle. A partir de la naissance, si l'enfant est en bonne santé (donc s'il éprouve des jouissances physiologiques), il grandit. Plus tard, quand l'accroissement physique s'arrête, la jouissance consiste dans la croissance économique et mentale : plus savoir, plus sentir, *avoir plus de richesses*, exercer une action plus forte sur ses semblables, etc.[1].

Mais l'homme ne vit pas seul sur la terre. Il est impliqué dans une série de groupements sociaux dont quelques-uns sont inévitables : la famille, la commune (association qui pourvoit aux besoins d'une localité), l'Etat (ensemble d'institutions servant à assurer la sécurité matérielle), la nationalité (association qui pourvoit à nos besoins intellectuels et moraux d'une façon immédiate), le groupe de civilisation (mêmes fonctions que la nationalité, mais sur une échelle plus large)[2], enfin l'humanité (association servant à combattre contre les autres espèces animales et végétales et contre le milieu physique).

Tout en vivant de sa vie individuelle, l'homme participe de la vie de ces différents groupes. Il s'identifie avec eux dans une mesure quelconque et d'autant plus forte que son horizon mental est plus étendu. Un très grand nombre d'hommes sont sensibles aux joies et aux souffrances de leur famille et à la prospérité de leur commune. Un plus petit nombre est affecté par les vicissitudes de l'Etat et de la nationalité. Enfin, jusqu'à nos jours, une infime minorité a conscience de la vie du groupe de civilisation et de l'humanité.

Puisque croissance est synonyme de jouissance, la croissance de la famille, de la commune, de l'Etat, de la nationalité et du groupe de civilisation dont nous faisons partie, doit nous causer une joie ; leur décadence, une douleur.

C'est ce que nous observons en effet. Aucun homme, si égoïste

(1) En termes usuels cela s'appelle avoir de la fortune, de la gloire et une haute situation dans le monde.

(2) Il y a entre la nationalité et le groupe de civilisation le même rapport qu'entre l'instruction primaire et l'instruction moyenne. Le but est le même dans l'une et dans l'autre, mais la proportion est différente.

qu'il soit, ne peut se soustraire à l'intérêt que lui inspirent ces groupes naturels. Quand on voit les membres de sa famille pleins de santé, riches, entourés de l'estime publique, occupant des situations en vue, on éprouve de la satisfaction. Par contre, si on les voit plongés dans la misère et dans le malheur, on ne peut pas s'empêcher de souffrir. De même, si la ville où nous demeurons, gagne chaque année de nombreux habitants, si de nouveaux quartiers surgissent de toutes parts, si elle s'embellit, nous éprouvons de la satisfaction. Si, au contraire, les signes de décadence sont partout, si les monuments publics tombent en ruine, nous ne pouvons pas nous soustraire à un sentiment de tristesse, même si nos propres affaires sont brillantes, parce que l'aspect de la misère et de l'abandon est désagréable à l'âme humaine. Enfin, quand notre nationalité est en décroissance, quand le nombre des individus qui possèdent notre culture intellectuelle et qui parlent notre langue, ne croit pas proportionnellement aux autres groupes ou même, quand il décroît, nous ne pouvons pas nous soustraire à une sourde appréhension qui atténue, dans une forte mesure, notre faculté de jouir de la vie. On sait quel souci et quelle tristesse cause aux Français la dépopulation de leur patrie. D'innombrables écrits sont consacrés à cette grave question. Tous les jours on propose de nouveaux remèdes pour combattre ce mal. Quand notre nationalité se meurt, nous mourons avec elle et, si c'est une joie de se sentir vivre, c'est une profonde douleur de se sentir mourir.

Nous ne dirons rien des associations englobant la nationalité : le groupe de civilisation et l'humanité. Grâce à l'étroitesse de notre horizon, elles affectent encore peu la conscience individuelle. Leur prospérité est d'une importance infiniment supérieure pour nous à celle des groupes inférieurs, mais qui le comprend encore ? Cependant chacun de nous se réjouit quand il apprend les progrès de l'expansion européenne dans les autres parties du globe. Tout le monde comprend que civiliser l'Afrique et l'Asie sera un très grand bienfait pour chacun de nous.

Parce qu'on veut le bien de sa famille, ce n'est pas une raison pour vouloir la ruine des autres ; parce qu'on veut la richesse de son Etat, ce n'est pas une raison pour ravager les campagnes des voisins, pour y porter la désolation et la mort ; parce qu'on veut l'expansion de son type de culture nationale, ce n'est pas une raison pour contrecarrer le développement intellectuel des autres sociétés. Par malheur, c'est ce qu'on a pensé jusqu'à nos jours. De là nos misères et nos souffrances. Mais cela n'empêche pas qu'il ne soit légitime de se réjouir de la croissance de sa famille, de son État et de sa nationalité, plus que de celle des autres familles, États et nationalités.

Or comment peut-on constater la croissance ou la décroissance d'un groupe social? Par la perception de certaines différences dans l'espace et dans le temps. Ainsi un État avait dix millions d'habitants l'année précédente ; il en a maintenant dix millions cent mille. La richesse des citoyens était évaluée à 2 600 francs par tête en moyenne. Plus tard, elle est estimée à 3 000 francs. Dans les deux cas, on perçoit des différences dans le temps.

Pour ce qui est de l'espace, les perceptions s'établissent par la comparaison avec les sociétés voisines. Ainsi l'excédent des naissances sur les décès est, en Allemagne, de 600 000 par an ; il est de 1 500 000 en Russie. La richesse de chaque Russe est évaluée à 1 385 francs par tête ; celle de chaque Anglais à 6 175 francs[1].

II

D'où vient la croissance des organismes? Un des facteurs principaux est l'économie de temps.

Prenons l'être humain à son origine. Au moment de la fécondation, les zoospermes se précipitent sur l'ovule femelle. Aussitôt que l'un d'eux y a pénétré, la membrane extérieure qui enveloppe l'ovule, se referme et empêche l'introduction d'autres zoospermes. On le voit, le germe qui parvient à devenir un jour un homme adulte, est celui qui a marché le plus vite, donc celui qui a perdu le moins de temps. Ses camarades, moins alertes, ne fécondent pas l'ovule et périssent au bout de quelques heures. Plus tard, toute la supériorité dans l'échelle organique dépend de la différenciation des fonctions. Cela permet

(1) Voyez Mulhall. *Dictionnary of Statistics*, p. 589.

une activité simultanée de plusieurs organes, donc, en définitive, une économie de temps. Enfin, dans le domaine psychologique, le cerveau capable d'acquérir le plus d'idées dans le temps le plus court, est le plus parfait.

De même, dans les sociétés, la croissance est en fonction du temps.

Deux armées sont en présence : la première tue trois mille ennemis par heure, la seconde, seulement mille. Au bout de quelques heures, ceux qui ont tué le plus vite restent les plus nombreux. Ils remportent la victoire. Leur État annexe des provinces et s'accroît. L'État de ceux qui ont tué plus lentement diminue. En 1480, les pays qui forment aujourd'hui le Royaume-Uni de la Grande-Bretagne et de l'Irlande, avaient 5 000 000 d'habitants ; l'Italie en avait, à la même époque, 9 200 000. En 1890, 111 millions d'hommes parlaient l'anglais sur notre globe, et 33 millions seulement l'italien [1]. Ainsi, tandis que les Anglais ont gagné en moyenne 28 millions par siècle [2], les Italiens en ont gagné seulement 6. La première nation a donc marché cinq fois plus vite que la seconde ; c'est pourquoi elle est aujourd'hui plus puissante.

La vie des sociétés se compose de phénomènes physiologiques, économiques, politiques et intellectuels. Dans toutes ces branches, la croissance provient d'une économie de temps.

Il est à peine besoin de parler de la production économique. Nous avons déjà montré ailleurs que tout progrès de l'outillage a pour but une économie de temps. Citons encore un fait. En 1830, on mettait 734 heures pour effectuer la traversée du Havre à New-York (5 872 kil.). On projette maintenant la construction de steamers en acier nickelé, employant les résidus de pétrole comme combustible, qui effectueraient cette traversée en 109 heures [3].

(1) Nous empruntons tous ces chiffres au *Dictionnaire de statistique* de M. Mulhall.

(2) C'est une expression figurée. L'accroissement des Anglais s'est surtout opéré au XIXe siècle. Ils étaient environ vingt millions en 1801.

(3) A raison de 54 kilomètres à l'heure. Voyez la *Revue scientifique* du 4 novembre 1893, p. 604. Actuellement cette traversée peut se faire en 122 heures (5 jours 2 heures). De plus, en 1856, il fallait brûler 5,1 tonnes de charbon pour transporter un voyageur d'Europe en Amérique ; aujourd'hui, il n'en faut plus que 2,75. Cela fait encore une économie de temps, puisqu'il

Pour ce qui est de l'administration de l'État, tout progrès s'y résume aussi par une économie de temps.

Donnons quelques exemples. En avril 1893, le prix du sucre a beaucoup haussé en Russie[1]. Immédiatement une commission gouvernementale est réunie au ministère des finances pour remédier au mal. On parle, on discute et on décide de faire acheter du sucre par l'État, pour le revendre aux particuliers, afin de faire baisser les prix. En décembre de la même année, une disette de charbon suit la disette de sucre. Nouvelle commission ministérielle, nouvelles discussions, nouveaux débats. On décide d'abaisser les tarifs des chemins de fer, afin que le charbon des mines de la Pologne puisse être transporté dans les provinces centrales. De plus, les municipalités de certaines villes sont autorisées à acheter du charbon étranger, libre de droits de douane, pour le distribuer aux particuliers.

La nécessité de fournir au gouvernement central des renseignements sur le prix des produits, les discussions des fonctionnaires pour aviser aux différentes crises, l'exécution des mesures arrêtées par les autorités centrales, tout cela est du temps gaspillé. En Angleterre où il n'y a pas de droits de douane, tout ce temps est économisé. L'intervention de l'État dans le domaine de la production de la richesse a pour résultat une indifférenciation des fonctions sociales, donc une perte de temps. L'État a quelques devoirs qui lui seront toujours dévolus nécessairement. Mais nos gouvernements semblent se donner le mot pour les accomplir tous les matins avec une lenteur plus désespérante que la veille. Loin d'introduire des simplifications dans l'appareil bureaucratique, ils semblent employer tout leur zèle à augmenter le flot de la paperasserie. Songez aux formalités fastidieuses nécessaires pour obtenir la légalisation des titres de propriété. Elle exige aujourd'hui des mois entiers. Eh bien ! elles devraient s'accomplir séance tenante, en quelques minutes au plus. Songez aux lenteurs prodigieuses de notre

en faut moins pour extraire la seconde quantité de combustible que la première. Voir un excellent article de M. D. Bellet dans le *Journal des Economistes* de septembre 1893, p. 383.

(1) Cet article est taxé à la douane de ce pays d'un droit s'élevant à 200 p. 100 de son prix de revient.

justice. Des procès qui durent trente, quarante et cinquante ans sont des faits ordinaires.

Dans le domaine intellectuel, quel immense gaspillage de temps ! En Russie, la censure préalable est encore imposée dans tout l'empire, sauf à Moscou et à Saint-Pétersbourg. De plus, il faut demander l'autorisation du gouvernement pour publier un journal ou une revue[1].

Mais, même dans les pays où la liberté de la presse est complète, l'immixtion du gouvernement dans le domaine de l'instruction publique a pour résultat la prédominance des méthodes les plus routinières. De là une lenteur extrême dans le progrès mental.

Concluons. Toutes les fonctions sociales sont enchevêtrées les unes avec les autres, donc solidaires. Le pays qui aura la plus grande activité intellectuelle aura la plus grande production économique. Un surcroît de richesse produira une plus forte natalité et une plus faible mortalité[2], donc une croissance plus rapide de la nationalité. Or que signifie avoir une plus grande activité mentale? Pouvoir assimiler le plus d'idées dans le temps le plus court. De même l'activité économique signifie l'emploi du minimum de temps pour la production du maximum d'utilités.

L'intervention de l'État dans le domaine économique et intellectuel diminue la différenciation des fonctions. Elle produit un ralentissement de l'activité sociale qui se traduit, en dernière analyse, par un accroissement plus lent de la population. A ce point de vue, le protectionnisme, le parasitisme, la centralisation, le paternalisme et l'intolérance peuvent être considérés comme des espèces de suicides nationaux. En effet, empêcher un homme

(1) Pour imprimer la moindre brochure dans une ville comme Bakou qui a déjà plus de 100 000 habitants, il fallait encore tout récemment demander l'autorisation d'un censeur établi à Tiflis, à 550 kilomètres. Aussi tandis qu'il y a aux États-Unis une publication périodique par 4 333 habitants, il y en a une en Russie par 166 000, soit 40 fois moins. On peut s'imaginer combien un pareil régime ralentit le développement intellectuel de cet empire.

(2) Pour la natalité, il y a des réserves à faire, mais pour la mortalité la règle est sans exceptions. D'après les recherches de M. Casper, sur 1 000 individus, nés en Allemagne, il en reste de vivants, au bout de dix ans : 938 dans les classes aisées et seulement 598 dans les classes pauvres. Voir Kolb, *Handbuch der Statistik*, Leipzig, 1879, p. 494.

de naitre ou le faire périr avant le temps, équivaut à le tuer. Sans les nombreuses entraves de nos gouvernements modernes, la population aurait pu croître au taux de 2 p. 100 par an. Avec les entraves elle croît au taux de 1 p. 100[1]. Cela représente donc pour un État de 125 millions d'hommes, comme la Russie, un déficit de 1 250 000 d'hommes tous les ans. Si, toutes les entraves n'existant pas, l'accroissement avait été de 2 500 000 âmes et si l'on avait exécuté ensuite chaque année 1 250 000 individus, le résultat eût été exactement le même. Il ne s'agit pas ici du point de vue moral, bien entendu, mais de celui de l'accroissement de la nationalité. Il faut considérer, de plus, non seulement l'excédent des naissances sur les décès, mais encore celui de l'immigration sur l'émigration. Il est annuellement de 68 p. 10 000 aux États-Unis et seulement de 11 p. 10 000 en Russie. La Russie reçoit un afflux de 100 000 étrangers environ qui restent dans le pays, mais les États-Unis en reçoivent, bon an mal an, un demi-million. L'immigration aurait pu être au moins triple en Russie, car cet empire est encore très faiblement peuplé. Grâce à l'imperfection de ses institutions, il perd tous les ans au moins 200 000 hommes. Cela équivaut, comme affaiblissement matériel, à l'expulsion d'un nombre égal d'individus.

Le misonéisme n'est pas moins un suicide national que le protectionnisme et ses congénères.

Ainsi les Anglais s'en tiennent encore à un système de poids et de mesures suranné. Cela leur fait perdre du temps, donc de la richesse et en définitive des hommes. Le parlement, en n'adoptant pas le système métrique, commet un acte qui équivaut à exécuter plusieurs milliers d'Anglais et à empêcher plusieurs milliers d'autres de naitre. Nous savons que de pareilles idées seront taxées de paradoxales, mais quand on y réfléchira bien, on verra qu'elles sont parfaitement justes.

Quand la marche des idées nouvelles est lente dans un pays, sa prospérité en subit un contre-coup immédiat. Adam Smith a publié son livre immortel sur la *Richesse des nations* en 1774.

(1) L'accroissement annuel par l'excédent des naissances sur les décès a été dans ces derniers temps, de 1,33 p. 100 en Russie et de 2,06 aux États-Unis. Voir Mulhall, *Diction. of Statistics*, p. 442. Nous prenons des moyennes un peu plus modérées.

En soixante-douze ans, les Anglais ont compris et appliqué les vérités proclamées par cet illustre économiste. Ils ont supprimé le protectionnisme en 1846. Mais cent vingt ans après Adam Smith, les Français tiennent encore fermement aux erreurs du mercantilisme. Aussi voyez les résultats. Tandis que chaque Anglais fait en moyenne un commerce de 488 francs par an, celui des Français monte seulement à 203 francs[1]. Cette infériorité est d'autant plus remarquable que, sauf le charbon, les ressources naturelles de la France sont de beaucoup supérieures à celles de l'Angleterre[2].

Au point de vue mental, la croissance d'une société est en raison directe de la rapidité avec laquelle elle assimile les étrangers. Or cette faculté d'assimilation est aussi en fonction du temps. En effet, quand les individus composant une nation, adoptent très vite les idées nouvelles, l'intensité de leur vie sociale est grande; quand ils les adoptent lentement, l'intensité est faible.

Un seul exemple. Vers la fin du siècle dernier, des colonies de Mennonites allemands furent fondées dans le gouvernement d'Ekaterinoslaf. Après avoir passé plus de cent ans en Russie, ils étaient restés aussi allemands que le premier jour. Dans ces derniers temps, les Mennonites ont émigré aux États-Unis. Ils s'y sont fixés en corps de nation, occupant un territoire non défriché avant eux. Cependant on observe déjà qu'ils adoptent le genre de vie, les mœurs et la langue des Yankees. La vie américaine les a saisis dans son engrenage, au bout de quelques années. La vie russe n'a pas pu le faire en un siècle. Les Moscovites chauvins attribuent ce fait à la scélératesse des Mennonites. Ils y voient comme un complot tramé par ces étrangers. Mais, dans ce cas, on doit se demander pourquoi ils se sont crus obligés de le tramer contre les Russes et ne se croient pas obligé aujourd'hui de le tramer contre les Américains? En réalité, l'explication est tout autre. Les Mennonites n'ont pas été entraînés en un siècle dans l'engrenage de la vie russe, parce que cet engrenage marche trop lentement. Or, si

(1) Mulhall. *Diction. of Stat.*, p. 128.

(2) Si la France n'était pas si misonéiste, elle serait à la tête des nations au point de vue de la production économique, comme elle l'était au XVIIe siècle.

les Mennonites étaient restés en Russie et s'étaient assimilés, la croissance nationale de ce pays eût été plus rapide. Par le départ des Mennonites, elle s'est ralentie dans une certaine mesure.

Dans le groupe européen, l'Angleterre sait le mieux économiser le temps, la Russie le gaspille avec le plus d'imprévoyance. C'est dans la Grande-Bretagne que la différenciation des fonctions sociales est poussée le plus loin. Là l'Etat se mêle le moins des affaires qui peuvent être mieux faites par les particuliers. La Russie offre le spectacle justement opposé. L'Etat y fait presque tout, jusqu'au commerce du sucre. Voyons les résultats. Prenons quelques chiffres au hasard[1]. En Russie l'hectare donne en moyenne 8 hectolitres de blé, en Angleterre, 30. En 1890, l'Angleterre a produit 184 millions de tonnes de charbon ; la Russie seulement 6 200 000. Cela fait en moyenne 5 tonnes par habitant pour le premier pays, et 0,05 tonnes pour le second. La consommation de la fonte est un indice très exact des progrès industriels. Eh bien ! elle est de 181 kilogrammes par tête et par an en Angleterre et de 9 kilogrammes en Russie. La consommation du sucre donne aussi respectivement 32 kilogrammes et 3 kilogrammes. Il y a en Angleterre 250 chevaux-vapeur par 1,000 habitants, en Russie seulement 30. Les chemins de fer anglais ont transporté, en 1891, 845 millions de voyageurs, sans compter ceux qui étaient munis de cartes d'abonnement. Dans la même année, les chemins de fer russes ont transporté seulement 45 millions d'hommes. Chaque Anglais fait en moyenne 22 voyages par an, chaque Russe, un voyage tous les trois ans. Chaque Anglais échange en moyenne 40 lettres par an, chaque Russe 2. L'Anglais fait en moyenne un commerce international de 488 francs par an, le Russe, de 34 francs. En 1891, sur 100 Anglais, 81 savaient lire et écrire ; sur 100 Russes, 78 étaient illettrés. Enfin, pour totaliser tous ces chiffres, la croissance de la nationalité anglaise de 1801 à 1890 a été dans la proportion de 10 à 55, la croissance de la nationalité russe, dans celle de 10 à 26. On le voit, la croissance de l'Angleterre est deux fois plus rapide. 20 millions d'hommes

(1) Nous les empruntons au dictionnaire de M. Mulhall, aux *Uebersichten der Weltwirtschaft* de M. Juraschek et à l'*Almanach de Gotha*. Nous avons rectifié quelques chiffres relatifs à la Russie, quand il y avait lieu.

parlaient l'anglais au commencement de ce siècle, 111 millions le parlent aujourd'hui. Pour la Russie, l'augmentation a été, dans la même période, de 30 millions à 80 [1].

On dira, il est vrai, que l'Angleterre a beaucoup plus d'avantages naturels que la Russie. Sans aucun doute. Mais c'est précisément pour cela que les Russes devraient ménager leur temps avec beaucoup plus de parcimonie que les Anglais. Un individu possède un champ très fertile ; il peut à la rigueur le cultiver par les procédés les plus primitifs ; mais s'il possède un champ peu fertile, il doit pratiquer les procédés de culture les plus savants. Les Russes, ayant moins d'avantages naturels que les Anglais, auraient besoin de se donner, plus vite que les Anglais, une organisation qui économise le temps, afin de compenser, dans une certaine mesure, les conditions défavorables de leur patrie. Par malheur, ils le comprennent très mal. Non seulement on ne supprime pas en Russie une masse d'entraves et de formalités aussi ruineuses que ridicules, mais, au contraire, l'Etat y assume des fonctions toujours plus nombreuses et la centralisation devient de plus en plus étouffante.

III

Tous les peuples sont susceptibles de progrès, donc tous peuvent croître. Le progrès n'est pas une faveur, une grâce accordée par une divinité bienfaisante, c'est un aspect particulier de la loi universelle de l'équilibre qui élimine les organismes individuels et collectifs mal adaptés au milieu.

La survivance des plus aptes a commencé dès l'origine de la vie. Ce phénomène n'a pas cessé d'exercer son action, alors qu'un animal s'est différencié d'une espèce antérieure au point de prendre la forme humaine.

Nos ancêtres de l'âge quaternaire étaient plus sauvages que les groupes les plus arriérés de notre époque. Si tous les hommes n'étaient pas susceptibles de progrès, nous en serions encore à l'âge de la pierre taillée. Le progrès est l'aspect que

(1) Les Petits-Russiens sont comptés comme Russes.

la survivance des plus aptes prend dans le domaine de la sociologie.

Mais, par suite de l'action combinée d'une masse de facteurs, certaines sociétés marchent plus vite, d'autres plus lentement. Les nations avancées considèrent celles qui sont restées arriérées comme primitives ou comme dégénérées. On ne peut pas contester la réalité des cas de dégénérescence (nous en parlerons plus loin), mais il ne faut pas oublier que tout est relatif. Tel état social qui paraît très avancé à certain moment, peut paraître, au contraire, très primitif à certains autres, si des progrès plus rapides ont été réalisés par des nations voisines. Ainsi la Perse nous semble aujourd'hui des plus arriérées. Mais ce pays peut être beaucoup plus riche que sous les Achéménides. Nous ne possédons pas de statistiques de ces époques lointaines et nous ne pouvons pas savoir si la condition des classes populaires était alors plus prospère ou plus misérable[1]. Une société peut faire des progrès, mais, s'ils ne sont pas aussi rapides, ou même plus rapides que ceux des sociétés voisines, elle peut perdre du terrain et son type peut disparaître de la surface de la terre.

Cela peut se faire sans violence, sans effusion de sang, sans l'emploi de la force brutale, sans violation d'aucun droit, par le simple jeu des lois sociales.

Donnons un exemple. De nos jours, la nationalité danoise est composée de 4 300 000 individus[2]. Un groupe linguistique si peu nombreux ne peut plus se créer un outillage intellectuel complet[3]. Force lui est donc faite de l'emprunter à ses voisins plus puissants. Par ce processus naturel, le danois tombera tôt ou

(1) Il faut nous garder de l'illusion architecturale. Les monuments les plus magnifiques ne démontrent pas toujours que le peuple était très riche quand on les a élevés. Louis-Philippe ne s'est pas fait bâtir un palais comme celui de Versailles. Cela ne veut pas dire cependant que le peuple français était plus pauvre vers 1840 que vers 1685. Les beaux monuments frappent nos yeux et nous impressionnent vivement. Mais, certes, ils n'ont pas toujours contribué à augmenter le bien-être des peuples qui les ont édifiés.

(2) Dont 2 300 000 en Danemark et dans ses colonies et 2 millions en Norvège.

(3) De nos jours, grâce à l'immense développement des sciences, les publications qui leur sont consacrées sont très nombreuses et exigent des capitaux immenses. Un ouvrage spécial ne peut pas trouver assez d'acheteurs dans un public de 4 300 000 hommes pour couvrir ses frais d'impression.

tard à l'état de patois populaire, puis il disparaîtra complètement et l'individualité de ce groupe social ira se perdre dans une nationalité plus vaste.

Admettons, par hypothèse, que l'accroissement relatif des nations anglaise et française, tel qu'il est aujourd'hui, se maintienne pendant plusieurs siècles. Un jour viendra où les Anglais seront 600 ou 700 millions. Alors la proportion sera la même entre les anglophones et les francophones qu'elle est aujourd'hui entre les Allemands et les Danois[1]. L'outillage mental des Anglais sera si incomparablement supérieur à celui des Français, que ces derniers seront obligés d'apprendre l'anglais, sous peine de rester sans culture intellectuelle suffisante. Alors le français perdra peu à peu du terrain et finira par être éliminé[2].

Mais pour que les Anglais arrivent à être 600 millions, alors que les Français ne seront que 60, il faut que les premiers marchent vite et les seconds lentement. Or cette vitesse est acquise par les innombrables économies de temps, dont nous avons parlé dans ce travail : économies presque invisibles dans chaque cas particulier, mais dont le total forme une somme gigantesque.

La lutte des types de civilisation est comme une course : le vainqueur est celui qui marche le plus vite.

IV

Arrivons maintenant à la décadence des nations. Il faut le dire : elle est souvent relative. L'Espagne semble être tombée très bas aujourd'hui. Cependant, elle aussi a progressé. Vers 1480, elle était au point culminant de son développement national. La vie et l'activité y circulaient de toutes parts. Le Saint-Office n'avait pas encore commencé son œuvre épouvantable[3].

(1) Cette circonstance sera probablement atténuée dans une forte mesure par le Canada, où la population française s'accroît avec une extrême rapidité. De plus, la nationalité française fera probablement de grands progrès par l'assimilation mentale en Europe, en Asie et en Afrique.

(2) Nous le répétons, ce n'est pas une prophétie, mais un simple exemple.

(3) L'inquisition, dans sa troisième forme, la plus terrible, fut établie en Castille, en 1481. Isabelle s'opposa longtemps à son introduction dans ses États.

L'Espagne avait alors 8 800 000 habitants et elle en a encore 17 600 000 aujourd'hui [1].

Il est incontestable cependant que plusieurs sociétés ont positivement reculé. Vers l'époque de la conquête arabe, la Mésopotamie était un des pays les plus peuplés de la terre. L'espace qui s'étend de Bagdad à Bassora, aujourd'hui solitude aride et triste, était, à cette époque, un vaste jardin parsemé de villes, de gros bourgs et de villas de plaisance. Sous les premiers Omméiades la seule province de Babylone payait 120 millions de francs d'impôts [2].

De nos jours, l'Asie antérieure et l'Asie centrale sont presque dépeuplées. Cette vaste région, allant des bords de la Méditerranée à l'Hindou-Kouch et au Thian-Chan, a 11 864 000 kilomètres carrés et à peine 43 400 000 d'habitants, soit 3,6 par kilomètre carré. Sans doute, elle contient de vastes déserts, mais en évaluant même sa superficie cultivable à 4 millions de kilomètres carrés, on voit qu'elle aurait pu nourrir facilement 400 millions d'habitants. Ces pays sont habités, en grande partie, par des nations mahométanes. D'où vient la profonde décadence de ces sociétés? Les historiens de l'ancienne école, partisans de la théorie des cataclysmes, l'attribuent généralement à l'invasion des Mongols. Cette explication est bien superficielle. La guerre de Cent ans (1337-1453) a causé en France des calamités épouvantables. A Paris même, vers 1443, il y avait 24 000 maisons abandonnées. On estime que la France perdit le tiers de sa population. La guerre de Trente ans ne fut pas moins calamiteuse. Elle passa comme un ouragan de feu sur l'Allemagne. On évaluait sa population à 18 millions d'hommes, en 1618. Il n'en restait plus que douze à la fin des hostilités. Cependant où voit-on de nos jours les ruines amoncelées par la guerre de Cent

(1) Mais pendant que la population espagnole a presque doublé en quatre siècles, celle de l'Angleterre (sans l'Ecosse et l'Irlande) a passé de 3 700 000 âmes à 26 millions. Elle a donc augmenté de sept fois.

(2) Voir A. de Kremer, *Kulturgeschichte des Orients*, Vienne, 1875, t. I, p. 259 et 275. La Babylonie des Arabes (Sewâd) correspondait au vilayet actuel de Bagdad. Celui-ci a 176 000 kilomètres carrés, soit la 17e partie de l'empire turc (2 979 000 killomètres carrés). Or tout le revenu de cet État montait en 1889 à 405 000 000 de francs. Si toutes les provinces de l'empire turc payaient maintenant des impôts dans la même proportion que la Babylonie au VIe siècle, cela donnerait 2 010 000 000 de francs.

ans ou par celle de Trente ans? Pourquoi l'Asie centrale n'a-t-elle pas pu se relever des guerres de Témoudjine, qui eurent lieu au XIIIe siècle, et de celles de Tamerlan qui sont de la fin du XIVe? Quand les peuples ont une grande activité économique, ils parviennent toujours à effacer les traces des invasions[1].

Ce n'est donc pas aux conquêtes des Mongols qu'il faut attribuer la décadence de l'Asie. D'ailleurs, en histoire, comme en géologie, ce sont les causes lentes et non les cataclysmes qui produisent les résultats les plus considérables.

D'autres ont attribué la décadence de l'Asie à la religion mahométane, oubliant que la société façonne sa religion plus que la religion ne façonne la société. Les Abyssins sont chrétiens depuis le IVe siècle. L'Abyssinie n'a pas atteint, malgré cela, une civilisation très brillante ; c'est le christianisme, au contraire, qui est devenu dans ce pays une religion fort grossière.

La cause de la décadence des nations asiatiques doit être cherchée, selon nous, dans le funeste cortège des erreurs humaines : le parasitisme, l'intolérance, l'exclusivisme et le misonéisme.

Vers l'époque de la plus grande étendue de l'empire de Témoudjine (vers 1220), des communications nombreuses existaient entre l'Europe et l'Asie centrale. Les potentats d'Occident, et même le pape, envoyaient des ambassades au tchinguiz-khan. Les Mongols étaient assez indifférents en matière de religion : le christianisme, le bouddhisme et le mahométisme étaient également pratiqués dans leurs États, sans aucune entrave. Un templier anglais commandait les Mongols qui envahirent les Marches Trévisanes en 1240. Or, que voyons-nous six siècles plus tard? En 1863, M. Arminius Vambéry dut se déguiser en derviche pour pénétrer seulement à Boukhara et à Samarcand. Il le fit au péril de sa vie, car s'il avait été reconnu chrétien, on l'aurait immédiatement massacré. On peut mesurer, par cet exemple unique, les progrès de l'intolérance et de l'exclusivisme dans l'Asie centrale. Encore de nos jours, dans la Perse et l'Afghanistan, il n'y a aucune sécurité pour le chrétien.

Or d'où viennent l'intolérance, l'exclusivisme et le miso-

(1) D'autres pays musulmans : l'Egypte, la Tunisie, le Maroc, n'ont jamais subi l'invasion des Mongols. Cela ne les a pas empêchés non plus de devenir une véritable « poussière humaine ».

néisme? De la paresse mentale qui, à son tour, engendre une extrême répulsion à s'assimiler les idées du dehors. Par cela, cette assimilation s'opère avec la plus grande lenteur, donc avec le plus grand gaspillage de temps. Certes les Boukhariotes, en 1863, ne pensaient pas exactement comme leurs ancêtres du XIIIe siècle. Pour que ce fût possible, il aurait fallu un miracle, puisque tout se transforme dans l'univers. Mais, du XIIIe au XIXe siècle, les idées des Européens avaient marché plus vite que celles des Asiatiques. Maintenant la différence de mœurs, de sentiments, de connaissances, est devenue énorme et creuse un abîme entre les deux sociétés. Supposons les Asiatiques marchant du même pas que nous, c'est-à-dire s'assimilant sans relâche nos procédés techniques, nos opinions, nos sciences. L'antagonisme actuel entre les chrétiens et les musulmans n'existerait pas.

Au XIIIe siècle, la différence n'était pas bien grande entre les Asiatiques et les Européens. Mais depuis, nous avons étendu notre horizon mental plus vite, ils l'ont étendu plus lentement ; aussi nous sommes puissants et ils sont faibles ; nous sommes riches et ils sont pauvres ; nous avons progressé et ils ont positivement rétrogradé dans certains cas, relativement dans certains autres. En un mot, les sociétés orientales sont déchues parce qu'elles ont gaspillé le temps [1].

Pourquoi l'enfant en bas âge peut-il non seulement renouveler ses tissus, mais encore grandir si vite, en absorbant une nourriture aussi peu substantielle que le lait? Pourquoi le vieillard ne peut-il même pas renouveler intégralement ses tissus, en absorbant les aliments les plus nourrissants? L'auteur l'ignore absolument. De même pourquoi le misonéisme l'emporte-t-il à un certain moment sur le philonéisme? Pour-

(1) *Mens agitat molem.* Les maux les plus cruels viennent de la stagnation mentale. Aujourd'hui la fiscalité excessive ronge les sociétés asiatiques encore plus que les nôtres. Mais cette plaie horrible est aussi une conséquence du misonéisme. Le Sultan perçoit 400 millions de francs d'impôts en pressurant ses 22 millions de sujets de la façon la plus dure. Certes, il préférerait que ses peuples fussent capables de lui payer 65 francs par tête, comme les Anglais, au lieu de 18. Cela lui ferait un revenu de 1 430 000 000 de francs. Mais pour pouvoir payer autant d'impôts que les Anglais, les Turcs devraient jouir de la même prospérité. Or les Turcs sont trop ignorants, trop rétrogrades, trop misonéistes en un mot, pour se donner l'organisation que possèdent les sociétés occidentales.

quoi les sociétés commencent-elles à rouler pour cela sur la pente régressive? C'est aussi un mystère impénétrable. Les historiens de l'ancienne école avaient une explication toute simple. Ils disaient que l'immoralité produit la décadence. Mais c'est dire que l'opium endort parce qu'il a une vertu dormitive. Ce n'est pas une explication. Il faudrait précisément savoir pourquoi l'immoralité l'emporte à un moment donné. D'autres fois, on accuse le luxe. Mais les Anglais, de nos jours, vivent avec un confort que les Romains de la décadence ne pouvaient même pas se représenter dans leurs rêves; cependant les fils d'Albion sont loin de donner des preuves de dégénérescence. Et puis ce fameux luxe a été de tout temps, hélas! comme il l'est encore aujourd'hui, le lot d'une infime minorité. Non, nous devons confesser notre ignorance, nous ne savons pas encore pourquoi les sociétés dégénèrent.

Pour commencer à le comprendre il faudra que la biologie nous explique d'abord pourquoi un individu cesse de croitre. Puis, pour nous rendre un compte exact du phénomène de la décadence, il faut que l'histoire soit refaite à nouveau par des naturalistes. Jusqu'à ce jour, elle a été écrite le plus souvent par des rhéteurs ou des docteurs ès lettres. Or leur bagage scientifique est d'une insuffisance si manifeste qu'ils n'ont même pas été capables d'entrevoir l'importance du phénomène de la régression[1].

Une chose est seulement certaine. Les causes de la décadence des nations sont extrêmement complexes. Mille facteurs y concourent. Mais il semble qu'elle doive être surtout attribuée à des phénomènes psychiques, parce que ceux-ci gouvernent tous les autres. Les relations internationales, l'organisation interne des Etats, la production économique dépendent de la conception de l'univers que les hommes se font à un moment donné. A leur tour, les phénomènes économiques et politiques ont un contre-coup sur le domaine physiologique et produisent soit un

(1) Un des problèmes les plus ardus de l'histoire est l'étude des raisons de la chute de l'empire romain. Or tous les historiens, qui ont traité ce grave sujet dans les dernières années, ne donnent que des phrases stéréotypées et de vieux clichés. Fustel de Coulanges seul a abordé cette étude d'une façon plus sérieuse. La mort l'a ravi malheureusement avant qu'il ait pu nous donner ses conclusions.

excédent des naissances sur les décès, c'est-à-dire un progrès, soit un excédent de mortalité, c'est-à-dire une régression.

Nous avons montré comment la notion du temps est cette déformation subjective qui nous empêche de voir l'univers tel qu'il est en réalité. Aussi, toute économie de temps produit une corrélation plus exacte entre le monde externe et nos représentations internes, donc une adaptation plus parfaite au milieu cosmique. Les êtres mal adaptés au milieu périssent. Telle est la loi universelle. Plus une société gaspille de temps, moins elle se montre capable de s'adapter au milieu international. Il est donc conforme aux lois de la nature qu'elle disparaisse de la surface du globe.

FIN

TABLE ANALYTIQUE

A

B

C

D

E

F

N

O

P

Q

R

S

T

U

V

Z

TABLE DES MATIÈRES

PREMIÈRE PARTIE

LA RICHESSE EN FONCTION DU TEMPS

DEUXIÈME PARTIE

OBSTACLES A L'ACCROISSEMENT DE LA RICHESSE

LIVRE PREMIER

Confusion de la Richesse avec l'Or

LIVRE DEUXIÈME

Confusion de la Richesse avec la Propriété

LIVRE TROISIÈME

La fausse conception de l'Univers

TROISIÈME PARTIE

MOYENS D'ACCROITRE LA RICHESSE

ÉVREUX, IMPRIMERIE DE CHARLES HÉRISSEY

www.ingramcontent.com/pod-product-compliance
Ingram Content Group UK Ltd.
Pitfield, Milton Keynes, MK11 3LW, UK
UKHW012153240726
13966UKWH00002B/308